ERNST BARTH

Entwicklungslinien der deutschen Maschinenbauindustrie von 1870 bis 1914

FORSCHUNGEN ZUR WIRTSCHAFTSGESCHICHTE

herausgegeben von

Jürgen Kuczynski und Hans Mottek

Band 3

ERNST BARTH

Entwicklungslinien der deutschen Maschinenbauindustrie von 1870 bis 1914

ERNST BARTH

Entwicklungslinien der deutschen Maschinenbauindustrie von 1870 bis 1914

AKADEMIE-VERLAG · BERLIN
1973

Erschienen im Akademie-Verlag GmbH, 108 Berlin,
Leipziger Straße 3–4

Lizenznummer: 202 · 100/77/73
Einband und Schutzumschlag: Karl Salzbrunn
Herstellung: IV/2/14 VEB Druckerei »Gottfried Wilhelm Leibniz«,
445 Gräfenhainichen/DDR · 3908
Bestellnummer: 2140/3 · ES 5 B 2
EDV 752 030 2

Inhalt

Vorwort

Im Verlauf der Erforschung und Darstellung der Geschichte der deutschen Maschinenbauindustrie war es erforderlich, einen Überblick über die Entwicklung dieses Industriezweiges von der Reichsgründung bis zum Ausbruch des ersten Weltkrieges zu erarbeiten. Grundlage und Voraussetzung dafür bildete in hervorragendem Maße das Werk „Die deutsche Maschinenbauindustrie in der industriellen Revolution" von Alfred Schröter und Walter Becker.

Die vorliegende Untersuchung analysiert unter anderem die Stellung und Rolle der deutschen Maschinenbauindustrie innerhalb der wirtschaftlichen Entwicklung in Deutschland von 1871 bis 1914. Dabei wurde im Interesse der inneren Geschlossenheit auf die Einbeziehung einiger der Maschinenbauindustrie verwandter Zweige verzichtet. Dagegen wurde der Fahrzeugbau sowie die noch jüngere Büromaschinenindustrie als zur Maschinenbauindustrie gehörig betrachtet.

Im Vordergrund der Untersuchung stand die Analyse und Darstellung der Entwicklung der Produktivkräfte in dem ausgewählten Sektor. In diesem Zusammenhang wurde der technisch-organisatorischen Entwicklung auf dem Gebiet der deutschen Maschinenbauindustrie der ihr gebührende breite Raum eingeräumt. Aber auch der ökonomischen Seite dieses Prozesses, und zwar speziell der zunehmenden Konzentration und Zentralisation innerhalb dieses Sektors, mußte Aufmerksamkeit geschenkt werden, um von dieser Seite her die Gültigkeit der Aussagen über die technisch-organisatorische Problematik zu ergänzen und zu unterstützen.

Aus Gründen der Vergleichbarkeit der erzielten Ergebnisse bewegte sich der Verfasser bei der Analyse des untersuchten Sektors nicht allein in einem regionalen oder gar nur lokalen Umkreis, denn die auf solche Weise gewonnenen Ergebnisse wären bei weitem nicht aussagekräftig genug gewesen, um zu wissenschaftlich exakten Schlußfolgerungen zu führen.

Bei der Darstellung der Einwirkung der deutschen Maschinenbauindustrie auf den Verlauf der Überproduktionskrisen im Zeitraum von 1870 bis 1914 und umgekehrt sowie der Stellung und Rolle der deutschen Maschinenbauindustrie im Monopolisierungsprozeß konnte diese Problematik bei der ihr eigenen Spezifik keineswegs erschöpft werden. Der Verfasser vertritt vielmehr den Standpunkt, daß darüber – bei dem vorrangigen Interesse, das sie verdient – noch spezielle monographische Darstellungen notwendig sind.

Eine Dursicht der einschlägigen Kataloge der Lenin-Bibliothek in Moskau im Jahre 1965 machte es dem Verfasser möglich, einen wesentlichen Teil des für sein Vorhaben in Frage kommenden Materials auf dem Gebiet der Fachliteratur heranzuziehen. Der Verfasser ist Frau Dr. Horská, einer tschechoslowakischen Wirtschaftshistorikerin, die wertvolle Hinweise für die Entwicklung der Maschinenbauindustrie im territorialen Bereich der heutigen ČSSR geben konnte, in besonderem Maße verpflichtet. Ebenso Herrn Dr. Enders vom Deutschen Zentralarchiv Potsdam, der ihm bei der Erschließung der Bestände des Wirtschaftsarchivs der Berliner Handelsgesellschaft Hilfe leistete, sowie für verschiedene Hinweise den Herren Dr. Strauß und Dr. Steinmüller von den Stadtarchiven Karl-Marx-Stadt und Zwickau. Das damalige Institut für Geschichte der Naturwissenschaften und Technik der Technischen Hochschule Karl-Marx-Stadt unter Leitung von Prof. Dr. Ludloff unterstützte den Verfasser wie auch das Kollektiv der Volkshochschule Karl-Marx-Stadt unter Leitung seines Direktors, Rolf Pönisch, wo der Verfasser zum Zeitpunkt der Niederschrift dieser Untersuchung arbeitete.

Mein besonderer Dank gilt der Unterstützung, die ich durch die Betreuung dieser Untersuchung durch Herrn Prof. Dr. Hans Mottek als Direktor des damaligen Instituts für Wirtschaftsgeschichte an der Hochschule für Ökonomie in Berlin-Karlshorst sowie durch die Herren Prof. Dr. sc. Alfred Schröter und Prof. Dr. sc. Walter Becker erfahren habe. Nicht zuletzt hat zum Gelingen dieser Arbeit meine liebe Frau beigetragen, wofür ich ihr auch an dieser Stelle herzlich danken möchte.

Einleitung

Als Friedrich Engels 1893, nach einer Abwesenheit von mehr als eineinhalb Jahrzehnten, einmal wieder nach Deutschland reiste, äußerte er auf einer in Berlin veranstalteten sozialdemokratischen Versammlung über seine Eindrücke: „... bei meiner gegenwärtigen Reise habe ich mich überzeugen können, wie großartig der Umschwung ist, der in den ökonomischen Verhältnissen Deutschlands stattgefunden hat. Vor einem Menschenalter war Deutschland ein ackerbauendes Land mit einer zu zwei Dritteln ländlichen Bevölkerung; heute ist es ein Industrieland ersten Ranges, und den ganzen Rhein entlang, von der holländischen bis zur Schweizer Grenze, habe ich nicht ein einziges Fleckchen gefunden, wo man um sich schauen kann, ohne Dampfschlote zu sehen."[1]

Auch die bürgerliche deutsche Wirtschaftsgeschichtsschreibung hat sich mit dieser Frage beschäftigt. So gibt J. Riesser in seinem Werk „Die deutschen Großbanken und ihre Konzentration" seine Eindrücke mit folgenden Sätzen wieder: „Der nicht gerade langsame Fortschritt der vorigen Epoche (1848–1870) verhält sich zu der Schnelligkeit, mit der Deutschlands Gesamtwirtschaft ... in dieser Periode (1870–1905) vorwärts kam, etwa so wie das Tempo der Postkutsche des Heiligen Römischen Reiches Deutscher Nation zu dem Fluge des heutigen Automobils, dessen ... Dahinsausen allerdings auch manchmal sowohl den harmlos dahinziehenden Fußgänger wie die Insassen selbst gefährdet..."[2]

Jedoch auch in der Zeit des Übergangs des Kapitalismus der freien Konkurrenz zum Imperialismus erfahren die inneren und äußeren Widersprüche des Kapitalismus eine ständig zunehmende Verschärfung. Dabei entwickeln sich diese Widersprüche in den einzelnen kapitalistischen Ländern höchst ungleichmäßig.

Deutschland, das erst Anfang der 70er Jahre das Stadium der industriellen Revolution vollenden konnte[3] und verhältnismäßig spät auf dem Weltmarkt

1 *Karl Marx/Friedrich Engels*, Werke, Bd. 22, Berlin 1963, S. 413.

2 *Riesser, Jakob*, Die deutschen Großbanken und ihre Konzentration im Zusammenhange mit der Entwicklung der Gesamtwirtschaft in Deutschland, 3. Aufl., Jena 1910, S. 354.

3 *Mottek, Hans*, Einleitende Bemerkungen – Zum Verlauf und zu einigen Haupt-

erschienen war, schickte sich an, in einer raschen, wenn auch durch heftige und langwierige Krisen unterbrochenen Entwicklung England im Laufe der nächsten Jahrzehnte auf vielen Gebieten seiner Industrie ein- und schließlich nach der Jahrhundertwende in der industriellen Gesamtproduktion zu überholen.[4] England hatte bereits gegen Ende des 19. Jahrhunderts sein lange behauptetes Industriemonopol[5] an Deutschland und die ökonomisch noch rascher aufstrebenden Vereinigten Staaten verloren, während Frankreich, das über lange Strecken der kapitalistischen Entwicklung hinter England an zweiter Stelle gelegen hatte, an die vierte Stelle zurückgefallen war.[6] So betrug der prozentuale Anteil der bedeutendsten Industriestaaten an der ***Industrieproduktion der Welt***[7]:

	England	USA	Deutschland	Frankreich
1870	32	23	13	10
1880	28	28	13	9
1890	22	31	14	8
1900	18	31	16	7
1910	14	35	16	7
1913	14	36	16	6

Bei einem Vergleich des Anteils dieser Staaten am *Weltaußenhandel* wird der sinkende Anteil Englands ebenfalls deutlich[8]:

problemen der industriellen Revolution in Deutschland. In: Mottek/Blumberg/ Wutzmer/Becker, Studien zur Geschichte der industriellen Revolution in Deutschland. (Veröffentlichungen des Instituts für Wirtschaftsgeschichte an der Hochschule für Ökonomie Berlin-Karlshorst, Bd. 1, Berlin 1960.) Vgl. bes. den Abschnitt „Zur Frage der Beendigung der industriellen Revolution“, S. 61ff.

4 Vgl. z. B. *Lenin, W. I.*, Werke, Bd. 24, Berlin 1959, S. 402, ferner Imperialismus heute, Berlin 1966, S. 12. – Ein Überholen gelang z. B. Deutschland bereits gegen die Jahrhundertwende auf dem Gebiet der Stahlerzeugung. Bei der Kohlenförderung gelang Deutschland ein gleicher Erfolg gegenüber England jedoch nicht. (Vgl. *Jerussalimski, A. S.*, Die Außenpolitik und die Diplomatie des deutschen Imperialismus Ende des 19. Jahrhunderts, Berlin 1954, S. 43f.).

5 Nach *Lenin, W. I.*, Werke, Bd. 22, Berlin 1960, S. 244f. war Englands Monopol, „Werkstätte der Welt“ zu sein, „bereits im letzten Viertel des 19. Jahrhunderts durchbrochen“.

6 *Jerussalimski, A. S.*, a. a. O., S. 47.

7 *Kuczynski, Jürgen*, Studien zur Geschichte der Weltwirtschaft, Berlin 1952, S. 31f.

8 Ebenda, S. 43; vgl. auch Imperialismus heute, S. 12. Eine detaillierte Aufstellung des „Anteils der einzelnen Länder am internationalen Handel“ gibt für die Jahre 1883, 1893, 1903 und 1913 das Nachschlagewerk „Der Außenhandel der Kapitalistischen Länder“, Berlin 1953, Tab. 3 u. 4, S. 35f. u. 37f.

	England	USA	Deutschland	Frankreich
1870	22	8	13 (1872)	10
1880	20	11	11	11
1890	20	10	11	9
1900	19	12	13	9
1910	16	11	13	8
1913	15	11	13	8

Die Ursachen für das damalige Erstarken und die Erfolge der deutschen Industrie, vor allem gegenüber der englischen und französischen, hängen mit der von der deutschen Industrie praktizierten Hinwendung zu neuen Produktionsmethoden – auf der Grundlage neuer technischer Ausrüstungen – zusammen. So weist z. B. Levy in seinem Werk „Die Grundlagen der Weltwirtschaft“ auf eine Einschätzung der Lage und der Entwicklung der deutschen Wirtschaft in einem parlamentarischen englischen Untersuchungsbericht hin. Danach beruhte der Erfolg Deutschlands gegenüber dem englischen Wettbewerb darauf, daß „das Deutsche Reich mit seiner Industrie relativ spät auf dem Plane erschien. . . In den alten Industrien begann (es) mit allen Vorteilen einer vollkommen neuen technischen Ausrüstung der Betriebe und ohne das Hindernis einer traditionellen Organisation. Dazu kam, daß von Anfang an in Deutschland der große Wert der Anwendung der Wissenschaft auf die Industrie erkannt wurde, sowie die Notwendigkeit eines engen Zusammenarbeitens beider.“[9]

Auf den sich rasch, wenn auch widerspruchsvoll vollziehenden Aufstieg der deutschen Wirtschaft in den letzten Jahrzehnten des 19. und den ersten Jahren des 20. Jahrhunderts wirkten besonders auch einige für die deutsche Wirtschaft bedeutungsvolle politische Ereignisse sowie wirtschaftspolitische Maßnahmen ein. Der Friedensschluß von 1871 mit Frankreich brachte nicht nur die Annexion des Elsaß sowie Lothringens und damit auch eine Verbreiterung der Basis der deutschen Grundstoffindustrie bei der Eisenerz- und der Kaligewinnung, sondern auch 5 Milliarden Franken in Gold an Kriegskontribution, die zum größeren Teil der deutschen Rüstungsindustrie zugeflossen sind.[10] Die Gründung des Deutschen Reiches hatte eine schrittweise erfolgende Verbesserung bzw. Vereinheitlichung u. a. des deutschen Währungs-, Handelsgesetz- und Aktienwesens zur Folge, eine Entwicklung, die sich bereits in der Zeit des Norddeutschen Bundes angebahnt hatte und die ganz im Interesse der deutschen Bourgeoisie

9 *Levy, Hermann*, Die Grundlagen der Weltwirtschaft, Berlin 1924. („Final Report of the Comitee On Commercial and Industrial Policy after the War. Cd. 9035“). S. 113f. Die Tatsache der Anwendung neuer Methoden bei der Entwicklung der kapitalistischen Produktion sowie einer besseren Technik und Organisation wird u. a. auch von *Jerussalimski, A. S.*, a. a. O., S. 47, hervorgehoben.

10 Vgl. *Engelberg, Ernst*, Deutschland von 1871 bis 1897 (Lehrbuch der deutschen Geschichte – Beiträge 8, Berlin 1965), S. 48.

lag.[11] Wir erwähnen hier lediglich einige dieser im Rahmen der damaligen wirtschaftspolitischen Gesetzgebung erlassenen Gesetze: das Reichsmünzgesetz, einige Gesetze, die auf eine Vereinheitlichung des deutschen Justizwesens gerichtet waren (darunter ein einheitliches Handelsrecht), das 1877 in Kraft getretene Patentgesetz, das von besonderer Wichtigkeit gerade für den deutschen Maschinenbau gewesen ist, schließlich das einheitliche Börsengesetz von 1896[12] und das 1900 in Kraft getretene Bürgerliche Gesetzbuch (einschließlich eines neuen Handelsgesetzbuches).

Freilich waren auch nach der Reichsgründung gerade auf dem für die wirtschaftliche Entwicklung so wichtigen Gebiet des Verkehrs- und des Nachrichtenwesens noch viele Wünsche offengeblieben: So konnten infolge der Durchsetzung kleinstaatlicher Interessen im Jahre 1871 das deutsche Eisenbahn- und das Postwesen nicht bzw. nicht völlig vereinheitlicht werden, was sich selbstverständlich hemmend auf eine noch schnellere Durchsetzung des ökonomischen Aufschwungs auswirken mußte.

Der bestimmende Faktor dieses Aufschwungs war die Entwicklung der *Produktivkräfte* der Gesellschft, insbesondere die Entwicklung der Produktionsinstrumente und der Produktionsmethoden. Infolge der Entstehung eines deutschen Nationalstaates waren „günstige Bedingungen für die Entfaltung der Produktivkräfte der kapitalistischen Gesellschaftsordnung" geschaffen worden.[13] Es sei hier lediglich auf die in dem von uns bearbeiteten Zeitraum gemachten Erfindungen und Verbesserungen auf dem Gebiet der Schwer- und der elektrotechnischen Industrie bzw. der Erzeugung von Kraftmaschinen verwiesen.[14] Wenn sich speziell in diesem Zeitraum eine vorrangige Entwicklung der Produktionsmittelindustrie gegenüber der Konsumgüterindustrie[15] vollzog, so war das in entscheidendem Maße gerade der Entwicklung der Produktivkräfte auf dem Gebiet der Schwerindustrie zu verdanken. Nach der Reichsgründung sind auch

11 Wir verweisen in diesem Zusammenhang auf das Paßgesetz und das Gesetz über die Freizügigkeit (1867), auf die Einführung des metrischen Systems innerhalb des Norddeutschen Bundes (1868), auf die Gewerbeordnung von 1869 und die Aktiennovelle von 1870. (Vgl. *Engelberg, Ernst*, Deutschland von 1849 bis 1871 (Lehrbuch der deutschen Geschichte – Beiträge 7, Berlin 1959), S. 202.)

12 Vgl. *Sartorius von Waltershausen, August*, Deutsche Wirtschaftsgeschichte 1815 bis 1914, 2. Aufl., Jena 1923, S. 276f. Nach a. a. O., S. 551 brachte dieses Gesetz einen größeren Schutz für die Erwerber von Wertpapieren.

13 Imperialismus heute, S. 11.

14 Vgl. *Wutzmer, Heinz*, Zeittafel zur Wirtschaftsgeschichte Deutschlands, Berlin 1960, S. 92ff.

15 Vgl. dazu *Engelberg, Ernst*, Deutschland von 1871 bis 1897, S. 53f. und 289. Nach *Kuczynski, Jürgen*, Die Geschichte der Lage der Arbeiter unter dem Kapitalismus, T. I, Bd. 3 (Die Darstellung der Lage der Arbeiter in Deutschland von 1871 bis 1900, Berlin 1962), S. 122, erhöhte sich allein im Zeitraum von 1867 bis 1902 die Produktion von Produktionsmitteln um mehr als das Dreifache, die Produktion von Konsumgütern jedoch um nur wenig mehr als das Doppelte.

auf anderen industriellen Gebieten neue Verfahren entwickelt worden, so in der Maschinenbauindustrie im Zusammenhang mit neuen Typen von Arbeits- und darunter besonders von Werkzeugmaschinen[16], worauf im Verlaufe unserer weiteren Ausführungen noch eingegangen wird.

Ein Schritt auf dem Wege der Herausbildung Deutschlands zu einer imperialistischen Großmacht war der 1879 auf Veranlassung besonders von Vertretern der Schwerindustrie vollzogene Übergang zum Schutzzollsystem; auch hat die deutsche Handelsvertragspolitik, vor allem in den Jahren vor der Jahrhundertwende, nicht unwesentlich auf den Fortgang der ökonomischen Entwicklung in Deutschland – und darunter wieder der Maschinenbauindustrie – eingewirkt. Es seien hier stellvertretend für andere Verträge die in der letzten Phase des Übergangs zum Imperialismus[17] abgeschlossenen Handelsverträge mit Österreich-Ungarn (1892), Italien, Belgien und mit der Schweiz sowie der deutsch-russische Handels- und Schiffahrtsvertrag von 1894[18] erwähnt, wobei diese Verträge gegenüber der vorhergehenden Zollepoche die „schlauere" Methode der Konzessionen anwandten, das heißt, daß bei diesen Verträgen die Agrarzölle herabgesetzt wurden, um den Warenexport an Industriegütern zu erleichtern.[19]

Gegen die Jahrhundertwende entwickelte und festigte sich, ganz abgesehen von den sich entfaltenden Monopolbanken und den monopolisierten Betrieben der chemischen und der Elektroindustrie, vor allem auf dem Gebiet der Montanindustrie eine wachsende Anzahl von monopolisierten Verbänden, die aber im Gegensatz zu den Industriezweigen der Elektrotechnik und der Chemie in der Regel in Form von Kartellen und Syndikaten existierten. Monopolbildungen auf dem Gebiet der deutschen Maschinenbauindustrie erfolgten jedoch (und ganz besonders in dem hier bearbeiteten Zeitabschnitt!) infolge der Spezifik dieses Produktionszweiges relativ selten.

Eine große Bedeutung kommt in der Periode der Herausbildung des deutschen Monopolkapitals den deutschen Großbanken zu[20], weil das Bankkapital infolge zunehmender Konzentration und Zentralisation und nach seiner Verschmelzung mit industriellem Kapital in seiner neuen Qualität als Finanzkapital mehr und mehr nicht nur einzelne Industriebetriebe, sondern ganze Industriezweige finanzierte. In dieser Arbeit wird auf die Entwicklung des Bankwesens jedoch nur

16 Vgl. dazu *Engelberg, Ernst,* Deutschland von 1871 bis 1897, S. 42f., 53 und 291.

17 Ebenda, S. 296.

18 Ebenda, S. 325ff. und 342ff.

19 Vgl. *Meusel, Alfred,* Beiträge zur Geschichte des deutschen Imperialismus von 1890 bis 1914 (1. Teil), Berlin/Leipzig 1951, S. 28. *Sieveking, Heinrich,* Grundzüge der neueren Wirtschaftsgeschichte vom 17. Jahrhundert bis zur Gegenwart, in: Grundriß der Geschichtswissenschaft, II, 2, o. J. (1910), S. 71.

20 Es sei hier auf einige der auch für die Entwicklung mancher Zweige der deutschen Maschinenbauindustrie wichtigen Großbanken verwiesen, wie die Deutsche Bank, die Dresdner Bank, die Disconto-Gesellschaft, den A. Schaaffhausenschen Bankverein, die Berliner Handelsgesellschaft u. a. Vgl. dazu *Lenin, W. I.,* Werke, Bd. 22, S. 214ff.

insoweit eingegangen, wie das für die Geschichte der deutschen Maschinenbauindustrie des Berichtsabschnittes von Bedeutung ist. In diesem Zusammenhang sei aber noch auf die Rolle der Unternehmerverbände verwiesen, die, angefangen vom 1876 gegründeten „Centralverband Deutscher Industrieller“[21] (mit dem Berliner Maschinenbaufabrikanten Schwartzkopff als zeitweiligem Vorsitzenden!), für die Entwicklung der deutschen Maschinenbauindustrie ebenfalls von Bedeutung gewesen ist.

Nicht unerheblich, insbesondere wegen der Entwicklung der deutschen Rüstungsproduktion, ist ferner die Tatsache, daß sich in den Beziehungen zwischen den imperialistischen Mächten, besonders zwischen Deutschland und England, eine zunehmende Verschärfung der Gegensätze bemerkbar machte und sich der „Drang der herrschenden Kreise Deutschlands, gewaltsam eine Neuaufteilung der Welt zu erzwingen . . ., immer stärker entfaltete.“[22] Das kommt zum Ausdruck in den wachsenden Ausgaben für Heeresrüstung.[23] Es seien in diesem Zusammenhang noch die beiden Flottengesetze von 1898 und 1900 erwähnt, die auch für die Entwicklung der deutschen Schiffbauindustrie von Bedeutung gewesen sind.[24]

21 Vgl. *Kuczynski, Jürgen*, Studien zur Geschichte des deutschen Imperialismus, Bd. I (Monopole und Unternehmerverbände), Berlin 1952, S. 184f.

22 Imperialismus heute, S. 19.

23 Zitiert nach Lenin, Hefte zum Imperialismus, in: *Lenin, W. I.*, Werke, Bd. 39, Berlin 1965, S. 189. Vgl. auch Imperialismus heute, S. 20. Nach *Kaemmel, Ernst*, Finanzgeschichte, Berlin 1966, S. 331, erhöhten sich die Heeres- und Flottenausgaben Deutschlands in der Zeit von 1880 bis 1906 auf etwas mehr als das Zweieinhalbfache und lagen damit in bezug auf ihre Steigerung unter den europäischen Großmächten an der Spitze.

24 Nach *Schröter, Alfred*, Krieg – Staat – Monopol (1914–1918), Berlin 1965, S. 21, erhöhten sich die Staatsausgaben für das deutsche Heer von 1872 bis 1913 auf etwas weniger als das Dreifache, die Ausgaben für die deutsche Flotte dagegen auf etwas mehr als das Dreizehnfache. Die Flottenausgaben des Jahres 1913 in Höhe von rund 197 Millionen Mark machten mehr als zwei Drittel der Staatsausgaben für die Zwecke des Heeres und der Marine aus dem Jahre 1872 aus!

Grundzüge der technisch-organisatorischen Entwicklung innerhalb der deutschen Maschinenbauindustrie und des Sektors Maschinenbau in seiner Gesamtheit

Nach Schätzungen[1] dürften zur Zeit der Reichsgründung in Deutschland etwa 1400 Maschinenfabriken existiert haben. Dabei ist zu berücksichtigen, daß von 234 näher untersuchten Fabriken im Jahre 1871 74,4 Prozent dieser Betriebe über 50 Arbeiter beschäftigten.[2] Bei im allgemeinen mindestens gleichbleibendem Wachstumstempo der deutschen Maschinenbauindustrie gegenüber den 50er und 60er Jahren vergrößerte sich die Anzahl der Neugründungen im Maschinenbau seit der Reichsgründung ständig. Die Statistischen Jahrbücher für das Deutsche Reich vermitteln seit ihrem Erscheinen[3] auf der Grundlage von Gewerbezählungen Angaben, die einen detaillierten Überblick über die Anzahl der Betriebe, der in ihnen beschäftigten Arbeiter und zum Teil auch der darin aufgestellten Antriebsmaschinen ermöglichen. So gehört es zu den „Hauptergebnissen der Gewerbezählung vom 1. Dezember 1875"[4], daß in der Gruppe VI, Abschnitt 1 (Maschinen, Werkzeuge, Apparate = Maschinenbauindustrie ohne Wagen- und Schiffbau, Waffenproduktion, technische Apparate u. ä.) 9978 Fabriken mit 154096 Arbeitern existierten, wovon 2941 Fabriken („mit mehr als 5 Gehülfen") 142473 Personen beschäftigt haben.

1 *Becker, Walter*, Die Entwicklung der deutschen Maschinenbauindustrie von 1850 bis 1870, in: Schröter/Becker, Die deutsche Maschinenbauindustrie in der industriellen Revolution. (Veröffentlichungen des Instituts für Wirtschaftsgeschichte an der Hochschule für Ökonomie Berlin-Karlshorst, Bd. 2, Berlin 1962, S. 173.)

2 Ebenda, S. 214. Vgl. auch Tabelle 2 auf S. 270, wonach 1875 in Preußen 1196 und in Bayern 182 Maschinenfabriken existierten.

3 Statistisches Jahrbuch für das Deutsche Reich (im folgenden StJb), 1. Jg., 1880ff.

4 Ebenda, S. 39ff. Stellt man die gewonnenen Zahlen den Angaben für sämtliche aufgeführten Gewerbegruppen gegenüber, so kommt man auf folgende prozentuale Werte (= Gruppe VI, 1 im Verhältnis zu den Gruppen I–XIX): 3,5% aller Betriebe (mit mehr als 5 Beschäftigten) mit 6,1% aller in diesen Betrieben Beschäftigten und 6,4% aller hier aufgestellten Dampfmaschinen entfielen 1875 auf die Untergruppe VI, 1 (Maschinen, Werkzeuge, Apparate). Die entsprechenden Werte für das Verhältnis der Gruppe III (Bergbau, Hütten und Salinen) zu allen Gruppen ergeben dagegen: 3,7%, 18,3% und 27,5% (mit 45,1% der Gesamt-PS!). Das heißt: Zu diesem Zeitpunkt ist hier bereits eine wesentlich größere Konzentration der Produktion und der Arbeit erreicht worden.

Einen *Gesamtüberblick* über die Entwicklung der Maschinenbauindustrie nach Betriebsgrößen und der Anzahl der beschäftigten Personen geben die gewerbestatistischen Nachweise für die Jahre 1882, 1895 und 1907, wie sie im Statistischen Jahrbuch für das Deutsche Reich, 35. Jg., 1914[5], zusammengestellt worden sind. Danach ergibt sich folgendes Bild:

Während die Anzahl der Kleinbetriebe im genannten Zeitraum im Maschinenbau nur geringfügig zugenommen hat (von 77627 auf 79285), stieg die der Mittelbetriebe (mit 6 bis 50 beschäftigten Personen) von 1882 bis 1907 auf beinahe das Dreifache (von 4353 auf 11798), während die Anzahl der Großbetriebe auf beinahe das Vierfache (von 894 auf 3409) und die der in diesen Betrieben beschäftigten Personen im Verlauf dieser 25 Jahre auf beinahe das Fünffache (von ca. 167000 auf ca. 789000) angewachsen ist. Vergleicht man die *Gesamtzahl* der Beschäftigten der in Frage kommenden Gruppe (VI = Industrie der Maschinen, Instrumente und Apparate) allein zwischen 1895 und 1907 (= ca. 583000 bzw. ca. 1120000), so kommt man auf einen Zuwachs von beinahe 100 Prozent, während die Gesamtbevölkerung Deutschlands in diesem Zeitraum nur um 19 Prozent gewachsen ist.[6]

Auch in der Zeit zwischen 1907 und dem Ausbruch des ersten Weltkrieges gestaltet sich das Wachstumstempo der Industrie in ihrer Gesamtheit nicht in demselben Maße wie in der Maschinenbauindustrie.[7] Zusammenfassend kann gesagt werden, daß der Wachstumsprozeß nach Betriebsgrößen innerhalb der deutschen Maschinenbauindustrie nach 1870, abgesehen von nicht unwesentlichen Ausnahmen und Besonderheiten[8], im allgemeinen schneller als in anderen Industriezweigen erfolgt. Dabei fällt der wachsende Anteil von Großbetrieben als Ausdruck des Konzentrationsprozesses im Maschinenbau besonders auf.

Vor allem aber ist die Geschichte der deutschen Maschinenbauindustrie die Geschichte ihrer einzelnen Zweige. Wohl auf keinem anderen Gebiet der Geschichte der deutschen Industrie findet man eine solche Vielgestaltigkeit der Produktion einzelner Erzeugnisse sowie technischer und ökonomischer Probleme.

Diese Vielgestaltigkeit der Entwicklung der deutschen Maschinenbauindustrie, die, vor allem *technisch* gesehen, auf der Grundlage einer allmählich zunehmenden Spezialisierung und teilweise erfolgenden Hinwendung zur Massen-

5 Ebenda, S. 59ff.

6 Auf diesen Umstand weist hin: *Sombart, Werner*, Die deutsche Volkswirtschaft im 19. Jahrhundert und im Anfang des 20. Jahrhunderts, Berlin 1919, S. 155.

7 Vgl. StJb, 35. Jg., 1914, S. 66ff.; 36. Jg., 1915, S. 70f.

8 Über das Zurückbleiben bestimmter Zweige der deutschen Maschinenbauindustrie berichtet am 5. 8. 1880 Friedrich Engels in einem Brief an eine russische Interessentin: „. . . in Deutschland ist selbst der Handwebstuhl in manchen Zweigen noch nicht ganz verdrängt, aus denen er in England schon seit 20–30 Jahren vertrieben ist. In Rußland dürfte das noch langsamer gehn." (*Marx, Karl/ Engels, Friedrich*, Werke (im folgenden: MEW), Bd. 34, Berlin 1966, S. 451f).

produktion von Einzelteilen erfolgt, schließt nicht aus, daß wir es, besonders in den ersten Jahrzehnten nach der Reichsgründung, in den noch führenden Bereichen der deutschen Maschinenbauindustrie im großen und ganzen immer noch mit einer *organisatorischen* Einheit zu tun haben. Das gilt vor allem für den *allgemeinen* Maschinenbau. Aus diesem Grunde werden hier zunächst einige Entwicklungstendenzen dieses Sektors in den Mittelpunkt gestellt, um an diesem Beispiel einige Probleme des quantitativen Wachstums der deutschen Maschinenbauindustrie, speziell ihrer technisch-organisatorischen Entwicklung, zu zeigen.

Da einige Großunternehmen des allgemeinen Maschinenbaus beinahe traditionsgemäß führende deutsche Lokomotivfabriken geblieben sind, wird auf bestimmte Seiten der Entwicklung der deutschen Lokomotivproduktion eingegangen. Auf einige angrenzende Gebiete, wie den Schiffbau, kann nur im allgemeinen verwiesen werden.

Andererseits hat die fortschreitende technische Entwicklung den ursprünglich im *gesamten* Bereich der Maschinenbauindustrie vorhanden gewesenen organisatorischen Zusammenhang immer mehr gesprengt. Das äußert sich einmal in einer zunehmenden Herausbildung und Festigung einzelner Produktionsabteilungen *innerhalb* der bereits existierenden Maschinenbauunternehmen, zum anderen in einer wachsenden Errichtung von *Spezial*fabriken innerhalb des gesamten Maschinenbaus.

Der unter den Spezialzweigen führende *Werkzeugmaschinenbau* wird anschließend in den Mittelpunkt der Darlegungen gestellt. Obwohl zur Zeit der Reichsgründung im allgemeinen noch den althergebrachten Produktionsverfahren verbunden, ist dann gerade hier ein *wesentlicher* Beitrag für die Durchsetzung der Spezialisierung und einem nach und nach erfolgenden Übergang zur Serienproduktion innerhalb der deutschen Maschinenbauindustrie geleistet worden.[9] Eine Behandlung von Grundzügen der Entwicklung der deutschen Werkzeugmaschinenindustrie macht es zugleich möglich, auf bestimmte Entwicklungstendenzen einiger benachbarter, ähnlich gelagerter Zweige, wie des Nähmaschinen-, Fahrzeug- und Büromaschinenbaus sowie der Landmaschinenindustrie einzugehen.

9 *Marx, Karl,* Das Kapital, Erster Band, in: MEW, Bd. 23, Berlin 1962, S. 393ff. Vgl. auch *Mottek, Hans,* Wirtschaftsgeschichte Deutschlands, Bd. II, Berlin 1964; S. 67ff.; *Schröter, Alfred,* Krieg – Staat – Monopol (1914–1918), Berlin 1965, S. 32, sowie *Horská, Pavla,* Contribution au problème de la deuxième révolution industrielle, in: Historica VII. Nakladatelství Československé akademie věd, Praha 1963, S. 65. U. E. kommt der spezialisierten, eigentlichen Werkzeugmaschine innerhalb des Bereichs der Arbeitsmaschinen eine der technischen Bedeutung ihrer Entwicklung zufallende führende Rolle zu. Vgl. dazu auch *Mottek, Hans,* a. a. O., S. 176, wonach „der selbständige Werkzeugmaschinenbau, also der Bau von Spezialmaschinen zum Bau von Maschinen (bereits in der Zeit vor 1870 – d. Verf.) zum Träger des Fortschritts im gesamten Maschinenbau wurde."

1. Die Lage und Entwicklung in Betrieben des allgemeinen Maschinenbaus

a) *Einige Aspekte des quantitativen Wachstums in diesem Sektor, insbesondere die Bewegung der Produktion*

Wir untersuchen zunächst einige ausgewählte Beispiele für die Entwicklung des *Umsatzes* von deutschen Maschinenfabriken verschiedener Größenordnungen. Zur besseren Verdeutlichung der seit der Zeit der Reichsgründung erzielten Fortschritte halten wir es für zweckmäßig, dabei den Schwerpunkt auf die Zeit *nach* der Jahrhundertwende zu legen.

Bei der Darstellung der Umsatzentwicklung nach der Reichsgründung können wir an Vorarbeiten[10] anknüpfen, die bis 1871 fortgeführt worden sind. Wir wählen zu diesem Zweck das Beispiel der Sächsischen Maschinenfabrik vorm. Rich. Hartmann A.G. (seit 1871–E.B.) in Chemnitz und kommen zu folgenden Ergebnissen[11]:

Jahr	Gesamtumsatz (in 1000 Mark)	Maschinenbau-produktion (in t)	Anzahl der Arbeiter	Pro-Kopf-Produktion (in 1000 Mark)
1871[12]	8010[12]		3250[12]	2,4
1872/73	9016	10158	2817	3,2
1875/76	7534	8124	2228	3,4
1880/81	7485	9154	2302	3,3
1885/86	6901	9384	2641	2,6
1890/91	10038		3598	2,8
1895/96	12808		4099	3,1
1900/01	16799		4651	3,6
1901/01	12064		3828	3,2
1902/03	9285		3197	2,9
1903/04	10508		3511	3,0
1904/05	11287			
1905/06	12875			
1906/07	15362			
1907/08	17116			
1908/09	18418			
1909/10	19027			
1910/11	16248			

10 *Becker, Walter,* a. a. O., S. 174f.

11 Die Angaben wurden mit wenigen Ausnahmen entnommen den Geschäftsberichten der Sächs. Maschinenfabrik zu Chemnitz aus den Jahren 1872/1873 bis 1914/1915. Die Gewichtsangaben sind dort nur bis 1885/1886 erfolgt (Stadtarchiv Karl-Marx-Stadt, G 19).

12 *Becker, Walter,* a. a. O. (Der Gesamtumsatz von 1871 wurde von Talern in Mark umgerechnet.)

Jahr	Gesamtumsatz (in 1000 Mark)	Maschinenbau-produktion (in t)	Anzahl der Arbeiter	Pro-Kopf-Produktion (in 1000 Mark)
1911/12	19559		5500[13]	3,6
1912/13	23284			
1913/14	20633			
1914/15	15584		ca. 4000[14]	3,9

Wir können schon bei diesem ersten Überblick beobachten, daß im Vergleich zum Jahr 1871 bis zur Mitte der 90er Jahre der Umsatz nur auf etwa das Anderthalbfache gesteigert werden konnte, während die Anzahl der Arbeiter nur geringfügig gestiegen war. Von der Mitte der 90er Jahre an erfolgte dann eine – durch die Krise am Anfang des neuen Jahrhunderts unterbrochene – Aufwärtsbewegung, die vor dem ersten Weltkrieg in den für das Geschäftsjahr 1912/1913 angegebenen Werten ihren Höhepunkt fand. Dabei lag das Geschäftsjahr 1900/1901 – dem Gesamtumsatz nach – etwas mehr als das Doppelte über dem Jahr der Reichsgründung, während das Geschäftsjahr 1912/1913 auf nahezu das Dreifache des für das Jahr 1871 angegebenen Gesamtumsatzes kam. Bemerkenswert ist ferner die Gesamtbewegung der Anzahl der Arbeiter: Die für 1912 angegebene Höchstzahl von insgesamt 5500 Beschäftigten erreicht nicht einmal das Doppelte des für 1871 angegebenen Wertes, in Anbetracht des wesentlich höheren Umsatzes ein Beweis für die gesteigerte Leistung des Arbeiters.

Für außerhalb des Chemnitzer Maschinenbauzentrums gelegene Großbetriebe liegen u. a. folgende detaillierte Angaben vor, die es uns auch ermöglichen, die Umsatzentwicklung bestimmter *Abteilungen* des allgemeinen Maschinenbaus zu verfolgen[15]:

Wir sehen, wie unterschiedlich und differenziert in diesen beiden wichtigsten Firmen des späteren MAN-Unternehmens die Umsatzentwicklung vor der Jahrhundertwende erfolgt: Im Nürnberger Werk ein mit Ausnahme des Grün-

13 1912 = 5000 Arbeiter + 500 Angestellte. Vgl. 100 Jahre Hartmann Textilmaschinenbau, Denkschrift, Berlin 1937. S. 155ff.

14 Handbuch der Deutschen Aktien-Gesellschaften (Jahrbuch der deutschen Börsen) (im folgenden: Handbuch DAG), Ausg. 1915/1916, Berlin/Leipzig 1916, T. II, S. 702.

15 S. Tabelle S. 6 oben. – Zitiert nach *Büchner, Fritz,* Hundert Jahre Geschichte der Maschinenfabrik Augsburg–Nürnberg (MAN 1840–1940), o. J., Tabellen im Anhang. Die beiden Werke sind 1898 zur Vereinigten Maschinenfabrik Augsburg u. Maschinenbau-gesellschaft Nürnberg fusioniert worden und erhielten 1908 die Bezeichnung Maschinenfabrik Augsburg–Nürnberg A. G. Wir nennen diesen Großbetrieb der Kürze halber MAN, zumal sich diese Bezeichnung seit Anfang des 20. Jahrhunderts eingebürgert hat.

Jahr	Maschinenbau A.G. Nürnberg Gesamtlieferungen d. Wagenbaus (in Stück) ca.	Tonnen-Leistung d. Eisengießerei ca.	Anzahl d. Arbeiter insges. ca.	Maschinenfabrik Augsburg A.G. Gesamtumsatz (in 1000 Mark) ca.	Anzahl d. Arbeiter insges. ca.
1870	1 800	2800	2500	1100	2000
1872	4300	3350	3400	1500	2200
1875	500	2000	1900	2100	2600
1880	300	1200	850	1800	2600
1885	300	1900	900	4300	3800
1890	700	3400	2200	6800	5600
1891	1300	3000	2250	6900	6600
1892	800	3050	1950.	5300	7400
1893	300	2450	1400	5500	6000
1894	400	2950	1450	6000	7200
1895			2600	6600	7400
1896			2650	7800	7600
1897			2700	8800	8400
1898			2800		9600

derjahres 1872 stark rückläufiger Umsatz der Produktion einer seiner wichtigsten Abteilungen, der lediglich durch die Leistungen der Nürnberger Eisengießerei kompensiert werden konnte.[16] In Augsburg dagegen ein auch in der Zeit der Großen Depression unverkennbar schneller Aufstieg, der, mitbedingt durch im Augsburger Werk produzierte hochwertige Spezialerzeugnisse, z. B. Druckmaschinen[17], bis 1897 ein achtfaches Produktionsergebnis und eine mehr als vervierfachte Anzahl der beschäftigten Arbeiter zum Ergebnis hatte.

Nehmen wir zur Vervollständigung einige Umsatzziffern des nunmehr vereinigten Werkes aus der Zeit vor Ausbruch des ersten Weltkrieges, so erhalten wir für MAN folgende Werte[18]:

Geschäftsjahr	Umsatz (in Mill. Mark)
1908/1909	51,4
1909/1910	52,0
1910/1911	56,2
1911/1912	64,0
1912/1913	80,0

16 Dabei schließen wir aus der Anzahl der beschäftigten Arbeiter – vgl. oben mit Hartmann! –, daß der Gesamtumsatz des Nürnberger Werkes Mitte der 90er Jahre gegenüber 1871 ebenfalls unter 200% lag.

17 Weitere Spezialerzeugnisse waren Eismaschinen sowie seit Beginn der Entwicklung dieser Antriebsmaschine (Ende des 19. Jahrhunderts) Dieselmotoren.

18 Deutsches Zentralarchiv Potsdam (im folgenden: DZA Potsdam), Wirtschaftsarchiv der Berliner Handelsgesellschaft, Nr. 654.

Innerhalb von nur fünf Geschäftsjahren stieg bei dieser mit zuletzt (1913/1914) 27,0 Millionen Mark Aktienkapital größten deutschen Maschinenfabrik des allgemeinen Maschinenbaus der Umsatz auf mehr als das Anderthalbfache. Die Umsatzziffern der Deutschen Maschinenfabrik A.G. in Duisburg zeigen jedoch, daß dies kein Einzelfall bei Maschinenbauunternehmen dieser Größenordnung gewesen ist[19]:

Jahr	Umsatz (in Mill. Mark)
1910	27,9
1911	30,8
1912	39,8
1913	43,9
1914	40,1

Bei der Orenstein & Koppel – Arthur Koppel A.G. Berlin betragen die entsprechenden Werte[20]:

Jahr	Umsatz (in Mill. Mark)
1905	26,5
1906	38,9
1907	47,0
1908	45,0
1909	86,8
1910	97,0
1911	110,7
1912	126,5
1913	139,7
1914	107,3

Wir haben es in letzterem Falle im Laufe eines Jahrzehnts sogar mit einer Vervierfachung und bis 1913 als dem Höhepunkt des Zyklus sogar mit einer Verfünffachung der Produktion von 1905 zu tun. Dabei ist zu berücksichtigen, daß die zuletzt sprunghafte Erhöhung des Umsatzes mit darauf zurückgeführt werden kann, daß 1909 zwei größere Werke, die Lübecker Maschinenbaugesellschaft und die Maschinenfabrik Montania A.G., Nordhausen, dem sich ent-

19 Die 1910 gegründete „Demag“ mit 14,0 Mill. Mark Aktienkapital (1914) und mit 6000 Arbeitern und Angestellten (1914) war das größte deutsche Unternehmen des Schwermaschinenbaus in der Zeit vor Ausbruch des ersten Weltkrieges. Umsatzziffern vgl. Handbuch DAG, Ausg. 1915/1916, T. I, S. 1113.

20 Dieses Unternehmen war mit 45,0 Mill. Mark Aktienkapital im Jahre 1914 der größte deutsche Konzern für die Lieferung von Eisenbahnmaterial. Umsatzziffern vgl. Handbuch DAG, Ausg. 1915/1916, T. I, S. 1071.

wickelnden Konzern angegliedert worden sind. Im Durchschnitt erfolgte eine wesentlich *schnellere* Umsatzentwicklung bei diesen *größten* im Vergleich zur Sächsischen Maschinenfabrik (mit ihren zuletzt 12,0 Millionen Mark Aktienkapital) eben nur großen Werkes.

Die überwiegende Mehrzahl der damaligen Maschinenfabriken besaß nicht einmal diese Größenordnung, sondern sie waren im Durchschnitt erheblich kleiner. Wir fügen hier folgende Angaben hinzu[21]:

Umsatz aller Chemnitzer Maschinenfabriken

Jahr	Umsatz (in 1000 t)	Jahr	Umsatz (in 1000 t)
1870	15,8	1903	27,6
1871	16,0	1904	45,7
1872	22,5	1905	48,1
1875	20,8	1906	63,3
1880	20,3	1907	76,2
1885	24,9	1908	61,8
1890	32,7	1909	59,5
1895	33,2	1910	78,4
1900	35,9	1911	75,6
1901	30,7	1912	87,9
1902	24,8	1913	77,1

Als Ergebnis finden wir hier bis zur Jahrhundertwende eine Steigerung nach dem Gewicht auf etwas mehr als das Doppelte des Umsatzes aus der Zeit der Reichsgründung, während sich der für das Jahr 1900 angegebene Umsatz bis zum Jahr 1912, das nach dieser Zusammenstellung für die Chemnitzer Maschinenbauindustrie den Höhepunkt vor Ausbruch des ersten Weltkrieges darstellt, noch einmal auf etwa das Zweieinhalbfache erhöht. Insgesamt ist der *Gesamtumsatz* der Chemnitzer Maschinenbauindustrie (nach dem Gewicht) in dem von uns untersuchten Zeitraum auf mehr als das Fünffache gestiegen, was erheblich über den für den größten Chemnitzer Maschinenbaubetrieb, die Säch-

21 *Becker, Walter*, a. a. O., S. 175 u. Fußnote 205. *Barth, Hans*, hat in seiner Dissertation über das Thema aus der Chemnitzer Sozialgeschichte „Die sozialen Zustände der unteren Bevölkerungsschichten in Chemnitz während der Umgestaltung unseres Wirtschaftslebens im vorigen Jahrhundert", Diss., Frankfurt am Main, o. J., die Angaben der Jahresberichte der Handels- und Gewerbekammer zu Chemnitz verwendet. Wir haben diese Angaben bis zur Zeit des Beginns des ersten Weltkriegs weiter verfolgt und in die von uns zusammengestellte Tabelle eingetragen. Eine für jedes Jahr gewonnene Zusammenstellung über den „Versand von Maschinen und Maschinenteilen in Chemnitz" und eine dazu erfolgte Gegenüberstellung über den „Eingang von Roheisen in Chemnitz" geben wir im Anhang in einer Gesamtzusammenstellung (s. Tab. 1).

sische Maschinenfabrik vorm. Rich. Hartmann A.G., errechneten Werten liegt. In Wirklichkeit dürfte die Differenz sogar noch etwas größer sein, da im Laufe der Entwicklung die Gewichtseinheiten im Vergleich zur Leistung der Maschinen eine sinkende Tendenz zeigten. Es ist außerdem zu beachten, daß sich das Schwergewicht innerhalb der deutschen Maschinenbauindustrie auch in Chemnitz immer mehr zugunsten *spezialisierter* Maschinenbauerzeugnisse verschoben hat.[22]

Wenn im Jahre 1914 in Chemnitz insgesamt 156 Maschinenfabriken einschließlich der Maschinenbauwerkstätten existiert haben, so ergibt das für die Zeit kurz vor Ausbruch des ersten Weltkrieges einen Umsatz von etwa 494 t oder 440000 Mark für jeden dieser Betriebe.[23] Auf das Jahr 1871 umgerechnet, bei allerdings nur 67 Chemnitzer Maschinenfabriken, kommen wir auf einen durchschnittlichen Umsatz pro Maschinenfabrik von etwa 254 t; unter Berücksichtigung der Preisunterschiede erachten wir für 1871 pro Chemnitzer Maschinenfabrik einen Umsatz von 200000 bis 230000 Mark für möglich.[24]

Im Zusammenhang damit steht die wachsende *Leistung* der hergestellten Maschinen. Bereits für die Zeit vor 1870 ist festgestellt worden, daß die Maschinen komplizierter und qualitativ besser werden.[25] Dafür lassen sich auch Beispiele aus der Geschichte der Maschinenbauindustrie nach der Reichsgründung erbringen. So stieg in Chemnitz[26] bei einer Zunahme der *Zahl* der Dampfmaschinen von 1881 bis 1891 um 6,6 Prozent oder 91,8 Stück pro Jahr die *Leistung* dieser Maschinen in demselben Zeitraum um etwa 9,5 Prozent auf 2009 PS pro Jahr.

22 In der Zeit nach der Jahrhundertwende sind in erster Linie Erzeugnisse der spezialisierten Chemnitzer Textilmaschinen- und Werkzeugmaschinenindustrie sowie des aufstrebenden Fahrzeugbaus auf dem Weltmarkt konkurrenzfähig geworden, hinter denen Betriebe des allgemeinen Maschinenbaus in ihrer Entwicklung zurückblieben, wobei sogar einige Firmen, wie die Maschinenfabrik Germania, ihre um die Jahrhundertwende erzielten Umsätze bis zum Beginn des ersten Weltkrieges nicht mehr erreichten. (Vgl. die Geschäftsberichte dieser Firma im Betriebsarchiv der VEB Germania Karl-Marx-Stadt.)

23 Der Preis pro kg der hergestellten Maschinen beträgt nach den Berechnungen von *Haubold, Sybille*, Entwicklung und Organisation einer Chemnitzer Maschinenfabrik, Diss., Dresden 1939, S. 92, für das Geschäftsjahr 1912/1913 im Durchschnitt = 94,52 Pfg., für 1913/1914 = 92,68 Pfg. und für 1914/1915 = 98,87 Pfg.

24 Nach den Geschäftsberichten der Sächs. Maschinenfabrik wird der Verkaufspreis pro 100 kg für die zweite Hälfte der 70er Jahre mit 81 bis etwa 99 Mark angegeben; bis Mitte der 80er Jahre erfolgt dann ein Preisrückgang bis auf etwa 73 Mark pro 100 kg. Die Preise waren stark von der zyklischen Bewegung der industriellen Entwicklung abhängig. Auch Becker (vgl. a. a. .O., S. 151 u. 166) beklagt das Fehlen exakter Preisunterlagen für den von ihm bearbeiteten Zeitabschnitt.

25 *Mottek, Hans*, a. a. O., S. 174. Vgl. auch *Becker, Walter*, a. a. O., S. 175.

26 Jahresbericht der Handels- und Gewerbekammer zu Chemnitz, Jg. 1893, S. 233ff.

Noch deutlicher wird der qualitative Unterschied, wenn wir die Leistungen der Dampfmaschinen ausgewählter Betriebe mit der Anzahl der in ihnen Beschäftigten in Beziehung setzen.

Nach dem Beispiel von Karl Marx über den Stand der Produktion der Kruppschen Gußstahlfabrik aus dem Jahre 1862 kamen damals „noch nicht 2 Arbeiter auf 1 Pferdekraft“.[27] Um die Jahrhundertwende finden wir dasselbe Verhältnis von etwa 1 PS auf zwei Arbeiter bereits in einem mittelgroßen Maschinenbaubetrieb wie der Maschinenfabrik Germania in Chemnitz.[28] Bei einem Vergleich der Anzahl der beschäftigten Personen in *allen* deutschen Maschinenbaubetrieben mit der nachgewiesenen Kraftleistung in PS nach dem Stand vom 12. 6. 1907 steht dieses Verhältnis bereits bei *einem* Arbeiter zu 1 PS.[29] Bei Ausbruch des ersten Weltkrieges (1914/1915) kommen wir bei Großbetrieben[30] zu einem Verhältnis von bereits 4 : 3 zugunsten der verwendeten Pferdestärken.

Die zunehmende Leistung je Gewichtseinheit bezieht sich jedoch nicht allein auf Dampfmaschinen, sondern auf Maschinen schlechthin.[31] Der Grund hierfür dürfte u. a. in einer Verminderung der Brenn- und Rohstoffmengen je Gewichtseinheit des Fertigprodukts zu suchen sein. So kamen in der Hanomag auf 100 kg Fertigprodukt[32]

im Geschäftsjahr	Brennstoffe	Rohstoffe
1897/1898	186 kg	130 kg
1906/1907	107 kg	121 kg

Sicher haben bei diesem Vorgang aber auch die wachsende *Qualität* der Rohstoffe und Halbfabrikate sowie eine verbesserte Technologie eine nicht zu unterschätzende Rolle gespielt.

Die Entwicklung des Umsatzes je Arbeiter konnte ebenfalls gesteigert werden. In einem Chemnitzer Betrieb des allgemeinen Maschinenbaus[33] wurden jährlich je Arbeiter dieses Betriebes 1890 Maschinenbauerzeugnisse mit einem Gewicht von 6448 kg hergestellt; bis 1912 steigerte sich dieses Gewicht auf 9756 kg,

27 *Marx, Karl,* Das Kapital, Erster Band, in: MEW, a. a. O., S. 412, Fußn. 112.
28 *Zöllner, Wilhelm,* Chemnitz am Ende des XIX. Jahrhunderts (Festschrift), o. J., S. 148.
29 StJb, 32. Jg., 1911, S. 62f.
30 *Däbritz, Walter/Metzelin, Erich,* Hundert Jahre Hanomag, Düsseldorf 1935, S. 121 u. 112f. Vgl. zur Leistung von Dampfmaschinen auch den Abschnitt über Ausrüstung und organisatorische Gliederung von Betrieben der deutschen Maschinenbauindustrie.
31 *Becker, Walter,* a. a. O., S. 175.
32 *Glaser, Eduard,* Hannoversche Maschinenbau A.G. vorm. Georg Egestorff zu Linden vor Hannover, Diss., Halle 1909, S. 30.
33 *Haubold, Sybille,* a. a. O., S. 70.

sank dann aber in den beiden ersten Kriegsjahren wieder ab. Vergleichen wir damit die Angaben über die Umsatzentwicklung in der Sächsischen Maschinenfabrik etwa des Geschäftsjahres 1872/1873, so stellen wir fest, daß damals die Jahresleistung pro Arbeiter in den Unternehmen des allgemeinen Maschinenbaus wesentlich niedriger gewesen sein muß und im konkreten Fall (bis in die Mitte der 80er Jahre!) 4 t und weniger betragen hat.

Bedeutend gestiegen sind auch in dem von uns untersuchten Zeitraum die Umsätze und Leistungen der der Mehrzahl aller bedeutenderen Maschinenfabriken angeschlossenen oder unabhängig von ihnen arbeitenden *Eigengießereien*. So hat sich die Produktion in der Eisengießerei der König Friedrich August-Hütte in Potschappel bei Dresden (mit angeschlossener Kesselschmiede und Maschinenbauwerkstatt) in der zweiten Hälfte der 90er Jahre wie folgt entwickelt[34]:

Produktion (in t)	1894/1895	1895/1896	1896/1897	1897/1898
Gießerei	791	1306	1418	1559
(Kesselschmiede	92	86	106	151)
(Maschinenbauwerkstatt	446	560	572	807)

Über einen längeren Zeitraum sind wir über die Entwicklung der Produktion in der Eisengießerei von Meier & Weichelt in Leipzig unterrichtet.[35] Die Produktion steigerte sich hier wie folgt:

Jahr	Anzahl der Arbeiter	Erzeugnisse in t
1890	200	2200
1900	450	6000
1910	1350	15000

Das heißt: Sowohl die Anzahl der Arbeiter als auch die Menge an Eisenguß wurden in zwanzig Jahren auf beinahe das Siebenfache gesteigert, wobei die Zunahme der Steigerungen, auf die beiden Jahrzehnte verteilt, beinahe die gleichen Werte ergibt. Die Tonnenleistungen je Arbeiter betrugen hier 1890 = 11 t, 1900 = 13,3 t und 1910 = 11,1 t. Die von uns errechneten Tonnenleistungen je Arbeiter des Gustavsburger Teils der späteren MAN-Werke (an fertigen Konstruktionen) ergaben für die Geschäftsjahre 1885/1886 bis 1891/1892 Leistungen der Arbeiter in den Größenverhältnissen zwischen 9,6 und 12,2 t.[36]

34 Die sächsischen Aktien-Gesellschaften (Jahrbuch der Dresdner, Leipziger und Zwickauer Börse), Ausg. 1900–1901, Leipzig 1901, S. 160f.

35 Beiträge zur Geschichte der Technik und Industrie (im folgenden: Beiträge GTI), 14. Bd., 1924, S. 273f. Diese Firma wurde 1874 als OHG gegründet und entwickelte sich nach bescheidenen Anfängen bis 1924 zu einem der größten deutschen Gießereibetriebe.

36 *Büchner, Fritz*, a. a. O., S. 110.

Für die Rentabilität der Betriebe aus der Maschinenbaubranche konnte es auch nicht gleichgültig sein, wie hoch der jährliche Verbrauch an Rohstoffen und Halbfabrikaten gewesen ist. Zum Beispiel betrug der Jahresverbrauch an Rohmaterialien 1874 in der Hannoverschen Maschinenbau A.G. vorm. Georg Egestorff[37]:

4500 t	Roh- und Brucheisen
4250 t	Walzeisen und Schrott
3000 t	Bleche
2000 t	Stahlachsen u. ä.
500 t	Siederohre
500 t	Kupfer- und Messingbleche sowie Röhren
250 t	Kupfer, Zinn und andere Rohmetalle
24000 t	Kohlen und Koks

Nach der Jahrhundertwende erhöhte sich im Gustavsburger Werk des MAN-Unternehmens der Materialverbrauch innerhalb von zehn Geschäftsjahren (1903/1904 bis 1912/1913) wie folgt[38]:

bei Walzeisen	von ca.	18600 t	auf ca.	41100 t
bei bearbeitetem Eisen und Stahl	von ca.	1835 t	auf ca.	4115 t
bei Gußeisen	von ca.	621 t	auf ca.	1774 t
bei Armaturen	von ca.	30 t	auf ca.	279 t

Und für das Nürnberger Werk desselben Unternehmens wurden etwa für den gleichen Zeitraum u. a. folgende Angaben über die Höhe des Materialverbrauchs ermittelt[39]: Der Verbrauch an Kohle war von ca. 9200 auf ca. 18000 t gestiegen, an Koks wurden zuletzt 5300 t verbraucht, der Gesamtverbrauch an Eisen belief sich im Geschäftsjahr 1911/1912 auf insgesamt 46322 t, davon mehr als 20000 t an Walzeisen, 13000 t an Roheisen, mehr als 9000 t an bearbeitetem Eisen und Stahl.

Die Entwicklung des Materialverbrauchs in Betrieben des Maschinenbaus erfolgte jedoch nicht kontinuierlich, sondern in Abhängigkeit von den Marktverhältnissen und damit im Zusammenhang mit der zyklischen Entwicklung. Das macht eine Zusammenstellung deutlich über den in den einzelnen Jahren erfolgten Eingang von Roheisen in Chemnitz, die auch in groben Umrissen den Verlauf der in der Zeit zwischen der Reichsgründung und dem Ausbruch des ersten Weltkrieges aufgetretenen Krisen deutlich werden läßt[40]:

37 *Däbritz, Walther/Metzelin, Erich,* a. a. O., S. 70.

38 Beiträge GTI, 5. Bd., 1913, S. 294. (In: *Matschoss, Conrad,* Geschichte der Maschinenfabrik Nürnberg, S. 244ff.)

39 Ebenda.

40 Vgl. Tabelle 1 im Anhang.

Jahr	Eingang von Roheisen (in 1000 t)	Jahr	Eingang von Roheisen (in 1000 t)	Jahr	Eingang von Roheisen (in 1000 t)
1870	9,9	1884	19,3	1899	37,8
1871	15,7	1885	18,5	1900	35,5
1872	27,7	1886	18,0	1901	16,8
1873	25,0	1887	19,1	1902	17,9
1874	11,4	1888	24,4	1903	16,2
1875	14,1	1889	28,8	1904	29,2
1876	13,1	1890	26,0	1905	43,0
1877	9,3	1891	15,1	1906	54,6
1878	7,5	1892	15,9	1907	62,5
1879	11,3	1893	23,1	1908	33,5
1880	15,5	1894	23,0	1909	40,6
1881	16,1	1895	23,9	1910	46,3
1882	17,7	1896	32,3	1911	41,6
1883	19,6	1897	31,9	1912	50,1
		1898	31,5	1913	43,0

Die Menge des für die Chemnitzer Betriebe eingegangenen Roheisens von 1872 wurde erst 1889 übertroffen; eine allgemeine Aufwärtsbewegung macht sich nach Beendigung der sogenannten Großen Depression Mitte der 90er Jahre und dann wieder ab 1904 bemerkbar. Wir finden auch hier wie bei der Analyse des Umsatzes eine Steigerung der in Chemnitz eingegangenen Mengen an Roheisen: Von 1870 bis 1900 auf etwa das Dreieinhalbfache, aber von 1900 bis 1912, welches Jahr auch hierbei einen Höhepunkt vor Ausbruch des ersten Weltkrieges darstellt, nur noch auf etwas weniger als das Anderthalbfache, in der Gesamtheit von 1870 bis 1912 auf etwa das Fünffache, wobei wir die gegenüber der Umsatzentwicklung aufgetretene relativ kleine Differenz aus der wachsenden Verwendung von Nichteisenmetallen u. ä. bei der Produktion von Maschinenbauerzeugnissen erklären können.

Dieser Steigerungswert deckt sich mit dem für ganz Deutschland errechneten Wert des Roheisenverbrauchs pro Kopf der Bevölkerung. Das geht daraus hervor, daß, wenn wir 1871, zum Ausgangspunkt und 1913 zum Endpunkt dieser Entwicklung nehmen, der Roheisenverbrauch von ca. 50 kg[41] auf 277 kg[42], also auf etwa das Fünfeinhalbfache, steigt. Dieser Wert ent-

41 *Becker, Walter*, a. a. O., S. 269, Tab. 1.

42 *Kuczynski, Jürgen*, Die Geschichte der Lage der Arbeiter unter dem Kapitalismus, T. I, Bd. 15, Berlin 1963, S. 22. Für 1914 gibt Kuczynski den Roheisenverbrauch pro Kopf der Bevölkerung mit 205 kg an, für 1893 bzw. 1899 mit 98,7 bzw. 154,9 kg. (Vgl. Derselbe, a. a. O., T. I, Bd. 12, S. 106.) Die hier angegebenen Werte weichen z. T. beträchtlich von den von Spiethoff angeführten Werten ab (vgl. Tab. 2).

spricht etwa dem allein während der beiden Jahrzehnte vor der Reichsgründung erzielten.[43]

b) Fortschreitende Spezialisierung und allmählich erfolgende Hinwendung zur Produktion auf Lager

Die Mehrzahl der deutschen Maschinenfabriken war zunächst auf den Bau fast aller Maschinen eingerichtet.[44] In den Jahrzehnten nach der Reichsgründung bildeten sich im Zusammenhang mit der Entwicklung der Produktivkräfte und der sich vollziehenden Erweiterung des Maschinenmarktes mehr und mehr einzelne Betriebsabteilungen für bestimmte Maschinenbauerzeugnisse heraus. Es entstanden Zweigfabriken für einzelne Spezialerzeugnisse, die vielfach noch mehr oder weniger lose mit dem allgemeinen Maschinenbau verbunden waren. In fortschreitendem Maße waren die Maschinenbauunternehmer gezwungen, infolge der zunehmenden Konkurrenz das hergestellte Produkt immer schneller zu realisieren, damit sie „durch die Beschleunigung des Kapitalumschlages wesentlich höhere Profite" erzielen und damit eine umfangreichere Akkumulation verwirklichen konnten.[45] Um dies zu erreichen, gingen die Maschinenbauunternehmer mehr und mehr „vom empirischen Maschinenbau zur wissenschaftlichen Durchdringung des Produktionsprozesses"[46] über. Dabei wurden auch Voraussetzungen dafür geschaffen, die bis 1870 im großen und ganzen noch übliche Kundenproduktion zurückzudrängen und mehr für den anonymen Markt zu produzieren.

Beide eng miteinander verbundenen Prozesse: die Fortschritte bei der Herausbildung einer immer differenzierter werdenden Zweigstruktur, einer ständig zunehmenden Arbeitsteilung innerhalb der Maschinenbauindustrie wie auch die stufenweise, wenn auch durchaus noch nicht endgültig erfolgende Ablösung der herkömmlichen Kundenproduktion durch eine Produktion auf Lager, bilden den Hauptgegenstand der Untersuchung in diesem Abschnitt.

Bei dem bisher üblichen Verfahren, daß nahezu *alle* Maschinenarten in möglichst *jedem* Maschinenbauunternehmen gebaut wurden, ging es den Maschinenbauunternehmern darum, einen entscheidenden Teil der Produktion ihres Werkes absatzmäßig zu sichern, im weitesten Sinne des Wortes also Kunden-

43 *Becker, Walter*, a.a.O., S. 255. Vgl. dazu auch den Abschnitt „Langfristige Entwicklungslinien des Maschinenbaues" bei *Reitschuler, Siegfried*, Die Stellung der Maschinenindustrie im Prozeß der Industrialisierung, Köln/Opladen 1963, S. 212ff., wonach für die Zeit von 1800 bis 1860 eine Steigerung der Industrieproduktion um mehr als das Fünffache zu verzeichnen war (S. 213). Von 1860 bis 1913 hat sich nach Angaben desselben Verfassers das Produktionsvolumen dann mehr als versechsfacht (S. 214).

44 Nach *Becker, Walter*, ebenda. trifft dies noch für das Jahr 1871 zu.

45 Ebenda, S. 201f.

46 Ebenda, S. 200.

produktion zu treiben, indem möglichst viel auf Bestellung und möglichst wenig auf Vorrat gebaut wurde. Dabei wurde durch das in der Hauptsache noch stark begrenzte Absatzgebiet vieler Firmen eine Arbeitsteilung innerhalb des Maschinenbaus in diesem Zeitpunkt der Entwicklung gehemmt.[47] In dem Maße, wie der Kapitalmangel durch die Gründung von Aktiengesellschaften und anderen Arten von Kapitalgesellschaften zurückging und der innere und äußere Markt sich erweiterten, wurden Voraussetzungen für eine stärkere Arbeitsteilung innerhalb der Maschinenbauindustrie wie auch einer zunehmenden Produktion für den anonymen Markt geschaffen.

Aber gerade für die Zeit nach der Reichsgründung gibt es noch viele Beispiele dafür, daß sich auch innerhalb des Maschinenbaus das Neue nicht kontinuierlich durchzusetzen vermochte. Das galt damals auch in bezug auf die *Kundenproduktion.* „Der Leiter einer Maschinenfabrik arbeitet . . . nicht für einen abstrakten Markt, für eine nach Geschmack und Richtung unbestimmte Nachfrage, sondern muß stets den besonderen Ansprüchen eines bestimmten Kunden gerecht werden. . . Jeder Auftrag bedarf seiner ganzen Anpassungsfähigkeit".[48] Wenn diese Feststellung in erster Linie für den Bereich des allgemeinen Maschinenbaus Gültigkeit hat, so trifft sie jedoch auch noch für manche neuaufkommenden Spezialerzeugnisse zu, für die viel Konstruktionsarbeit erforderlich war und welche auf die lokalen Verhältnisse des jeweiligen Bestellers abgestimmt werden mußten. So wird im Hinblick auf die seit 1899 im Tegeler Werk bei Borsig produzierten Kältemaschinen hervorgehoben: „Überhaupt ist es ein Kennzeichen jener Zeit, daß jeder Auftrag sehr viel neue Konstruktionsarbeit erforderte. Die Verdichter mußten . . . jeweils eigens entworfen werden; ebenso wurden die Apparate stets den örtlichen Verhältnissen angepaßt. An Lagerhaltung war infolge der hohen Kosten und der individuellen Bauweise nicht zu denken."[49] Auch bei der Darstellung der Absatzverhältnisse der noch zu Beginn dieses Jahrhunderts vielerlei Produkte herstellenden Hannoverschen Maschinenbau A.G. vorm. G. Egestorff wird ausdrücklich hervorgehoben, daß hier noch „ausschließlich" auf Bestellung gearbeitet wurde, ein Grundsatz, der lediglich bei der Lieferung der in Massenproduktion hergestellten Heizkörper nicht eingehalten wurde.[50] Daneben finden wir auch noch die im Zusammenhang mit hohen Auftragsbeständen „im allgemeinen langfristigen Lieferzeiten"[51] und zumindest für die Zeit vor der Jahrhundertwende eine mangelnde Reklametätigkeit. So z. B. waren Zeitungsberichte über Transporte von Borsigschen Kesseln

47 *Schröter, Alfred,* Die Entstehung der deutschen Maschinenbauindustrie in der ersten Hälfte des 19. Jahrhunderts, in: Schröter/Becker, Die deutsche Maschinenbauindustrie in der industriellen Revolution, a. a. O., S. 97.

48 *Harnisch, Elisabeth,* Die Kartellierungsfähigkeit der Maschinenindustrie, Diss., Heidelberg 1917, S. 31f.

49 Deutscher Maschinenbau 1837–1937 im Spiegel des Werkes Borsig (Festschrift), Berlin 1937 (im folgenden: Festschrift Borsig), S. 312.

50 *Glaser, Eduard,* a. a. O., S. 11f.

51 Festschrift Borsig, S. 33.

durch die Berliner Straßen die zunächst „einzige, allerdings sehr wirksame Werbung".[52]

Wie in der Zeit der industriellen Revolution erfolgte eine Produktion für den Markt in weiten Teilen der Maschinenbauindustrie nur in Krisenzeiten.[53] „In den schweren Stockungen der 80er und 90er Jahre haben Gewerbe auf Vorrat gearbeitet, denen die Lagerhaltung an sich fremd ist, wie der Maschinenbau und das polygraphische Gewerbe."[54] Und noch für das Jahr 1909 wird die „Arbeit auf Vorrat" besonders hervorgehoben.[55] Im Gegensatz dazu existiert bereits in der Zeit vor 1871 eine sich auf zukünftige Nachfrage beziehende Transportindustrie.[56]

Innerhalb der Maschinenbauindustrie wurde auch durch die „aus dem Handwerk entlehnte und durch die Marktverhältnisse geförderte Methode, nur auf Bestellungen hin zu produzieren, ... die Vielfalt der Produktion ... konserviert."[57] So heißt es in bezug auf die Arbeitsorganisation der 1862 gegründeten Maschinenfabrik R. Wolf in Magdeburg-Buckau: „In der ersten Zeit mußte Wolf bei dem damaligen Stand der Industrie Wert darauf legen, das Gebiet des allgemeinen Maschinenbaus möglichst vielseitig zu bearbeiten, bot ihm doch die Lieferung der verschiedensten Arbeitsmaschinen die beste Gelegenheit, seine Lokomobile als Betriebsmaschinen zu empfehlen."[58] Die Produktion von vielerlei Artikeln des allgemeinen Maschinenbaus wird also auch dazu benutzt, um auf dem Gebiet eines bevorzugten, eines Spezialartikels ins Geschäft zukommen! Wohl aus diesem Grunde wird noch in der Zeit des Ausbruchs des ersten Weltkrieges bei der Darstellung des „Zwecks" der Fabrikation der Maschinenfabrik Eßlingen wie auch der Maschinenbauanstalt Humboldt in Köln-Kalk hervorgehoben, daß wir es bei diesen Firmen mit einem

52 Ebenda, S. 35.

53 Vgl. *Schröter, Alfred,* a. a. O., S. 97.

54 *Spiethoff, Arthur,* Die wirtschaftlichen Wechsellagen, 1. Bd., Tübingen/Zürich 1955, S. 178.

55 *Feiler, Arthur,* Die Konjunktur-Periode 1907–1913 in Deutschland, Jena 1914, S. 67f.

56 *Mottek, Hans,* Einleitende Bemerkungen – Zum Verlauf und zu einigen Hauptproblemen der industriellen Revolution in Deutschland, in: Mottek/Blumberg/Wutzmer/Becker, Studien zur Geschichte der industriellen Revolution in Deutschland (Veröffentlichungen des Instituts für Wirtschaftsgeschichte an der Hochschule für Ökonomie, Berlin-Karlshorst, Bd. 1), Berlin 1960, S. 30f.; vgl. dazu auch *Becker, Walter,* a. a. O., S. 206f.

57 *Schröter, Alfred,* a. a. O., S. 96.

58 *Matschoss, Conrad,* Die Maschinenfabrik R. Wolf, Magdeburg-Buckau 1862 bis 1912, Magdeburg, o. J. (1912), S. 97. Nach demselben Prinzip haben auch andere Betriebe verfahren, so z. B. die Benrather Maschinenfabrik A.G., die (um die Jahrhundertwende) vollständige Walzwerke einrichtete, um Aufträge im Hebezeugbau zu erhalten (*Matschoss, Conrad,* Ein Jahrhundert deutscher Maschinenbau 1819–1919, Berlin 1919, S. 205).

Maschinenbau „im weitesten“ (bzw. „im ausgedehntesten“) „Sinne des Wortes“ zu tun haben.[59]

Als es mit Hilfe der Banken zu einer umfangreicheren Anlage von konstantem fixem Kapital in der Maschinenbauindustrie kam und der Maschinenmarkt sich allmählich erweiterte, begann auch die Spezialisierung in diesem Sektor eine verstärkte Rolle zu spielen.[60] Es handelt sich dabei in der Regel um eine Spezialisierung auf „produktions- und absatzverwandte“ Maschinen.[61] Die Gründe dafür sind u. a. darin zu finden, daß sich „die Produktion von wenigen Maschinentypen profitabler“ gestaltet[62]; das heißt: Bei einer Konzentration der Produktion auf bestimmte Maschinenbauerzeugnisse konnte mit einem geringeren Aufwand an konstantem fixem Kapital und einem höheren Profit gerechnet werden.

Neben der Art der Spezialisierung auf *bestimmte* Maschinenbauerzeugnisse spielte noch ein zweiter, eng damit verbundener Umstand innerhalb der deutschen Maschinenbauindustrie eine wesentliche Rolle. Er bestand in einer *bewußten* Beibehaltung einer gewissen Vielseitigkeit, die u. a. dazu diente, bei zunehmender Arbeitsteilung innerhalb des einzelnen Betriebes diesen dauernd wettbewerbsfähig zu halten. „Bei produktionsverwandten Maschinen in ein und derselben Maschinenfabrik handelte es sich z. T. um sehr eng miteinander verwandte Maschinentypen, z. B. um Kalander für die Textil- und Papierindustrie oder um Zentrifugen für die Textil- und chemische Industrie. Dieser Beschränkung auf produktionsverwandte Maschinen paßte sich dann im Produktionsprogramm von der Absatzseite her gesehen die Angliederung anderer Maschinen für die Abnehmerindustrien (z. B. für die Textil-, Papier- und chemische Industrie – d. Verf.) an.“[63] Die Spezialisierung auf produktionsverwandte Maschinentypen hatte im Interesse der Wettbewerbsfähigkeit des Betriebes eine bewußte Vielseitigkeit zur Folge, „die Spezialisierung, um eine außerordentliche Leistungsfähigkeit zu erreichen, die Vielseitigkeit, um die Kapazität des Unternehmens möglichst dauernd gleichmäßig auszunützen“.[64] Die Grenzen einer solchen Vielseitigkeit waren weit gesteckt, da, besonders in Krisenzeiten, immer die Gefahr, die Produktion zu zersplittern und auf die Position einer sogenannten Warenhausproduktion abzugleiten, bestand. Darüber hinaus wurden in vielen Maschinenfabriken „neben allen möglichen Arbeitsmaschinen . . . auch Betriebsdampfmaschinen . . . gebaut, weil eben die Verbraucher von Arbeitsmaschinen irgendwelcher Art gerne den Fabrikanten dieser, den sie als zuverlässig kannten, mit der Lieferung der Antriebsmaschinen betrauten.“[65]

59 Handbuch DAG, T. I, S. 1118 u. T. II, S. 766.

60 Vgl. *Schröter, Alfred*, a. a. O., S. 97: „Die Spezialisierung des Maschinenbaues ist eine Angelegenheit der zweiten Hälfte des 19. Jh.“

61 *Haubold, Sybille*, a. a. O., S. 61.

62 *Becker, Walter*, a. a. O., S. 202.

63 *Haubold, Sybille*, a. a. O.,S. 61.

64 Ebenda.

65 *Berthold, Karl*, Untersuchungen über den Standort der Maschinenindustrie in Deutschland, Jena 1915, S. 39.

Aus technischen Gründen wurde es ferner in den meisten Fällen für erstrebenswert gehalten, bei der Produktion ganzer Anlagen nach Möglichkeit auch die Herstellung der *Einzelteile* in die Hand zu bekommen. So finden wir um die Jahrhundertwende im Zusammenhang mit der Gründung einer Kraftanlagenabteilung bei Borsig die Feststellung[66], es sei zweckmäßig, „eine Dampfkraftanlage stets als Ganzes und Einheitliches zu entwerfen und nicht, wie dies häufig zum Schaden der Besitzer geschieht, die zahlreichen Einzelteile in ebensoviel Hände zu geben, wobei das Gesamtresultat die auf Grund der Einzelgarantien erwarteten Werte in der Regel bei weitem nicht erreicht", denn erst durch „diese Zusammenballung von Betriebserkenntnissen, ihre Auswirkung auf Baustoffauswahl" usw. sei es möglich geworden, die Wünsche der Käufer wirklich zu befriedigen. Wenn wir auch bei Darlegungen, wie sie in Fest- und Jubiläumsschriften geäußert werden, gewisse Abstriche machen müssen, so viel dürfte richtig sein: Eine sich herausbildende Spezialisierung auf produktionsverwandte Maschinenbauerzeugnisse bei gleichzeitig betonter Vielseitigkeit innerhalb des allgemeinen Maschinenbaus schließen einander nicht aus, sondern bedingen und ergänzen einander. Auf alle Fälle hat man es noch nicht bei *allen* Maschinenbauerzeugnissen mit einer Serien- bzw. Massenproduktion zu tun, obwohl die Spezialisierung eine „unerläßliche Vorbedingung der Massenproduktion"[67] darstellt. Sie ist aber eben nur deren Voraussetzung, wohingegen eine sich nach und nach entwickelnde Spezialisierung *ohne* Massenfabrikation diesem Sektor der deutschen Maschinenbauindustrie des Gepräge gibt.[68]

Wie hat sich nun die *Spezialisierung* im Bereich des Maschinenbaus, besonders auf dem Gebiet des allgemeinen Maschinenbaus, im einzelnen entwickelt? Bei der Beantwortung dieser Frage muß beachtet werden, daß die sich allmählich durchsetzende Spezialisierung sich „in vielen Fällen nicht auf den ganzen Betrieb ausdehnte, sondern ihn in mehrere Spezialfabriken zerlegte".[69] In der Regel entstanden bei der Mehrzahl dieser Maschinenbaubetriebe Betriebs*abteilungen*, in denen zeitweilig oder auf die Dauer mehr oder weniger spezialisierte Maschinenbauerzeugnisse produziert wurden.

Bei vielen – auch größeren – Maschinenfabriken, wie der Maschinenbau A.G. Nürnberg, der Sächsischen Maschinenfabrik oder der Hannoverschen Maschinenbau A.G. stand der Bau von *Dampfmaschinen*[70] traditionsgemäß immer noch

66 Festschrift Borsig, S. 98.

67 *Harnisch, Elisabeth*, a. .a O., S. 63.

68 Vgl. dazu die Ausführungen von *Wagon, Eduard*, Die finanzielle Entwicklung deutscher Aktiengesellschaften von 1870–1900 und die Gesellschaften mit beschränkter Haftung im Jahre 1900, Jena 1903, S. 61, wonach die Stärke des Maschinenbaus in der Spezialisierung liegt.

69 *Doogs, Kurt*, Die Berliner Maschinen-Industrie und ihre Produktionsbedingungen seit ihrer Entstehung, Diss., Berlin 1928, S. 76.

70 Innerhalb des Dampfmaschinenbaus bilden sich ihrerseits spezielle Zweige, wie bei Borsig (Festschrift Borsig, S. 200ff.) der Bau von Schiffsdampfmaschinen heraus.

an der Spitze des Produktionsprogramms. Daneben wurden *Dampfkessel* – ein unerläßliches Zubehör der Lokomotivfabriken! – und vielfach auch *Pumpen* produziert. Darüber hinaus entstanden auch auf den beiden letzteren Gebieten Spezial*fabriken*, so daß z. B. 1912 im Augsburger Betrieb der MAN-Werke der herkömmliche Pumpenbau, der dort in den 60er und 70er Jahren seine größte Blütezeit erlebt hatte, aufgegeben werden mußte, weil Spezialfirmen nun „wesentlich leichtere und billigere Erzeugnisse auf den Markt“ brachten, mit denen die Augsburger Pumpenwerke nicht mehr konkurrieren konnten.[71] Hingegen wurde in Augsburg der Kesselbau „infolge der Zusammensetzung des Kundenkreises“ (d. h. vom Kleinabnehmer bis zum großen Elektrizitätswerk!) immer mehr auf den Bau verschiedener Kesselsysteme spezialisiert.[72] Um die gleiche Zeit wurde vom Augsburger Werk des MAN-Unternehmens der Bau von *Wasserturbinen* an die Maschinenfabrik von I. M. Voith in Heidenheim an der Brenz[73] abgegeben, so daß zu diesem Zeitpunkt auf diesem Gebiet des allgemeinen Maschinenbaus auf einen hohen Spezialisierungsgrad geschlossen werden kann.

Der Wasserturbinenbau war nicht nur eine Domäne sehr großer Maschinenfabriken. So produzierte die Maschinenfabrik Germania in Chemnitz[74], die Anfang der 70er Jahre die Produktion auch dieses Maschinenbauzweiges aufgenommen hatte, bis Ende 1910 ca. 800 Turbinen „von den kleinsten Leistungen an die hausindustriellen Betriebe bis zu 800 PS für Holzschleifereien, Pappen- und Papierfabriken“ in verschiedenen Systemen bei einer Gesamtleistung von ca. 50000 PS. Hingegen spezialisierte sich die ebenfalls Wasserturbinen wie auch Pumpwerkanlagen bauende Maschinen- und Armaturenfabrik vorm. H. Breuer & Co. in Höchst a. Main seit 1907 zusätzlich auf den Bau von Automobil- und Bootsmotoren[75], ging also auf ein ihren bisherigen Maschinenbauerzeugnissen artverwandtes *neues* Gebiet über.

In bezug auf die Aufnahme der Produktion von *Dieselmotoren* gewinnt das Werk Augsburg der MAN-Werke besondere Bedeutung, weil die Entwicklung der Dieselschen Erfindung seit 1897 in bedeutendem Maße mit der Entwicklung der Maschinenfabrik Augsburg A.G. bzw. der Maschinenfabrik Augsburg-Nürnberg A.G. in Verbindung steht.[76] Dieselmotoren wurden u. a. auch – neben

71 *Büchner, Fritz,* a. a. O., S. 145.

72 Ebenda, S. 194.

73 Ebenda, S. 144.

74 Geschichte der Maschinenfabrik Germania vorm. J. S. Schwalbe & Sohn in Chemnitz 1811–1911 (Gedenkschrift) (im folgenden: Gedenkschrift Germania), Chemnitz, o. J. (1912), S. 42f.

75 Handbuch DAG, T. I, S. 1136.

76 *Büchner, Fritz,* a.a.O., S. 181ff. 1897 hatten die Versuche in Augsburg begonnen. 1902 konnten bereits 4 Dieselmotoren (mit einer Gesamtleistung von 1600 PS) an die Kiewer Straßenbahnverwaltung geliefert werden. Die Produktion wurde zeitweilig, seit 1913 völlig in das Werk Nürnberg verlegt. Bis Ende 1913 sind aus diesem Werk insges. 284 ortsfeste Dieselmaschinen mit einer Gesamtleistung von 46755 PS hervorgegangen (Beiträge GTI, 5. Bd., 1913, S. 287). Vgl. dazu auch *Reitschuler, Siegfried,* a. a. O., S. 159f.

Dampfmaschinen, Pumpen und Heizungsanlagen – vom Werk Ludwigshafen der Fa. Gebr. Sulzer in Winterthur produziert[77]. Der Bau dieser Antriebsmaschinen – *neben* Spiritusbrennereien, Kalksandsteinfabriken und Dampfschiffen! – in der (mit zuletzt 2,25 Millionen Mark Aktienkapital) relativ kleinen Maschinenbauanstalt, Eisengießerei und Dampfkesselfabrik H. Pauksch A.G. in Landsberg a. d. Warthe[78] läßt darauf schließen, daß in diesem Betrieb das Prinzip der Spezialisierung noch sehr stark im Hintergrund gestanden hat.

Auch auf dem Gebiet des *Gasmaschinenbaus* bildeten sich Spezialabteilungen von Unternehmen des allgemeinen Maschinenbaus sowie Spezialfabriken heraus. So hatte 1898 der Nürnberger Betrieb der späteren MAN-Werke den gesamten Gasmaschinenbau des Gruson-Werkes (mit Zeichnungen, Modellen und Maschinen) übernommen und in den folgenden Jahren (bis Oktober 1913) 657 Gasmaschinen mit einer Leistung von 739660 PS (darunter 330 Maschinen mit einer Leistung von je über 1000 PS) geliefert.[79] In der Hauptsache Gasmotoren (neben anderen Kraftmaschinen) lieferten die Gasmotoren-Fabrik Deutz in Köln-Deutz[80], die Dresdner Gasmotorenfabrik vorm. Moritz Hille[81] und die Firma Gebr. Körting A.G. in Linden-Hannover, die nach dem Stand von 1914 neben Gasmaschinen auch Zentralheizungsanlagen sowie Automobil- und Luftschiffmotoren produzierte[82].

Nachdem auf dem Gebiet der Produktion von Arbeitsmaschinen gerade der *Schwermaschinenbau* bis zur Zeit der Reichsgründung einen nur sehr geringen Spezialisierungsgrad aufzuweisen hatte[83], verdient er jetzt besondere Beachtung, macht er doch die Ungleichmäßigkeit der Entwicklung im Sektor Maschinenbau besonders deutlich. Wir haben es bei diesem Maschinenbauzweig einerseits immer noch mit einer vor allem organisatorischen Verbindung zum allgemeinen Maschinenbau, andererseits jedoch bereits mit einem relativ hohen Spezialisierungsgrad *innerhalb* eines nach und nach selbständig werdenden Schwermaschinenbaus zu tun, der sich in zunehmendem Maße auch von der Schwerindustrie löst. Als Beispiel für den teilweise noch vorhandenen Zusammenhang mit dem allgemeinen Maschinenbau sei die kleine Zwickauer Maschinenfabrik genannt, die um die Jahrhundertwende (damaliges Aktienkapital = 0,75 Millionen Mark) neben Bergwerksmaschinen u. a. auch Dampfmaschinen, Transmissionen und Pumpen produzierte.[84]

77 Beiträge GTI, 2. Bd., 1910, S. 148ff.

78 Handbuch DAG, T. I, S. 1142. In diesem Unternehmen wurden in den Jahren 1900 bis 1904 sowie 1907 bis 1913 keine Dividenden mehr gezahlt; der Kurswert der Aktien war 1912 auf 48,6%, 1913 auf 7,3% gesunken.

79 Beiträge GTI, 5. Bd., 1913, S. 286f.

80 Handbuch DAG, T. II, S. 762.

81 Ebenda, T. I, S. 1103.

82 Ebenda, T. I, S. 1149. Die Gasmaschinenabteilung dieser Firma wurde nach dem ersten Weltkrieg mit der AEG vereinigt.

83 *Becker, Walter*, a. a. O., S. 203f. Danach existierten 1871 erst drei spezialisierte „reine" Maschinenfabriken für Berg- und Hüttenmaschinen.

84 *Spindler, Heinrich*, Zwickau i. Sa. nebst Industrie in Wort und Bild, Chemnitz, o. J. (1903), S. 93.

Auch außerhalb des rheinisch-westfälischen Industriegebietes ist die interessante Tatsache zu verzeichnen, daß einzelne Betriebe des allgemeinen Maschinenbaus, die aus Standortrücksichten gleichzeitig die Produktion von Bergwerksmaschinen u. ä. aufgenommen hatten, vielfach noch über weitere standortgünstige Spezialerzeugnisse verfügten. So produzierte die Maschinenfabrik Buckau A.G. in Magdeburg (1914) neben Braunkohlenbergwerksanlagen und Dampfmaschinen in erster Linie Zuckerfabriken.[85] Ähnlich lagen die Verhältnisse bei der Maschinen- und Werkzeugfabrik A.G. vorm. Aug. Paschen in Cöthen (Anhalt)[86], die neben Kohlenbeschickungsanlagen ebenfalls Einrichtungen für Zuckerfabriken produzierte. Eine der damals führenden deutschen Maschinenfabriken des allgemeinen Maschinenbaus, die Elsässische Maschinenbau A.G. in Mühlhausen im Elsaß, setzte im Geschäftsjahr 1912/1913 (18 Monate) bei einem Umsatz von insgesamt 38,4 Millionen Mark u. a. folgende Maschinenbauerzeugnisse um[87]:

Textilmaschinen	in Höhe von	16,0	Millionen	Mark
Werkzeugmaschinen	„ „ „	3,6	„	„
Lokomotiven	„ „ „	7,4	„	„
Produkte des Schwermaschinenbaus	„ „ „	9,6	„	„

Selbst im rheinisch-westfälischen Industriegebiet, dem wichtigsten Zentrum der deutschen Schwerindustrie, bestand sogar bei Großbetrieben noch nicht in jedem Fall eine völlige Trennung des allgemeinen Maschinenbaus vom Schwermaschinenbau. So war die Maschinenbauanstalt Humboldt in Köln-Kalk mit immerhin ca. 20 Millionen Mark Aktienkapital (1914) sowohl ein Unternehmen zur Produktion von Erzeugnissen des allgemeinen Maschinenbaus als auch von Spezialprodukten des Schwermaschinenbaus.[88] Dagegen kann die in erster Linie Bergwerksmaschinen produzierende Maschinenfabrik Thyssen & Co. A.G. in Mühlheim a. d. Ruhr (mit August Thyssen auf Schloß Landsberg als Vorsitzendem des Aufsichtsrates) als ausgesprochener Zuliefererbetrieb der Schwerindustrie auch als spezialisiertes Unternehmen der Schwermaschinenbauindustrie bezeichnet werden.[89]

In bezug auf die Entwicklung der Spezialisierung *innerhalb* dieses neuerstehenden Sektors Schwermaschinenbauindustrie sind ebenfalls Fortschritte zu

85 Handbuch DAG, T. I, S. 1156.

86 Ebenda, T. I, S. 1097.

87 Ebenda, T. I, S. 1162. Das Unternehmen verfügte 1914 über eine Beschäftigtenzahl von etwa 7000 und über ein Aktienkapital von 10,8 Mill. Mark.

88 Ebenda, T. II, S. 766. Die Kalker Maschinenfabrik A. G. in Köln-Kalk vereinigte in sich sogar drei Abteilungen, und zwar des allgemeinen, des Werkzeugmaschinen- und des Schwermaschinenbaus (ebenda, T. II, S. 765).

89 Ebenda, T. II, S. 784.

verzeichnen. Zum Beispiel wurde innerhalb der Duisburger Maschinenbau A.G. vorm. Bechen & Keetman[90], einer führenden Maschinenfabrik des rheinischen Schwermaschinenbaus, 1907 eine besondere Abteilung für die reihenweise Herstellung vollständiger Anlagen von Tunnel- und Gesteinsbohranlagen für Bauunternehmen errichtet. Einer viele Teilgebiete umfassenden Spezialisierung innerhalb des sich herausbildenden Schwermaschinenbaus waren damals jedoch noch Grenzen gesetzt, weil es immer noch und immer wieder darauf ankam, auftretende Sonderwünsche von Beziehern derartiger Erzeugnisse zu berücksichtigen.[91]

Welche Zersplitterung selbst noch in den Jahren vor Ausbruch des ersten Weltkrieges innerhalb von Spezialbetrieben der Schwermaschinenbauindustrie bestand, zeigt nachfolgende Tabelle[92], welche „die Verteilung der Hauptarbeitsgebiete auf die drei Betriebswerkstätten Wetter, Duisburg und Benrath *vor* der Fusion" zur Deutschen Maschinenfabrik A.G. Duisburg (Demag) zum Inhalt hat:

Zahl der Arten von Maschinen und maschinellen Anlagen

Arten	Insgesamt	Produktion bei „Wetter"	Produktion bei „Duisburg"	Produktion bei „Benrath"
Bergbau- u. Preßluftanlagen	5	2	4	—
Hochofenanlagen	4	2	2	3
Stahlwerksanlagen	7	5	4	4
Werftanlagen	3	3	3	3
Walzwerksanlagen	11	11	9	8
Hafenanlagen	2	2	2	2
Einrichtungen f. Fabriken u. ä.	5	4	3	3
Insgesamt	37	29	27	23

Also 37 unterschiedliche Arten von Schwermaschinenbauerzeugnissen wurden vor der Fusion des 1910 monopolisierten Betriebes ganz oder teilweise an drei verschiedenen Stellen produziert. Nach erfolgter Fusion hatte Benrath in erster Linie die Eisenkonstruktionen und den Hebezeugbau, Duisburg als „Kern der eigentlichen Maschinenfabrik" Walzwerksanlagen sowie Bergwerksmaschinen

90 *Matschoss, Conrad,* Ein Jahrhundert deutscher Maschinenbau 1819–1919, Berlin 1919, S. 169ff.

91 Ebenda, S. 244.

92 Ebenda, S. 218. Die dort veröffentlichten Angaben wurden vom Verf. ergänzt.

einschließlich der Preßluftwerkzeuge zu bauen, wobei „der für die Massenerzeugung in Frage kommende Zweig der Fabrikation" in einer besonderen Abteilung zusammengefaßt wurde; Wetter erhielt die Aufgabe, alle Zweigbetriebe mit Gießereierzeugnissen zu versorgen sowie Hüttenwerkskräne zu produzieren.

Auch auf dem Gebiet des *Schiffbaus* sind die Trennung vom allgemeinen Maschinenbau und die Herausbildung einer Spezialisierung nicht einheitlich vor sich gegangen. Der deutsche Schiffbau wurde in seinem Anfangsstadium zumeist von Maschinenfabriken ausgeführt.[93] So waren die Howaldtwerke in Kiel[94], die sich auf den Bau von Schiffsmaschinen spezialisierten, als Maschinenbauanstalt gegründet worden. Wir gehen hier auf die Entwicklung der Schichauwerke in Elbing, Danzig und Pillau zur Verdeutlichung dieses Vorgangs etwas näher ein[95]. Diese Werke wurden 1837 als Maschinenwerkstatt in Elbing gegründet, der 1845 eine Eisengießerei angeschlossen wurde. 1852 erfolgte die Gründung einer ersten Schiffswerft und 1860 der Anschluß einer Lokomotivfabrik. 1875 verfügte das Unternehmen bereits über zwei Betriebe mit insgesamt 1250 Arbeitern; 1891 waren es schon vier Betriebe: zwei in Elbing (mit Maschinenfabrik, Eisengießerei, Schiffswerft, Lokomotivfabrik sowie Kesselschmiede), einer Schiffswerft in Danzig sowie einem Schwimmdock und einer Reparaturwerkstätte in Pillau mit insgesamt 5000 Arbeitern, wobei – unter ständiger Vergrößerung der Zweigbetriebe – sich die Anzahl aller in diesem Unternehmen beschäftigten Arbeiter bis 1912 auf 8500 erhöhte. Eine teilweise Spezialisierung läßt sich innerhalb der einzelnen Werke und Abteilungen des Gesamtunternehmens feststellen, keinesfalls bezieht sich diese Einschätzung jedoch auf eine eindeutige Hinwendung zur Produktion von Erzeugnissen des Schiffbaus. So wurden bis Mitte 1912 von den Schichauwerken gebaut und ausgeliefert u. a. See- und Flußdampfer, darunter Torpedoboote[96], Dampfbagger, wovon ein großer Teil exportiert wurde, ferner Dampfmaschinen (mit einer Gesamtleistung von etwas mehr als 3 Millionen PS), darunter Schiffsmaschinen (mit einer Gesamtleistung von etwa $1^1/_4$ Millionen PS), Kessel, Lokomotiven, Dampfturbinen, Entwässerungsanlagen und Pumpwerke, Gußstücke aus Stahl, Eisen und Bronze sowie Ausrüstungsgegenstände für Zuckerfabriken u. ä. Dabei hatte das Unternehmen von 1898 bis 1912 u. a. 6 Linienschiffe für die Kaiserliche Marine geliefert und im Jahre 1912 seine 2000. Lokomotive gebaut.

Bei einer Zusammenstellung der Aktiengesellschaften auf dem Gebiet des deutschen Schiffbaus (ohne Dockgesellschaften)[97] wird ersichtlich, daß eine große Anzahl der dort aufgeführten Gesellschaften sowohl über Schiffswerften als auch über eigene Maschinenfabriken verfügten, so die Bremer Vulkan-Werke,

93 *Becker, Walter*, a. a. O., S. 208.
94 Beiträge GTI, 28. Bd., 1939, S. 183.
95 Die Schichauwerke in Elbing, Danzig und Pillau, 1837–1912. O. J. (1912), S. 9ff.
96 Ebenda, S. 10f. „Schichau gehörte zu den Waffenschmieden des Kaiserreichs – wie die Essener Krupps." (*Pritzkoleit, Kurt*, Wem gehört Deutschland? Wien/München/Basel 1957, S. 77f.).
97 Handbuch DAG, T. II, S. 830ff. bzw. T. I, S. 1194ff.

eines der größten Unternehmen dieser Gruppe. Bemerkenswert ist, daß mit den auf den Werften erbauten Schiffen vielfach auch die hierzu benötigten Schiffs*maschinen* produziert wurden. So hatte die 1896 von den Krupp-Werken übernommene Germania-Werft in Kiel bis 1913 78 Schiffsdieselmaschinen mit 454 Zylindern und einer Gesamtleistung von ca. 63000 PS erbaut.[98]

Der deutsche *Textilmaschinenbau* war schon 1870 ein selbständiger Zweig geworden.[99] Er tritt in der Folgezeit in Zusammenhang mit Unternehmen des allgemeinen Maschinenbaus in der Regel nur noch in *Groß*betrieben – hier meist in der Form von selbständigen Abteilungen – auf. So produzierte die Elsässische Maschinenbau A.G. in Mühlhausen/Elsaß[100] im Geschäftsjahr 1912/1913 von ihrer Gesamtproduktion 41,7 Prozent Erzeugnisse des Textilmaschinenbaus. Die Sächsische Maschinenfabrik vorm. Rich. Hartmann in Chemnitz richtete für ihre Gesamtproduktion 1870 fünf verschiedene Produktionsabteilungen ein, wodurch neben den Abteilungen für Lokomotiven, Werkzeugmaschinen, Dampfmaschinen u. ä. noch Abteilungen für Spinnereimaschinen und Webereieinrichtungen entstanden.[101] Daß sich die beiden Abteilungen für den Bau von Textilmaschinen auch in der Folgezeit bewähren sollten, geht daraus hervor, daß seit der Zeit der Reichsgründung bis zum Jahre 1911 von diesem Großunternehmen des allgemeinen Maschinenbaus neben vielen anderen Maschinenbauerzeugnissen, darunter 3500 Lokomotiven, mehr als 75000 verschiedene Textilmaschinen geliefert wurden, und zwar

13000	Spinnmaschinen und Selfaktoren
10000	Krempeln
600	Garntrockenmaschinen
1500	Wölfe
50500	Webstühle[102]

Dagegen fiel der Produktion von Textilmaschinen im Rahmen des allgemeinen Maschinenbaus, aber *außerhalb* von Großbetrieben, nur noch eine untergeordnete Rolle zu. So hat z. B. bei der Fa. C.G. Haubold in Chemnitz, die bis in die Zeit nach dem zweiten Weltkrieg als ein Musterbeispiel für Warenhausproduktion

98 *Sartorius von Waltershausen, August,* Deutsche Wirtschaftsgeschichte 1815–1914,Jena 1923, S. 578.

99 *Becker, Walter,* a. a. O., S. 211.

100 Handbuch DAG, T. II, S. 1162. Vgl. damit oben S. 21.

101 Sächsische Maschinenfabrik vorm. Rich. Hartmann A.G. Chemnitz (Jubiläumsschrift 1837–1912), Chemnitz 1912 (im folgenden: Jubiläumsschrift Hartmann), S. 22.

102 Der Wert des jährlichen Gesamtumsatzes hat zuletzt etwa 15 Mill. Mark betragen, wovon ca. 40% für den Export bestimmt waren. (Vgl. Chemnitz in Wort und Bild, Chemnitz, o. J. (1911), S. 229ff.). Interessant ist, daß dieses damalige Großunternehmen des allgemeinen Maschinenbaus in der Zeit der Weltwirtschaftskrise in eine Spezialfabrik für Textilmaschinenbau (jetzt VEB Spinnereimaschinenbau) umgewandelt wurde.

angesehen werden konnte, der herkömmliche Textilmaschinenbau neben der Produktion anderer Maschinenarten in den letzten Jahrzehnten ihrer Existenz als kapitalistischer Maschinenbaubetrieb kaum mehr als eine traditionsgebundene Rolle gespielt.[103]

Während sich jedoch noch im Anfangsstadium der industriellen Produktion eine Spezialisierung in diesem Sektor in der Regel nur bei der Produktion *sämtlicher* Textilmaschinen rentabel gestaltete[104], setzte sich eine Arbeitsteilung *innerhalb* des gesamten Textilmaschinenzweiges in ständig zunehmendem Maße durch, je weiter wir uns von der Zeit der Reichsgründung entfernen.[105] So wird auf der Grundlage des sich für die deutsche Textilmaschinenindustrie allmählich erweiternden Marktes in bezug auf den Stand der Entwicklung in Chemnitz zu Beginn der 80er Jahre zum Ausdruck gebracht, daß hier schon eine „strenge Arbeitsteilung" beim Bau von Näh- und Strumpfmaschinen sowie bei der Webstuhl- und Spinnmaschinenproduktion vorhanden war.[106]

Besonders auf sächsischem Gebiet bildeten sich seit 1870 *innerhalb* der Textilmaschinenbranche mehr und mehr Spezialfabriken für *bestimmte* Textilmaschinenerzeugnisse heraus. Sie schlossen mitunter auch kleinere Betriebe desselben oder eines verwandten Zweiges an sich an, so z. B. die Dresdner Strickmaschinenfabrik vorm. Laue & Timaeus A.G. in Löbtau-Dresden, die im Verlauf der technischen und ökonomischen Entwicklung 1891 die Bautzener Strickmaschinenfabrik in sich aufnahm.[107] Im Chemnitzer Industriegebiet spezialisierten sich z. B. die Sächsische Webstuhlfabrik A.G. zu Chemnitz, die in den Geschäftsjahren 1869/1870 = 961 und 1870/1871 = 1207 Webstühle (einschl. Webereivorbereitungsmaschinen) produziert hatte und bis zum Geschäftsjahr 1887/1888 bereits auf eine Anzahl von 2671 mechanischen Webstühlen gekommen war[108], sowie die erst 1883 gegründete Firma Schubert & Salzer (auf den Bau von Wirkereimaschinen mit den entsprechenden Werkzeugmaschinen) und die Maschinenfabrik Kappel (auf den Bau von Stickmaschinen, später auch Schreibmaschinen), wobei die Spezialerzeugnisse beider Firmen in der Regel

103 *Haubold, Sybille,* (a. a. O., S. 62) spricht davon, daß bei „mannigfaltigen Verschiedenheiten des textilen Produktionsprozesses" und bei den Sonderwünschen der Kunden „bestenfalls" Serienproduktion, aber „nur für die einzelnen Teile" beim Bau von Textilmaschinen angewendet worden sei.

104 *Schröter, Alfred,* a. a. O., S. 96.

105 Schon *Becker* (a. a. O., S. 168) erwähnt den hohen Spezialisierungsgrad auf dem Gebiet der sächsischen Maschinenbauindustrie bei der Produktion von Maschinen für die Wollindustrie.

106 *Wulffen, Hasso,* Die Entwicklung des Werkzeugmaschinenbaues in Chemnitz, seine Produktions- und Absatzverhältnisse bis zur Neuzeit, Diss., Dresden, o. J. (1924), S. 9f.

107 Die Groß-Industrie des Königreiches Sachsen, 1. Bd., Leipzig 1892.

108 Stadtarchiv Karl-Marx-Stadt: Geschäftsberichte der Sächs. Webstuhlfabrik zu Chemnitz (G 16) sowie Bezirksbibliothek Karl-Marx-Stadt.

einen guten Absatz fanden und ausgezeichnete finanzielle Ergebnisse für die Besitzer ihrer Aktien zu verzeichnen waren.[109]

Mitunter traten aus Konjunkturrücksichten bei derartigen Spezialfabriken noch weitere spezielle Maschinenbauerzeugnisse *neben* die Spezialerzeugnisse des Textilmaschinenbaus, das heißt, der erreichte Spezialisierungsgrad auf nur *einem* Gebiet war zu dieser Zeit mitunter nur *zeitweilig* gegeben. So produzierten die Diamant-Werke Gebr. Nevoigt in Reichenbrand bei Chemnitz[110] neben Strick- und Wirkmaschinen auch Fahrräder, ein Vorgang, der bei den Neckarsulmer Fahrzeugwerken A.G. seine Parallele fand.[111] Ein sehr entwicklungsfähiger Betrieb auf der Grundlage der Produktion von *zwei* verschiedenen spezialisierten Maschinenbauerzeugnissen war auch die erst 1895 gegründete Vogtländische Maschinenfabrik (vorm. J. C. & H. Dietrich) A.G. in Plauen, die sich auf die serienmäßige Produktion von Stickmaschinen und Stickautomaten[112] sowie den Bau von Druckmaschinen konzentrierte und dabei Dividenden bis zu 30 Prozent (1910–1912) bei Kurswerten bis zu 563 Prozent (1912) erzielte.

Wie spezieller Natur die in sächsischen Maschinenfabriken hergestellten Erzeugnisse des Textilmaschinenbaus mitunter schon vor der Jahrhundertwende waren, geht z. B. daraus hervor, daß die in erster Linie Textilmaschinen für die Streichgarn- und Baumwollfeinspinnerei produzierende Firma Theodor Wiedes Maschinenfabrik A.G. in Chemnitz zu Beginn der 90er Jahre im Wettbewerb mit der englischen Konkurrenz Spezialmaschinen zur Herstellung von Vigogne[113] und von Barchentgarn entwickelte.

Auf dem Gebiet des *Druckmaschinenbaus* hatten sich infolge der günstigen Marktbedingungen für diesen Produktionszweig schon frühzeitig Spezialfabriken entwickelt. Bei Druckmaschinen produzierenden *Kapital*gesellschaften handelte es sich zur Zeit des Ausbruchs des ersten Weltkrieges – bis auf wenige Ausnahmen – um ausgesprochene Spezialfabriken, die, wie die Schnellpressenfabrik Frankenthal Albert & Cie. A.G. in Frankenthal (Pfalz), stark exportgebunden waren und hohe Dividenden abwarfen.[114] Daneben gehörte der Druckmaschinenbau weiterhin zu den traditionsreichsten und gleichzeitig erfolgreichsten Abteilungen innerhalb der Maschinenfabrik Augsburg bzw. der späteren MAN-Werke. Er hatte sich also hier noch nicht völlig vom allgemeinen Maschi-

109 Handbuch DAG, T. I, S. 1094 u. T. II, S. 700. Bei Schubert & Salzer wurden vor 1914 Dividenden bis zu 30% bei Kurswerten bis zu 350% (1911 u. 1913) und bei der Maschinenfabrik Kappel ebenfalls Dividenden bis zu 30% (1902 u. 1909) bei Kurswerten bis zu 440% (1911) erzielt.

110 Ebenda, T. II, S. 803. Diese Firma war zuerst eine Fahrradfabrik; sie nahm erst Anfang des 20. Jahrhunderts den Bau von Textilmaschinen auf.

111 Ebenda, T. II, S. 786. Dieser Betrieb war 1884 als Neckarsulmer Strickmaschinenfabrik gegründet worden.

112 Ebenda, T. II, S. 798.

113 Die Groß-Industrie des Königreiches Sachsen, 2. Bd., Leipzig 1893. Vigogne = ein Gemisch aus Wolle und Baumwolle.

114 Handbuch DAG, T. II, S. 732. In diesem Unternehmen wurden bis 16% Dividende (1911–1913) erzielt bei einem Kursstand bis zu 292% (1912).

nenbau getrennt. Auf dem Gebiet der Herstellung von Rotationsdruckmaschinen, die vielfach exportiert wurden, erfolgte dort 1913 der Bau einer Sechsrollen-Maschine für 16fache Lieferung von 6seitigen Zeitungen als „größte und leistungsfähigste Druckmaschine des Kontinents in der Vorkriegszeit" für eine große Pariser Zeitung. Dabei wurden beim Bau dieser Rotationsmaschinen nur bestimmte Einzelteile serienmäßig hergestellt, dagegen „fast alle Teile der Gießwerke" und die Buchdruckschnellpressen in Serien.[115]

In der Regel noch eng verbunden mit dem allgemeinen Maschinenbau war in dieser Zeitperiode der Bau von *chemischen Apparaten* für die emporstrebende chemische Industrie; das gilt auch noch für das weitverzweigte Gebiet des Baus von *Holzbearbeitungsmaschinen*, ein Maschinenbauzweig, der, wie bei der Hannoverschen Waggonfabrik A.G.[116], gelegentlich auch einmal von einer Waggonfabrik mit Erfolg als Nebenzweig betrieben worden ist. Andere Firmen außerhalb des allgemeinen Maschinenbaus, wie die Internationale Baumaschinenfabrik A.G. in Neustadt a. H. produzierten neben Holzbearbeitungsmaschinen auch andere Spezialitäten, wie z. B. Werkzeugmaschinen und Maschinen für die keramische Industrie.[117]

Auf dem Gebiet des Maschinenbaus für die Gerberei und Lederindustrie bzw. Schuhfabrikation waren dagegen schon vor 1914 zahlreiche Spezialfabriken entstanden.

Auf dem Gebiet der Produktion von Maschinen und Einrichtungen für die Lebensmittelindustrie muß als zuletzt weitgehend selbständig gewordener Maschinenbauzweig der Bau von *Mühleneinrichtungen* genannt werden. Als eine der führenden Firmen dieser Branche galt die Maschinenfabrik und Mühlenbauanstalt G. Luther A.G. in Braunschweig (mit Filiale in Darmstadt)[118], deren Maschinenbauproduktion (einschließlich des Baus von Bergwerksmaschinen) im Braunschweiger Stammwerk stattfand, während das Zweigwerk in Darmstadt die benötigten Gußstücke produzierte. Ähnlich war die noch bedeutendere Mühlenbauanstalt und Maschinenfabrik vorm. Gebr. Seck in Dresden (mit angeschlossener Eisengießerei in Schmiedeberg im Erzgebirge) gegliedert.[119] Im Berliner Gebiet hatte sich unter den Aktiengesellschaften in diesem Zweig die Maschinenfabrik für Mühlenbau vorm. C. G. W. Kepler A.G. spezialisiert.[120] Bei anderen Firmen dieser Branche, wie der Maschinenfabrik von Amme, Giesecke & Konegen A.G. in Braunschweig wie auch der Firma Herm. Löhnert A.G. in Bromberg finden wir dagegen – offenbar aus Konjunkturrücksichten – eine Konzentration auf zwei *verschiedene* Spezialerzeugnisse: sowohl auf Mühleneinrichtungen als auch auf *Zementfabriken*.[121]

115 *Büchner, Fritz*, a. a. O., S. 177ff.
116 Handbuch DAG, T. II, S. 804.
117 Ebenda, T. I, S. 1166.
118 Ebenda, T. II, S. 693.
119 Ebenda, S. 717. Eine derartige Arbeitsteilung tritt verhältnismäßig oft auf.
120 Ebenda, T. I, S. 1069.
121 Ebenda, S. 1081 bzw. 1090.

Zahlreiche Spezial*abteilungen* innerhalb von Firmen des allgemeinen Maschinenbaus hatten sich auf dem Gebiet der Poduktion von *Brauerei-*, *Mälzerei-* und *Brennereieinrichtungen* wie auch beim Bau von Maschinen und Einrichtungen für *Zuckerfabriken* herausgebildet, so bereits um die Jahrhundertwende bei der Halleschen Maschinenfabrik, der Braunschweigischen Maschinenbauanstalt und der Sangerhäuser Actien-Maschinenfabrik und Eisengießerei.[122] Spezial*fabriken* auf dem Gebiet der Produktion von Brauereieinrichtungen waren bis zur Zeit des Ausbruchs des ersten Weltkrieges z. B. in Gestalt der Filter- und brautechnischen Maschinenfabrik A.G. vorm. L. A. Enzinger in Worms[123] und der Pfaudler – Werke A.G. in Schwetzingen (mit Tochtergesellschaft in Rochester/USA)[124] gegründet worden, womit in dieser Branche ein hoher Spezialisierungsgrad erreicht wurde.

Eine ausgesprochene Spezial*abteilung* innerhalb des Sektors allgemeiner Maschinenbau ist dagegen vor 1914 die erst in den letzten Jahrzehnten des 19. Jahrhunderts entstandene industrielle Produktion von *Eis- und Kältemaschinen* geblieben. Das hängt offenbar, abgesehen von den komplizierten technischen Voraussetzungen, auch damit zusammen, daß für dieses damals noch junge Maschinenbauerzeugnis der Markt erst noch erschlossen werden mußte und eine Produktion auf breiter Grundlage im Anfangsstadium der Entwicklung dieses Erzeugnisses noch mit einem zu großen Risiko verbunden war, so daß sich die Errichtung von Spezial*fabriken* auf diesem Gebiet noch nicht empfehlen konnte. Dagegen war es schon 1879 zur Errichtung einer *Projektions*gesellschaft unter dem Namen „Gesellschaft für Linde's Eismaschinen" in Wiesbaden gekommen.[125]

Die Erfinsdung und Entwicklung der für die gesamte Lebensmittelindustrie wie u. a. auch für den medizinischen Bereich so überaus wichtigen Kältemaschinen ist aufs engste verknüpft mit der Tätigkeit des Erfinders der ersten funktionstüchtigen Ammoniak-Kompressions-Kältemaschinen[126], Karl von Linde, Professor für theoretische Maschinenlehre an der Technischen Hochschule München. Linde hatte diese Maschinen unter Mitwirkung der Maschinenfabrik Augsburg in den 70er Jahren[127] entwickelt. Zwischen ihm und der Maschinenfabrik Augsburg, die bereits 1873 und 1876 zwei Lindesche Patente erworben und eine eigene Abteilung für die Produktion Lindescher Eismaschinen einge-

122 *Wagon, Eduard,* Die finanzielle Entwicklung deutscher Aktiengesellschaften von 1870–1900 und die Gesellschaften mit beschränkter Haftung im Jahre 1900, Jena 1903, S. 59f.

123 Handbuch DAG, T. I, S. 1190.

124 Ebenda, T. II, S. 811.

125 Ebenda, T. I, S. 1188.

126 Vor 1914 wurden auch mit schwefliger Säure betriebene Kompressionsmaschinen sowie mit Kohlensäure betriebene Kältemaschinen konstruiert.

127 Unsere Zeitgenossen – Wer ist's? V. Ausgabe, Leipzig 1911, S. 865. *Büchner, Fritz,* a. a. O., S. 47ff. *Reitschuler, Siegfried,* a. a. O., S. 58f., wo sowohl auf die Entwicklung der Lindeschen Eismaschinen wie auch der Gesellschaft Linde, besonders im Zusammenhang mit ihrem Patentbesitz, eingegangen wird.

richtet hatte, kam es 1879 zu einer Arbeitsteilung dergestalt, daß Linde die Direktion der genannten Projektionsgesellschaft (mit einem Aktienkapital von zunächst 0,2 Millionen Mark) übernahm, woran sich der Produzent der Bauart Linde, die Maschinenfabrik Augsburg, mit einem Kapital von 20000 Mark beteiligte. Schon 1890 rief das Lindesche Unternehmen in Wiesbaden eine besondere Aktiengesellschaft zur Errichtung von Markthallen und Kühlapparaten ins Leben, an der sich wiederum die Maschinenfabrik Augsburg, diesmal mit 100000 Mark, beteiligte.

Produzenten von Eismaschinen im Rahmen der großen Firmen des allgemeinen Maschinenbaus waren in Berlin neben Schwartzkopff vor allem Borsig[128], wo schon Linde als Volontär gearbeitet hatte. In Chemnitz war bereits 1883[129] der Bau von Eismaschinen und Kälteanlagen – und zwar in Verbindung mit der Lieferung von Brauereieinrichtungen! – von der Maschinenfabrik Germania[130] aufgenommen worden. Später, in der Zeit der Weltwirtschaftskrise, sind die Kälteabteilungen der Firmen Germania in Chemnitz, Borsig in Berlin und Humboldt in Köln-Kalk vorübergehend zu einem Syndikat zusammengeschlossen worden, der Vertriebsgesellschaft „Vereinigte Deutsche Kältemaschinenfabriken Borsig-Germania-Humboldt G.m.b.H. Berlin-Chemnitz-Köln“[131].

Oft erfolgte die Gründung von Abteilungen für den Bau von Eis- und Kälteanlagen – wie bei der Maschinenfabrik Germania – in Verbindung mit einer Spezialisierung auf andere Maschinenbauerzeugnisse für die Lebensmittelindustrie, so bei der Maschinenfabrik A.G. vorm. F.A. Hartmann & Co. in Offenbach am Main (in Zusammenhang mit Brauereieinrichtungen)[132], der Halleschen Maschinenfabrik u. Eisengießerei (in Verbindung mit Zuckerfabriken, Spiritusbrennereien und Brauereieinrichtungen)[133], der Firma Wegelin & Hübner, ebenfalls in Halle (in Verbindung mit Zuckerfabriken)[134], oder der Berge-

128 Festschrift Borsig, S. 312.

129 Noch früher – 1877 – war der erste Versuch des Baus von Eismaschinen, Bauart Linde, bei der Fa. Gebr. Sulzer in Winterthur angestellt worden. (Beiträge GTI, 2. Bd., 1910, S. 211).

130 Gedenkschrift Germania, S. 42. 1889 findet man auch eine besondere Abteilung für den Bau von Eis- und Kühlmaschinen bei der Sächsischen Maschinenfabrik in Chemnitz.

131 Adreßbuch der Fabrik- und Handelsstadt Chemnitz, 1931, S. 6. Betriebsarchiv der VEB Maschinenfabrik Germania, Karl-Marx-Stadt: Geschäftsberichte der Maschinenfabrik Germania A.G. 1929–1931. Bei Humboldt war die Produktion dieser Spezialerzeugnisse 1887 aufgenommen worden. „50 Jahre deutscher Arbeit“ / Maschinenbau-Anstalt Humboldt in Kalk b. Köln (Denkschrift), Köln, o. J. (1906), (im folgenden: Denkschrift Humboldt), S. 109.

132 Handbuch DAG, T. I, S. 1170.

133 Ebenda, T. I, S. 1128. Seit 1965 ist dieser Betrieb, nunmehr als VEB, endgültig auf den Bau von Kälteanlagen spezialisiert. (Neues Deutschland Nr. 157 v. 10. 6. 1966).

134 Ebenda, T. I, S. 1129.

dorfer Eisenwerke A.G. in Sande bei Bergedorf (in Verbindung mit Molkerei- und Margarinemaschinen).[135]

Mitunter muß man auch den Eindruck gewinnen, daß bestimmte Firmen des allgemeinen Maschinenbaus, wie die Maschinen- und Bronzewarenfabrik L. A. Riedinger & Co. A.G. in Augsburg[136] den Bau von Eismaschinen in erster Linie deshalb aufgenommen haben, um mit Hilfe der Produktion dieses spezialisierten Artikels zu versuchen, Krisensituationen besser zu überwinden. So wird in bezug auf die Maschinenfabrik von C. G. Haubold in Chemnitz festgestellt, daß es hier während der Krise von 1901 einen „Ausgleich" durch die infolge der Modernisierung des Schiffbaus damals „aufblühende" Kühlmaschinenindustrie gegeben habe.[137]

Damit sind wir wieder bei der Tendenz, innerhalb der Maschinenbauindustrie dieser Epoche möglichst vielerlei Erzeugnisse zu produzieren. Es sollen daher einige bezeichnende Beispiele für die sogenannte *Warenhausproduktion* gegeben werden.

So wurden von der Maschinenfabrik Germania in Chemnitz 1867 nicht weniger als 24 verschiedene Arten von Maschinenbauerzeugnissen produziert, darunter Brauereieinrichtungen, Textil- und Waschmaschinen.[138] Noch zehn Jahre später, 1877, wird für die Maschinen- und Bronzewarenfabrik L. A. Riedinger & Co. A.G. in Augsburg der Umfang der Produktion wie folgt angegeben,[139] Dampfmaschinen, Waggonbeleuchtungen, Gaserzeugungsanlagen, Wasserräder und -pumpen, Turbinen und Regler, Schrotmühlen, Pumpenfabrikeinrichtungen automatische Waagen, Brauereieinrichtungen, Anlagen zur Verarbeitung von Tierkadavern, Scheibenzugwerke für Truppenübungsplätze, Kurbelzapfendrehapparate und -drehbänke „und vieles mehr".

Selbst Großbetriebe des allgemeinen Maschinenbaus waren, zumal vor der Jahrhundertwende, nicht frei von dieser Tendenz. So wird von der Hannoverschen Maschinenbau A.G. berichtet, daß diese neben der Produktion innerhalb ihres bisherigen Sortiments 1889 (bis 1902) „zur besseren Ausnutzung der Gießerei" zusätzlich zur Massenproduktion von Heizkörpern überging.[140] Nach der Jahrhundertwende erfolgte mit dem Erwerb der ehemaligen Wiedeschen Maschinenfabrik in Chemnitz vorübergehend die Einrichtung einer besonderen Abteilung für den Bau von Spinnmaschinen; zusätzlich begann 1905 die Pro-

135 Ebenda, T. I, S. 1176.

136 *Büchner, Fritz,* a. a. O., S. 161ff. Beiträge GTI, 14. Bd., 1924, S. 183. Die Firma hatte zu einem Konglomerat des Baus von einzelnen Artikeln 1880 zusätzlich den Bau von Kältemaschinen (auf Kohlensäurebasis) aufgenommen.

137 *Haubold, Sybille,* a. a. O., S. 92. Es handelt sich hier um größere Aufträge von Schiffskühlanlagen.

138 Gedenkschrift Germania, S. 30.

139 *Büchner, Fritz,* a. a. O., S. 161ff. Diese Firma wurde 1927 mit den MAN-Werken vereinigt, nachdem bereits 1921 die Aktienmehrheit an den Augsburg-Nürnberger Konzern übergegangen war.

140 *Harnisch, Elisabeth,* a. a. O., S. 97.

duktion von Lastkraftwagen, 1907 der Bau von Schleudermaschinen (zur Entwässerung des städtischen Klärschlamms) und 1912 die Produktion von Motorpflügen (mit 80-PS-Benzin-Motoren).[141] Bei der Berliner Maschinenbau A.G. vorm. L. Schwartzkopff wurde 1885 im Zuge der Entwicklung der elektrotechnischen Industrie eine eigene elektrotechnische Abteilung eingerichtet, in der Gleich-, Dreh- und Wechselstrom-Dynamos und -Motore sowie Transformatoren, Schaltanlagen u. ä. produziert wurden, so daß diese Firma in die Lage versetzt wurde, vollständige Kraft- und Beleuchtungsanlagen zu liefern. Insbesondere hatte sie auch „große Erfahrungen im Bau von elektrischen Ausrüstungen für Kriegs- und Handelsschiffe".[142] Auch die Maschinenfabrik A.G. Eßlingen baute innerhalb ihrer Gesamtproduktion neben Waggons Lokomotiven u. ä. auch elektrotechnische Artikel.[143] Daß Vielseitigkeit jedoch nicht immer den Aspekt von Warenhausproduktion annehmen muß, konnte am Beispiel der MAN-Werke beobachtet werden.[144]

Viele, vor allem größere Maschinenfabriken, haben damals schon auf dem Gebiet der *Rüstungsproduktion* eine beachtliche Rolle gespielt. Bemerkenswert ist, daß es vor Ausbruch des ersten Weltkrieges kein Verbot des Exports von Waffen und Munition aus Deutschland gegeben hat.[145] Nachdem vor allem schon zwischen 1880 und 1890 bedeutende Aufträge für die deutsche Rüstungsindustrie – auch aus dem Ausland – erteilt worden waren[146], hatte dieser Sektor bei der ökonomischen Kriegsvorbereitung des deutschen Imperialismus „durch die Unterstützung des Staates eine hohe Produktionskapazität, eine moderne Technologie und ein hohes Niveau der Qualität ihrer 'Erzeugnisse' erzielt.[147] Diese Feststellung gilt nicht allein für ausgesprochene Rüstungsbetriebe wie die Krupp-[148] und Gruson-Werke, sondern auch für manche Betriebe des allgemeinen Maschinenbaus, des Schwermaschinen- und Schiffbaus sowie weiterer Zweige der deutschen Maschinenbauindustrie, vor allem auch der Werkzeugmaschinenbauindustrie. Als die „Hauptverdiener an den Rüstungsaufträgen" werden außer Krupp auch Schichau, Borsig und Zimmermann (Chemnitz) ge-

141 *Däbritz, Walther/Metzelin, Erich,* a. a. O., S. 108f.

142 Festschrift – 75 Jahre Schwartzkopff, Berlin 1927 (im folgenden: Festschrift Schwartzkopff), S. 22. 1897 folgte bei dieser Firma die Aufnahme des Baus von Linotype-Setzmaschinen (Ebenda, S. 30).

143 Handbuch DAG, T. I, S. 1118. Nach *Pritzkoleit, Kurt,* Männer, Mächte, Monopole, Düsseldorf 1963, S. 204, besaß dieses „größte eisenverarbeitende Unternehmen in Württemberg ... ein allzu reichhaltiges Erzeugungsprogramm", das von der Gießerei bis zum Stahlbau und zur Elektrotechnik reichte.

144 *Büchner, Fritz,* a. a. O., S. 58. Vgl. oben S. 19 u. 26f.

145 *Schröter, Alfred,* Krieg – Staat – Monopol 1914–1918, Berlin 1965, S. 51.

146 *Sartorius von Waltershausen, August,* a. a. O., S. 402ff.

147 *Schröter, Alfred,* a. a. O., S. 57.

148 Nach Imperialismus heute, Berlin 1966, S. 19, betrug der Exportanteil der Kriegsproduktion in den Krupp-Werken im letzten Jahrzehnt vor dem ersten Weltkrieg 44%.

nannt[149], aus denen sich „jene Rüstungsindustriellen . . . entwickelten . . ., die in zwei Weltkriegen enorme Profite aus dem Geschäft mit dem Tode zogen“. Die Leiter großer Maschinenbauunternehmen haben durch ihre Verbindung zu den Banken und bis hin zu den höchsten Repräsentanten von Staat und Regierung[150] keine Anstrengungen gescheut, Rüstungsaufträge zu erhalten, um innerhalb der industriellen Sphäre – und mitunter nicht nur innerhalb dieser! – den solange ersehnten „Platz an der Sonne“ zu erobern.

Unter den Berliner Maschinenbaubetrieben waren die Borsig-Werke bereits während des Deutsch-Französischen Krieges von 1870/1871 mit Kriegslieferungen, wie Torpedos, Seeminen, Kanonen, Haubitzen und Mörsern, hervorgetreten.[151] Nach der Jahrhundertwende nahm Borsig (neben Schwartzkopff) den Bau von Hochdruckverdichtern auf und lieferte in den Jahren 1905 und 1906 derartige Erzeugnisse (bis zu einer Leistung von 200 at) an die Torpedowerkstätten in Friedrichsort und an die Kaiserliche Werft in Kiel.[152] 1908 folgte der Bau einer Panzerplattenbiegepresse mit einem damals ungewöhnlich hohen Preßdruck von 10000 t.[153] Besonders umfangreich waren auch die vor Ausbruch des ersten Weltkrieges erfolgten Lieferungen verschiedener Rüstungsprodukte an die Artilleriewerkstatt und Geschoßfabrik in Spandau.

Die Berliner Maschinenbau A.G. vorm. L. Schwartzkopff[154] hatte Ende der 70er Jahre während des Rückgangs der Lokomotivaufträge die Produktion von Minen, Torpedos und der dazu gehörenden Werkzeugmaschinen aufgenommen. Bedeutende Aufträge auf Schwartzkopff-Torpedos durch die italienische Regierung veranlaßten das Unternehmen 1887 zur Errichtung einer Torpedofabrik in Venedig[155] unter der Bedingung, daß der größere Teil der Aufträge in Italien selbst ausgeführt werden sollte; nachdem die deutsche Marineverwaltung jedoch eigene Torpedowerkstätten errichtet hatte und sich die italienische Regierung bald wieder mit Aufträgen zurückhielt, wurde der Betrieb in Venedig 1901 eingestellt und diese Anlage ein Jahr später an den italienischen Staat verkauft.[156]

Die MAN-Werke befanden sich im großen Rüstungsgeschäft u. a. auf der Grundlage der Lieferung von Dieselmotoren. So wurde im ersten Jahrzehnt des neuen Jahrhunderts für den U-Boot-Bau Dieselmotoren von den MAN-Werken hergestellt[157]:

149 *Becker, Walter,* a. a. O., S. 165.
150 Bekannt ist die Verbindung Zieses, des Leiters der Schichau-Werke, zu Kaiser Wilhelm II.
151 Festschrift Borsig, S. 33.
152 Ebenda, S. 263.
153 Ebenda, S. 297.
154 Festschrift Schwartzkopff, S. 19f.
155 Ebenda, S. 23. Der Grundsteinlegung hatte der italienische König beigewohnt.
156 Ebenda, S. 32.
157 *Büchner, Fritz,* a. a. O., S. 185.

1903 für das Reichsmarineamt
1905 für die französische Kriegsmarine (= insgesamt vier Dieselmotoren zu je 300 PS Leistung)
1910 für die deutsche Kriegsmarine (= der erste Sechs-Zylinder-Viertaktmotor mit einer Höchstleistung von 980 PS)

Bis 1918 sind von den MAN-Werken 559 U-Boot-Motoren mit einer Gesamtleistung von über einer halben Million PS allein an die deutsche Kriegsmarine geliefert worden.[158]

Während die Maschinenfabrik R. Wolf in Magdeburg-Buckau seit 1890 neben Erzeugnissen vor allem des allgemeinen Maschinenbaus Einrichtungen für Schießplätze und Schießschulen (z. B. Scheibenzuganlagen) lieferte[159], spezialisierte sich die Sächsische Maschinenfabrik vorm. Rich. Hartmann zeitweise auf den Bau von Werkzeugmaschinen zur Herstellung von Kriegsmaterial. So wurden nach 1874 Werkzeugmaschinen für die Geschoß- und Patronenfabrikation hergestellt[160] und 1880 größere Aufträge auf Kanonenbearbeitungsmaschinen zur Lieferung nach Japan, Spanien und Holland ausgeführt.[161]

Die Duisburger Maschinenbau A.G. hatte vorübergehend Bearbeitungsmaschinen für Panzerplatten gebaut, die Produktion dieser schweren Werkzeugmaschinen jedoch an die Werkzeugmaschinenfabrik von Schieß in Düsseldorf abgetreten, da dort hierfür ein besseres Arbeitsprogramm bestand.[162] Für die 70er Jahre wird bereits in bezug auf die Duisburger Maschinenbau A.G. über die Lieferung eines Panzerplattenwalzwerkes an die Dillinger Hüttenwerke berichtet, wo im Oktober 1877 die erste Panzerplatte in Deutschland gewalzt wurde.[163] Die Lieferung von Panzerplattenwalzwerken erfolgte auch durch die Märkische Maschinenbauanstalt vorm. Kamp & Co. in Wetter an der Ruhr, so in den 80er Jahren von „bemerkenswert großen" dieser Anlagen auf Rechnung der russischen und der französischen Regierung und eines „sehr viel Aufsehen machenden" Werkes an die Kruppsche Gußstahlfabrik, das 1889 in Betrieb genommen wurde.[164]

Schließlich hatten die Schichauwerke sich nicht allein am Bauprogramm der deutschen Hochseeflotte (u. a. mit drei Linienschiffen, einem großen und zwei kleinen Panzerkreuzern) beteiligt, sondern auch Kriegsschiffe nach Rußland, China und Argentinien geliefert.[165] Allein in den Jahren 1885 und 1886 wurden

158 Ebenda, S. 186.
159 *Matschoss, Conrad,* Die Maschinenfabrik R. Wolf, Magdeburg-Buckau 1862 bis 1912, Magdeburg, o. J. (1912), S. 97.
160 *Wulffen, Hasso,* a. a. O., S. 13.
161 100 Jahre Hartmann Textilmaschinenbau (Denkschrift), Berlin 1937, S. 155ff.
162 *Matschoss, Conrad,* Ein Jahrhundert deutscher Maschinenbau 1819–1919. Berlin 1919, S. 161ff. Es handelt sich dabei um große Hobel- und Bohrmaschinen sowie um Stoßmaschinen zur Bearbeitung von Schießscharten.
163 Ebenda.
164 Ebenda, S. 120.
165 *Pritzkoleit, Kurt,* Wem gehört Deutschland? Wien/München/Basel 1957, S. 77f.

bei Schichau Kanonenboote von den Kriegsmarineverwaltungen nachfolgender ausländischer Mächte bestellt[166]: Italien (4), Rußland (9), Österreich-Ungarn (2), Türkei (5) und China (11).

Um einen Überblick über den erreichten Grad der Spezialisierung innerhalb der deutschen Maschinenbauindustrie in ihrer Gesamtheit vor Ausbruch des ersten Weltkrieges zu gewinnen, seien an dieser Stelle zwei Tabellen eingefügt. Damit Vergleichsmöglichkeiten zum Stand der Entwicklung von 1871[167] gefunden werden können, steht am Anfang eine Zusammenstellung, die für eine Reihe von Maschinenbauzweigen entworfen worden ist.[168] Obwohl diese Aufstellung u. E. nur bestimmte Anhaltspunkte geben kann und keinesfalls geeignet ist, den Stand der Entwicklung umfassend einzuschätzen, da z. B. verschiedene Maschinenbauzweige fehlen, andere nur zum Teil angegeben worden sind, kann daraus immerhin die vorherrschende Entwicklungs*richtung* erkannt werden:

Von den in Deutschland bestehenden Maschinenfabriken beschäftigten sich mit der Herstellung folgender Erzeugnisse:	1882		1895		1907	
	Betriebe	Personen	Betriebe	Personen	Betriebe	Personen
Dampfmaschinen und Lokomotiven	229	27855	142	29804	262	29513
Petroleum-, Benzin-, Spiritus- und Gasmotoren	—	—	—	—	101	4498
Landwirtschaftliche Maschinen und Geräte	1622	18604	1266	22952	1862	41514
Spinnerei- und Webereimaschinen	1366	12564	1238	17047	1252	31072
Nähmaschinen und Nähmaschinenteile	378	8621	327	12544	439	20038
Eiserne Baukonstruktionen	58	3632	134	10124	387	30036
Zentralheizungsanlagen	65	1110	130	3052	345	9255
Kraftfahrzeuge	—	—	—	—	276	14549
Schiffbau	1169	22524	1130	35336	1159	49842

Unverkennbar ist, daß die Anzahl der in dieser Zusammenstellung aufgeführten Betriebe im allgemeinen langsamer gewachsen ist als die Anzahl der in ihnen beschäftigten Personen. Deutlich wird vor allem das schnellere Wachstum der Beschäftigtenzahl bei der Produktion von Landmaschinen, beim Bau der hier aufgeführten Arten von Textilmaschinen, bei der Produktion von Nähmaschinen sowie beim Schiffbau. Noch schneller erhöhte sich die Beschäftigten-

166 Die Schichauwerke in Elbing, Danzig und Pillau 1837–1912, a. a. O., S. 63.
167 Vgl. *Becker, Walter*, a. a. O., S. 212.
168 *Woytinsky, Wladimir*, Die Welt in Zahlen, 4. Buch, Das Gewerbe, Berlin 1926, S. 222.

zahl in den Bereichen Zentralheizungsanlagen und eiserne Baukonstruktionen, weil es hier bereits eine Vielzahl ungelernter bzw. angelernter Arbeiter gibt.

Um auf der Grundlage des vorliegenden Materials eine exaktere Analyse zu ermöglichen, wird es für zweckmäßig gehalten, ein ganz *bestimmtes* Zentrum der deutschen Maschinenbauindustrie im Hinblick auf die Entwicklung der Spezialisierung auszuwählen. Zu diesem Zweck wurde das bis zur Zeit um die Jahrhundertwende noch führende deutsche Maschinenbauzentrum, Chemnitz, ausgesucht, u. a. auch deshalb, weil hier viele Maschinenbauzweige, die sich hauptsächlich im Zusammenhang mit dem allgemeinen Maschinenbau herausgebildet und sich erst nach und nach von ihm abgetrennt haben, anzutreffen waren.

Nach Angaben der Adreßbücher der Fabrik- und Handelsstadt Chemnitz[169] hat die Anzahl der Betriebe in den einzelnen, in dieser Tabelle zusammengestellten Zweige betragen:

Zweig (mit ausschl. od. vorwiegender Produktion)	Anzahl der Betriebe (in Klammern in Prozent aller Maschinenfabriken) 1871	1873	1880	1890	1900	1914
Allgemeiner Maschinenbau	33 (49,3)	32 (38,1)	30 (43,5)	41 (29,7)	49 (32,5)	35 (22,4)
Textilmaschinen	13 (19,4)	20 (23,8)	16 (23,2)	41 (29,7)	26 (17,2)	25 (16,0)
Werkzeugmaschinen	5 (7,5)	11 (13,1)	7 (10,1)	15 (10,9)	24 (15,9)	21 (13,5)
Armaturen, Pumpen, Dampfkessel (oft in Verbindg. m. Dampfmaschinen	7 (10,4)	9 (10,7)	6 (8,7)	10 (7,2)	15 (9,9)	15 (9,6)
Nähmaschinen	2 (3,0)	2 (2,4)	2 (2,9)	7 (5,1)	4 (2,6)	3 (1,9)
Landmaschinen u. landw. Geräte	3 (4,5)	3 (3,6)	4 (5,8)	1 (0,7)	1 (0,7)	1 (0,6)
Elektrotechn. Erzeugnisse u. ä.	— (—)	4 (4,8)	3 (4,3)	9 (6,5)	13 (8,6)	29 (18,6)
Schwermasch. u. Eisenbahnmat.	— (—)	— (—)	— (—)	1 (0,7)	5 (3,3)	6 (3,8)
Fahrräder	— (—)	— (—)	— (—)	2 (1,4)	4 (2,6)	1 (0,6)
Spezialisierung auf and. Zweige*	4 (6,0)	3 (3,6)	1 (1,4)	11 (8,0)	10 (6,6)	20 (12,8)
Insgesamt	67	84	69	138	151	156

* = Maschinen für Papierfabriken, Brauerei- und Mälzereieinrichtungen, Wäschereimaschinen, Mühlenbaueinrichtungen, Holzbearbeitungsmaschinen, Fleischereimaschinen usw.

169 Vgl. die einzelnen Jahrgänge zu den hier aufgeführten Schwerpunkten!

Aus dieser Aufstellung von zuletzt 156 Maschinenfabriken verschiedener Maschinenbauzweige geht deutlich hervor, daß seit der Zeit der Reichsgründung – bei einer Steigerung der Gesamtzahl der Chemnitzer Maschinenfabriken auf mehr als das Doppelte – die Anzahl der Betriebe des allgemeinen Maschinenbaus nur geringfügig zugenommen hat. Dabei ist der Prozentsatz, der den Vergleich zu *allen* Maschinenfabriken zum Ausdruck bringt, auf weniger als die Hälfte gesunken. Wenn wir bedenken, daß auch *innerhalb* der Betriebe des allgemeinen Maschinenbaus laufend *Spezial*abteilungen entstanden sind, so haben wir einen deutlichen Beweis für die sich durchsetzende Spezialisierung im deutschen Maschinenbau innerhalb dieses Maschinenbauzentrums.

Außerhalb des allgemeinen Maschinenbaus wächst nach dieser Aufstellung die Anzahl der für den Bereich des Armaturen-, Pumpen- und Dampfkesselbaus erfaßten Betriebe, und zwar auf mehr als das Doppelte, während der prozentuale Anteil der Anzahl dieser Betriebe an der aller Chemnitzer Maschinenfabriken geringfügig zurückgeht. Auch der Chemnitzer Textilmaschinenbau zeigt – nach einem Höhepunkt um 1890 – vor Ausbruch des ersten Weltkrieges eine ähnliche Tendenz, was vor allem darauf zurückzuführen ist, daß sich in diesem Maschinenbauzweig bis 1914 relativ wenige, aber konkurrenzfähige Spezialfirmen herausgebildet haben. Abgesehen von dem Sektor der Produktion elektrotechnischer Erzeugnisse, der sich in seiner Entwicklung bis 1914 als ein neben der Maschinenbaubranche existierender selbständiger Industriezweig herausgebildet hat, findet die größte Steigerung, absolut und relativ, bei den Werkzeugmaschinenfabriken und bei den Betrieben statt, die sich auf ein sonst wenig vertretendes Spezialgebiet konzentriert haben. Ein weiterer entscheidender Hinweis kann noch aus dieser Tabelle gewonnen werden: Die Anzahl aller hier aufgeführten Maschinenfabriken, die *außerhalb* des allgemeinen Maschinenbaus stehen, wächst von 1871 bis 1914 im großen und ganzen beständig; der Prozentsatz der irgendwie spezialisierten Betriebe (einschließlich der Fabriken elektrotechnischer Erzeugnisse) steigt innerhalb des gesamten Zeitraums von 50,7 auf 77,6 Prozent.

Parallel mit der Errichtung und dem Ausbau von Spezialfabriken der deutschen Maschinenbauindustrie wird nach und nach das bisher beinahe allgemein übliche System der Kundenproduktion überwunden. Ein *konsequenter* Übergang zu einer Produktion für den anonymen Markt konnte jedoch erst in dem Maße erfolgen, als es in den einzelnen Zweigen der Maschinenbauindustrie gelang, zur Produktion austauschbarer Teile überzugehen, weil dadurch die Marktfähigkeit der betreffenden Produkte beträchtlich erhöht werden konnte. Dies war aber in der Hauptsache *außerhalb* des allgemeinen Maschinenbaus der Fall.[170]

Mit der fortschreitenden Spezialisierung innerhalb der Maschinenbauindustrie hängt noch das weitere Problem der Steigerung des deutschen Maschinen*exports* zusammen. Darauf soll hier ebenfalls kurz eingegangen werden.

170 Vgl. zur Kunden- bzw. Marktproduktion in ihrer Beziehung zu den einzelnen Stufen der Entwicklung der kapitalistischen Produktion *Marx, Karl,* Das Kapital, Zweiter Band, in: MEW, Bd. 24, Berlin 1963, S. 236f.

Über die Entwicklung des deutschen Maschinenexports in seiner Gesamtheit gibt für die einzelnen Jahre die Tabelle 3 Auskunft.[171] Danach rückte der Export deutscher Maschinenbauerzeugnisse, der nach den benutzten Unterlagen „Maschinen aller Art" (ohne Elektromaschinen und Fahrzeuge) umfaßt, beinahe sprunghaft von der neunten Stelle (1891) aller aus Deutschland exportierten Erzeugnisse (= 2 Prozent des Gesamtwertes des „Spezialhandels") auf die erste Stelle aller dieser Erzeugnisse vor, ein Rang, den der deutsche Maschinenbau seit 1908 (mit jetzt 6,8 Prozent aller Erzeugnisse) bis zum Beginn des ersten Weltkrieges nicht mehr freigab. Noch 1905 hatte der deutsche Maschinenexport hinter Baumwoll- und Wollwaren an dritter Stelle bei einem Prozentsatz von 5 Prozent aller aus Deutschland exportierten Erzeugnisse gelegen. Nach den Ausführungen von Ballod[172] hatte sich der deutsche Maschinenexport wertmäßig zwischen 1872 und 1911 auf mehr als das 15fache gesteigert, während die deutsche Gesamtausfuhr im gleichen Zeitraum lediglich auf etwa das Dreieinhalbfache erhöht werden konnte. Die USA wiesen in der gleichen Zeit eine Steigerung ihrer Maschinenausfuhr auf nicht weniger als etwa das 30fache auf gegenüber der Steigerung der englischen Ausfuhr von Maschinen auf etwa das Fünffache[173], während auch in diesen Industrieländern die Steigerung der Gesamtausfuhr hinter der der Maschinenausfuhr beträchtlich zurückblieb.[174] Obwohl es sich hier um Länder handelt, die darauf angewiesen waren, ihren Maschinenexport ständig zu steigern, da sie trotz des unterschiedlich großen Inlandbedarfs dort nicht genügend Absatz für ihre Maschinenbauerzeugnisse fanden, so liegen die Ursachen für den steigenden Export dieser Produkte in erster Linie in den wachsenden Bedürfnissen der maschinenimportierenden Länder. Außerdem förderte die zunehmende Spezialisierung eine internationale Arbeitsteilung von Maschinenbauerzeugnissen. Interessant ist auch eine Berechnung der „Zunahme des Gesamtwertes des deutschen Ausfuhrüberschusses von 1870 bis 1900"[175]; diese betrug in dem genannten Zeitraum

171 Siehe im Anhang.

172 *Ballod, Carl,* Grundriß der Statistik, Berlin 1913, IV. Handels-Statistik, S. 288ff.

173 Ebenda. Nach *Doogs, Kurt,* Die Berliner Maschinen-Industrie und ihre Produktionsbedingungen seit ihrer Entstehung, Diss., Berlin 1928, S. 102, betrug 1913 der Anteil Deutschlands an der Gesamtmaschinenausfuhr aller Länder 29%. Nach *Reitschuler, Siegfried,* a. a. O., S. 253, stand Deutschland 1913 vor Großbritannien und den USA an der Spitze der Weltmaschinenausfuhr, eine Stellung, die es nur einmal wieder (1936) erreicht hat.

174 Eine solche Feststellung gilt mit weniger Schärfe für den jungen Industriestaat USA, der in der Zeit der deutschen Reichsgründung eine relativ geringe Gesamtausfuhr aufweisen konnte, als für die 1871 auch der Gesamtausfuhr nach noch eindeutig stärkste Industriemacht der Welt, England.

175 *Bechtel, Heinrich,* Wirtschaftsgeschichte Deutschlands im 19. und 20. Jahrhundert, München 1956, S. 175f. *Lütge, Friedrich,* Deutsche Sozial- und Wirtschaftsgeschichte, Berlin/Göttingen/Heidelberg 1952, S. 385ff., weist nach, daß die deutsche Ausfuhr von Fertigwaren, die 1873 noch 38% der Gesamtausfuhr betragen hatte, bis 1913 auf 63% der Gesamtausfuhr gestiegen war.

bei Metallwaren	das 24fache
im Maschinen-, Apparate- und Fahrzeugbau	„ 20fache
in der Papierindustrie	„ 7fache
in der Textilindustrie	„ 2fache

Bei alledem darf nicht vergessen werden, daß es sich beim deutschen Außenhandel mehr und mehr um einen *Einfuhr*überschuß handelt, da die Inlandnachfrage nach Nahrungsmitteln und besonders auch nach industriellen Rohstoffen ständig gewachsen war.[176] Demgegenüber war der deutsche *Import* an Maschinen seit der Zeit der Reichsgründung beträchtlich zurückgegangen, nachdem er zeitweise, u. a. auf dem Gebiet des Werkzeugmaschinen-, des Textilmaschinen- und des Landmaschinenbaus einen nicht geringen Umfang angenommen hatte.[177]

Was die Entwicklung des deutschen Maschinen*exports* nach seinen einzelnen *Zweigen* betrifft, so wird sichtbar, daß bereits in den Jahren unmittelbar nach der Reichsgründung umfangreiche Maschinenexporte, u. a. des Lokomotiv- und des Lokomobilbaus, vorgenommen wurden, wobei die Erzeugnisse zu einem beträchtlichen Teil in das zaristische Rußland gingen.[178] Das ist z. T. auch auf dem Gebiet des Landmaschinenbaus der Fall. So berichtet ein Landmaschinenbaubetrieb, daß bereits 1876 der Exportanteil des Umsatzes 35 Prozent (mit einem starken Anteil nach Rußland) ausgemacht hat.[179] Nach einer Mitteilung aus der Chronik einer anderen Landmaschinenfabrik[180] soll es sogar genügt haben, daß ein 1912 im Kaukasus in russischer Sprache adressierter Brief mit der Aufschrift „Hochwohlgeboren Herrn Schutzmarke in der Fabrik der Sackschen Pflüge im Ausland über Berlin" seinen Empfänger richtig erreichte!

1913 traten folgende aus Deutschland exportierte Maschinen (außer Fahrzeugen und elektrotechnischen Erzeugnissen) in den Vordergrund[181]:

176 *Bechtel, Heinrich,* a. a. O., S. 175f. Vgl. dazu auch *Lütge, Friedrich,* a. a. O., S. 385ff.

177 Deutschland bezog noch 1891 = 61,7%, 1900 dagegen nur mehr 35,8% seiner importierten Maschinen aus England, aber 1891 = 8,7% und 1900 = 36,0% seiner importierten Maschinen aus den USA (Beiträge GTI, 11. Bd., 1921, S. 141).

178 Vgl. dazu *Glaser, Eduard,* Hannoversche Maschinenbau A.G. vorm. Georg Egestorff zu Linden vor Hannover, Diss., Halle 1909, S. 53, Tab. I: Der deutsche Außenhandel in Lokomotiven und Lokomobilen.

179 Geschichtskalender der Eckertwerke 1846–1921. Hrsg. Berlin, o.J. (1921), S.16. Dieser starke Exportanteil am Gesamtumsatz des Unternehmens ist durch den russisch-türkischen Krieg vorübergehend stark beeinträchtigt worden.

180 Die Chronik des Hauses Rud. Sack, Leipzig – 1863/1938, hrsg. 1938, S. 85. Diese Firma hatte seit 1884 eine Schutzmarke für ihre Erzeugnisse verwendet.

181 Vgl. dazu die Zusammenstellung von *Woytinsky, Wladimir,* a. a. O., S. 235f. Die Aufzählung wird ergänzt durch weitere 312,1 Mill. Mark für sonstige Maschinen und 98,3 Mill. Mark für Kessel und Zubehör von Maschinen.

Textilmaschinen (und Teile)	im Betrag von ca. 107,6	Millionen Mark
Werkzeugmaschinen	„ „ „ „ 98,3	„ „
Dampflokomotiven und Tender	„ „ „ „ 55,2	„ „
Erzeugnisse der Feinmechanik (einschl. Schreibmaschinen)	„ „ „ „ 47,5	„ „
Landwirtschaftliche Maschinen	„ „ „ „ 35,0	„ „
Außerdem wurden exportiert:		
Kraftfahrzeuge	„ „ „ „ 86,9	„ „
Fahrräder (und Teile)	„ „ „ „ 23,8	„ „

sowie für ca. 290,3 Millionen Mark Elektro-Maschinen und sonstige elektronische Erzeugnisse.

In bezug auf die *Länder*, die deutsche Maschinenbauerzeugnisse importierten, ist die Tendenz offenbar, im Zuge der zunehmenden Spezialisierung der deutschen Maschinenbauprodukte und ihrer damit zusammenhängenden größeren Wettbewerbsfähigkeit auf dem Weltmarkt, ausgehend von Ländern wie Rußland und zum Teil auch Österreich-Ungarn, die zunächst noch „in den Anfängen der industriellen Entwicklung steckten“[182], nach und nach auch entwickeltere kapitalistische Länder in den wachsenden deutschen Maschinenexport einzubeziehen. Besonders seit der Jahrhundertwende wurden dann auch mehr und mehr die *Übersee*gebiete beliefert. Auf einen einzelnen Großbetrieb bezogen, sieht ein solcher Vorgang etwa so aus[183]:

Der Gesamtumsatz der MAN-Werke (einschl. Nebenkosten) betrug im

Geschäftsjahr	Millionen Mark ca.	darunter Anteil nach dem Ausland Gesamtexport (Millionen Mark)	nach Übersee Überseeexport (Millionen Mark)
1903/1904	33,2	9,5	3,4
1912/1913	99,0	29,6	14,7

Während also der Gesamtumsatz dieses Unternehmens im Verlauf von neun Jahren auf beinahe das Dreifache gesteigert werden konnte, war der prozentuale Anteil am Gesamtexport des Werkes in dieser Zeit nur geringfügig (von 28,6 auf 29,8 Prozent) gestiegen, während der Überseeanteil am Export der MAN beträchtlich (von 35,8 auf 49,7 Prozent) erhöht werden konnte. Dieser zunehmende Überseeanteil nach der Jahrhundertwende bezog sich im allgemeinen überwiegend auf lateinamerikanische Länder sowie auf Kolonien europäischer

182 *Becker, Walter*, a. a. O., S. 167.
183 Beiträge GTI, 5. Bd., 1913, S. 295.

Mächte, wohingegen z. B. der Handel mit Ostasien bereits nach 1871 stark angewachsen war.[184]

c) Die Entwicklung innerhalb der Transportmaschinenindustrie, insbesondere des Lokomotivbaus

Die Lokomotivproduktion gehört zu den Maschinenbauzweigen, die relativ früh einen hohen Spezialisierungsgrad aufzuweisen hatten. Es ist darauf hingewiesen worden[185], daß bereits vor 1870 bestimmte Typen z. B. von Lokomotiven und Waggons in Serienproduktion hergestellt worden sind.

Lenin äußert zu den Fragen der Spezialisierung folgendes[186]: „Damit die Produktivität der menschlichen Arbeit, die beispielsweise zur Herstellung irgendeines Teilchens des ganzen Produkts verwendet wird, steigt, muß die Produktion dieses Teilchens spezialisiert, zu einer abgesonderten Produktion werden, die es mit einem Massenprodukt[187] zu tun hat und daher die Anwendung von Maschinen usw. ermöglicht (und bedingt) . . . Andererseits aber besteht der technische Fortschritt in der kapitalistischen Gesellschaft in der Vergesellschaftung der Arbeit, und diese Vergesellschaftung erfordert notwendigerweise eine Spezialisierung der verschiedenen Funktionen des Produktionsprozesses, ihre Verwandlung aus zersplitterten, vereinzelten, sich in jedem entsprechenden Produktionsbetrieb gesondert wiederholenden Funktionen in vergesellschaftete Funktionen, die in einem einzigen, neuen Betrieb konzentriert und auf die Befriedigung der Bedürfnisse der ganzen Gesellschaft berechnet sind.“ Parallel zu einer Produktion austauschbarer Teile verläuft also die Entwicklung der Vergesellschaftung, d. h. der Liquidierung von Kleinbetrieben und Errichtung großer Spezialfabriken auch im Maschinenbau.

Ein entscheidender Schritt auf dem Gebiet der Spezialisierung besteht in der Festlegung bestimmter *Normen* für die betreffenden Maschinenbauerzeugnisse und ihre einzelnen Teile innerhalb eines ganzen Zweiges oder zumindest innerhalb eines Betriebes. Im Lokomotivbau sieht es mit der Festlegung und Durchsetzung von Normen (oder „Normalien“, wie sie vielfach genannt werden)

184 *Engelberg, Ernst,* a. a. O., S. 374. Danach hat es 1880 in China bereits 385 ausländische Handelshäuser, darunter auch 65 deutsche, gegeben.

185 *Becker, Walter,* a. a. O., S. 204ff.

186 *Lenin, W. I.,* Werke, Bd. 1, Berlin 1961, S. 92.

187 Wir verstehen unter Massenproduktion die Fertigung größter Stückzahlen (wie z. B. in der Gegenwart bei Schreibmaschinen) und unter Serienproduktion die Fertigung mittlerer Stückzahlen (wie z. B. bei Druckmaschinen) (Kleine Enzyklopädie Technik, Leipzig 1963, S. 278). Beim Maschinenbau handelt es sich vor 1914, soweit bereits herausgebildet, um Serienproduktion. Das entscheidende Bindeglied zwischen beiden Fertigungsarten, deren Herausbildung wir uns im übrigen als fließend vorstellen, ist auf alle Fälle die Gewährleistung der Austauschbarkeit.

zwischen 1870 und 1914 folgendermaßen aus: Nachdem zunächst die einzelnen deutschen Bahnverwaltungen „nach ihren besonderen Erfahrungen und Wünschen" Lokomotiven bei den einschlägigen Fabriken in Auftrag gegeben hatten, „so daß bald eine große Sammlung der verschiedenen Bauarten vorhanden war"[188], wurden in der Zeit nach der Reichsgründung zunächst für den Bereich der preußisch-hessischen Staatsbahnen bestimmte Normen für den Bau verschiedener Schnell-, Personen- und Güterzuglokomotiven festgelegt. Da die Lokomotivfabriken jedoch vielfach auch für andere Bahnverwaltungen (u. a. im Ausland) zu produzieren hatten oder auf deren Aufträge spekulierten, sind verschiedene Lokomotivtypen bei einzelnen Produzenten gebaut worden. Zum Beispiel werden noch 1905 in einem bei der Hannoverschen Maschinenbau A.G. vorm. Georg Egestorff erschienenen Katalog[189] mehr als 20 verschiedene Typen, hauptsächlich für den Export bestimmte Sonderkonstruktionen, angeboten, während sich amerikanische Firmen bereits auf die Produktion weniger Lokomotivtypen spezialisiert hatten. Bei der Hanomag sei um diese Zeit im Lokomotivbau „noch keine Standardisierung allgemein" gewesen.[190]

Die Herausbildung einzelner Lokomotivtypen[191] drängte jedoch zur Festlegung der Normung von Einzelteilen, die aber innerhalb des gesamten Bereichs der deutschen Lokomotivindustrie vor dem ersten Weltkrieg nicht mehr verwirklicht werden konnte, aber durch den Krieg in ihrer Durchsetzung beschleunigt wurde.[192] Dabei hatten bedeutende Lokomotivfirmen wie Schwarzkopff, die „große Serien von Lokomotiven in Auftrag erhielten", durchaus die „Vorteile austauschbarer Herstellung der Lokomotiv-Einzelteile erkannt", da aber Meßwerkzeuge, Lehren und Schablonen noch nicht auf einheitlicher Grundlage aufgebaut waren, entsprachen die Erzeugnisse der verschiedenen Lokomotivfabriken eben nur „mehr oder weniger den Bedingungen der Austauschbarkeit".[193]

Wohl aber hat sich eine Festlegung der Austauschbarkeit von Einzelteilen *innerhalb* bestimmt gelagerter *Groß*betriebe durchsetzen lassen. So wurden innerhalb des Orenstein & Koppel-Arthur Koppel-Konzerns, dessen Gesamtorganisation auf die „serienweise Produktion bestimmter Grundtypen" (z. B. Waggons, Weichen, Drehscheiben und anderes Eisenbahnmaterial) ausgerichtet

188 Festschrift Schwartzkopff, S. 180ff.

189 *Glaser, Eduard,* a. a. O., S. 9f.

190 Ebenda, S. 35.

191 In der Denkschrift der vor dem ersten Weltkrieg größten deutschen Fabrik für die Lieferung von Eisenbahnmaterial, der Fa. Orenstein & Koppel-Arthur Koppel A.G. (Berlin 1913), S. 67, wird noch darüber geklagt, daß die verschiedenen Anforderungen in bezug auf Leistung und Geschwindigkeit durch die einzelnen Bahngesellschaften ein einheitliches Arbeitsprogramm erschwert hätten.

192 Festschrift Schwartzkopff, S. 193ff.

193 Ebenda.

war[194], in seiner 1898 errichteten Lokomotivfabrik in Drewitz bei Potsdam[195] „die verschiedenartigsten Lokomotivtypen in eine Reihe gemeinsamer Einzelteile aufgelöst", wodurch eine Massenproduktion ermöglicht werden konnte. Mit der Massenherstellung von Einzelteilen bei gleichzeitig erfolgender serienweiser Produktion bestimmter Lokomotivtypen mit Hilfe von Spezialwerkzeugmaschinen war diese Stufe der „Normalisierung" bis 1903 hier abgeschlossen.[196] In den folgenden Jahren wurden auch Lokomotiven mit Hohlachsen produziert, die für alle mittleren und kleineren Lokomotivtypen verbindlich geworden waren.[197]

Aufschlußreich ist in diesem Zusammanhang, daß bei einem Wert der einzelnen Lokomotiven zwischen 20000 und 100000 Mark bei Gefahr der Veraltung der einzelnen Maschinentypen ein Arbeiten auf Vorrat nicht üblich gewesen war.[198]

Dagegen waren Leistung und Gewicht der produzierten Lokomotiven ständig gestiegen. In der Sächsischen Maschinenfabrik vorm. Rich. Hartmann in Chemnitz wurden z. B. folgende Gewichte erreicht.[199]:

bei der	1.	Lokomotive	(1848)	434,5	Ztr.	oder	21,725 t
„ „	1000.	„	(1878)	700,0	„	„	35,0 t
„ „	3600.	„	(ca. 1911)	1356,0	„	„	67,8 t

Sie lagen also zuletzt wesentlich über den für die vorhergehende Periode angegebenen Gewichten.[200] Bei 122 verschiedenen, in den Gründerjahren von 1871 bis 1873 von der Hanomag an deutsche Eisenbahnverwaltungen gelieferten Lokomotiven lagen die Durchschnittswerte beim Eigengewicht zwischen 442 und 780 Ztr., bei der effektiven PS-Leistung zwischen 148 und 436 Einheiten und bei den Durchschnittspreisen pro PS zwischen 104,94 Mark und 238,0 Mark.[201]

Um zu detaillierteren Ergebnissen zu gelangen, soll noch auf die Entwicklung der Produktion in einigen charakteristischen Betrieben dieser Branche etwas näher eingegangen werden. Bei den Borsig-Werken fällt von vornherein der große Exportanteil an der Lokomotivproduktion auf. In der Zeit nach 1870 stieg dieser Anteil bis 1878 auf 70 Prozent.[202] Auch in den Krisenjahren nach

194 Orenstein & Koppel-Arthur Koppel A.G. (Denkschrift anläßlich der Fertigstellung der 5000. Lokomotive), Berlin 1913 (im folgenden: Denkschrift Orenstein & Koppel), S. 15.

195 Ebenda, S. 68. Die erste Lokomotivfabrik dieser Firma war 1892 in Schlachtensee errichtet worden.

196 Ebenda, S. 44ff.

197 Ebenda, S. 71.

198 *Harnisch, Elisabeth*, a. a. O., S. 9. Der durchschnittliche Wert einer Lokomotive soll zu Beginn dieses Jahrhunderts 40000 Mark betragen haben. (Ebenda, S. 28)

199 Jubiläumsschrift Hartmann, S. 31ff.

200 *Becker, Walter*, a. a. O., S. 205.

201 *Glaser, Eduard*, a. a. O., S. 57.

202 Festschrift Borsig, S. 30. Vgl. dazu *Becker, Walter*, a. a. O., S. 169. Interessant ist die Tatsache, daß im Depressionsjahr 1877 der Rückgang der Lokomotiv-

der Jahrhundertwende konnte von diesem Werk noch ein relativ hoher Exportanteil gehalten werden; so lieferte Borsig 1903 „in schärfster Konkurrenz mit englischen Firmen“ 32 Lokomotiven nach Ostindien[203], doch sind in dieser Zeit mehr und mehr andere Produkte des Maschinenbaus, z. B. der Bau vollständiger Kraftanlagen, von Kältemaschinen u. ä. bei Borsig neben den herkömmlichen Lokomotivbau getreten, der vor 1914 jedoch immer noch 60 Prozent der Gesamtproduktion ausgemacht hat.[204] Man kann die Erfolge dieses Unternehmens in erster Linie auf seine hervorragende technische Entwicklung im Transportmaschinenbau zurückführen. Zum Beispiel wurde vom Werk Borsig 1911 – gemeinsam mit der Fa. Gebr. Sulzer – die erste Diesel-Lokomotive für die preußische Staatsbahn gebaut; auch im Bau von Dampftriebwagen, die zeitweise auf der Berliner Ringbahn Verwendung fanden, hatte das Werk neben der Maschinenfabrik Eßlingen große Produktionserfolge vorzuweisen.[205]

Einen etwas anderen Verlauf nahm die Entwicklung der Lokomotivproduktion bei der Berliner Maschinenbau A.G. vorm. L. Schwartzkopff. Hier war es vor allem durch die Belebung und den Aufschwung in der zweiten Hälfte der 90er Jahre zu einer Verstärkung der Lokomotivproduktion gekommen, die seit der Jahrhundertwende in der neuerrichteten Lokomotivfabrik in Wildau erfolgte und nunmehr den erfolgreichsten Zweig der Gesamtproduktion der Firma ausmachte.[206] Welche Erfolge führende deutsche Lokomotivfabriken vor Ausbruch des ersten Weltkrieges erzielen konnten, zeigt eine Zusammenstellung einiger von Schwartzkopff auf internationalen Ausstellungen gezeigten und dort vielfach prämiierten Lokomotivtypen[207]:

1900 (auf der Weltausstellung in Paris): 1 Goldmedaille für die 2B-Verbund-Personenzug-Lokomotive der Gattung P 4²

1906 (auf der Weltausstellung in Mailand): 5fach gekoppelte Tender-Lokomotive mit Rauchkammer-Überhitzer[208]

1910 (auf der Ausstellung in Buenos Aires): Grand Prix für die 2B-Schnellzug-Lokomotive

1910 u. 1911 (auf den Ausstellungen in Brüssel und Turin): jeweils einen Grand Prix für die Schnellzug-Lokomotive der Gattung S 10

produktion bei Borsig u. a. durch Rüstungsaufträge „weitgehend ausgeglichen“ werden konnte (vgl. *Mottek, Hans*, Die Gründerkrise, in: Jb. für Wirtsch.-Geschichte, Jg. 1966, T. I, S. 79).

203 *Glaser, Eduard*, a. a. O., S. 19.

204 Festschrift Borsig, S. 44. Der Lokomotivbau ist in dieser um 1875 „größten Lokomotivfabrik der Welt“ in der Zeit nach dem ersten Weltkrieg (1930) aufgegeben worden (Ebenda, S. 49).

205 Ebenda, S. 49 u. S. 220ff.

206 Festschrift Schwartzkopff, S. 31.

207 Ebenda, S. 185ff.

208 Ebenda, S. 203. Von diesen Heißdampf-Lokomotiven wurden u. a. 24 Stück nach Italien verkauft. In Mailand war für diesen Lokomotivtyp kein Preis erteilt worden, da der Repräsentant der Firma Mitglied der Jury war.

Beträchtlich war auch die Hilfe, die in Zeiten der Krise und Depression führenden deutschen Lokomotivfabriken in Form von *staatlichen* Aufträgen[209] zuteil geworden ist. Das zeigt die in der Anlage[210] veröffentlichte Zusammenstellung der „Lokomotiv-Lieferungen der Hannoverschen Maschinenbau A.G."[211] für die Geschäftsjahre 1871/1872 bis 1913/1914. Aus ihr wird ersichtlich, daß erst *nach* dem Beginn der Verstaatlichung der deutschen Eisenbahnen (angefangen in Preußen) Ende der 70er und Anfang der 80er Jahre der bald nach den Gründerjahren eingetretene rapide Rückgang in den Lokomotivlieferungen zum Teil wieder ausgeglichen werden konnte. Doch sind auch seit den 90er Jahren trotz staatlicher Aufträge die einzelnen Phasen der zyklischen Entwicklung bei der Analyse des Lokomotivumsatzes deutlich erkennbar. Es erfolgte jedoch kein so einschneidender Niedergang mehr wie um 1880 oder gegen Ende der 80er Jahre. Besonders deutlich wird die Rolle der staatlichen Aufträge bei diesem Lokomotivunternehmen, wenn wir uns die Zeit der Krise von 1901 auf der Tabelle ansehen: Wir haben im Geschäftsjahr 1901/1902 einen Rückgang gegenüber dem vorhergehenden von nur 27,7 Prozent zu verzeichnen, und bereits im folgenden Geschäftsjahr wird der Lokomotivumsatz von 1900/1901 beinahe wieder erzielt. Der zuletzt erfolgende rapide Aufstieg des Lokomotivumsatzes bei Hanomag geht zu einem wesentlichen Teil auf die wachsenden Exportleistungen dieses Unternehmens zurück, die in dem zuletzt angegebenen Geschäftsjahr (1913/1914) etwa 53 Prozent betragen haben. Unter den Hauptabnahmeländern für die Lokomotiven dieser Firma steht Rußland, auch trotz des hohen Handelsvertragszolles von 1894[212], an der Spitze; nach der Jahrhundertwende treten daneben Überseelieferungen in den Vordergrund, die z. B. in einer Mitbeteiligung am Bau der Bagdad-Bahn[213] und am Ausbau des japanischen Bahnnetzes[214] zum Ausdruck kommen.[215]

209 Vgl. dazu *Schröter, Alfred,* a. a. O., S. 56f. Die Lokomotivbeschaffungen der deutschen Eisenbahnverwaltungen betrugen nach *Däbritz, Walther/Metzelin, Erich,* a. a. O., S. 97, für die Staats- und Privatbahnen um 1890 jährlich 500 bis 600 Stück, um 1900 jährlich 1000 bis 1200 Stück und um 1910 jährlich 1500 bis 1600 Stück. Eine detaillierte Zusammenstellung der „Lokomotivbeschaffung der preußischen Staats- und Privatbahnen aus Deutschland" für die Jahre 1871 bis 1879 findet man bei *Mottek, Hans,* Die Gründerkrise, a. a. O., S. 93, Tab. 6. Die Aussicht auf einen Ankauf von Privatbahnen durch den Staat hatte die Lokomotivkonsumenten von einer umfangreichen Ergänzung ihrer Betriebsmittel abgehalten (Ebenda, S. 85).

210 Vgl. Tab. 4.

211 *Däbritz, Walther/Metzelin, Erich,* a. a. O., S. 80, 96 u. 99!

212 *Glaser, Eduard,* a. a. O., S. 18.

213 Ebenda, S. 19. In diesem Zusammenhang werden die Beziehungen zur Hannoverschen Bank, die zum Konzern der Deutschen Bank gehörte, lobend erwähnt.

214 Ebenda.

215 Übrigens entwickelten sich die Dividenden dieses Werkes nach der Jahrhundertwende beinahe analog der Umsatzentwicklung im Lokomotivbau: Sie blieben

Aus der Reihe weiterer bedeutender deutscher Lokomotivproduzenten in der Vorkriegsperiode sind bemerkenswert die Lokomotivfabrik von Krauß & Co. in München und Linz, die bei einem Aktienkapital von 4,9 Millionen Mark (1914) und mit zuletzt durchschnittlich 1153 Beschäftigten 1914 136 Lokomotiven im Wert von 3,3 Millionen Mark produzierte[216], die Firma Henschel & Sohn in Kassel[217], die Sächsische Maschinenfabrik vorm. Rich. Hartmann in Chemnitz, die oft genannten Schichau-Werke, die seit der Errichtung ihrer Lokomotivfabrik in Elbing im Jahre 1860 bis Mitte 1912 immerhin 2000 Lokomotiven geliefert hatten, worunter in Deutschland als Hauptabnehmer die preußische Eisenbahnverwaltung hervortrat und bei Auslandslieferungen größere Aufträge nach Rußland, Argentinien und den Philippinen getätigt wurden[218], sowie die Maschinenfabrik Eßlingen.

Zu einem Konzern für die Produktion von Eisenbahnmaterial – einschließlich der Lokomotivproduktion – hatte sich die Firma Orenstein & Koppel – Arthur Koppel A.G. in Berlin entwickelt. Sie war 1876 in Berlin als OHG Orenstein & Koppel entstanden. Mit Hilfe der Dresdner Bank wurde sie 1897 in die A.G. für Feld- und Kleinbahnen-Bedarf vorm. Orenstein & Koppel umgewandelt.[219] Nach der Wiederübernahme der Fa. Arthur Koppel A.G. (1905 zunächst in Interessengemeinschaft) im Jahre 1909 bildete sie einen schließlich 12 Fabriken und 95 Niederlassungen im In- und Ausland umfassenden Transportmaschinenbau-Konzern, der mit zuletzt 45,0 Millionen Mark Aktienkapital und mit Umsätzen, die bis zu 139,7 Millionen Mark (1913) reichten[220], einen beachtlichen Faktor im Gefüge der deutschen Produktionsmittelindustrie darstellte. In der Lokomotivfabrik Drewitz dieses Konzerns sind u. a. Tender-Lokomotiven für Normalspurweite bis zu 80 t Dienstgewicht, „wohl die schwersten europäischen Tender-Lokomotiven überhaupt“[221], gebaut worden, wobei auch hier der zunehmende Exportanteil, zuletzt zugunsten von Lieferungen nach Übersee, beachtlich ist.[222] Auch die preußische Eisenbahnverwaltung war seit 1903 ständiger Abnehmer für verschiedene Lokomotivtypen dieser

zwischen 1906/1907 und 1914/1915 selten unter 20% und gipfelten im zuletzt genannten Geschäftsjahr in einer Rekorddividende von 30% (Handbuch DAG, T. II, S. 748).

216 Ebenda, T. I, S. 1165.

217 Vgl. dazu Tabelle 5. Beim Bau der 500. Lokomotive stand Henschel noch an vorletzter Stelle der in der Tabelle aufgeführten führenden deutschen Lokomotivfabriken; dagegen drang das Unternehmen beim Bau der 4000. Lokomotive (hinter Borsig) auf den 2. und beim Bau der 10000. Lokomotive auf den 1. Platz vor.

218 Die Schichauwerke in Elbing, Danzig und Pillau 1837–1912, a. a. O., S. 47.

219 Denkschrift Orenstein & Koppel, S. 17.

220 Handbuch DAG, T. I, S. 1071.

221 Denkschrift, Orenstein & Koppel, S. 78.

222 Zum Beispiel hatte 1904 die japanische Regierung 50 Tender-Lokomotiven (im Wert von über 1/2 Mill. Mark) bestellt; der Auftrag war trotz reichlichen Auftragsbestandes innerhalb von drei Monaten ausgeführt worden (Ebenda, S. 45ff.)

Firma geworden[223]. Diese Leistungen waren möglich geworden, weil die Verwendung hochwertiger Rapidstähle neue Methoden der Metallbearbeitung zuließ, was jedoch andererseits die Beschaffung immer weiter spezialisierter Werkzeugmaschinen erforderte[224]. Die *Arbeitsteilung* innerhalb des *Gesamtunternehmens* hatte 1912 das in Tabelle 6 gezeigte Aussehen[225]. Jedoch stellt ein so weitverzweigtes und vielgegliedertes Unternehmen damals auf diesem Sektor der deutschen Maschinenbauindustrie einen Einzelfall dar.

Die Gesamtzahl der in der Vorkriegszeit in Deutschland Lokomotiven produzierenden Firmen schwankt zwischen 15[226] und etwa 20[227], wobei diese Unternehmen Mitte des ersten Jahrzehnts des neuen Jahrhunderts über eine Jahresleistung von etwa 1600 großen und 700 kleinen Lokomotiven (bei einem Gesamtwert von 90 Millionen Mark) verfügten. Vergleichen wir damit die Produktionskapazität der deutschen Lokomotivfabriken, die für 1873[228] mit jährlich 1000 Lokomotiven angegeben worden ist, so erkennen wir, welche Entwicklung die deutsche Lokomotivproduktion innerhalb weniger Jahrzehnte genommen hat. Interessant ist auch ein Vergleich der Anzahl der in Deutschland von den Bahnverwaltungen in Dienst gestellten Lokomotiven zwischen der Zeit der Jahrhundertwende und der der Reichsgründung vorhergehenden Periode: Waren es zwischen 1850 und 1870 nur gegen 3000 Lokomotiven, die in dieser Zeit auf preußischen Bahnen unter Dampf gesetzt wurden[229], so existierten 1904 innerhalb Deutschlands insgesamt 21470 Lokomotiven, die ein Anlagekapital von insgesamt 985 Millionen Mark darstellten[230].

Eine frühe Spezialisierung fand im *Waggonbau* statt. Normalgüterwagen wurden seit etwa 1850 gebaut.[231] Zu den frühen Waggonproduzenten gehörte die Maschinenbau A.G. Nürnberg (vor 1865 Fa. Klett & Co.), eine der „ältesten Waggonfabriken" und viele Jahre lang „der Hauptlieferant der Bayerischen

223 Ebenda.

224 Ebenda.

225 Ebenda, S. 25. Interessant ist das Verhältnis zwischen der Anzahl der Beschäftigten und dem Kraftbedarf. (Vgl. etwa den Unterschied in bezug auf dieses Verhältnis zwischen dem Werk in Pittsburg und den im damaligen Österreich-Ungarn angesiedelten Betrieben!)

226 *Berthold, Karl,* Untersuchungen über den Standort der Maschinen-Industrie in Deutschland, Jena 1915, S. 46.

227 *Calwer, Richard,* Das Wirtschaftsjahr 1906, T. 1, S. 175. Calwer beklagt bei dieser Gelegenheit die zu geringe Aufnahmefähigkeit im Inland sowie die immer schwieriger werdende Möglichkeit des Exports, der nur noch auf Kosten der Preise gehe.

228 *Becker, Walter,* a. a. O., S. 205.

229 Ebenda, S. 177. Das stellte schon gegenüber dem Stand von 1850 eine Versiebenfachung dar.

230 *Harnisch, Elisabeth,* a. a. O., S. 28. Also wiederum auf das Siebenfache hat sich die Zahl der vorhandenen Lokomotiven erhöht.

231 *Becker, Walter,* a. a. O., S. 206ff.

Staatsbahnen".[232] Von 1870 bis 1874 betrug der Umsatz der Wagenbauabteilung dieses Unternehmens bereits 12459 Wagen[233], wovon 47,4 Prozent exportiert wurden. Im Laufe der Zeit bildeten sich immer vielseitigere Typen[234] dieser seit 1862 z. T. schon dreiachsigen Wagen heraus. Hervorzuheben ist ferner, daß seit Anfang der 90er Jahre in der Maschinenbau A.G. Nürnberg Güterwagen mit einem Ladegewicht von 15 t, später von 30 t gebaut wurden[235], sowie seit 1889 D-Zug-Wagen mit Seitengängen und geschlossenem Übergang.[236]

Selbst in kleinen Waggonfabriken, wie in der erst 1905 als Aktiengesellschaft neugegründeten Dessauer Waggonfabrik, wurden in den Jahren von 1905 bis 1914 Umsätze von jährlich 355 (1905) bis maximal 784 (1913) Güter- und Personenwagen erzielt, die Dividenden bis zu 25 Prozent abwarfen.[237] Insgesamt lieferte die Waggonbauindustrie in der Zeit von 1911 bis 1920 im Durchschnitt jährlich 2476 Personen- und 38380 Güterwagen[238], was eine beachtliche Steigerung der Produktionskapazität gegenüber der Zeit um 1871 darstellt.[239] Bemerkenswert ist ferner die Zunahme der Leistungsfähigkeit neben der fortschreitenden Herausbildung immer vielseitigerer Typen innerhalb dieser Industrie.

2. Die Lage und Entwicklung im Werkzeugmaschinenbau und innerhalb einiger verwandter Zweige der Maschinenbauindustrie

Das eigentliche Feld der Spezialisierung ist in der Zeit vor dem ersten Weltkrieg ein wesentlicher Teil der dadurch auch in qualitativer Hinsicht in den Vordergrund tretenden Werkzeugmaschinenindustrie. Der Werkzeugmaschinenbau und einige technische verwandte Zweige, wie z. B. die Nähmaschinen-, die Fahrzeug- und die Büromaschinenindustrie gingen in dem hier behandelten Zeitabschnitt teilweise über die Serienproduktion hinaus. In der Transportmaschinenindustrie begann bei der Herstellung einiger Maschinentypen die Massenproduktion auf der Grundlage der Austauschbarkeit von Einzelteilen. In keinem Falle konnte jedoch zu dieser Zeit im Werkzeugmaschinenbau eine Automatisierung[240] beobachtet werden.

232 *Büchner, Fritz,* a. a. O., S. 203.
233 Beiträge GTI, 5. Bd., 1913, S. 259. Die Waggons waren schon „frühzeitig", d. h. seit Beginn der Zusammenarbeit mit den Bayr. Staatsbahnen, in „Großfertigung und Serienbau" hergestellt worden (*Büchner, Fritz,* a. a. O., S. 80 u. 203).
234 *Büchner, Fritz,* a. a. O., S. 82.
235 Vgl. dazu *Becker, Walter,* a. a. O., S. 206f.
236 *Büchner, Fritz,* a. a. O., S. 83.
237 *Brückner, Franz,* Die Vorgeschichte des VEB Waggonbau Dessau von 1895 bis 1945, in: Jb. für Wirtsch.-Geschichte, Jg. 1962, T. I, S. 149ff.
238 Ebenda, S. 174.
239 *Becker, Walter,* a. a. O., S. 207.
240 Vgl. zum Begriff der Automatisierung Kleine Enzyklopädie – Technik, Leipzig 1963, S. 350.

In der Periode nach der Reichsgründung begann sich in den genannten Zweigen der Maschinenbauindustrie, vor allem aber innerhalb des Werkzeugmaschinenbaus die „Tendenz zur Verwandlung von Maschinenarten in Maschinentypen“[241] mit genormten und austauschbaren Teilen in verstärktem Maße durchzusetzen. Das Prinzip der Produktion und Anwendung austauschbarer Teile[242] wird innerhalb der Maschinenbauindustrie und schließlich über diese hinaus immer mehr zu einem die Entwicklung in dieser Branche bestimmenden Faktor.[243]

Nachdem um die Mitte des 19. Jahrhunderts der Werkzeugmaschinenbau als selbständig werdender Maschinenbauzweig aus Bedürfnissen des Textilmaschinenbaus und einiger anderer Zweige der Maschinenbauindustrie, entstanden war[244], hatten sich seit etwa 1862 auch Anfänge der Serienproduktion von Werkzeugmaschinen bei verschiedenen Firmen bemerkbar gemacht, wobei „die Tendenz zur Serienfertigung und damit zur Einschränkung der Typenzahl“ durch den Einfluß des amerikanischen Werkzeugmaschinenbaus verstärkt wurde.[245] In den Vereinigten Staaten hatte man zu diesem Zeitpunkt, unter dem Einfluß hoher Löhne und dem Mangel an gelernten Arbeitskräften , bereits begonnen, zur Massenproduktion auf der Basis austauschbarer Teile überzugehen[246]. Der große Waffenbedarf während des amerikanischen Bürgerkrieges hat diese Entwicklung zuerst innerhalb der Waffenproduktion wirksam werden lassen. Aber in den USA war der Anstoß gegeben, zur Produktion von Werkzeugmaschinen überzugehen, die für die Massenanfertigung geeignet waren. In der Zeit nach der Reichsgründung trat auf diesem Gebiet seit 1873 vor allem die „Spencer-Revolverbank“, eine bereits selbsttätige Drehbank, die sich in erster Linie für die in Deutschland entstehende Fahrradindustrie als wertvoll erwies, hervor.[247] Das Vordringen des amerikanischen Werkzeugmaschinenbaus, besonders auf der Grundlage des Baus leichterer und vielfach auch billigerer Werkzeugmaschinen[248], löste die bisherige englische Führung auf dem Weltmarkt ab,

241 *Mottek, Hans*, Wirtschaftsgeschichte Deutschlands, Bd. II, Berlin 1964, S. 175. Vgl. auch *Engelberg, Ernst*, Deutschland von 1871 bis 1897 (Lehrbuch der deutschen Geschichte – Beiträge 8), Berlin 1965, S. 43, der in bezug auf die Entwicklung des deutschen Werkzeugmaschinenbaus nach 1871 von einem näheren Heranführen „an die automatisierte Bewegung“ spricht.

242 Dieses Prinzip wird von einigen Historikern auch als „Vorgeschichte der Automatisation“ bezeichnet. Vgl. *Horská, Pavla*, Contribution au problème de la deuxième révolution industrielle, Praha 1963, S. 62.

243 Horská nennt in diesem Zusammenhang auch den Landmaschinen-, Nähmaschinen-, Schreibmaschinen- sowie den Fahrradbau.

244 Die Firma Zimmermann in Chemnitz spezialisierte sich bereits 1854 auf die Produktion von Werkzeugmaschinen (vgl. Beiträge GTI, 9. Bd., 1919, S. 107).

245 *Becker, Walter*, a. a. O., S. 184.

246 Beiträge GTI, 9. Bd., 1919, S. 98; 10. Bd., 1920, S. 147f.

247 *Wittmann, Karl*, Die Entwicklung der Drehbank bis zum Jahre 1939, Düsseldorf 1960, S. 96f.

248 Beiträge GTI, 10. Bd., 1920, S. 138, wo in diesem Zusammenhang von der „Herausbildung eines gleichförmigen Stils“ gesprochen wird.

die in bezug auf die Entwicklung der deutschen Werkzeugmaschinenindustrie als sogenannte englische Periode bezeichnet wird.[249]

In den Gründerjahren und in der darauffolgenden Krise und Depression ist der Einfluß des amerikanischen Werkzeugmaschinenbaus auf die sich entwickelnde deutsche Werkzeugmaschinenindustrie noch als gering einzuschätzen, fehlten doch gerade in Deutschland einige die Entwicklung dieses Maschinenbauzweiges vorwärtstreibende Faktoren. Hier waren die Löhne niedriger, und es bestand wegen des kleineren Absatzgebietes auch kein Zwang zur Massenproduktion[250]. Infolge des relativ geringen Entwicklungsstandes der deutschen Werkzeugmaschinenindustrie bezogen einige europäische Waffenfabriken, darunter die Gewehrfabriken in Spandau, Erfurt und Danzig, zu dieser Zeit ihre Einrichtungen von amerikanischen Maschinenfabriken.[251]

Anfänge des deutschen Werkzeugmaschinenbaus nach amerikanischem Muster finden wir zu diesem Zeitpunkt in erster Linie bei L. Loewe in Berlin, der „ersten deutschen Privatfabrik nach amerikanischem Muster“[252], wo neben der Nähmaschinenproduktion (von 1869 bis 1879) seit 1873 auch der Bau von Werkzeugmaschinen „nach Pratt-Whitneyschen Modellen“ aufgenommen worden war, was „einen erzieherischen Einfluß auf die gesamte Produktion“ ausgeübt haben dürfte,[253] während die ersten Erfolge z. B. des modernen Chemnitzer Werkzeugmaschinenbaus – mit Ausnahme etwa von Joh. Zimmermann – erst mit dem Beginn der 80er Jahre einsetzten. In diesem wichtigen Zentrum des Maschinenbaus hatte die Werkzeugmaschinenfabrik von J. E. Reinecker, die sich in der Folgezeit erst durch die Nachkonstruktion amerikanischer Vorbilder, dann durch die Schaffung neuer Konstruktionen und Maschinen auf dem Gebiet des Werkzeugmaschinenbaus auszeichnete und nicht zu Unrecht als „Vorkämpferin der Präzisionsarbeit“[254] bezeichnet wird, noch 1873 durch ihren Kauf je einer Fräs- und Schleifmaschine bei der amerikanischen Firma von Brown & Shape eine regelrechte „Sensation“ in der Chemnitzer Fachwelt erregt.[255] Insgesamt ist der damalige Grad der technischen Entwicklung innerhalb der deutschen Werkzeugmaschinenindustrie im Vergleich zur amerikanischen als relativ niedrig einzuschätzen.

Das darf jedoch nicht verallgemeinert werden. Dies gilt vor allem in bezug auf das anläßlich der Weltausstellung in *Philadelphia* im Jahre 1876 deutschen Erzeugnissen zuerkannte Prädikat, diese seien damals „billig und schlecht“ gewesen.[256] Sicher stellt auch der bekannte Ausspruch über die auf dieser Aus-

249 *Becker, Walter*, a. a. O., S. 184.
250 Beiträge GTI, 10. Bd., 1920, S. 116.
251 *Wittmann, Karl*, a. a. O., S. 96, nennt unter diesen in erster Linie die Fa. Pratt & Whitney.
252 Beiträge GTI, 10. Bd., 1920, S. 119f.
253 Vgl. *Doogs, Kurt*, a. a. O., S. 20ff.
254 *Wulffen, Hasso*, a. a. O., S. 14.
255 Ebenda.
256 *Sartorius von Waltershausen, August*, a. a. O., S. 286.

stellung gezeigten deutschen „Nadeln ohne Öhr, Bleistifte ohne Einlage, Taschenmesser ohne Scharnier“[257] als Pauschalurteil für den Qualitätszustand der ausgestellten deutschen Produkte eine nicht exakte Verallgemeinerung dar. Er war auch weniger gegen den deutschen Werkzeugmaschinenbau als vielmehr gegen die deutsche Metallindustrie gerichtet.

Tatsache ist, daß es in bezug auf die Weltausstellung in Philadelphia positive Würdigungen von Erzeugnissen der deutschen Werkzeugmaschinenindustrie gegeben hat. So waren die auf der Ausstellung gezeigten Zimmermannschen und Leupoltschen Kegelräderhobelmaschinen nach fachmännischem Urteil besser als die ausgestellten amerikanischen[258], und schließlich sind auch Erzeugnisse der deutschen Maschinenbauindustrie auf der Weltausstellung von 1876 prämiiert worden. Zum Beispiel wurde eine Spezialmaschinenfabrik für den Bau von Maschinen für die Ziegel-, Torf-, Tonwaren- und Mörtelfabrikation, die Rixdorfer Maschinenfabrik G.m.b.H. vorm. Schlickeysen in Rixdorf bei Berlin, für eine dort gezeigte Ziegelmaschine ausgezeichnet, wobei zu beachten ist, daß diese Maschine von der Ausstellung aus nach Havanna verkauft und anschließend am Bestimmungsort montiert wurde.[259]

Zu berücksichtigen ist ferner, daß es sich bei den in Philadelphia gezeigten *amerikanischen* Werkzeugmaschinen in der Regel um leichte, bei den *deutschen* Werkzeugmaschinen dagegen um schwere Maschinentypen, die im allgemeinen eine längere Lebensdauer hatten und in technischer Hinsicht teilweise schon veraltet waren, handelte. Auch darf nicht vergessen werden, daß die Leistungen der deutschen Maschinenbauindustrie bis zu diesem Zeitpunkt ohne Patentschutz erzielt wurden. Auf alle Fälle bewirkte das Urteil von Reuleaux, dieses akademischen Vorkämpfers für technisches Weltniveau, auch für die deutsche Werkzeugmaschinenindustrie „einen Ansporn zu erhöhter Leistung“, und letzten Endes wirkte „die Weltausstellung ... auch dadurch ... anregend, daß viele deutsche Techniker durch das auf ihr Gezeigte veranlaßt wurden, die amerikanischen Werkstätten persönlich zu besuchen“.[260] Auch Friedrich Engels erkannte wenige Jahrzehnte nach diesem „industriellen Jena von Philadelphia“, daß der beabsichtigte Ansporn Erfolg hatte.[261]

Wieweit die von Philadelphia ausgehenden Impulse bereits in der nun folgenden Periode, die bis gegen Ende des 19. Jahrhunderts reicht, im einzelnen innerhalb des deutschen Werkzeugmaschinenbaus wirksam geworden sind, soll aus der Darstellung der Entwicklung in den nun folgenden Jahrzehnten deutlich werden. Wir haben es in diesem Zeitabschnitt bei einem Teil der deutschen Werkzeugmaschinenindustrie zunächst mit einer sich verstärkenden Nachahmung amerikanischer Vorbilder zu tun. Dies führte, gestützt auf die Errich-

257 Ebenda.
258 Beiträge GTI, 9. Bd., 1919, S. 122.
259 Rixdorfer Maschinenfabrik G.m.b.H. vorm. C. Schlickeysen, Rixdorf b. Berlin (Denkschrift aus Anlaß ihres 60jährigen Bestehens), o. J. (1910).
260 Beiträge GTI, 9. Bd., 1919, S. 122f.
261 MEW, Bd. 22, Berlin 1963, S. 317.

tung einer ganzen Reihe neuer Werke in dieser Branche, zur Herausbildung eigener Konstruktionen und damit im Zusammenhang zu einer erneuten und dabei zunehmenden Wettbewerbsfähigkeit von Erzeugnissen deutscher Werkzeugmaschinenfabriken. Bis gegen 1900 ging in der deutschen Werkzeugmaschinenindustrie der Kampf um die Erreichung des amerikanischen Vorbildes und die Durchsetzung eigener Schöpfungen, zumindest bei dem entwickelteren Teil dieses Maschinenbauzweiges.[262]

Eine Gegenüberstellung einiger Gesichtspunkte der in ihren Entwicklungstendenzen so verschiedenen Chemnitzer Werkzeugmaschinenfabriken von Joh. Zimmermann und J. E. Reinecker soll klarmachen, wie verschieden sich das Entwicklungsniveau innerhalb der Werkzeugmaschinenindustrie zu diesem Zeitpunkt darstellte. Was die einstmals führende Chemnitzer Werkzeugmaschinenfabrik (ab 1871: Chemnitzer Werkzeugmaschinenfabrik A.G. vorm. Joh. Zimmermann) betrifft, die sich „erst verhältnismäßig spät dem Prinzip der verschärften Spezialisierung und der Serienherstellung“[263] zugewandt hatte, so muß festgestellt werden, daß nach bedeutenden Erfolgen um die Mitte des 19. Jahrhunderts[264] ein länger anhaltender Aufschwung des Unternehmens erst wieder in der Zeit vor der Jahrhundertwende einsetzte. Der Umsatz dieses Unternehmens war vom Geschäftsjahr 1877/1878 bis 1898 auf nahezu das Dreifache gestiegen[265], konnte dann aber nicht mehr entscheidend erhöht werden. Dabei muß noch berücksichtigt werden, daß die Firma aus Konjunkturrücksichten vielfach auch andere Maschinenbauerzeugnisse, z. B. Dampfmaschinen, produzierte. Eine ähnliche Entwicklung finden wir auch bei einigen anderen der älteren deutschen Werkzeugmaschinenfabriken, vor allem im damaligen Chemnitz, vor.

Anders vollzog sich dagegen die Entwicklung der erst 1859 gegründeten, aber dem amerikanischen Vorbild von vornherein aufgeschlossenen Werkzeug- und Werkzeugmaschinenfabrik von J. E. Reinecker. Die Gesamtentwicklung dieses Unternehmens von der Zeit der Reichsgründung an ergibt nach den vorliegenden Daten folgendes Bild[266]:

Jahr	Flächenraum der Werkstätten/qm	Zahl der aufgestellten Werkzeugmaschinen	Anzahl der Arbeiter und „Beamten“
1872	300	14	25
1876	540	30	52
1880	800	56	101
1883	1 340	88	93

262 Vgl. dazu Beiträge GTI, 9. Bd., 1919, S. 97.
263 *Wulffen, Hasso*, a. a. O., S. 18.
264 *Becker, Walter*, a. a. O., S. 184.
265 Geschäftsberichte der Chemnitzer Werkzeugmaschinenfabrik vorm. Joh. Zimmermann (Stadtarchiv Karl-Marx-Stadt G 18), *Wulffen, Hasso*, a. a. O., S. 8 u. S. 13.

Jahr	Flächenraum der Werkstätten/qm	Zahl der aufgestellten Werkzeugmaschinen	Anzahl der Arbeiter und „Beamten“
1888	1340	131	175
1891	5324	211	236
1895	7415	314	387
1897	10808	498	728
1899	24330	?	1150

Die Firma Reinecker, die sich erst seit Beginn der 80er Jahre auf die Produktion von Werkzeugmaschinen konzentrierte und im Geschäftsjahr 1897/1898 bereits einen Umsatz von 2,25 Millionen Mark (davon zu ca. $^2/_5$ für Werkzeuge und ca. $^3/_5$ für Werkzeugmaschinen) erreichte, hatte sich auch große Verdienste um die *technische* Entwicklung des deutschen Werkzeugmaschinenbaus und damit um dessen beginnende Durchsetzung gegenüber der amerikanischen Konkurrenz erworben. Auf ihr Konto kommen u. a. folgende Konstruktionen, die nach amerikanischen Vorbildern entwickelt und hergestellt worden waren[267]:

1882 der Bau einer ersten Hinterdrehbank nach dem Beispiel der 1873 in Wien ausgestellten hinterdrehten Fräser von Brown & Sharpe

ab Mitte der 80er Jahre der Bau von Sonderwerkzeugmaschinen, u. a. für die beginnende Fahrzeugproduktion, sowie der Bau von Zahnradfräsmaschinen, Abwälzhobelmaschinen für Zahnräder u. ä.

ab Anfang der 90er Jahre der Bau der ersten starken Rundschleifmaschinen in Deutschland

Die Firma J. E. Reinecker trat auch auf der Weltausstellung von Chicago im Jahre 1893, die sie neben anderen deutschen Werkzeugmaschinenfabriken beschickte, durch die Qualität ihrer Erzeugnisse hervor. Im allgemeinen hat gerade die Chicagoer Weltausstellung gezeigt, daß die deutschen Drehbänke gegenüber den amerikanischen wieder wettbewerbsfähig geworden waren, was jedoch bei den Bohrmaschinen noch nicht der Fall war, weil diese noch nicht durchweg den praktischen amerikanischen „raschen Rückzug“ besaßen.[268]

Nach amerikanischen Vorbildern, insbesondere nach denen von Pratt & Whitney, nahmen in diesem Zeitraum auch andere, meist kleinere deutsche Maschinenfabriken den Bau von Werkzeugmaschinen auf, so z. B. die auch Nähmaschinen und Waffen produzierende Berliner Firma Frister & Roßmann[269], die Firma Max Hasse & Co., die kleine und mittelgroße Sondermaschinen für die Patronen-, Zünder- und Gewehrfabrikation sowie für die Nähmaschinen- und Armaturenherstellung produzierte, die Firma L. Sentker, die sich bereits in den 70er Jahren beim Bau ihrer Revolverdrehbänke, Fräs- und Schraubenmaschinen

266 *Wulffen, Hasso*, a. a. O., S. 14.
267 Beiträge GTI, 9. Bd., 1919, S. 109; *Wulffen, Hasso*, a. a. O., S. 14.
268 Beiträge GTI, 9. Bd., 1919, S. 126.
269 Beispiele nach: Beiträge GTI, 9. Bd., 1919, S. 121ff.

nach amerikanischen Vorbildern orientierte, sowie die 1863 gegründete Suhler Werkzeugmaschinenfabrik von Schilling & Krämer, die kleinere und mittlere Werkzeugmaschinen verschiedener Art lieferte, daneben aber auch Sonderwerkzeugmaschinen für die Herstellung von Militärgewehren und Luxuswaffen, wie sie die dortige Waffenindustrie benötigte.

Die technische Ausführung dieser Werkzeugmaschinen ließ in den 80er Jahren jedoch noch manches zu wünschen übrig, denn viele Teile wie Handkurbeln und Handräder waren noch ohne Rücksichtnahme auf die Bearbeitungsmöglichkeit geformt; die Drehbankspindeln der 80er Jahre waren meist nicht hohl und der Spindelkopf vielfach ohne Zentrierbund.[270] Dagegen besaßen die deutschen Drehbänke fast durchweg einen Kreuzsupport und damit ein Mittel zur Feineinstellung des Stahls in Längsrichtung, was den amerikanischen Drehbänken fehlte. Nach Reuleaux' Urteil soll jedoch nach 1890 noch die Genauigkeit der Werkstättenmeßverfahren in deutschen Werkzeugmaschinenfabriken vielfach zu wünschen übrig gelassen haben.

Andererseits war die deutsche Werkzeugmaschinenindustrie vor der Jahrhundertwende quantitativ[271] gar nicht in der Lage, den ständig wachsenden Bedarf im Inland zu decken, so daß gerade im letzten Jahrzehnt des zu Ende gehenden Jahrhunderts, begünstigt, durch die amerikanische Krise von 1893, eine starke Einfuhr z. T. billigerer amerikanischer Werkzeugmaschinen nach Deutschland erfolgte. Deutschland wurde nicht zuletzt infolge dieses Umstandes kurz vor der Jahrhundertwende das Hauptabsatzgebiet für amerikanische Maschinenbauerzeugnisse[272], wohingegen für die damalige Ausfuhr deutscher Erzeugnisse speziell der Werkzeugmaschinenindustrie nach den USA in erster Linie nur Reinecker, daneben aber auch schon die Wanderer-Werke in Schönau bei Chemnitz hervortraten.[273]

Die Befreiung bzw. Entlastung von der Einfuhr amerikanischer Werkzeugmaschinen konnte nur nach und nach erfolgen. Sie hängt mit der Gründung und Entwicklung von Maschinenfabriken zur Produktion von stark spezialisierten (Sonder-) Werkzeugmaschinen in Deutschland besonders in den Jahren um die Jahrhundertwende zusammen und erfolgte in erster Linie auf dem Gebiet der Herstellung von schweren Werkzeugmaschinen und Blechbearbeitungsmaschinen[274], während im allgemeinen leichte und mittlere Präzisionsmaschinen, besonders Revolverdrehbänke, aber auch Automaten begehrte Importartikel

270 Nach: Beiträge GTI, 9. Bd., 1919, S. 127.

271 Bemerkenswert ist, daß in den USA allein Cincinatti, die „Hauptstadt der Weltproduktion von Werkzeugmaschinen", gegen 1900 über 30 Werkzeugmaschinenfabriken mit einer Jahresproduktion von ca. 3,4 Mill. Dollar verfügte. (Beiträge GTI, 10. Bd., 1920, S. 141).

272 Nach „American Machinist" von 1900 nahm 1899 Deutschland mehr als 40% der gesamten amerikanischen Ausfuhr auf (Beiträge GTI, 10. Bd., 1920, S. 126).

273 Beiträge GTI, 10. Bd., 1920, S. 127.

274 Ebenda, S. 126.

blieben. Noch in den Jahren vor 1910 hat die Duisburger Maschinenbau A.G.[275] „viele ihrer Maschinen (die für die Massenproduktion bestimmt waren – d. Verf.) wie Revolverdrehbänke, Automaten, Fräsmaschinen usw. von Amerika bezogen.“

Ein weiterer, sehr bedeutender Umstand war die technische Einwirkung anderer, aus der deutschen Maschinenbauindustrie erst zu diesem Zeitpunkt oder kurz vorher sich herausbildender Zweige, die nunmehr umgekehrt auf die Entwicklung der Werkzeugmaschinenindustrie einen fördernden Einfluß nahmen, wie z. B. der Fahrradbau. Wenn man bedenkt, daß die Jahresproduktion der Fahrradindustrie um die Mitte der 90er Jahre mehr als eine Viertelmillion Stücke betrug[267], es sich also auf diesem Gebiet zu diesem Zeitpunkt offenbar bereits um eine Massenproduktion handelte, so läßt es sich leicht ermessen, welchen Anstoß die Herausbildung eines solchen neuen Zweiges auf die Entwicklung von Werkzeugsondermaschinen bzw. auf eine verstärkte Spezialisierung von bereits bestehenden Werkzeugmaschinenarten wie Revolverdrehbänken, Tieflochbohrmaschinen u. ä. darstellen mußte.[277]

Nicht zuletzt spielte bei der Herausbildung einer neuen Etappe in der Geschichte der deutschen Werkzeugmaschinenindustrie die Einführung neuer Produktionsverfahren eine bedeutende Rolle. Vor allem hat die Anwendung des noch vor der Jahrhundertwende entwickelten Taylor-White-Schnellstahls stark auf die weitere technische Entwicklung insbesondere des Baus von Drehbänken eingewirkt. Die Bedeutung dieser 1900 auf der Weltausstellung in Paris zuerst in Europa vorgeführten Erfindung wird noch 1914 in einem Bericht wie folgt gewürdigt: „Unser ganzes Wirtschaftsleben ist durch diese Erfindung durchgreifend beeinflußt worden. Bewußt haben die Maschinenbauer, unbewußt die ganze übrige Welt aus Vorzügen der Schnellstahlerfindung Nutzen gezogen.“[278] Allerdings dürfte die richtige Handhabung dieser neuen Erfindung den deutschen Werkzeugmaschinenbauern zunächst erhebliche Schwierigkeiten bereitet haben. So wurden bei Ludwig Loewe bisher bewährte Werkzeugmaschinen nach bereits vier Wochen „fertig“, nachdem sie mit Schnellstahl einer erhöhten Beanspruchung unterzogen worden waren.[279] Dies führte wiederum zu dem Ergebnis, daß in Zukunft kräftigere Maschinen gebaut wurden, um damit auf der Grundlage besserer Werkstoffe größere Antriebsleistungen zu ermöglichen.

Gerade die sachgemäße Verwendung des Taylor-White-Schnellstahls hat der technischen Entwicklung bei der Produktion insbesondere von Drehbänken eine wachsende Möglichkeit der Austauschbarkeit von Einzelteilen bei zunehmender Herstellungsgenauigkeit auf der Grundlage einer sich durchsetzenden Massenproduktion gegeben, ein Prozeß, der in den Grundzügen allerdings erst

275 *Matschoss, Conrad,* a. a. O., S. 181. Wir sind auf viele ähnlich lautende Einschätzungen gestoßen.

276 *Matschoss, Conrad,* a. a. O., S. 126.

277 Nach: Beiträge GTI, 9. Bd., 1919, S. 126, waren für die etwa 150 einzelnen Teile des Fahrrades derartige Sondermaschinen zu entwickeln.

278 *Wittmann, Karl,* a. a. O., S. 103.

279 Ebenda, S. 114.

nach Ablauf der hier behandelten Zeitperiode zu Ende geführt worden ist und in der Konsequenz anstelle der herkömmlichen Universal- endgültig die Sondermaschine in den Vordergrund gerückt hat.[280] Schließlich sind auch bei der Benutzung der verschiedenen Arten von Werkzeugmaschinen im Zusammenhang mit dem jeweiligen technischen Entwicklungsstand Verschiebungen vorgekommen. So rückte in den 90er Jahren das Fräsen gegenüber dem Hobeln in den Vordergrund, „in allen Fällen, wo dies empfehlenswert war, besonders durch die Bemühungen der Fa. Reinecker".[281]

Die neuen Erfordernisse konnten natürlich nur von Werkzeugmaschinenfabriken erfüllt werden, die sowohl ökonomisch als auch technisch in der Lage waren, sich auf die Produktion von Sonderwerkzeugmaschinen zu spezialisieren. Wir finden daher seit den 90er Jahren, verstärkt nach der Jahrhundertwende, eine weitere Entwicklung der Sonderfabrikation von Werkzeugmaschinen in bereits bestehenden Unternehmen und die Neugründung von Sonderfabriken auf dem Gebiet der Werkzeugmaschinenindustrie[282].

Zu den ersteren zählen u. a. die bereits 1859 für die Herstellung von Gerberei-, Näh- und Werkzeugmaschinen aller Art gegründete Fabrik von Carl Schoening in Berlin, die sich Ende der 90er Jahre auf den Bau von Horizontalstoßmaschinen spezialisierte[283], sowie die 1871 entstandene, zunächst Schmirgelscheiben produzierende Firma Naxos-Union in Frankfurt am Main, die später auch den Bau von Präzisionsschleifmaschinen aufnahm. Die bei der Produktion von Feinmeßwerkzeugen führenden Hommel-Werke in Mainz sind jedoch bereits (1893) als Spezialunternehmen gegründet worden.

Die Entstehung von Betrieben der Fräsmaschinenindustrie erfolgte infolge ihres hohen Spezialisierungsgrades in erster Linie in Form von Neugründungen. Neben der Fräsmaschinenfabrik von Moßdof & Mehnert (1888 gegr.) ist vor allem die ebenfalls in Chemnitz (1900) gegründete Werkzeugmaschinenfabrik von Hermann Pfauter zu nennen, die mit Hilfe der Konstruktion ihrer Abwälzräderfräsmaschinen (und zwar für Schnecken- und Stirnräder) zu einer wesentlichen Erhöhung der Arbeitsproduktivität bei der Herstellung von Zahnrädern beigetragen hat.[284] Aber selbst Hermann Pfauter, der in der Werkzeitschrift seines Betriebes als „der erste erfolgreiche Vertreter der Wälzfrästechnik" bezeichnet wurde[285] und in dessen Betrieb noch vor Beginn des ersten Weltkrieges

280 Vgl. ebenda, S. 192f.

281 Beiträge GTI, 9. Bd., 1919, S. 126.

282 Nicht umsonst sind beinahe alle nach 1890 errichteten Werkzeugmaschinenfabriken als Sonderfabriken eingerichtet worden (Ebenda, S. 127).

283 Beispiele nach ebenda, S. 124f.

284 Bis um 1900 mußte bei der Produktion von Zahnrädern „eine Zahnlücke nach der anderen" eingeschnitten werden; auf der Grundlage des sogen. Wälzverfahrens dagegen dreht sich der schneckenförmige Fräser und das Werkstück zusammen wie ein Zahnradgetriebe. Angaben nach: 40 Jahre Pfauter – Sonderausgabe der Werkzeitschrift Nov./Dez. 1940, Chemnitz, o. J. (1940), S. 7ff.

285 Ebenda.

zu einem „großzügig durchgeführten Serienbau"[286] übergegangen worden war, hielt es für angemessen, zwei Reisen in die Vereinigten Staaten zu unternehmen, um sich über den technischen Fortschritt im damals entwickeltsten Land auf dem Gebiet des Werkzeugmaschinenbaus zu informieren. Wie groß das Vorbild des USA-Werkzeugmaschinenbaus zum damaligen Zeitpunkt selbst gegenüber dem deutschen noch war, geht aus einer Darstellung hervor, die einer in der genannten Werkzeitschrift enthaltenen Episode entnommen wurde[287]: Während seiner ersten Amerikareise im Jahre 1909 erhielt die Firma von Pfauter eines Tages ein Telegramm, wonach eine Maschine geliefert werden mußte, die eine für damalige Zeiten „ganz phantastische Menge kleiner Messingrädchen fräsen sollte"; es mußte aber erst das Eintreffen der Musterstücke aus den USA abgewartet werden, ehe eine Maschine mit derartigen Eigenschaften produziert werden konnte.

Eine Neugründung aus der Zeit um die Jahrhundertwende mit dem Ziel, „die starke Einfuhr amerikanischer Werkzeugmaschinen zu dämmen"[288], war die 1898 in Berlin mit amerikanischer Beteiligung und der einiger deutscher Großbanken entstandene Deutsche Niles A.G. Diese Firma arbeitete jedoch vor dem ersten Weltkrieg aus Konjunkturgründen mit sehr unterschiedlichem Erfolg. Sie mußte 1908 ihr Aktienkapital von ursprünglich 6,0 Millionen Mark auf 4,0 Millionen Mark herabsetzen und stellte in der Zeit vor Ausbruch des ersten Weltkrieges nicht nur Werkzeugmaschinen her.[289]

Diese Beispiele machen jedoch deutlich, daß, wenn man von einer kleinen Anzahl stark spezialisierter Werkzeugmaschinenfabriken wie Reinecker[290] und Pfauter absieht, der Fortschritt im Werkzeugmaschinenbau selbst in den entwickelteren Betrieben dieser Branche vor Ausbruch des ersten Weltkrieges immer noch mit erheblichen Schwierigkeiten verbunden war. Die hemmenden Faktoren lagen u. a. in der noch zu geringen Aufnahmefähigkeit des innerdeutschen Marktes und in Widerständen vieler Maschinenbaukonsumenten, die vielfach noch auf überlieferten Standpunkten verharrten und nach wie vor Wert auf die Erfüllung ihrer „besonderen Wünsche" legten. Gleichzeitig wurden große Teile des Weltwerkzeugmaschinenmarktes durch die Vereinigten Staaten beherrscht. So wurden im Jahre 1913 noch für 5,8 Millionen Mark Metallbearbeitungsmaschinen aus den USA nach Deutschland importiert[291]; in diesem

286 Ebenda, S. 14.

287 Ebenda, S. 26.

288 *Doogs, Kurt*, a. a. O., S. 26.

289 Laut Handbuch DAG, T. I, S. 1070, findet man im Produktionsprogramm dieser Firma neben Werkzeugmaschinen u. a. noch Hydraulische Pressen, Preßluftwerkzeuge sowie komplette Preßluftanlagen.

290 Reinecker hatte 1908 bereits einen Umsatz von ca. 6,0 Mill. Mark (bei ca. 2000 Arbeitern und Angestellten sowie 1220 aufgestellten Arbeitsmaschinen), wovon ca. 40% exportiert wurden (J. E. Reinecker, Chemnitz-Gablenz (Denkschrift anläßlich des 50jährigen Bestehens), Chemnitz 1909).

291 *Levy, Hermann*, Die Grundlagen der Weltwirtschaft, Berlin 1924, S. 104.

Zusammenhang wird auch die damalige Überlegenheit der amerikanischen Produktion auf dem Gebiet der Mähmaschinen (Export nach Deutschland 1913 = 17,8 Millionen Mark) sowie von Kontrollkassen, Zähl-, Rechen- und Schreibmaschinen (Export nach Deutschland 1913 = 8,4 Millionen Markt) deutlich.

Dennoch erfolgte ein Fortschritt in der ökonomisch-technischen Entwicklung gerade in diesem Bereich der deutschen Maschinenbauindustrie, weil die Werkzeugmaschinenindustrie der Serien- bzw. Massenproduktion – sowohl auf ihrem eigenen Gebiet als auch in Wechselbeziehung mit anderen Zweigen der Maschinenbauindustrie – nach und nach zum Sieg verholfen hat. Es darf keinesfalls übersehen werden, daß die in der Werkzeugmaschinenindustrie angewandten Produktionsverfahren sich auch in anderen, technisch ähnlich gelagerten Maschinenbauzweigen durchgesetzt haben.

An dieser Stelle sollen einige *zusammenfassende* Daten über den Stand der Entwicklung innerhalb dieses Maschinenbauzweiges gebracht werden. Nach einer Umfrage des Vereins der Deutschen Werkzeugmaschinenfabrikanten betrug der Gesamtumsatz aller deutschen Werkzeugmaschinenfabriken 1912 mengenmäßig 225000 t, die einen Wert von 225 Millionen Mark repräsentierten[292]; verglichen mit den ca. 70 Millionen Mark Umsatz des Jahres 1897[293] ist also innerhalb von nur 15 Jahren wertmäßig eine Steigerung auf mehr als das Dreifache in dieser Branche festzustellen.

Unter den in der Zeit vor Ausbruch des ersten Weltkrieges bestehenden 35 Aktiengesellschaften der deutschen Werkzeugmaschinenbranche[294], die ein Kapital von insgesamt 72,18 Millionen Mark (also im Durchschnitt = 2,06 Millionen Mark) vertraten, existierten lediglich zwei Gesellschaften mit je mehr als 5,0 Millionen Mark Aktienkapital (Loewe und Zimmermann), während die Mehrzahl der Aktiengesellschaften (je 12) in diesem Sektor auf Gesellschaften im Größenverhältnis von 2 bis 5 bzw. 1 bis 2 Millionen Mark Aktienkapital entfiel. Dabei vertraten die Aktiengesellschaften im Größenverhältnis von 1 bis 2 Millionen Mark insgesamt 22,9 Prozent des auf diesen Sektor entfallenden Aktienkapitals, die Gesellschaften im Größenverhältnis von 2 bis 5 Millionen Mark sogar 50,1 Prozent. Wir haben es also in dieser Branche, zumindest was die Kapitalgesellschaften (außer Gesellschaften mit beschränkter Haftung) betrifft, im Durchschnitt mit verhältnismäßig großen Betrieben zu tun.[295]

292 Beiträge GTI, 10. Bd., 1920, S. 128. Nicht übersehen werden darf der Anteil der Werkzeugmaschinenlieferungen aus Betrieben des allgemeinen Maschinenbaus. So setzte z. B. die Sächsische Maschinenfabrik vorm. Rich. Hartmann in Chemnitz bis 1911 seit ihrem Bestehen als Aktiengesellschaft 15500 Werkzeugmaschinen um (Chemnitz in Wort und Bild, Festschrift, O. J. (1911), S. 229ff.).

293 Beiträge GTI, 10. Bd., 1920, S. 128.

294 Zusammengestellt nach Handbuch DAG, T. I u. II. Vgl. Tab. 16!

295 Vgl. dagegen die Aktiengesellschaften aller Maschinenbaubetriebe im zuletzt genannten Größenverhältnis, die nur 31,8% des gesamten Aktienkapitals der Maschinenbaubranche vertraten.

Nachzutragen sind an dieser Stelle einige Hinweise auf Beziehungen zwischen den technisch entwickelteren Bereichen der deutschen Werkzeugmaschinenindustrie und benachbarten bzw. technisch verwandten Maschinenbauzweigen wie der Nähmaschinenindustrie, dem Landmaschinenbau und einigen weiteren Sektoren. Diese Sektoren hatten sich, wie der relativ spät entstandene Fahrradbau, in enger Wechselbeziehung mit der Werkzeugmaschinenindustrie herausgebildet; ihre Produktionsverfahren beruhten wie der fortgeschrittenere Teil der Werkzeugmaschinenindustrie im wesentlichen auf der Grundlage der Austauschbarkeit von Einzelteilen und der Massenproduktion.[296]

Diese neuen Produktionsverfahren erwiesen sich auch bei der Schilderung von Grundzügen der Entwicklung innerhalb der der Werkzeugmaschinenbranche benachbarten Zweige als treffliches Bindeglied. Nicht umsonst empfahl die 1914 innerhalb Europas damals größte nach amerikanischem System arbeitende Werkzeugmaschinenfabrik von Ludwig Loewe & Co. in Berlin ihre „Massenfabrikationseinrichtungen für alle Arten Metallbearbeitung“[297], sich damit in erster Linie an Betriebe jener Maschinenbauzweige wendend, die damals bereits auf der Grundlage der Massenanfertigung arbeiteten.

Mit Hilfe der ersten nach Deutschland eingeführten amerikanischen *Nähmaschinen* wurde in den 60er Jahren – besonders in Berlin – eine deutsche Nähmaschinenproduktion aufgenommen[298]; diese blieb jedoch solange von der amerikanischen Produktion in starkem Maße abhängig, als es nicht gelang, die amerikanischen Maschinen erfolgreich nachzubauen und eigene Konstruktionen zu entwickeln. Zuerst wendete Loewe (1869), ehe er an die Produktion von Gewehrteilen und von Werkzeugmaschinen ging, nach einer Reise in die Vereinigten Staaten die dort gewonnenen Erfahrungen im Bau von Nähmaschinen bei seinen eigenen Produktionsmethoden an; dann schritt er „mit Hilfe von amerikanischen Maschinen und Hilfskräften . . . an die Einrichtung der ersten deutschen Privatfabrik nach amerikanischem Muster“. Obwohl Loewe selbst den Nähmaschinenbau nach einigen Jahren wieder aufgab, findet man dann gerade im Berliner Gebiet, wo dieser neue Maschinenbauzweig neben Bielefeld[299] ein dauerndes Zentrum finden sollte, viele Nähmaschinenfabriken.[300] Die Anzahl der

296 *Reitschuler, Siegfried*, a. a. O., S. 109, spricht im Zusammenhang mit der Herstellung von Büro-, Näh-, „meist auch Landmaschinen“ von „technisch weitgehend homogenen Erzeugnissen der Großserienfertigung“.

297 Handbuch DAG, T. I, S. 1067. Loewe hatte 1897 seine Waffenfabrik an die Deutschen Waffen- und Munitionsfabriken sowie seine elektrotechnische Fabrik an die Union-Elektro-Gesellschaft (später AEG) abgetreten. Dabei blieb ein kapitalmäßiger Einfluß auf diese Gesellschaften durch Loewe erhalten. Loewe führte auch als erster (1895) Grenzlehren in die deutsche Maschinenbauproduktion ein (Beiträge GTI, 5. Bd., 1913, S. 120ff.).

298 Angaben, bes. über Loewe, nach: Beiträge GTI, 9. Bd., 1919, S. 118ff.

299 Vgl. *Berthold, Karl*, a. a. O., S. 66f.

300 *Wiedtfeldt, Otto*, Statistische Studien zur Entwicklungsgeschichte der Berliner Industrie von 1720 bis 1890, Leipzig 1898, S. 260, spricht in bezug auf das

von deutschen Nähmaschinenfabriken im Vergleich zu der von amerikanischen Betrieben hergestellten Maschinen war jedoch noch 1880 relativ niedrig; sie wird für diesen Zeitpunkt mit durchschnittlich 0,5 bzw. 1,0 Millionen Stück angegeben.[301]

Offenbar hat sich auch dieser neue deutsche Maschinenbauzweig bei seiner Entwicklung allzulange überwiegend von bloßen Erfahrungswerten leiten lassen.[302] Wenn dem nicht so gewesen wäre, bliebe unverständlich, daß die 1895 als Aktiengesellschaft in Hamburg gegründete Firma The Singer Manufacturing Coy. (ab 1899 Singer & Co., Nähmaschinen A.G., Hamburg), ein Abkömmling des amerikanischen Singer-Konzerns, wo das „Prinzip der auswechselbaren Teile“ der Produktion ihrer Erzeugnisse das Gepräge gab, so überragende Erfolge hätte erzielen können.[303] Das Aktienkapital der Hamburger, neben Nähmaschinen auch Elektromotoren produzierenden Firma, das 1907 von 5,0 auf 15,0 Millionen Mark heraufgesetzt wurde[304], und die vielfach nicht unbeträchtlichen Dividenden wirken dagegen noch bescheiden gegenüber der Höhe des Aktienkapitals (1910 = 60 Millionen Dollar) und der Dividenden (1909 = 30 Prozent) sowie dem Produktionsumfang des amerikanischen Nähmaschinenkonzerns, der 1903 allein 1,35 Millionen, 1913 bereits 2,5 Millionen Nähmaschinen produzierte.[305]

Mit welchen Schwierigkeiten mittlere und kleinere deutsche Nähmaschinenfabriken in der Zeit vor dem ersten Weltkrieg vielfach zu kämpfen hatten, zeigt das Beispiel der 1871 mit einem Kapital von 1,08 Millionen Mark (= 360000 Talern) in eine Kommanditgesellschaft auf Aktien umgewandelten Offenen Handelsgesellschaft Grimme, Natalis & Co. in Braunschweig[306]: Seit der Gründung als Kapitalgesellschaft wurden zunächst nur Nähmaschinen produziert; in der Folgezeit aber, „wie die anderen Nähmaschinenfabriken sich neuen Fabrikationszweigen zuwandten“[307], wurden (ab 1886) auch Öfen, Herde und Gaskocher hergestellt, seit 1892 auch Rechenmaschinen, vorübergehend daneben

Jahr 1883 von 27 Berliner Betrieben dieser Branche (mit 2000 Arbeitern), wovon eine Fabrik allein 56793 Maschinen exportierte.

301 Das deutsche Wirtschaftsjahr 1880, Berlin 1881, S. 150. Die für die USA genannte Anzahl erscheint allerdings zu hoch, da die jährliche amerikanische Produktion an anderer Stelle (*Wittmann, Karl*, a.a.O., S. 96) mit 750000 Stück angegeben wird. Entsprechend niedriger dürfte die Zahl der um 1880 in Deutschland produzierten Nähmaschinen gewesen sein.

302 Vgl. dazu *Morton, A. L.*, Volksgeschichte Englands, Berlin 1956, S. 368.

303 Vgl. dazu *Burck, Gilbert*, Der Singer-Konzern, in: Jb. für Wirtsch.-Geschichte, Jg. 1960, T. I, S. 343ff.; *Levy, Hermann*, a. a. O., S. 102f.

304 Handbuch DAG, T. I, S. 1132.

305 *Burck, Gilbert*, a. a. O., S. 438. Der Konzern soll übrigens das Teilzahlungssystem „erfunden“ und eingeführt haben.

306 Angaben nach Brunsviga-Maschinenwerke Grimme, Natalis & Co. A.G. Braunschweig (Sonderheft 1936), Braunschweig, o. J. (1936), S. 4ff.

307 Ebenda, S. 18.

u. a. Registrierkassen, und seit 1909, ein Jahr, bevor die Nähmaschinenproduktion wieder aufgegeben wurde, Brieföffner.

Die Entwicklung der Nähmaschinenindustrie vor dem ersten Weltkrieg hat sich demnach unter der Einwirkung der überragenden amerikanischen Industrie auf diesem Gebiet recht widerspruchsvoll vollzogen. Ein beträchtlicher Teil der Nähmaschinenfabriken ist auf der Grundlage der Austauschbarkeit von Einzelteilen und unter dem Einfluß der zyklischen Entwicklung der kapitalistischen Wirtschaft zusätzlich oder ausschließlich zur Produktion auf dem Gebiet verwandter Maschinenbauzweige, vor allem dem Fahrrad- und Büromaschinenbau, sowie vereinzelt auch der Waffenproduktion übergegangen. 1914 existierten in Deutschland[308] insgesamt 13 Aktiengesellschaften der Nähmaschinenproduktion (vielfach in Verbindung mit der Produktion von Büromaschinen), die über insgesamt 42,8 Millionen Mark Aktienkapital, je Gesellschaft im Durchschnitt 3,29 Millionen Mark, verfügten. Darunter befand sich auch ein Großbetrieb (Singer) mit 15,0 Millionen Mark Aktienkapital sowie sieben Betriebe mit einem Aktienkapital von je 2 bis 5 Millionen Mark, die ein Kapital von insgesamt 21,25 Millionen Mark, d. h. 49,7 Prozent des gesamten Aktienkapitals in diesem Zweig vertraten. Wie bei den Kapitalgesellschaften – soweit es sich um Aktiengesellschaften handelte – in der deutschen Werkzeugmaschinenindustrie dominierten also auch hier vor dem ersten Weltkrieg die Gesellschaften mit einem Vermögen von 2 bis 5 Millionen Mark.

Wie bei den „Brunsviga-Maschinenwerken“ findet man den Bau von *Büromaschinen* vielfach gemeinsam mit dem von Nähmaschinen, in anderen Fällen mit dem von Fahrrädern in ein und denselben Betrieben vor. Der Büromaschinenbau ist zu seinem überwiegenden Teil seit der Jahrhundertwende aus dem Nähmaschinen- oder dem Fahrzeugbau hervorgegangen. Der technisch-organisatorische Zusammenhang zwischen diesen verschiedenen Zweigen wird aus einigen Aspekten der Herausbildung des Büromaschinenbaus wie bei den Wanderer-Werken vorm. Winklhofer & Jaenicke A.G. in Schönau bei Chemnitz ersichtlich.[309] Diese Firma, 1885 aus einer privaten Gründung zweier Mechaniker bzw. Maschinenbauer hervorgegangen, hatte sich zunächst ausschließlich auf den Bau von Fahrrädern spezialisiert.

Noch vor der Jahrhundertwende war sie zur Herstellung von Werkzeugmaschinen, zunächst für den eigenen Bedarf, übergegangen. Sie hatte in diesem für sie neuen Zweig, besonders für ihre Fräsmaschinen, die für die Massenanfertigung geeignet waren, bald beachtlichen Absatz gefunden. Es lag nahe, diese Maschinen, die man „im eigenen Werk in solcher Zweckmäßigkeit und Güte ausgebildet hatte, wie man sie kaum von auswärts hätte liefern können“[310], zur Herstellung eines nicht so von der jahreszeitlichen Konjunktur abhängigen Produkts, wie es bekanntlich das Fahrrad darstellt, zu verwenden. Gerade in der

308 Zusammengestellt nach Handbuch DAG, T. I u. II.

309 Angaben nach *Matschoss, Conrad,* Vom Werden der Wanderer-Werke – 50 Jahre Wertarbeit – 1885–1935, Berlin 1935.

310 Ebenda, S. 50ff.

Krise nach der Jahrhundertwende hielten die beiden Unternehmer Ausschau nach neuen Arbeitsgebieten, die möglichst gut zu den bisherigen Fabrikationszweigen paßten.[311]

Nach einer Amerikareise eines seiner ehemaligen Gründer begann das Werk mit den Vorarbeiten zum Bau von Schreibmaschinen, die das Unternehmen seit 1904 unter dem Namen „Continental" lieferte.[312] Der Umsatz stieg von 34 Schreibmaschinen (1904) auf mehr als 4000 im Jahre 1907.[313] In diesem Jahr erhielt das Werk bereits seine zweite Goldmedaille (auf der Berliner Armee-, Marine- und Kolonialausstellung) für sein neues Erzeugnis[314]. Wenig später (1908) drang, wie Matschoss bemerkt[315], die Continental-Schreibmaschine, wie das Wanderer-Fahrrad, „unaufhaltsam auf dem Weltmarkt vor". Dabei sind damals bereits Breitwagenmaschinen mit Walzen von 30, 38, 46 und 51 cm Länge geliefert und, offenbar ermutigt durch diese Erfolge, Studien zur Vorbereitung des Baus von Addier- und Subtrahiermaschinen aufgenommen worden[316]. Jedoch erst während des ersten Weltkrieges (1916) ist mit der Produktion von Rechenmaschinen innerhalb der Abteilung Büromaschinen in den Wanderer-Werken begonnen worden.[317]

Trotz aller anfänglichen Erfolge der deutschen Büromaschinenindustrie vor Ausbruch des ersten Weltkrieges konnte dieser neue Zweig jedoch keineswegs den ständig wachsenden Bedarf im Inland decken und blieb weitgehend von Importen aus den USA abhängig.[318] Die Einfuhren von Rechen- und Schreibmaschinen aus den USA betrugen in den Jahren von 1907 bis 1913[319] wertmäßig:

1907	1908	1909	1910	1911	1912	1913
ca. 2,2	2,1	3,1	4,1	4,9	4,9	4,1 Millionen Mark

311 Ebenda.

312 Die Entwicklung der Schreibmaschine mit sichtbarer Schrift unter Zugrundelegung des Wagner-Getriebes, die entscheidend zur Herausbildung der endgültigen Gestalt der Schreibmaschine und zu ihrer Verbreitung beigetragen hat, fällt erst in das Ende des 19. Jahrhunderts. Beim Prozeß der Herausbildung dieses Typs von Schreibmaschinen kam der Continental-Schreibmaschine eine beträchtliche Bedeutung zu (Ebenda, S. 50). Die ersten brauchbaren Modelle von Schreibmaschinen waren in den 70er Jahren nach dem Patent von Sholes (1868) von der Gewehrfabrik von E. Remington & Co. hergestellt worden (*Wittmann, Karl*, a. a. O., S. 97).

313 *Matschoss, Conrad*, a. a. O., S. 50. Bis 1934 wurden von dieser Firma bereits 0,5 Millionen Schreibmaschinen geliefert.

314 Ebenda, S. 172.

315 Ebenda.

316 Ebenda, S. 173. 1911 wurde der Walzenfreilauf bei den Continental-Schreibmaschinen eingeführt.

317 Ebenda, S. 94.

318 *Levy, Hermann*, a. a. O., S. 102f.

319 Vgl. StJb, 32. Jg., 1911, S. 284; 35. Jg., 1914, S. 287.

Daneben wurden 1913 für 4,3 Millionen Mark Kontrollkassen und ähnliche Erzeugnisse aus den USA nach Deutschland importiert.[320]

Die deutsche Büromaschinenindustrie kann in der Zeit vor Ausbruch des ersten Weltkrieges keinesfalls als bereits selbständig gewordener Maschinenbauzweig angesehen werden. Immer findet man den Bau von Büromaschinen, wie etwa bei Grimme, Natalis & Co. in Braunschweig, in demselben Werk *neben* der Nähmaschinenproduktion oder, wie bei den Wanderer-Werken in Schönau bei Chemnitz oder den Adler-Werken in Frankfurt a. M., *neben* dem Bau von Fahrzeugen oder aber, wie bei der A.G. vorm. Frister & Roßmann in Berlin oder der A.G. vorm. Seidel & Naumann in Dresden[321], *neben* den anderen beiden Zweigen vor.

Bei der Darstellung der Herausbildung der deutschen *Fahrzeugindustrie* vor Beginn des ersten Weltkrieges wird es für zweckmäßig gehalten, sich zunächst auf einige Momente im Zusammenhang mit der Durchsetzung der Massenanfertigung und der Austauschbarkeit innerhalb der *Fahrrad*industrie zu beschränken. Anschließend werden einige Tendenzen bei der Herausbildung der Automobilindustrie behandelt.

Einer der kräftigsten Impulse, der auf die Entwicklung der Massenherstellung und auf die Typenbildung der Werkzeugmaschinen eingewirkt hat, ist außer von der Waffenproduktion u. a. auch von der Fahrradindustrie ausgegangen.[322] Bereits in den 80er Jahren des vergangenen Jahrhunderts erfolgte die Produktion von Fahrrädern in den Vereinigten Staaten auf der Grundlage der Austauschbarkeit von Einzelteilen.[323] Es ist anzunehmen, daß sich diese neue Verfahrensweise auch innerhalb der deutschen Fahrradindustrie mit Hilfe von Sonderwerkzeugmaschinen sowohl amerikanischen als in zunehmendem Maße auch deutschen Ursprungs noch vor der Jahrhundertwende in den fortgeschrittensten Betrieben dieses Zweiges durchzusetzen begann.[324] Da es sich in dieser Branche um eine immer wiederkehrende Produktion von vielen Einzelteilen, wenn auch den jeweiligen Fahrradtypen entsprechend in unterschiedlichen Größen und von unterschiedlicher Qualität, handelt, war auf die Dauer eine erfolgreiche Entwicklung auf der Grundlage der Austauschbarkeit von Einzelteilen denkbar.

Vor allem aber hat die Krise kurz nach der Jahrhundertwende in hervorragendem Maße auf die Durchsetzung dieses neuen Produktionsverfahrens innerhalb der deutschen Fahrradindustrie eingewirkt. In der „Festschrift zum vierzig-

320 Vgl. ebenda, 35. Jg., 1914, S. 287.

321 Hier wurden seit 1909 auch Rechenmaschinen produziert (vgl. Handbuch DAG, T. I, S. 1102).

322 *Wittmann, Karl*, a. a. O., S. 96.

323 Vgl. *Horská, Pavla*, a. a. O., S. 62: „La fabrication des pièces interchangeables a également été la condition indispensable à la diffusion rapide aux États-Unis . . . de la bicyclette dans les années quatre-vingt-dix."

324 Beiträge GTI, 9. Bd., 1919, S. 126.

jährigen Bestehen des Vereins deutscher Fahrrad-Industrieller“[325] wird festgestellt, daß in den diesem Unternehmerverband damals angeschlossenen Fahrradfabriken während der Krise von 1901 in Deutschland „eine völlige Umgestaltung der Fabrikation“ erfolgte, denn „anstelle der Handarbeit trat nach amerikanischem Vorbild . . . die in vieler Hinsicht billigere und zuverlässigere Leistung der Maschinen mit Spezialisierung und Massenfabrikation“.[326]

Die Durchsetzung dieses neuen Verfahrens sowie die Einwirkung der amerikanischen Konkurrenz führten zu einer Senkung der Selbstkosten bzw. der Verkaufspreise für die hergestellten Produkte. So waren die Preise in den Jahren von 1899 bis 1907 auf etwas weniger als die Hälfte gesunken, nachdem sie seit den 70er Jahren bis 1899 bereits von etwa 600 bis 750 Mark je Fahrrad auf 120 bis 160 Mark herabgesetzt worden waren.[327]

Nicht zuletzt sind gerade auf dem Gebiet der deutschen Fahrradindustrie im Interesse der Durchsetzung des neuen Verfahrens und damit letzten Endes der Steigerung der Produktion zugunsten der einzelnen Fahrradindustriellen, von denen ein Teil in den Jahren von 1907 bis 1909 sogar den Versuch einer Monopolisierung unternommen hatte, Versuche zu einer *Normung* gemacht worden, die sich jedoch vor Ausbruch des ersten Weltkrieges infolge der auch in diesem Zweig noch vorherrschenden „Individualwirtschaft“ auf die Festlegung sogenannter Hausnormen, d. h. der Festsetzung von Normen innerhalb einzelner größerer Betriebe beschränkten.[328] Erst die Anforderungen, die der erste Weltkrieg an die deutsche Maschinenbau- und Fahrzeugindustrie stellte, brachten auf diesem Gebiet trotz aller bisherigen, mehr schrittweise errungenen Erfolge, einen *entscheidenden* Fortschritt, denn „mit dem Beginn des Krieges gab es nur noch eine ‚Kundschaft‘, das war die Militärverwaltung, und es gab nur bestimmte Ansprüche, das waren die militärischen Abnahmevorschriften“.[329]

Die trotz aller Hemmnisse sich vollziehende Entwicklung innerhalb der deutschen Fahrradindustrie kommt auch in folgenden Produktionsziffern einzelner größerer Spezialbetriebe auf diesem Sektor zum Ausdruck: Waren es 1887 insgesamt 46 deutsche Fahrradfabriken, die mit ca. 1200 Arbeitern jährlich 7000 Räder produzierten[330], so stellten die Wanderer-Werke allein 1890

325 Festschrift zum vierzigjährigen Bestehen des Vereins deutscher Fahrrad-Industrieller, Berlin, o. J. (1928), S. 28f. Die in diesem Verein zusammengeschlossenen Fahrradfabrikanten produzierten 1903 weniger als ein Drittel der deutschen Gesamtproduktion in diesem Zweig (ebenda, S. 30).

326 Zu bemerken ist hierbei, daß 1900 infolge der Einwirkung der amerikanischen Konkurrenz bereits 60000 Beschäftigte aus deutschen Fahrradfabriken arbeitslos wurden, der technische Fortschritt sich also hier – wie immer unter kapitalistischen Verhältnissen – auf Kosten der arbeitenden Bevölkerung vollzog (vgl. ebenda, S. 28).

327 Ebenda, S. 26ff.

328 Vgl. ebenda, S. 57ff.

329 Ebenda. Vgl. dazu *Schröter, Alfred*, Krieg – Staat – Monopol (1914–1918), Berlin 1963, S. 97.

330 *Matschoss, Conrad*, a. a. O., S. 22.

= 467, 1892 = 1359 und 1895 = 3136 Fahrräder her[331], während z. B. die Opel-Werke in Rüsselsheim bis 1900 insgesamt 15000 Fahrräder verschiedener Typen umsetzten.[332] Die jährliche Durchschnittsproduktion dürfte um die Jahrhundertwende bei den Wanderer-Werken jedoch noch nicht wesentlich über 5000 Stück gelegen haben.[333] Erst 1921/1922 wurden in Deutschland mehr als eine Million Fahrräder im Jahr produziert, eine Jahresproduktion, die die USA bereits 1897 erreicht hatte.[334] Dagegen war es schon in den Jahren von 1900 bis 1905 gelungen, den deutschen Export an Fahrrädern beträchtlich zu steigern.[335] Er erhöhte sich in dieser Zeit mengenmäßig von 1566 auf 6322 t sowie wertmäßig von 10,4 Millionen Mark auf 29,8 Millionen Mark, während der Import im gleichen Zeitraum von 385 auf 347 t bzw. von 3,3 auf 1,8 Millionen Mark gesenkt werden konnte.

Die Gesamtzahl der Aktiengesellschaften in der deutschen Fahrradindustrie betrug zur Zeit des Ausbruchs des ersten Weltkrieges 20[336], darunter allerdings 10, die über ein Kapital von weniger als 1 Million Mark verfügten. Das durchschnittliche Aktienkapital lag hier je Gesellschaft nur bei 1,8 Millionen Mark; lediglich die Adler-Werke in Frankfurt a. M. verfügten (mit 13,0 Millionen Mark) über ein Aktienkapital von mehr als 10,0 Millionen Mark. Gerade in dieser Branche muß die Anzahl *aller* Betriebe zu diesem Zeitpunkt noch sehr hoch gelegen haben; es gab viele mittlere und kleinere Betriebe[337]. Berthold[338] weist darauf hin, daß vor 1914 allein in Nordbayern 295, in Brandenburg 198, in Westfalen 190, in Thüringen 141 und im damaligen Königreich Sachsen 138 Fahrradfabriken existiert haben, bei einem Reichsdurchschnitt von nur 1,7 Prozent Großbetrieben! Wesentlich ist ferner der Umstand, daß viele der Fahrradfabriken während der Vorkriegsperiode *neben* Fahrrädern vielfach noch Nähmaschinen oder andere verwandte Artikel produzierten. So hatten die Opel-Werke ihre Nähmaschinenproduktion erst 1911 (mit der Herstellung der 999988. Nähmaschine!)[339] eingestellt und sich erst von diesem Zeitpunkt an auf die Fahrzeugherstellung beschränkt; die Anker-Werke in Bielefeld[340] produzierten noch 1914 neben Fahrrädern auch Nähmaschinen und Kontrollkassen, die dortigen Dürkopp-Werke außer Fahrrädern und Nähmaschinen noch Milch-

331 Ebenda, S. 14. Für die folgenden Jahre wird mehrfach von weiteren Produktionssteigerungen berichtet.

332 *Pritzkoleit, Kurt,* Wem gehört Deutschland? Wien-München-Basel 1957, S. 489f.

333 *Matschoss, Conrad,* a. a. O., S. 22.

334 Vgl. *Wittmann, Karl,* a. a. O., S. 97. Festschrift zum vierzigjährigen Bestehen des Vereins deutscher Fahrrad-Industrieller, a. a. O., S. 35 u. S. 27.

335 Angaben nach *Calwer, Richard,* a. a. O., S. 192f. u. S. 151ff.

336 Zusammengestellt nach Handbuch DAG, T. I und II.

337 Festschrift zum vierzigjährigen Bestehen des Vereins deutscher Fahrrad-Industrieller, a. a. O., S. 27.

338 *Berthold, Karl,* a. a. O., S. 69. Als „Großbetriebe" bezeichnet Berthold alle Betriebe mit mehr als 200 Beschäftigten.

339 *Pritzkoleit, Kurt,* ebenda.

340 Handbuch DAG, T. II, S. 686.

zentrifugen und Kraftfahrzeuge.[341] Gemeinsam ist allen diesen Betrieben die auf Austauschbasis beruhende neue Verfahrensweise, die in ein und demselben Unternehmen die Produktion verwandter Artikel aus verschiedenen Zweigen ermöglicht.

Der Beginn der deutschen *Kraftfahrzeugindustrie* ist mit dem Jahre 1883, dem Anmeldejahr des Daimlerschen Motorpatents, datiert worden.[342] Es soll hier auf die in ökonomischer Hinsicht wichtigere, „jüngere" Automobilindustrie eingegangen werden, die seit der Jahrhundertwende in Anlehnung an die Fahrrad-, Nähmaschinen- und Büromaschinenindustrie sich auf relativ wenige Automobiltypen beschränkte und „bei scharfer Spezialisierung innerhalb der Betriebe . . . eine Kombination der so spezialisierten Zweige" darstellte.[343]

Einige der in der Folgezeit bedeutendsten deutschen Automobilfabriken begannen die Produktion von Kraftfahrzeugen um 1900, wie Opel, Stoewer, Horch und Adler[344], Wanderer im großen Stil sogar erst seit 1912.[345] Die Opel-Werke, die aus einer 1862 gegründeten Nähmaschinenfabrik hervorgegangen waren, hatten bis 1900 immerhin schon 15000 Fahrräder produziert, ehe sie 1901 die ersten 30 Automobile auf den Markt brachten.[346] Im Jahre 1912 konnten sie ihre Automobilproduktion bereits auf 3000 Kraftwagen – außer den hergestellten Motor- und Fahrrädern – erhöhen.[347] Ein derartiger Aufschwung der Automobilproduktion, der sich prinzipiell auf der Grundlage der Austauschbarkeit von Einzelteilen vollzog, wirkte belebend auch auf andere Zweige der Maschinenbauindustrie, insbesonders den Werkzeugmaschinenbau und die Zahnradproduktion, ein.[348] Die Anregungen kamen aber auch aus der Entwicklung des Motorradbaus. So verkauften z. B. die Wanderer-Werke im Geschäftsjahr 1912/1913 mehr als 3000 Motorräder.[349] Im Kraftfahrzeugbau ist jedoch, wie beim Fahrradbau, der größte Aufschwung erst in den Jahren nach dem ersten Weltkrieg eingetreten.[350] Die Anzahl der in Deutschland existierenden Kraft-

341 Ebenda, T. I, S. 1076.

342 Beiträge GTI, 9. Bd., 1919, 126.

343 *Harnisch, Elisabeth*, a. a. O., S. 49f. Auf die riesige Bedeutung der Entwicklung der Automobilindustrie für die Herausbildung der Massenproduktion und damit für die weitere Entwicklung des gesamten Maschinenbaus macht besonders Bernal aufmerksam (vgl. *Bernal, J. D.*, Die Wissenschaft in der Geschichte, Berlin 1967, S. 516).

344 Beiträge GTI, 23. Bd., 1934, S. 113ff.

345 *Matschoss, Conrad*, a. a. O., S. 38.

346 *Pritzkoleit, Kurt*, a. a. O., S. 489ff.

347 Ebenda.

348 *Wittmann, Karl*, a. a. O., S. 104.

349 *Matschoss, Conrad*, a. a. O., S. 35. Das erste leichte Motorrad wurde 1902 bei Wanderer gebaut (ebenda, S. 32f.).

350 Die Wanderer-Werke haben bis 1935 nicht weniger als 27000 Kraftwagen produziert (*Matschoss, Conrad*, a. a. O., S. 1). In den Opel-Werken wurde bis 1955 die Arbeitsproduktivität so gesteigert, daß pro Arbeiter mehr als 7 Kraftwagen jährlich hergestellt wurden (*Pritzkoleit, Kurt*, a. a. O.).

fahrzeuge betrug[351] (einschließlich der Motorräder) 1907 = 27000, 1912 = 70000[352]; diesen standen (1912) in Frankreich 88000, in England sogar 175000 Kraftfahrzeuge gegenüber.

In der Automobilindustrie konnten bereits zu dieser Zeit riesige Profite erzielt werden. So wurden für die Aktionäre der Bielefelder Maschinenfabrik vorm. Dürkopp & Co. (bei damals 3 Millionen Mark Aktienkapital) in den Geschäftsjahren 1901/1902 bis 1906/1907 an Dividenden ausgeschüttet[353]:

1901/1902	1902/1903	1903/1904	1904/1905	1905/1906	1906/1907
17	25	28	28	25	25 Prozent

Die 276 Kraftfahrzeuge produzierenden deutschen Betriebe im Jahre 1907 beschäftigten 14549 Arbeiter und Angestellte, d. h. auf einen Betrieb entfielen bereits mehr als 52 Beschäftigte.[354] 1914 bestanden in dieser Branche 18 Aktiengesellschaften[355], die über ein Kapital von insgesamt 63,72 Millionen Mark verfügten. Darunter waren bereits zwei Gesellschaften (Benz & Cie. in Mannheim und die Hansa-Lloyd-Werke in Bremen) mit einem Aktienkapital von jeweils mehr als 10 Millionen Mark und zwei weitere von im einzelnen mehr als 5 Millionen Mark, so daß in diesem Sektor nicht weniger als 73,9 Prozent oder fast $^3/_4$ des gesamten Aktienkapitals auf Großunternehmen mit mehr als 5 Millionen Mark Aktienkapital entfielen. Kein mit der Maschinenbauindustrie zusammenhängender Zweig konnte u. E. *zu diesem Zeitpunkt* eine so starke Konzentration aufweisen.[356]

Zur Vervollständigung des in diesem Abschnitt entworfenen Überblicks werden hier noch einige Gedanken über die Entwicklung der deutschen *Landmaschinenindustrie* herausgearbeitet. Die Anfänge der Herstellung bestimmter Serien reichen auf Teilgebieten innerhalb dieses Sektors bis in die Zeit vor der Reichsgründung zurück[357], jedoch dominierte zu diesem Zeitpunkt selbst bei größeren Maschinenfabriken noch „ein umfangreiches Einzelfertigungsprogramm".[358] Da vor 1870 die Mechanisierung der Landwirtschaft in Deutschland erst in den

351 *Lenin, W. I.*, Werke, Bd. 19, Berlin 1962, S. 273f. In den USA gab es 1900 bereits 8000 Automobile, während es noch bis 1906 in Großbritannien gesetzlich vorgeschrieben war, daß vor jedem Kraftfahrzeug ein Mann mit einer roten Flagge ging, um die Passanten zu warnen (vgl. *Varga, E.*, Der Kapitalismus des zwanzigsten Jahrhunderts, Berlin 1962, S. 6f.).

352 In Berlin sollen 1908 bereits 1121 Kraftdroschken und 146 Kraftomnibusse sowie 3209 Straßenbahnwagen eingesetzt gewesen sein (*Sartorius von Waltershausen, August*, a. a. O., S. 399ff.).

353 Frankfurter Zeitung vom 16. 1. 1908, 3. Morgenbl., Nr. 16, S. 3.

354 *Woytinsky, Wladimir*, a. a. O., S. 222.

355 Zusammengestellt nach Handbuch DAG, T. I und T. II.

356 Vgl. *Bernal, J. D.*, a. a. O., S. 517.

357 Vgl. *Becker, Walter*, a. a. O., S. 212.

358 Ebenda.

Anfängen steckte und sich im wesentlichen auf die großen Güter beschränkte, konnten deshalb Maschinen ohnehin noch keine bedeutende Rolle bei der Steigerung der landwirtschaftlichen Produktion spielen.[359]

Wesentliche Impulse für die Entwicklung der Landmaschinenproduktion gingen wiederum von den Vereinigten Staaten aus, nachdem die Fortschritte in der Landmaschinentechnik in den beiden ersten Dritteln des 19. Jahrhunderts vor allem auf englische Neuerungen zurückzuführen waren. In den USA hatte seit den 60er Jahren beim Bau von Landmaschinen die Produktion austauschbarer Teile eine Rolle zu spielen begonnen. „Der Unterhalt der Maschinen auf dem Lande machte es (dort – d. Verf.) erforderlich, daß den Farmern die Möglichkeit gegeben wurde, austauschbare Teile für ihre Landmaschinen auch den Nummern des Katalogs zu bestellen, und sie in die Lage versetzt wurden, ihre Maschinen selbst zu reparieren."[360] Von einem solchen Niveau bei der qualitativen und quantitativen Entwicklung der Landmaschinenproduktion war man zum damaligen Zeitpunkt in Deutschland noch weit entfernt.[361]

Erst 1895 arbeiteten mehr als die Hälfte (= 50,5 Prozent) aller *mecklenburgischen* Großbetriebe, d. h. Betriebe mit mehr als 100 ha, mit Drillmaschinen, während zu diesem Zeitpunkt in diesen Betrieben nur 120 Dampfpflüge eingesetzt waren. Düngerstreumaschinen wurden damals lediglich in 114 mecklenburgischen Gütern benutzt[362]. In demselben Jahr waren in großbäuerlichen Betrieben zwischen 50 und 100 ha innerhalb von Mecklenburg-Schwerin eingesetzt[363]:

	Prozent
Breitsämaschinen	54,0
Drillmaschinen	13,4
Düngerstreumaschinen	8,5
Hackmaschinen	3,6
Mähmaschinen	8,5
Dampfdreschmaschinen	28,9
Göpeldreschmaschinen	82,3

Die Gesamtzahl der Betriebe, die zu diesem Zeitpunkt Landmaschinen verwendeten, belief sich in Mecklenburg auf nur 5,4 Prozent, in Deutschland im

359 *Mottek, Hans*, a. a. O., S. 210.

360 *Horská, Pavla*, a. a. O., S. 62.

361 Andererseits sollte der Vorsprung der USA auf diesem Gebiet keinesfalls überbewertet werden. Dort entfielen 1900 vom landwirtschaftlichen Gesamtvermögen in Höhe von 20,4 Milliarden Dollar nur 3/4 Millionen Dollar auf Maschinen und Gerätschaften (*Varga, E.*, a. a. O., S. 6).

362 Diese und die folgenden Angaben in der Hauptsache nach *Bentzien, Ulrich*, Landmaschinentechnik in Mecklenburg (1800 bis 1959), in: Jb. f. Wirtsch.-Geschichte, Jg. 1965, T. III, S. 54ff.

363 Ebenda, S. 71. Angaben in % aller dieser Betriebe.

Durchschnitt auf 7,4 Prozent[364], wodurch deutlich wird, daß die Mechanisierung der Landwirtschaft kurz vor der Jahrhundertwende noch keinesfalls die Mehrzahl der landwirtschaftlichen Betriebe erfaßt hatte. Erst 1907 betrug der Anteil der Landmaschinen benutzenden Betriebe in Mecklenburg 12,5 Prozent, bei einem Reichsdurchschnitt von immerhin schon 26,1 Prozent, wobei wiederum die Landmaschinen verwendenden Großbetriebe mit 97,1 Prozent (in Mecklenburg) bzw. 97,4 Prozent (als Reichsdurchschnitt) eindeutig dominierten.[365]

Die Fortschritte in der Anwendung von Landmaschinen innerhalb der deutschen Agrarwirtschaft wurden zu dem Zeitpunkt deutlich sichtbar, als es der Landmaschinenindustrie gelang, „mit ihren billigeren und in der Anwendungsmöglichkeit auch auf Mittelbetriebe berechneten Erzeugnissen die Fabrikate ihrer englischen und amerikanischen Konkurrenten mehr und mehr zu verdrängen".[366] Noch bis in die Zeit vor der Jahrhundertwende hatten sich jedoch England und (ab ca. 1865) die USA ihre Vormachtstellung auf dem deutschen Landmaschinenmarkt erhalten.[367] In dem Maße aber, wie die deutsche Fabrikation sich auf *Spezialgebiete* des Landmaschinenbaus konzentrierte und innerhalb dieser Gebiete ihre Erzeugnisse vervollkommnete, konnte die Einfuhr dieser Spezialprodukte zurückgedrängt und zu deren Ausfuhr übergegangen werden.

Einen der größten deutschen Landmaschinenspezialbetriebe stellte vor 1914 die Fa. Heinrich Lanz in Mannheim dar.[368] 1859 gegründet als „Unternehmen zur Verbreitung verbesserter Landwirtschaftsmaschinen" produzierte die Firma innerhalb von 50 Jahren – bei zuletzt mehr als 3500 Beschäftigten[369] – insgesamt über 600000 verschiedene landwirtschaftliche Maschinen sowie 25000 Lokomobilen.[370]

Einen guten Einblick in die Entwicklung der Landmaschinen*technik* auf einem Teilgebiet gewährt die Untersuchung der Entwicklung der Lanzschen Produktion von *Milchzentrifugen* oder Separatoren. Bei Lanz ist auf dem seit der Jahrhundertwende zusätzlich gepflegten Gebiet der Produktion von Milchzentrifugen bereits im Jahre 1905 neben verschiedenen Verbesserungen auch die „Auswechselbarkeit der Betriebsteile" gewährleistet.[371] Eine gegen Ende des ersten Jahrzehntes des neuen Jahrhunderts errichtete moderne Milchzentrifugenfabrik war „mit größtenteils automatisch arbeitenden", für die Massenfabrika-

364 Ebenda, S. 70.
365 Ebenda, S. 74ff.
366 Ebenda, S. 71.
367 Ebenda, S. 63.
368 Angaben nach *Neubaur, Paul,* Heinrich Lanz (Mannheim), 50 Jahre des Wirkens in Landwirtschaft und Industrie 1859–1909, Berlin, o. J. (1910). Das Unternehmen von Lanz gilt zu diesem Zeitpunkt als eine der größten Fabriken landwirtschaftlicher Maschinen der Welt.
369 Ebenda, S. 210, wird das Unternehmen von Lanz als damals „größte Lokomobilfabrik des Kontinents" bezeichnet.
370 Ebenda, S. 5.
371 Ebenda, S. 233ff.

tion geeigneten Werkzeugmaschinen ausgerüstet, die unter Zugrundelegung des „Toleranzlehrensystems“ die Auswechselbarkeit „unter Hunderten von Stücken“ gestatteten.[372] Die Produktion von Milchzentrifugen, die auf zunächst 2000 Stück pro Jahr eingerichtet war, hatte sich bis 1909 auf 12000 Stück erhöht, wobei fünf Typen von Separatoren (vom Apparat mit Hand- bis Kraftbetrieb bei einer 750-Liter-Leistung in der Stunde) hergestellt wurden. Wesentlich ist, daß „die Zerlegung der Zentrifuge in ihre sämtlichen Hauptteile und die Wiederzusammenstellung ... nach einiger Übung innerhalb von 5 bis 6 Minuten ausführbar“ war[373], wobei „selbst nach vielen Jahren ... noch genau passende Ersatzteile zu den Zentrifugen geliefert werden“ konnten.[374] Auf diesem Gebiet ist demnach der Anschluß an das in bezug auf die Entwicklung amerikanischer Verhältnisse dargestellte technische Niveau gefunden worden.

Die Landmaschinenfabrik von Rudolf Sack in Leipzig[375] spezialisierte sich um 1880 auf die Produktion von 26 verschiedenen Kombinationen ihres Universalpflugs, der durch das Anbringen verschiedener Einsätze zum Kartoffelroden, Rübenausroden, Jäten, Häufeln, als Hackmaschine usw. verwendet werden konnte.[376] 1884 war dann bei Sack durch die Einführung der Pflugschar mit Verstärkungsstützen „die Standardisierung der Ersatzteile eingeleitet“ worden[377], d. h., es gibt auch auf diesem Gebiet Mitte der 80er Jahre Elemente der Austauschbarkeit von Einzelteilen.

Auch bei einer anderen bedeutenden deutschen Landmaschinenfabrik, den Berliner Eckertwerken, wird, speziell seit der 1896 vorgenommenen Übersiedlung dieses Unternehmens nach Berlin-Lichtenberg, eine zunehmende Spezialisierung erkennbar.[378] 1912 wurden in diesem Unternehmen u. a. folgende Spezialerzeugnisse hergestellt[379]: Pflüge, Sämaschinen, Strohelevatoren, Ballenpressen, Schrotmühlen, Viehfutterdämpfer und andere Futterbereitungsmaschinen. Daneben hatte die Firma, die sich auch mit dem Fahrzeugbau beschäftigte, bereits 1907 ein Preß- und Stanzwerk angelegt, in dem gepreßte Rahmen, Träger und „sonstige Teile“ für Armeefahrzeuge sowie für den Landmaschinen- und allgemeinen Maschinenbau hergestellt wurden.[380] Innerhalb dieses Unternehmens gab es demnach auch Anfänge der Massenproduktion neben einer zunehmenden Spezialisierung auf Teilgebiete des Landmaschinenbaus.

372 Ebenda, S. 236.

373 Ebenda, S. 238.

374 Ebenda, S. 236.

375 Angaben nach: Die Chronik des Hauses Rud. Sack Leipzig – 1863 bis 1938, o. J. (1938).

376 Ebenda, S. 49.

377 Ebenda, S. 48. Die Fa. Sack hatte bereits 1904 ihren millionsten, 1911 ihren zweimillionsten Pflug gebaut; ihre Tagesleistung betrug 1912 1000 Pflüge und 40 Drillmaschinen (ebenda, S. 108ff.).

378 Angaben nach: Geschichtskalender der Eckertwerke 1846–1921, Berlin-Lichtenberg, o. J. (1921).

379 Ebenda, S. 26.

380 Ebenda, S. 25.

Die Hauptabnehmer von deutschen Landmaschinen vor dem ersten Weltkrieg waren im zaristischen Rußland, in Österreich-Ungarn und in anderen in ihrer industriellen Entwicklung damals zurückgebliebenen Ländern zu finden. So wurden z. B. 1910 für 5,8 Millionen Mark eiserne Pflüge und für 2,8 Millionen Mark Dreschmaschinen nach Rußland exportiert[381], nach Rumänien gingen für 1,2 Millionen Mark eiserne Pflüge, wohingegen im gleichen Jahr für 10,0 Millionen Mark Mähmaschinen aus den Vereinigten Staaten[382] sowie für 1,5 Millionen Mark Landmaschinen derselben Art und für 1,4 Millionen Mark Milchentrahmungsmaschinen aus Schweden importiert wurden. Insgesamt gesehen ergab sich für die Entwicklung des deutschen Außenhandels in landwirtschaftlichen Maschinen folgendes Bild:

	Einfuhr in dz	Einfuhr in Millionen Mark	Ausfuhr in dz	Ausfuhr in Millionen Mark
1900[383]	288250	31,708	129549	12,955
1907	348985	25,317	169317	14,300
1913[384]	385350	29,356	402760	34,958

Es gelang demnach in den Jahren vor Ausbruch des ersten Weltkrieges, die Gesamtausfuhr an landwirtschaftlichen Maschinen schneller zu steigern als die Einfuhr dieser Erzeugnisse, so daß sogar noch (für 1913) ein geringer Ausfuhrüberschuß erzielt werden konnte.

1907 gab es in Deutschland insgesamt 1862 Landmaschinenfabriken, in denen 41514 Personen beschäftigt wurden.[385] Zur Zeit des Ausbruchs des ersten Weltkrieges existierten 30 deutsche Aktiengesellschaften dieser Branche[386], die ein Kapital von insgesamt 45,44 Millionen Mark, also lediglich 1,51 Millionen Mark pro Gesellschaft vertraten. Darunter waren nur zwei mit einem Aktienkapital von je 5 bis 10 Millionen Mark (Eckert, Berlin, und Kyffhäuserhütte), die 24,2 Prozent des gesamten Aktienkapitals dieser Branche auf sich vereinigten. Hier war also die Kapitalkonzentration vor dem ersten Weltkrieg wesentlich niedriger als in der Automobilindustrie und lag sogar noch unter der der Fahrradindustrie.

381 StJb., 32. Jg., 1911, S. 282ff.

382 Die USA hatten von 1871 bis 1911 ihre Ausfuhr von landwirtschaftlichen Maschinen auf das 34fache steigern können gegenüber einer Steigerung der Gesamtausfuhr auf das Vierfache. (Errechnet nach *Ballod, Carl,* Grundriß der Statistik, Berlin 1913, S. 288ff.)

383 Zusammengestellt nach *Neubaur, Paul,* a. a. O., S. 215ff.

384 StJb., 35. Jg., 1914, S. 240ff.

385 *Woytinsky, Wladimir,* a. a. O., S. 222.

386 Zusammengestellt nach Handbuch DAG, T. I u. II.

Abgesehen von der metallverarbeitenden Industrie, die weitgehend, z. B. bei der Produktion von Nägeln und Stiften[387] oder auch von Heizkörpern[388], auf der Grundlage der Massenfabrikation beruhte, stößt man auf Erscheinungen der Massenproduktion u. a. auch innerhalb des *Schwermaschinenbaus*. So wurde auf dem Wege der Konzentration der Produktion im Zuge der Monopolisierung der Demag (1910) der „für die Massenerzeugung in Frage kommende Zweig der Fabrikation" in Duisburg in einer besonderen Abteilung zusammengefaßt.[389] Es handelt sich hier in der Hauptsache um Erzeugnisse, die für den Austauschbau besonders geeignet waren, wie Einzelteile von Walzwerks- und Hochofenanlagen oder auch um Zubehör für den Hebezeug- und Förderanlagenbau; diese Erzeugnisse waren vor der Fusionierung von Teilfirmen getrennt produziert worden. Die Duisburger Maschinenbau A.G., als einer der späteren Teilbetriebe der Demag, war darüber hinaus bereits vor der Vereinigung (1903) dazu übergegangen[390], die Produktion von Bohr- und Schrämmaschinen auf Massenbasis, d. h. auf der Grundlage der Produktion austauschbarer Teile einzurichten. Einer der wichtigsten Gründe der Fusionierung bei der Demag bestand darin, die Hauptmaschinenelemente innerhalb des Gesamtunternehmens zu normalisieren, um eine Produktion der Einzelteile auf Vorrat zu ermöglichen.[391]

Innerhalb der deutschen Schwermaschinenindustrie gab es bereits auch Anfänge der Automatisierung. So stattete die Maschinenbau-Anstalt Humboldt in Köln-Kalk[392], die auch Maschinen und ganze Anlagen für die hüttentechnische Aufbereitung produzierte, in der Zeit nach der Jahrhundertwende zur Verbesserung der Begichtung der Öfen diese mit automatischen Beschickungsvorrichtungen aus. Solche Vorrichtungen wurden auch bei der Anwendung moderner Verfahren für die elektrolytische Gewinnung von Metallen angewendet.

Anfänge der Massenproduktion finden wir außer bei der Gewehrproduktion und anderen Teilgebieten der *Waffenproduktion*[393], besonders noch in der *elektrotechnischen* Industrie, die sich bis zur Zeit des ersten Weltkrieges im wesentlichen zu einem selbständigen Industriezweig entwickelte und nach der Jahrhundertwende nur noch vereinzelt – wie bei Schwartzkopff und der Maschinen-

387 So hatte z. B. Mitte der 90er Jahre die Drahtstiftenfabrik der Maschinenbau A.G. Nürnberg 66 Stiften- und 33 Nägelmaschinen in Betrieb, welche nach dem Prinzip der „detaillierten Massenproduction" arbeiteten (*Büchner, Fritz,* a. a. O., S. 87).

388 Zur „besseren Ausnutzung der Eisengießerei" war z. B. die Hanomag vorübergehend (1889–1902) auch zur Massenfabrikation von Heizkörpern für Zentralheizungsanlagen übergegangen (*Glaser, Eduard,* a. a. O., S. 7).

389 *Matschoss, Conrad,* Ein Jahrhundert deutscher Maschinenbau 1819–1919, a. a. O., S. 218.

390 Ebenda, S. 169ff.

391 Ebenda, S. 213f.

392 „50 Jahre deutscher Arbeit" / Maschinenbau-Anstalt Humboldt in Kalk b. Köln (Denkschrift), Köln, o. J. (1906), S. 84.

393 Vgl. dazu Beiträge GTI, 9. Jg., 1919, S. 118ff. *Wittmann, Karl,* a. a. O., S. 93ff., der besonders darauf aufmerksam macht, daß auf dem Gebiet der Waffenproduktion sich eine Austauschbarkeit zuerst durchgesetzt hat.

fabrik Eßlingen – einen organisatorischen Zusammenhang mit Betrieben des allgemeinen Maschinenbaus aufwies. Es lag in der Art und der Beschaffenheit der in diesen Branchen erzeugten Produkte, daß hier frühzeitig genormte und damit auch austauschbare Teile verwendet wurden, wodurch z. B. die auf der Grundlage der Massenproduktion arbeitende elektrotechnische Industrie zu einem hohen Grad der Konzentration gelangen und auch eine führende Rolle im Monopolisierungsprozeß innerhalb der deutschen Industrie spielen konnte. Durch ihre modernen Produktionsverfahren hat darüber hinaus die elektrotechnische Industrie eine vorwärtsstreibende Wirkung bei der Entwicklung der deutschen Maschinenbauindustrie ausgeübt.[394]

Beim deutschen *Textilmaschinenbau* gibt es ebenfalls vor 1914 Erscheinungen der Massen- und Serienproduktion und darüber hinaus der Automatisierung. Es sei auf das Beispiel der in der Vogtländischen Maschinenfabrik (vorm. J. C. & H. Dietrich) A.G. in Plauen entwickelten und produzierten Schiffchenstickmaschine verwiesen, die mit dem Automat „System Zahn" ausgestattet war und seit ihrer Entwicklung um die Jahrhundertwende „ein starkes Übergewicht über andere Stickmaschinensysteme in In- und Ausland"[395] gewinnen konnte. Bis Ende 1910 waren ca. 2000 Automatmaschinen dieses Systems mit bisher 10-Yard-Stücklänge ausgeliefert worden, „ein Erfolg, den keine zweite Fabrik aufzuweisen in der Lage"[396] war. Gleichzeitig wurde die Produktion von 15-Yards-Stickautomaten aufgenommen. Die Überlegenheit des automatischen Stickapparates über den um die Jahrhundertwende in der Spitzenindustrie noch überwiegend verwendeten Handapparat zeigte sich bis zum Ausbruch des ersten Weltkrieges u. a. darin, daß bis zu diesem Zeitpunkt bei diesem Plauener Großunternehmen unter den insgesamt etwa 14500 produzierten Stickmaschinen sich auch 2500 Stickautomaten befanden, die im Wettbewerb mit der in dieser Spezialbrache immer noch überlegenen Schweizer Konkurrenz vielfach auch schon exportiert werden konnten.[397]

Zusammenfassend kann, wenn auch stark verallgemeinernd, festgestellt werden, daß trotz aller der Entwicklung entgegenstehenden, auch außerökonomischen Faktoren, sich doch in einigen wichtigen Teilgebieten des Werkzeugmaschinenbaus und darüber hinaus im Bereich der Nähmaschinen- und Fahrzeugindustrie sowie einiger verwandter Gebiete ein Übergang zur Herstellung austauschbarer Teile und damit zur Massenproduktion vollzogen hat. In einzelnen, relativ begrenzten Teilgebieten einiger dieser Sektoren fand sogar ein Übergang zur Automatisierung statt.

394 Auf diese Tatsache macht *Bernal* (a. a. O., S. 525) aufmerksam. Er erkennt diesem Industriezweig in bezug auf die Durchsetzung der Massenproduktion nach der Automobilindustrie eine erstrangige Rolle zu.

395 Bericht über die Verwaltung und den Stand der Gemeindeangelegenheiten der Kreisstadt Plauen 1908, 1909 und 1910, Plauen, o. J. (1912), S. 86. In: Stadtarchiv Karl-Marx-Stadt. G. 55.

396 Ebenda, 1911–1913, S. 46.

397 Handbuch DAG, T. II, S. 798.

3. Die Entwicklung der Standortverteilung in der Maschinenbauindustrie

Vor 1870 waren Maschinenbauzentren, vor allem in den Städten, entstanden; diese Zentren hatten sich hauptsächlich in sächsischen und preußischen (Rheinland und Westfalen) Industriegebieten herausgebildet.[398] Während sich die damaligen Maschinenfabriken vorwiegend auf den Absatz orientierten, hatte sich durch die Verbesserung der Transportverhältnisse auch schon eine Orientierung auf die Arbeitskräfte in den Städten herausgebildet. Daneben führte die beginnende Entwicklung spezialisierter Maschinenfabriken, z. B. auf dem Gebiet des Landmaschinenbaus, zu Veränderungen in der Standortverteilung der deutschen Maschinenbauindustrie, die ihr in ihrer Gesamtheit jedoch keineswegs das Gepräge gaben.

Nach der Reichsgründung wurden immer noch Werke der herkömmlichen Zweige in den bestehenden Maschinenbauzentren gegründet, die in erster Linie auf den Absatz orientiert waren. Parallel dazu konzentrierte sich die Maschinenbauindustrie nach wie vor in den Städten. Für das Jahr 1880[399] wird eingeschätzt, daß im Gegensatz zu früher, als die Maschinenbauindustrie „in der Nähe der Produktionsbezirke und in einzelnen großen Industrie-Plätzen concentriert (gewesen ist), neuerdings . . . in vielen Provinzialstädten mehr oder minder bedeutende Maschinenfabriken entstanden (sind), welche nicht allein die Arbeit in der Provinz an sich ziehen, sondern auch in weiteren Kreisen Absatz zu gewinnen suchen". 1907 waren in der Maschinenindustrie der deutschen Großstädte (über 100000 Einwohner) 39 Prozent aller Maschinenbauarbeiter beschäftig, während „von der Gesamtheit der in den abnehmenden Industrien tätigen Arbeiter nur 22,2 Prozent auf die Großstädte" entfielen.[400]

An neuen Unternehmen finden wir nach 1870 in den alten Zentren der deutschen Maschinenbauindustrie u. a. die Deutsche Niles Werkzeugmaschinenfabrik A.G. in Berlin-Oberschöneweide sowie die Werkzeugmaschinenfabrik von Herm. Pfauter in Chemnitz. In den westsächsischen Zentren der Textil- und Textilmaschinenindustrie entstanden u. a. die aus „ganz kleinen Anfängen . . . in gemieteten Räumen"[401] emporwachsende, sich immer mehr auf Stickmaschinen (und Druckmaschinen) spezialisierende Fa. J. C. & H. Dietrich, Plauen i. V. (ab 1895 Vogtländische Maschinenfabrik A.G.) sowie die besonders Wirkmaschinen produzierende, bald Weltgeltung erlangende Maschinenfabrik von Schubert & Salzer in Chemnitz. 1895 wurde die Dessauer Waggonfabrik gegründet, die 1899 in eine G.m.b.H., 1905 in eine A.G. umgewandelt wurde. Auch in der Folgezeit bedeutende Firmen des Schwer- und des allgemeinen Maschinenbaus waren unter diesen neuen Unternehmen, so die 1883 gegründete

398 Vgl. *Becker, Walter,* a. a. O., S. 215ff.
399 Das deutsche Wirtschaftsjahr, Berlin 1881, S. 147.
400 *Berthold, Karl,* a. a. O., S. 82.
401 Die sächsischen Aktien-Gesellschaften, Ausg. 1900/1901, Leipzig 1901, S. 159.

Düsseldorf-Ratinger Röhrenkesselfabrik vorm. Dürr & Co., die 1889 in eine A.G. umgewandelt wurde, und noch 1894 die Massenförderungsmittel produzierende Maschinenfabrik von J. Pohlig in Köln-Zollstock (A.G. seit 1899). Bereits 1870 wurde in Offenbach a. M. eine Schnellpressenfabrik unter der Fa. Faber & Schleicher gegründet, die 1897 in eine A.G. umgewandelt wurde. Dadurch wurde eines der Zentren des deutschen Druckmaschinenbaus, Südwestdeutschland, um ein weiteres Unternehmen dieser Branche bereichert.[402]

In diesen Zusammenhang gehört auch die in erster Linie konjunkturbedingte Aufnahme bestimmter spezialisierter Zweige der Maschinenbauindustrie durch Firmen des allgemeinen Maschinenbaus oder auch anderer Zweige dieses Sektors, wodurch die auch weiterhin beobachtete starke Tendenz der Orientierung vieler Maschinenfabriken auf den Absatz nochmals unterstrichen wird. Ein Beispiel von vielen: In den Jahren vor Ausbruch des ersten Weltkrieges gingen die besonders durch ihren Schiffs- und Lokomotivbau bekannt gewordenen Schichauwerke in Elbing[403] zusätzlich zum Bau von Einrichtungen für Zuckerfabriken über.

Auch nach der Reichsgründung ist mancherorts noch eine enge Verbindung zwischen Textil- und Maschinenindustrie zu finden, wie dies vielfach in den Anfängen der Maschinenbauindustrie beobachtet werden konnte. Besonders im mittelsächsischen Raum, und hier wieder besonders in Chemnitz, bestand nach wie vor ein enger Zusammenhang zwischen verschiedenen Zweigen der Textil- und der Maschinenbauindustrie.[404] So existierte die herkömmliche Abteilung Baumwollspinnerei der Maschinenfabrik Germania vorm. J. S. Schwalbe & Sohn A.G. neben dem Betrieb des allgemeinen Maschinenbaus bis zum Jahre 1930 weiter[405], wohingegen die 1872 in eine A.G. umgewandelte Maschinenfabrik Kappel (damals bei Chemnitz) ihre zunächst nebenbei betriebene Tüllweberei 1899 in einer nunmehr selbständigen Textilfabrik, der Sächsischen Tüllfabrik A.G. Kappel wiedererstehen ließ. Die personelle Zusammensetzung der Aufsichtsräte beider Aktiengesellschaften deckte sich im großen und ganzen, zumindest was die Personen der Vorsitzenden und ihrer Stellvertreter anlangte.

Ähnliche Beispiele für eine derart enge Verbindung zwischen den beiden Produktionszweigen lassen sich auch aus anderen Zentren der mittel- und westsächsischen Textil- und Textilmaschinenindustrie, so aus Limbach und Werdau, belegen. Sicherlich haben dabei die notorisch niedrigen Frauenlöhne in der *Textil*industrie eine Rolle gespielt. Sie ermöglichten es den einzelnen *Maschinen-*

402 Diese Beispiele wurden in der Hauptsache entnommen dem Handbuch DAG, T. I und II.

403 Die Schichauwerke in Elbing, Danzig und Pillau 1837–1912, a. a. O., S. 50f.

404 Auch aus Augsburg wird noch für das Jahr 1873 gemeldet, daß dort die Maschinenfabrik L. A. Riedinger eine eigene Baumwollspinnerei (mit 10000 Spindeln) errichtet hatte (Beiträge GTI, 20. Bd., 1930, S. 108ff.).

405 Laut Stadtarchiv Karl-Marx-Stadt Cap. V, Sect. II, Nr. 197 besaßen noch 1867 die Maschinenfabriken von C. G. Haubold jr. in Chemnitz eine eigene Kammgarnspinnerei und die Maschinenfabrik von Bernhard & Philipp, ebenfalls in Chemnitz, eine eigene Baumwollspinnerei.

fabrikanten, ihre Profite über das in ihrer Branche übliche Maß hinaus zu erhöhen bzw. *zusätzliche*, außerhalb der eigentlichen Sphäre der Maschinenindustrie liegende Profite zu machen. Auch der Vorteil der Anwendung eigener Konstruktionen in der Produktion und nicht zuletzt die Wahrnehmung von Möglichkeiten des Ausgleichs innerhalb der zyklischen Entwicklung mögen dabei eine Rolle gespielt haben.

Eine ähnlich enge Verbindung wie zwischen Textil- und Textilmaschinenindustrie ist besonders noch auf dem Gebiet der Schmirgelindustrie in Verbindung mit der Produktion von den hierzu benötigten Maschinen nachzuweisen. So verfügten die Vereinigten Schmirgel- und Maschinenfabriken A.G. vorm. S. Oppenheim & Co. u. Schlesinger & Co. in Hannover-Hainholz[406] 1914 auch über Abteilungen zur Verarbeitung von Schmirgel (darunter zu Schmirgelpapier) sowie zur Produktion von Schleif-, Polier-, Form-, Gießerei- und Sandaufbereitungsmaschinen. 1871 wurde in Frankfurt a. M. die Fa. Naxos – Union zur Herstellung von Schmirgel*scheiben* gegründet. Ende der 70er Jahre nahm diese Firma auch den Bau von Schleif*maschinen* auf. Dabei wurden zunächst nur einfache Schleifstöcke, dann auch Werkzeugschleifmaschinen und noch später Präzisionsschleifmaschinen gebaut. Ähnlich verlief die Entwicklung bei der Fa. Mayer & Schmidt in Offenbach a. M. (1871 gegr.) sowie bei der 1884 entstandenen Fa. F. Schmaltz in Offenbach a. M., die sich aus einem kleinen Handelsgeschäft für Holzbearbeitungswerkzeuge und Schleifscheiben bis 1896 in eine Fabrik für selbsttätige Sägeschärf- und andere Schleifmaschinen entwickelte.[407] Auch für das Chemnitzer Gebiet ist ein derartiges Beispiel des Zusammenhangs zwischen Schleifmaschinenbau und Schmirgelindustrie nachweisbar: 1889 wurde in Furth (jetzt Vorort von Karl-Marx-Stadt) von Dr. Rudolf Schönherr ein Schmirgelwerk gegründet.[408] Nachdem dort zunächst nur Schleifscheiben hergestellt worden waren, erwuchs aus der steigenden Nachfrage nach diesem Artikel – auf dem Weg über eine Reparaturwerkstätte – der Anstoß zur Gründung einer Maschinenfabrik zum Bau von Schleifmaschinen.

Bemerkenswert ist auch das Bestreben von Unternehmen der Maschinenbaubranche, in den Zentren der Schwerindustrie, namentlich in den damaligen preußischen Provinzen Rheinland und Westfalen, durch die Gründung von Filialbetrieben festen Fuß zu fassen, um sich dadurch Erleichterungen u. a. bei der Versorgung mit Rohstoffen zu verschaffen.[409] So errichtete die Maschinenfabrik Augsburg-Nürnberg A.G. in den Jahren von 1910 bis 1912 in Duisburg eine Gießerei und eine Maschinenwerkstätte für den Bau von Großgasmaschinen und Kränen[410], wodurch das Unternehmen in den Genuß „billiger Rohstoffe-Frachten und erhöhter Absatzmöglichkeiten“ gelangte, d. h. die gegenüber den Verhältnissen in Bayern günstigeren Standortbedingungen für einen Teil seiner

406 Handbuch DAG, T. II, S. 750.

407 Beiträge GTI, 9. Bd., 1919, S. 124.

408 Chemnitz in Wort und Bild (Festschrift), Chemnitz, o. J. (1911), S. 237f.

409 Vgl. dazu *Becker, Walter*, a. a. O., S. 256.

410 *Büchner, Fritz*, a. a. O., S. 139ff.; Handbuch DAG, T. II, S. 665.

Produkte nutzen konnte. Die Berlin-Anhaltische Maschinenbau A.G. gliederte sich 1909 die Kölnische Maschinenbau A.G. in Köln-Bayenthal[411] an; dadurch schaltete sie nicht nur ein großes Konkurrenzunternehmen im Gasfach aus, sondern vermochte auch durch den Bau von Maschinen und Einrichtungen für das Berg- und Hüttenwesen in verstärktem Maße in die Bergbauindustrie einzudringen. Das bedeutendste Unternehmen für den Bau von Eisenbahnmaterial, die Fa. Orenstein & Koppel-Arthur Koppel A.G., konnte sich durch die mit der Lübecker Maschinenbau-Gesellschaft geknüpfte Interessengemeinschaft[412] in den Schwermaschinenbau einschalten und gelangte dadurch auch in nähere Berührung mit der Schwerindustrie.

Umgekehrt drangen auch Firmen der Schwerindustrie in einzelne Branchen der Maschinenbauindustrie, besonders des Schwermaschinenbaus, ein. So produzierte das 1869 gegründete Unternehmen Eisenwerk und Maschinenbau A.G. in Düsseldorf -Heerdt[413] zunächst nur gußeiserne Röhren, später aber u. a. auch Bergwerksmaschinen, hydraulische Pressen, Kräne, Aufzüge, Dampfmaschinen u. ä. Erzeugnisse.

Der Standortfaktor *Absatz* erhielt nach 1870 jedoch – anstelle des in der Periode der Entstehung der deutschen Maschinenbauindustrie vorherrschenden lokalbezogenen Absatzes – im Zusammenhang mit einer zunehmenden Verbesserung der Verkehrsverhältnisse mehr und mehr die Spezifik eines *Fernabsatzes* bzw. Exports von Maschinenbauerzeugnissen.[414] Der in einzelnen Zweigen der Maschinenbauindustrie erreichte Grad der Spezialisierung setzte geradezu eine erhöhte Ausfuhr voraus. Sartorius von Waltershausen stellte fest:[415] „Es gibt Fabriken, die so spezialisiert sind, daß ein Werk für Deutschland, selbst für den Erdball, ausreicht, wie z. B. dasjenige, welches die Druckknöpfe für Damengarderobe oder einzelne Maschinenteile für den Mühlenbau herstellt.“ In vielen Fällen dürfte es sich auch, besonders bei den herkömmlichen Zweigen der Maschinenbauindustrie, um eine Kombination von Lokal- und Fernabsatz bzw. Export gehandelt haben, wie dies für eine Reihe von Maschinenfabriken festgestellt werden kann.[416]

Neben spezialisierten Zweigen des Maschinenbaus waren auch Betriebe des allgemeinen Maschinenbaus an dieser Exportsteigerung beteiligt.[417] So expor-

411 Zur Halbjahrhundertfeier der Bamag 1872–1922 (Festschrift), Berlin, o. J. (1922), S. 6. Vgl. auch Handbuch DAG, T. I, S. 1059.

412 Denkschrift Orenstein & Koppel, S. 23. Handbuch DAG, T. I, S. 1152.

413 Handbuch DAG, T. I, S. 1107.

414 Vgl. dazu die Ausführungen von *Becker* (a. a. O., S. 218), wonach „im Zusammenhang mit der Spezialisierung und des zunehmenden arbeitsintensiven Charakters der Produkte des Maschinenbaues ein längerer Transport sich durchaus rentierte“. Vgl. dazu *Berthold, Karl,* a. a. O., S. 109f.

415 *Sartorius von Waltershausen, August,* a. a. O., S. 488.

416 Vgl. dazu *Wagon, Eduard,* a. a. O., S. 59f. über die Absatzstruktur der Halleschen Maschinenfabrik.

417 Wir beschränken uns hier auf einige spezifische Beispiele.

tierte die Maschinenfabrik von C. G. Haubold in Chemnitz 1890 35,34 Prozent ihres Gesamtumsatzes, dagegen 1900 bereits 45,86 Prozent und 1910 nicht weniger als 56,23 Prozent.[418] Noch höher lagen die Exportquoten einzelner stark spezialisierter Zweige des Maschinenbaus, so des Landmaschinenbaus, wo z. B. die Landmaschinenfabrik von Rud. Sack in Leipzig eine Quote von ca. 60 Prozent erreichte.[419] Besondere Bedeutung kam den stark spezialisierten neuen Zweigen des Maschinenbaus zu, indem sich verschiedene Fahrzeugfabriken oder auch einzelne, auf besondere Artikel spezialisierte Werkzeugmaschinenfabriken (z. B. Herm. Pfauter in Chemnitz) in starkem Maße auf Fernabsatz bzw. Export orientierten.

Schließlich gab es auch einen stark *saison*bedingten Absatz verschiedener Maschinenbauerzeugnisse durch ein und denselben Spezialbetrieb des Maschinenbaus. Dieser war dann gegeben, wenn sich spezialisierte Maschinenbaubetriebe auf einen zweiten Spezialartikel konzentrierten, um auf alle Fälle das ganze Jahr hindurch auf dem Markt konkurrenzfähig zu sein. So produzierten die 1884 gegründeten Neckarsulmer Fahrzeugwerke in der Frühzeit ihrer Entwicklung Strickmaschinen[420], während die 1906 in eine A.G. umgewandelte Fahrzeugfabrik Diamantwerke Gebr. Nevoigt in Reichenbrand bei Chemnitz erst von diesem Zeitpunkt an auch Wirk- und Strickmaschinen produzierte[421]. Es handelt sich hierbei um eine erstaunlich große kommerzielle Wandlungsfähigkeit einzelner Maschinenbaubetriebe, die auf eine Ähnlichkeit des technologischen Ablaufs bei verschiedenen Maschinenbauzweigen schließen läßt.

Bei einigen der neueren Zweige der Maschinenbauindustrie, z. B. der Fahrradindustrie wie auch beim Nähmaschinenbau bekommt jedoch, dem Charakter ihrer Massenproduktion entsprechend, eine wirtschaftliche Arbeitsorientierung zunehmendes Gewicht. Es ist nachgewiesen worden[422], daß die Erzeugnisse des deutschen Fahrradbaus, die infolge ihres hohen Tonnenwertes fast unbegrenzt versandfähig und praktisch unabhängig von den Rohstoffzentren sind, in noch stärkerem Maße als die Erzeugnisse des Nähmaschinenbaus mit Vorliebe in den Teilen Deutschlands produziert wurden, wo auf der Grundlage eines großen agrarischen Hinterlandes und des Vorhandenseins einer umfangreichen industriellen Reservearmee ausgesprochen niedrige Löhne gezahlt wurden; beim ebenfalls über einen hohen Tonnenwert verfügenden jungen Kraftfahrzeugbau erfolgte dagegen eine mehr technische Arbeitsorientierung, d. h. eine Orientierung auf hochqualifizierte Arbeiter.[423]

Gerade in Sachsen[424] standen sehr billige Arbeitskräfte zur Verfügung, die standortorientierend wirkten, was im Zusammenhang mit dem Aufbau von

418 *Haubold, Sybille*, a. a. O., Anl. 3, S. 100ff.

419 *Berthold, Karl*, a. a. O., S. 117.

420 Handbuch DAG, T. II, S. 786.

421 Ebenda, T. II, S. 803.

422 *Berthold, Karl*, a. a. O., S. 66ff. Die wirtschaftliche Arbeitsorientierung war durch niedrige Löhne gekennzeichnet.

423 *Berthold, Karl*, a. a. O., S. 71ff.

424 *Becker, Walter*, a. a. O., S. 218, Fußn. 416.

neuen, stark spezialisierten und bereits weitgehend auf Massenproduktion basierenden Maschinenbauzweigen von großer Bedeutung gewesen ist. Zum Beispiel betrugen die durchschnittlichen Wochenlöhne eines Metallarbeiters[425]:

Jahr	in Chemnitz Masch. Schlosser (Mark)	 Masch. Tischler (Mark)	in Hannover (Mark)
1875	16,50	17,00	20,36
1880	16,09	17,20	16,84
1885	18,39	19,55	21,93

In bezug auf das Jahr 1907 wurde nachgewiesen[426], daß innerhalb der Maschinenbauindustrie niedrige Löhne in Schlesien und Sachsen, mittlere im Süden und hohe im Westen Deutschlands gezahlt wurden, wobei auffällt, daß sowohl Teile Sachsens (besonders Chemnitz und seine Vororte) als auch des nördlichen Bayern (Nürnberg und Umgebung) Zentren der jungen Fahrradindustrie geworden sind.

In Berlin wurden die höchsten Löhne an Maschinenbauarbeiter[427] gezahlt; deshalb bestand hier im Vergleich zum Umfang und zur Vielfalt seiner Maschinenbauproduktion keine nennenswerte Nähmaschinen- und Fahrradindustrie. Wenn etwa in den Wanderer-Werken in Schönau bei Chemnitz 1910 Durchschnittslöhne[428] gezahlt worden sind, die „fast das Doppelte des ortsüblichen Tagelohns oder das $1^4/_5$-fache von Chemnitz" betrugen, so ist zu bedenken, daß zu diesem Zeitpunkt in den Wanderer-Werken auch hochwertige Werkzeugmaschinen, Motorräder und Schreibmaschinen produziert wurden, so daß hier außer einer mehr wirtschaftlich (d. h. durch niedrige Löhne) bedingten Arbeitsorientierung auch eine technisch (d. h. durch Qualitätsarbeit) bedingte Orientierung auf die Arbeit stattgefunden hat.

In diesem Zusammenhang noch ein Wort über ein Sonderproblem, das ebenfalls standortbedeutsam (und zwar speziell in bezug auf den Absatz) geworden

425 *Kuczynski, Jürgen*, Die Geschichte der Lage der Arbeiter unter dem Kapitalismus, T. I, Bd. 3, Berlin 1962, S. 426.

426 *Berthold, Karl*, a. a. O., S. 16 u. S. 121ff. 1907 wurden in Chemnitz 36,8, in Stuttgart 49,5, in Essen 55,8 Pfg. Durchschnittslöhne an Metallarbeiter pro Stunde bezahlt, bei im Durchschnitt 46,3 Pfg. für alle Metallarbeiter in Großstädten über 200000 Einwohner (außer Berlin).

427 Nach *Doogs, Kurt*, a. a. O., S. 70, standen die Tariflöhne der Berliner Maschinenbauindustrie an der Spitze der in den deutschen Maschinenfabriken gezahlten Löhne (mit – 1913 – durchschnittlich 79 Pfg. für gelernte und 45 Pfg. pro Stunde für ungelernte Arbeiter).

428 1885–1910 / Wanderer-Werke vorm. Winklhofer & Jaenicke A. G. Schönau b. Chemnitz (Festschrift), Leipzig, o. J. (1910).

ist: der Bau von Spezialmaschinen, insbesondere Werkzeugmaschinen, zunächst für den eigenen Gebrauch. Diese Maschinen waren im allgemeinen zunächst teurer als gekaufte, wurden aber von der betreffenden Firma selbst entwickelt.[429] Oft waren diese Maschinen zum Zeitpunkt des Bedarfs auf dem Binnenmarkt nicht erhältlich. Besonders in der Fahrzeugindustrie gab es viele Unternehmen, die gleichzeitig Werkzeugmaschinen bzw. Werkzeuge produzierten, z. B. die Nürnberger Mars-Werke[430] sowie die ebenfalls in Nürnberg ansässigen Victoria- und die Triumph-Werke.[431] Auch die Neckarsulmer Fahrzeugwerke produzierten vor 1914 neben Fahrrädern und Kraftfahrzeugen „Werkzeuge aller Art".[432] Bei den Wanderer-Werken in Schönau bei Chemnitz ist der Werkzeugmaschinenbau, insbesondere der Bau von Fräsmaschinen und Fräsern, um 1890 aus dem eigenen Bedarf der Fahrradproduktion entstanden; er war um die Jahrhundertwende bereits soweit entwickelt, daß eine eigene Abteilung für Werkzeugmaschinen gegründet wurde, die auch mit Erfolg exportieren konnte.[433] Die Wirkmaschinenfabrik von Schubert & Salzer in Chemnitz ging, nachdem sie Präsizionswerkzeugmaschinen zunächst für den eigenen Bedarf hergestellt hatte, seit der Jahrhundertwende zum Bau von Rundschleifmaschinen, Universal-Revolverdrehbänken und Fräsmaschinen für den Verkauf über.[434]

Eine absolut neue Branche liegt dann vor, wenn ein Unternehmen, wie die 1866 in Chemnitz gegründete Firma für Spezialartikel der Metallkurzwarenbranche von Hermann Riemann, in Anlehnung an die hier eines ihrer Zentren findende Fahrzeugindustrie, sich im Laufe der Jahrzehnte zu einer ausgesprochenen Spezialfabrik für Fahrrad- und Automobillaternen entwickelte.[435]

Standortbedeutsam ist auch das Abwandern von Berliner Maschinenfabriken in die Vororte.[436] Ein solcher Vorgang beschränkte sich jedoch keinesfalls auf die Hauptstadt. Eine Tendenz der Verlagerung von Maschinenbaubetrieben in die Vororte oder in die weitere Umgebung (nach dem Erwerb von geeigneten Grundstücken und der Errichtung von Neubauten) bzw. die Neugründung von Unternehmen in Vororten oder in der Umgebung großer Städte ist, wenn auch nicht immer mit derselben Intensität, u. a. im Hinblick auf die Entwicklung der Maschinenbauindustrie von Köln, Düsseldorf, Frankfurt am Main, Mannheim, München[437] und auch von Chemnitz festzustellen. Gerade in diesem alten

429 *Harnisch, Elisabeth,* a. a. O., S. 97.
430 Handbuch DAG, T. I, S. 1169.
431 Ebenda, T. II, S. 792.
432 Ebenda, T. II, S. 786.
433 Das Buch der Stadt Chemnitz, 1926, Dresden 1926, S. 252f.; *Matschoss, Conrad,* Vom Werden der Wanderer-Werke, Berlin 1935, S. 40ff.
434 Das Buch der Stadt Chemnitz, a. a. O., S. 256f.
435 Chemnitz in Wort und Bild, a. a. O., S. 228f.
436 Vgl. dazu *Wiedtfeldt, Otto,* a. a. O., S. 254ff.; *Doogs, Kurt,* a. a. O., S. 97.
437 So wurde 1911 die Waggonfabrik von Jos. Rathgeber von München nach dem Vorort Moosach in einen dort inzwischen errichteten Neubau verlegt. In dieser Zeit erfolgte auch die Umwandlung dieser Firma in eine Aktiengesellschaft bei gleichzeitigem Übergang von einem Mittel- zu einem Großbetrieb (Beiträge GTI, 8. Bd., 1918, S. 64ff.).

Zentrum der Textilmaschinen- und Werkzeugmaschinenindustrie entstanden – abgesehen von Verlagerungen z. B. von Teilen der Maschinenfabrik Germania nach dem Vorort Altchemnitz – neue Betriebe der herkömmlichen Branchen wie auch der aufkommenden Fahrzeugindustrie mit Vorliebe in den Vororten Kappel, Schönau, Siegmar, Reichenbrand, Altchemnitz usw. Die Ursache hierfür ist, abgesehen von der nur begrenzten Ausdehnbarkeit von Großbetrieben in den Städten, in den niedrigeren Preisen für die Grundstücke[438] und besonders – bei steigendem Arbeitskräftebedarf – in den niedrigeren Arbeitslöhnen[439] zu suchen. Wir haben es hier in der Hauptsache mit einer vielfach auf der Grundlage der Produktion von Massenartikeln basierenden wirtschaftlichen Arbeitsorientierung zu tun. Darüber hinaus ist zu beachten, daß die Betriebe für die anfallenden Qualitätsarbeiten im benachbarten Chemnitz auf dort vorhandene hochqualifizierte Fachkräfte zurückgreifen konnten, so daß es sich bei den Unternehmen der entsprechenden Branchen auch – abgesehen von einer Orientierung auf den Fernabsatz – um eine Kombination von wirtschaftlicher und technischer Arbeitsorientierung handelte. Auch für die Maschinenbauindustrie von Berlin haben sich, selbst wenn man die spezifische Verkehrslage und die Verlagerung einiger Betriebe oder Abteilungen in die Zentren der Schwerindustrie außer Betracht läßt, ähnliche Probleme ergeben.

Bei einem *Gesamtüberblick* gehen wir von einer Repräsentativuntersuchung von insgesamt 362 Maschinenfabriken nach dem Stande von 1914 aus. Es handelt sich hierbei hauptsächlich um größere Unternehmen, darunter in überwiegendem Maße um Aktiengesellschaften mit mindestens 1,0 Millionen Mark Aktienkapital, die fast alle in Städten ihren Standort hatten. Es darf bei einem Vergleich mit den Ergebnissen aus dem Jahre 1871[440] nicht vergessen werden, daß infolge des fortschreitenden Konzentrationsprozesses innerhalb der deutschen Industrie viele – auch größere – Maschinenbauunternehmen aufgelöst bzw. mit anderen vereinigt worden sind.

Nach *Ländern* aufgegliedert, ergibt sich, daß im damaligen Preußen nicht weniger als 180 dieser Maschinenfabriken ihren Standort hatten; erst an zweiter Stelle folgt Sachsen mit 81 Maschinenfabriken, dann Bayern mit 30, Baden mit 17, das Großherzogtum Hessen sowie Württemberg und die thüringischen Kleinstaaten (in ihrer Gesamtheit) mit jeweils 8, schließlich das Herzogtum Anhalt mit 7 Maschinenfabriken, während alle anderen deutschen Länder einschließlich der Freien Städte weniger Maschinenbaubetriebe aufzuweisen hatten.

Nach den einzelnen *Städten* als Zentren der Maschinenbauindustrie geordnet, ergibt sich nunmehr ein Übergewicht von Berlin mit 37 Maschinenfabriken vor Chemnitz mit 32[441], Düsseldorf mit 16, Leipzig mit 12, Dresden mit 9, Köln

438 Am meisten beeindruckend ist wohl das Beispiel des Grundstückkaufs durch Schwartzkopff! Vgl. *Doogs, Kurt,* a. a. O., S. 39 (vgl. S. 90, Fußn. 484!).

439 Vgl. *Berthold, Karl,* a. a. O., S. 16, Tab.

440 *Becker, Walter,* a. a. O., S. 219.

441 Eine für das Jahr 1911 vorgenommene Untersuchung ergibt für Chemnitz 30 Maschinenfabriken mit mehr als 100 Arbeitern, darunter je 9 Werkzeug-

mit 8, Hannover und Frankfurt am Main mit jeweils 7, Magdeburg, Braunschweig, Duisburg und Nürnberg mit je 6 sowie Augsburg und München mit je 5 Maschinenfabriken.

In einem größeren Maße aufschlußreich werden die Vergleiche, wenn wir die in der Untersuchung erfaßten Betriebe auf der Grundlage der einzelnen Länder *differenziert* untersuchen. Danach ergibt sich, daß von den 180 damals in Preußen ansässigen Maschinenfabriken allein 108 auf die Großstädte (mit über 100000 Einwohnern) entfallen.[442] Abgesehen von dem Zentrum Berlin mit 37 Maschinenfabriken werden von 71 Maschinenbaubetrieben in den preußischen Provinzen Rheinland und Westfalen nicht weniger als 43 in Düsseldorf, Köln, Duisburg, Essen, Mülheim, Bochum, Dortmund sowie in Bielefeld angetroffen. Eine ähnlich starke Konzentration in den Großstädten innerhalb der preußischen Provinzen ist außer in Hannover (mit 10 Maschinenfabriken, wovon 7 auf die Provinzhauptstadt entfallen) noch in den damaligen Provinzen Sachsen mit 10 Maschinenfabriken für Magdeburg (6) und Halle (4), zusammen von 16 Maschinenbaubetrieben, und Hessen-Nassau mit 10 Maschinenfabriken für Frankfurt am Main (7) und Kassel (3), zusammen von 14 Maschinenbaubetrieben, zu verzeichnen.

In den wichtigsten Maschinenbau*zweigen* sind innerhalb Preußens die Provinzen Rheinland und Westfalen die bedeutendsten Zentren des Schwermaschinenbaus. Von den insgesamt dort erfaßten 71 Maschinenfabriken widmeten sich nicht weniger als 40 – darunter 30 von 50 im Rheinland – diesem Zweig der Maschinenbauindustrie. Lediglich die damalige Provinz Schlesien und die Stadt Magdeburg haben innerhalb Preußens eine annähernd so große Konzentration dieses Maschinenbauzweiges aufzuweisen. Hier entfallen je etwa ein Drittel aller Maschinenfabriken auf den Schwermaschinenbau.

maschinen- und Textilmaschinenfabriken. Legt man dagegen die Angaben der Adreßbücher von 1871 bzw. 1914 zugrunde und summiert man sämtliche dort aufgeführten Maschinenfabriken, also auch Klein- und Kleinstbetriebe mit weniger als 5 Arbeitern, so kommt man auf die erstaunliche Zahl von 67 bzw. 156 Chemnitzer Maschinenfabriken. Die von *Becker* (ebenda, S. 219) angegebene Zahl von 108 Maschinenfabriken für das Jahr 1871 muß daher als zu hoch bezeichnet werden.
Andererseits schwanken auch die Angaben über Berlin. So gibt *Doogs* (a. a. O., S. 66) die Zahl der Berliner „Großbetriebe" innerhalb der Maschinenbauindustrie ohne die außerhalb des damaligen Berliner Stadtgebietes liegenden Betriebe für 1913 mit 77 an. – Nach Beiträge GTI, 9. Bd., 1919, S. 128, war bis etwa 1890 Chemnitz „Hauptsitz des deutschen allgemeinen Maschinenbaus", wurde dann aber von Berlin überflügelt, „wo 1901 insgesamt 430 Maschinenfabriken ... bestanden". Wichtig erscheint in diesem Zusammenhang lediglich die Tatsache, daß Berlin als nunmehr bedeutendstes deutsches Maschinenbauzentrum in der Zwischenzeit an die Stelle von Chemnitz getreten ist.

442 Von den Städten unter 100000 Einwohnern wurde hier lediglich Bielefeld als eines der Zentren des deutschen Nähmaschinenbaus mitgerechnet.

Berlin ist nach wie vor ein Zentrum für die Lieferung von Eisenbahnmaterial (einschließlich Lokomotiven und Waggons)[443]; es ist darüber hinaus (mit 6 von 37 Maschinenfabriken) einer der Schwerpunkte des Werkzeugmaschinenbaus. Der Waggonbau ist außer für die Hauptstadt typisch u. a. für Breslau, Görlitz, Hannover, Köln und Düsseldorf. Dagegen konzentriert sich der Landmaschinenbau innerhalb Preußens nach wie vor[444] auf die agrarischen Ostprovinzen. Von den 12 in die Untersuchung einbezogenen spezialisierten preußischen Landmaschinenfabriken befinden sich allein 8 in den damaligen Provinzen Schleswig-Holstein, Brandenburg (2), Schlesien (3), Pommern und Westpreußen. Die stark spezialisierten neuen Zweige der Maschinenbauindustrie, wie die Fahrzeugindustrie, verteilen sich auf verschiedene preußische Städte. Solche Betriebe der Fahrzeugindustrie gibt es u. a. in Frakfurt am Main, während Berlin im Vergleich zur Gesamtzahl seiner Maschinenfabriken keine nennenswerte Fahrzeugindustrie aufzuweisen hat; Bielefeld ist eines der wichtigsten Zentren des deutschen Nähmaschinenbaus.

Ebenso aufschlußreich ist eine Analyse der im damaligen Königreich Sachsen beheimateten Maschinenfabriken. Hier konzentrieren sich von den 81 erfaßten Betrieben 53 in Chemnitz (32), Leipzig (12) und Dresden (9). Dabei bleibt nach wie vor Chemnitz mit je 11 Werkzeugmaschinen-[445] und Textilmaschinenfabriken (von 32) eindeutig eines der wichtigsten Zentren dieser Maschinenbauzweige innerhalb der Maschinenbauindustrie. Die beiden anderen sächsischen Großstädte nehmen u. a. durch ihren Buchdruckmaschinen- bzw. Nähmaschinen- und Fahrzeugbau innerhalb der Maschinenbauindustrie einen hervorragenden Platz ein. Außerhalb dieser drei führenden sächsischen Industriestädte gibt es Waggonbau in Bautzen und Werdau, Schwermaschinenbau besonders innerhalb der damaligen Kreishauptmannschaft Zwickau sowie, auf verschiedene Kleinstädte verstreut, auf der Grundlage der örtlichen Textilindustrie entstandenen Textilmaschinenbau. In Vororten von Chemnitz wächst eine leistungsfähige Fahrzeugindustrie heran.

Bei einer Analyse der in Bayern ansässigen 30 Maschinenfabriken zeigt es sich, daß nicht weniger als 16 davon auf die Großstädte Nürnberg (6), Augsburg (5) sowie München (5) entfallen; von den verbleibenden 14 Maschinenfabriken sind allein 10 in der den Zentren der Schwerindustrie benachbarten Bayerischen Pfalz zu finden, wobei naturgemäß auch der Schwermaschinenbau (3 von 10 Maschinenfabriken) eine bedeutende Rolle einnimmt. In Nürnberg und seiner Umgebung befindet sich ein weiterer Schwerpunkt der damals aufkommenden

443 Vgl. *Schröter, Alfred,* a. a. O., S. 104.

444 *Becker, Walter,* a. a. O., S. 221.

445 Der Chemnitzer „Bezirk" soll 1898 24 Werkzeugmaschinenfabriken (mit 5000 Arbeitern) bei einer jährlichen Produktion an Werkzeugmaschinen und Werkzeugen im Werte von 15 Mill. Mark umfaßt haben. In ganz Deutschland existierten zu dieser Zeit 220 Werkzeugmaschinenfabriken (darunter viele kleinere Betriebe), wobei die Jahresproduktion von insges. 208 dieser Fabriken sich auf ca. 70 Mill. Mark belaufen hat (vgl. Beiträge GTI, 9. Bd., 1919, S. 128).

Fahrradindustrie, während München durch seinen Lokomotiv- und Waggonbau innerhalb Bayerns einen führenden Platz einnimmt.

Innerhalb des stark industrialisierten damaligen Großherzogtums Baden mit 17 Maschinenfabriken (davon 6 in den Großstädten) nehmen Schwermaschinen-, Waggon- und Landmaschinenbau sowie die Produktion von Brauereieinrichtungen einen bevorzugten Platz ein; im benachbarten Württemberg verdient dagegen die aufkommende Fahrzeugindustrie (in Stuttgart neben dem badischen Mannheim) besondere Erwähnung. Erwähnenswert ist auch die nicht unbeträchtliche Maschinenbauindustrie im damaligen Elsaß-Lothringen mit 6 erfaßten Maschinenfabriken (davon 2 in Straßburg), die sich auf verschiedene Maschinenbauzweige verteilen.

Von den nördlich des Mains gelegenen deutschen Ländern und Freien Städten außerhalb Preußens ist in diesem Zusammenhang lediglich noch erwähnenswert der Schwer- bzw. Schiffsmaschinenbau der drei Hansestädte Hamburg, Lübeck und Bremen, der Bau von Mühleneinrichtungen in Braunschweig, die Produktion von Einrichtungen für Zuckerfabriken und chemische Industrie innerhalb des Herzogtums Anhalt sowie Firmen der aufkommenden Fahrzeugindustrie in einigen thüringischen Kleinstaaten neben dem u. a. noch in Bremen, Hamburg, Dessau und Gotha ansässigen Waggonbau.

Es kann eingeschätzt werden:

1. Die deutsche Maschinenbauindustrie bleibt in der Zeit zwischen 1870 und 1914 wie bisher in den Städten konzentriert. Dabei wird die teilweise erfolgende Verlagerung in die Vororte bzw. in die Umgebung der großen Städte vielfach durch Eingemeindungen ausgeglichen.
2. Innerhalb der Orientierung auf den Absatz findet mit der Verbesserung der Verkehrswege mehr und mehr eine Verlagerung auf den Fernabsatz bzw. den Export statt.
3. Besonders bei den neuen Maschinenbauzweigen, vor allem soweit sie auf Massenfabrikation beruhen, bildet sich daneben eine wirtschaftliche Arbeitsorientierung heraus, die ihre Ergänzung durch eine mehr technische Orientierung auf die Arbeit findet.
4. Rohstofforientierend wirkt dagegen die Tendenz, in zunehmendem Maße Betriebe der Maschinenbauindustrie, vor allem des Schermaschinenbaus, in die Zentren der Schwerindustrie zu verlegen.

Damit ergibt sich für die Maschinenbauindustrie zwischen 1870 und 1914 eine Kombination verschiedener Standorteinflüsse, unter denen eine Orientierung auf den Absatz noch die erste Stelle einnimmt. Bei alledem spielt der Arbeitsvorteil eine zunehmende Rolle.

4. Ausrüstung und organisatorische Gliederung von Betrieben der Maschinenbauindustrie

Beim Einblick in die Ausrüstung von Firmen einiger Zweige des Maschinenbaus kann man sich in die aus der Zeit der Entstehung der deutschen Maschinenbauindustrie geschilderten Verhältnisse[446] zurückversetzt glauben. So wird noch 1885 ein „Chemnitzer Velociped – Depôt Winklhofer & Jaenicke“ (als Vorläufer der späteren Wanderer-Werke) mit zwei Arbeitern, zwei Schraubstöcken, einer Fußdrehbank, einem Schmiedefeuer mit dem dazu gehörigen Werkzeug in zwei Erdgeschoßzimmern von 50 qm Bodenfläche gegründet.[447] In diesem Kleinstbetrieb stand noch einer der beiden Inhaber – Winklhofer – selbst am Schraubstock, und auch die für den Fahrradbau benötigten Werkzeugmaschinen mußten noch selbst gebaut werden, einmal, weil sie damals noch nicht so, wie man sie sich wünschte, zu erhalten waren,[448] zum anderen aber, weil man befürchtete, daß man „bei Bestellung außerhalb der Firma die besonderen Fabrikationserfahrungen hätte preisgeben müssen“[449]. Und noch 1903 arbeitete Hermann Pfauter, der Begründer einer zunächst kleinen, 1901 in Chemnitz entstandenen Werkzeugmaschinenfabrik, mit nur einem Angestellten und 15 Arbeitern an 10 bis 12 Werkzeugmaschinen, deren Antrieb „von einem anderen im gleichen Grundstück untergebrachten Betrieb bezogen wurde“. Dabei mußten noch „größere Maschinen wegen mangelnder Höhe der Werkstatt auf dem Hofe montiert werden“, wobei „zum Schutz gegen unerwünschtes Naß von oben . . . der benachbarte Holzhändler Bretter zur Verfügung stellte“[450].

Bei diesem Vorgang handelt es sich jedoch um nichts Absonderliches: Es sind die damals neuaufkommenden Zweige der Fahrzeugindustrie und von Teilen des sich von vornherein auf Spezialisierung und Serienproduktion einstellenden Werkzeugmaschinenbaus, die sich erst durchzusetzen beginnen. Abgesehen davon entstehen auch nach 1870 u. a. noch Betriebe anderer Maschinenbauzweige, die sich im Laufe der Jahre mitunter noch zu recht ansehnlichen Unternehmen entwickeln oder einmal in solchen aufgehen, wie die 1891 gegründete, zunächst unbedeutende, Hebezeuge und ähnliche Artikel produzierende Düsseldorfer Firma De Fries & Co., die 1898 in die Benrather Maschinenfabrik A.G. umgewandelt und schließlich (1910) eines der Zweigunternehmen der Deutschen Maschinenfabrik A.G. Duisburg wurde.[451]

Ganz anders sieht es in der Regel mit der Ausrüstung und dem organisatorischen Aufbau bei solchen Maschinenfabriken aus, die bereits in der Zeit vor der Reichsgründung, sei es noch als Offene Handelsgesellschaften oder in irgendeiner anderen Gesellschaftsform gegründet wurden und nach 1870 zu den mittleren oder größeren Betrieben zu rechnen sind. Und diesen, als für die weitere Entwicklung im Maschinenbau wichtigen Unternehmen wenden wir uns nun hier im wesentlichen, wenn auch nicht ausschließlich zu.

446 *Schröter, Alfred,* a. a. O., S. 85ff.

447 *Matschoss, Conrad,* Vom Werden der Wanderer-Werke – 50 Jahre Wertarbeit – 1885–1935, Berlin 1935, S. 10ff.

448 Ebenda, S. 40ff. 449 Ebenda, S. 168.

450 Angaben nach: Werkzeitschrift „Wir Abwälzleute“ der Werkzeugmaschinenfabrik Herm. Pfauter Juli/Aug. 1936 zur Feier der 10000sten Maschine am 27. 4. 1936, S. 12.

451 *Matschoss, Conrad,* Ein Jahrhundert deutscher Maschinenbau 1819–1919, Berlin 1919, S. 185ff.

Bei den *Grundstücken* fällt auf, daß mitunter ein nicht unbeträchtlicher Teil des dem Unternehmen gehörenden Grund und Bodens am Anfang noch unbebaut, aber für spätere Betriebserweiterungen vorgesehen ist. So hatte der Grundbesitz der Gasmotorenfabrik Deutz in Köln-Deutz Mitte 1899 eine Ausdehnung[452] von 90534 qm, wovon 73566 qm zum Fabrikterrain gehörten, aber lediglich 49448 qm bebaut waren. Bei der kleinen, besonders Holzbearbeitungsmaschinen produzierenden Maschinenfabrik von Kirchner & Sohn in Leipzig-Sellerhausen waren im Sommer 1899 von 34347 qm nur 8100 qm bebaut.[453] Dieses Verhältnis stellte sich bei einigen Zweigbetrieben des Maschinenbaukonzerns von Orenstein & Koppel-Arthur Koppel A.G., Berlin, in der Zeit des Beginns des ersten Weltkrieges so[454]:

Grundbesitz in	qm	davon bebaut ca. qm
Dorstfeld	58400	21700
Spandau	ca. 130000	30000
Bochum	23058	11500
Drewitz	78464	40000
zusammen	ca. 289922	103200

Zu diesem Zeitpunkt waren also nur etwa 35,6 Prozent des Grundbesitzes mit Fabrikanlagen versehen. Aufschlußreich ist auch die Untersuchung der flächenmäßigen Ausbreitung der Daimler-Motoren-Gesellschaft in Stuttgart-Untertürkheim (mit Zweigniederlassung in Berlin-Marienfelde).[455] In der Zeit des Beginns des ersten Weltkrieges besaß diese Gesellschaft an Grundstücken: 6070 qm in Cannstatt, 218834 qm in Untertürkheim, „wovon etwa die Hälfte überbaut ist", und 148904 qm in Marienfelde, „wovon 20600 qm überbaut sind". Dazu war 1912 in Berlin (Unter den Linden Nr. 50/51) der Erwerb eines großen Geschäftshauses für Ausstellungs- und Büroräume gekommen, das am 30.9.1913 öffnet wurde.

Vielfach wurden die noch unbebauten, aber dem Maschinenbauunternehmen gehörenden Teile des Grundstücks vorläufig für andere Zwecke verwendet. So besaß um die Jahrhundertwende die Peniger Maschinenfabrik und Eisengießerei A.G. in Penig ein Areal von ca. 387000 qm, wovon damals nur ca. 13000 qm mit Fabrik- und Wohngebäuden bebaut waren, aber „die sonstigen Grundstücke" wurden für landwirtschaftliche Nutzung verpachtet.[456] Nachdem die Landmaschinenfabrik von Rudolf Sack in Leipzig ihr Grundstück in Kleinzschocher ebenfalls zunächst verpachtet hatte, errichtete sie 1889 dort eine Versuchsstation mit Maschinenhaus, Gleisanlage usw.[457]

452 Die sächsischen Aktien-Gesellschaften, Ausg. 1900/1901, Leipzig 1901, S. 145.
453 Ebenda, S. 148. 454 Handbuch DAG, T. I, S. 1072.
455 Ebenda, S. 1181f.
456 Die sächsischen Aktien-Gesellschaften, a. a. O., S. 158.
457 Die Chronik des Hauses Rud. Sack Leipzig – 1863 bis 1938. 1938. S. 86ff.

Im Zusammenhang mit der im Zug der kapitalistischen Entwicklung ständigen Erweiterung und Verbesserung der *Verkehrswege*, besonders der Eisenbahnen und der Wasserstraßen, war die geographische Lage für die weitere Entwicklung und Ausdehnung der Maschinenbaubetriebe wichtig[458], wobei der Herstellung eines *Gleisanschlusses* eine vorrangige Bedeutung zukommt. Dabei liegen die Zeiten für das Zustandekommen einer Bahnverbindung unterschiedlich. Während z. B. viele Maschinenbaubetriebe bereits in der Zeit der Reichsgründung über einen Gleisanschluß verfügten, erhielt ihn die Maschinenbauanstalt, Eisengießerei und Dampfkesselfabrik H. Paucksch & Co. in Landsberg a. W. erst im Verlaufe einer Erweiterung der Betriebsanlagen in der Zeit der Belebung und des Aufschwungs am Ende des 19. Jahrhunderts.[459]

Besonders wichtig war die Herstellung eines Gleisanschlusses für die Lokomotiv-, Waggon- und verschiedenes Eisenbahnmaterial produzierenden Betriebe. So wird im Zusammenhang mit einer Aufstellung über die Verteilung der Grundstücke bei Orenstein & Koppel-Arthur Koppel A.G. in Berlin hervorgehoben[460], daß um 1914 alle Anlagen des Unternehmens „mit normalspurigen Anschlußgleisen versehen" gewesen sind. Bei der Hannoverschen Waggonfabrik A.G. in Linden-Ricklingen bei Hannover waren zu diesem Zeitpunkt sämtliche Grundstücke mit dem Staatsbahnhof Linden-Fischerhof durch Gleise verbunden.[461] Die Länge der Bahn- und Werkstättengleise betrug ca. 4380 m.[462]

Bereits 1872 hatte die Hannoversche Maschinenbau A.G. vorm. G. Egestorff ihren Gleisanschluß erhalten; bis dahin mußte sie noch ihre Transporte mittels Pferdebahn zum Bahnhof Hannover bewältigen.[463] Die Firmen Borsig in Berlin sowie Maffei in München verfügten lange Zeit über keinen Gleisanschluß für den Transport ihrer Lokomotiven; diese wurden zunächst mit Pferdetransporten zu den nächstliegenden Bahnhöfen gefahren.[464]

In diesem Zusammenhang verdient eine Auseinandersetzung Beachtung, die sich zwischen der Sächsischen Webstuhlfabrik vorm. Louis Schönherr und der Sächsischen Maschinenfabrik vorm. Rich. Hartmann in den letzten Jahrzehnten vor der Jahrhundertwende in Chemnitz zugetragen hat.[465] Von jeher hatte

458 Vgl. hierzu die Ausführungen von Schröter über die Zeit der Entstehung der deutschen Maschinenbauindustrie, nach denen eine Maschinenfabrik noch „innerhalb der Gemeinden . . . eine beliebige Lage hatte". (a. a. O., S. 94).

459 Handbuch DAG, T. I, S. 1142. Man gewinnt den Eindruck, daß bis zum Ausbruch des ersten Weltkrieges in der Regel alle bedeutenderen Maschinenfabriken über einen Gleisanschluß verfügten.

460 Ebenda, T. I, S. 1072.

461 Ebenda, S. 1148.

462 Es darf angenommen werden, daß die Anlage von Fabrikschmalspurbahnen bis 1914 bei größeren Maschinenfabriken ebenfalls allgemein vorgenommen worden ist.

463 *Däbritz, Walther/Metzelin, Erich,* Hundert Jahre Hanomag, Düsseldorf 1935, S. 68ff.

464 Beiträge GTI, 26. Bd., 1937, S. 160.

465 Die Auseinandersetzung ist unter dem Spottnamen „Eisenbahnkrieg" in die Industriegeschichte eingegangen.

neben anderen Chemnitzer Maschinenfabriken vor allem die Lokomotiven produzierende, jedoch abseits der Eisenbahnverbindungen gelegene Maschinenfabrik von Richard Hartmann danach gestrebt, einen Gleisanschluß zu den seit 1852 in Chemnitz bestehenden Bahnhofsanlagen zu erhalten. Dabei wurde die Situation für die Lokomotivfabrik, je weiter die Zeit fortschritt, immer schwieriger, weil das zwischen den Betriebsanlagen und dem Bahnhof gelegene städtische Gebiet in zunehmendem Maße bebaut wurde. Unter den für einen Gleisanschluß verbleibenden Möglichkeiten war schließlich die günstigste die, auf wenig bebautem Gelände einen Schienenstrang in nördlicher Richtung zu legen, der außerhalb des damaligen Stadtgebietes die Leipziger Strecke erreichen sollte.[466] Auf diesem Wege hätte aber das Grundstück der Schönherrschen Webstuhlfabrik durchquert werden müssen. Die Leitung des Schönherrschen Unternehmens, die selbst ein für sich günstigeres Projekt verfolgte, weigerte sich jedoch jahrzehntelang beharrlich, dem Konkurrenzunternehmen – das auch Textilmaschinen, darunter neben Spinnereimaschinen auch mechanische Webstühle lieferte – die dafür benötigte Genehmigung zu erteilen bzw. das gewünschte Stück Land abzutreten. Noch bis 1903, als endlich die Sächsische Maschinenfabrik, aber zu einer ganz anderen Strecke, Gleisanschluß erhielt, mußten auf besonders konstruierten Rollwagen die Hartmannschen Lokomotiven und Tender auf engen Straßen quer durch das nunmehr völlig bebaute Stadtgebiet zum Bahnhof transportiert werden. Die Schönherrsche Firma hatte dagegen ihren Bahnanschluß bereits 1898 erhalten können. Ein lehrreiches Beispiel für das Austragen von Interessengegensätzen kapitalistischer Maschinenbaubetriebe!

Vielfach erfolgten auch Neuerwerbungen von Grundstücken aus Konkurrenzgründen mit zu dem Zweck, bisher fehlende Gleisanschlüsse bei dieser Gelegenheit zu bewerkstelligen oder bereits bestehende Anschlüsse zu verbessern. So erwarb 1895 die Maschinenfabrik Germania in Chemnitz im (jetzigen) Vorort Altchemnitz ein neues Grundstück, um dort eine neue Kesselschmiede zu errichten und damit ihre alten Betriebsanlagen zu entlasten, wobei sie sich auch mit dem bis dahin fehlenden Gleisanschluß versehen konnte.[467] Der Neubau der Lokomotivfabriken am Bahnhof Drewitz bei Potsdam durch die A.G. für Feld- und Kleinbahnen-Bedarf vorm. Orenstein & Koppel[468] und in Wildau bei Königswusterhausen durch die Berliner Maschinenbau A.G. vorm. L. Schwartzkopff[469] kurz vor der Jahrhundertwende muß ebenfalls unter dem Aspekt der Verbesserung der Verkehrslage dieser Betriebe gesehen werden.

Für viele Maschinenbaubetriebe war es wichtig, möglichst nahe an die *Wasserwege* heranzukommen. Geradezu ideal mußten sich die Verkehrsver-

466 Stadtarchiv Karl-Marx-Stadt: Cap. V, Sect. II, Nr. 197: Acten des Raths der Stadt Chemnitz die Anlegung einer von Herrn Geh. Komerzienrath Richard Hartmann und Gen. projectirten Zweigeisenbahn betr. Ergangen 1869.

467 Gedenkschrift Germania, S. 35.

468 Denkschrift Orenstein & Koppel, S. 44ff.

469 Festschrift Schwartzkopff, S. 31.

bindungen einzelner Maschinenbaubetriebe natürlich dort gestalten, wo sich die Unternehmen sowohl der Eisenbahn als auch der Wasserwege bedienen konnten. Das trifft in erster Linie für die an den großen Wasserstraßen, besonders am Rhein, gelegenen, aber auch für viele Berliner Betriebe zu. So grenzt die Gasmotorenfabrik Deutz in Köln-Deutz[470] sowohl an die Bergisch-Märkische Eisenbahn wie auch an den Rheinstrom bzw. das Becken des Mülheimer Sicherheitshafens. Das Stammwerk Buckau der Maschinenfabrik Buckau A.G. in Magdeburg ist nicht nur durch Anschlußgleise mit Bahnhöfen der Staatseisenbahn verbunden, es wird „außerdem von der Sülze, einem Nebenfluß der Elbe, durchschnitten. Da dieser von dem Werke ab schiffbar ist, hat die Fabrik Gelegenheit zum Bezuge und zur Verladung von Materialien auf dem Wasserwege."[471] Darüber hinaus hat die Deutsche Niles-Werkzeugmaschinenfabrik in Berlin-Oberschöneweide sowohl eigene Bahnanschlußgleise (nach der Station Rummelsburg) als auch eigene Kaianlagen mit elektrischen Verladeeinrichtungen.[472]

Im Zusammenhang mit der Ausnützung der Wasserwege steht auch die Errichtung von *Werften* durch Maschinenbaubetriebe. Zum Beispiel setzte die Maschinenbauanstalt, Eisengießerei und Dampfkesselfabrik H. Paucksch & Co. in Landsberg a. W. 1901 eine eigene Werftanlage in Betrieb[473], und 1912 erwarb die Union-Gießerei in Königsberg i. Pr. die bisher der Fa. Gustav Fechter gehörende Schiffswerft.[474]

Aus einer Analyse der *Ausstattung* von Maschinenbaubetrieben geht hervor, daß nach wie vor die Mehrzahl der größeren Maschinenfabriken über eine oder einige *Eisengießereien* verfügt. Diese Tatsache kommt mitunter auch in Firmenbezeichnungen zum Ausdruck, wie: Berliner A.G. für Eisengießerei und Maschinenfabrikation (früher J. C. Freund & Co.), Charlottenburg; Carl Schoening, Eisengießerei und Werkzeugmaschinenfabrik A.G., Berlin-Reinickendorf; Badische Maschinenfabrik und Eisengießerei vorm. G. Sebold und Sebold & Neff, Durlach i. Baden; Sangerhäuser Actien-Maschinenfabrik und Eisengießerei vorm. Hornung & Rabe, Sangerhausen; Maschinenbauanstalt und Eisengießerei vorm. Th. Flöther A.G. in Gassen i. d. Lausitz oder nur: Union-Gießerei A.G., Königsberg i. Pr. usw. usf.[475]. Es handelt sich bei diesen Unternehmen um Betriebe des allgemeinen wie auch des Schwermaschinenbaus, des Werkzeugmaschinen- und Landmaschinenbaus sowie anderer Zweige der Maschinenbauindustrie, auch wenn dies nicht unmittelbar im Firmennamen zum Ausdruck kommt. Auch Betriebe des Textilmaschinenbaus besitzen eigene Eisengießereien wie die Zittauer Maschinenfabrik oder (seit 1907/1908) die Zwirnmaschinen pro-

470 Die sächsischen Aktien-Gesellschaften, a. a. O., S. 145.
471 Handbuch DAG, T. I, S. 1156f.
472 Ebenda, T. I, S. 1070.
473 Ebenda, S. 1142.
474 Ebenda, S. 1141.
475 Beispiele aus: Handbuch DAG, T. I u. II. Bei der zuletzt genannten Firma handelt es sich um eine Maschinenfabrik mit einer Abteilung für Lokomotivbau.

duzierende A.G. von Carl Hamel in Schönau bei Chemnitz.[476] Einzelne dieser Eisengießereien verfügen über eine bedeutende Leistungsfähigkeit: Bereits 1891 wurden z. B. in der Gießerei von Heinrich Lanz in Mannheim für den eigenen Bedarf jährlich 100000 Ztr. = 5000 t Roheisen verschmolzen.[477] Um 1914 wird die Kapazität der innerhalb der Dürkopp-Werke A.G. in Bielefeld arbeitenden Eisengießerei mit täglich ca. 20 t angegeben.[478]

In Gießereien dieser Maschinenbaubetriebe wurde in der Regel sowohl für den eigenen als auch für fremden Bedarf gearbeitet: So wurden von der Gießerei der Maschinen- und Armaturenfabrik vorm. H. Breuer & Co. in Höchst a. M. in den Jahren von 1907 bis 1913 jährlich je 4400 bis 8000 t Eisenwaren gegossen, wobei die Ablieferungen einen Wert von jährlich je ca. 4,1 bis 5,2 Millionen Mark hatten.[479] Auch die erwähnte Dürkoppsche Eisengießerei arbeitete sowohl für den eigenen als auch für fremden Bedarf.

Neue Gießereien entstanden vor allem in den Zeiten der Belebung und des Aufschwungs innerhalb des kapitalistischen Zyklus im Zuge der Anlage von konstantem fixem Kapital und der Erweiterung der Produktionsanlagen im Maschinenbau, wobei die letzten Jahre vor der Jahrhundertwende einschließlich des Jahres 1900 und dann wieder die Jahre nach 1907 eine besondere Rolle spielten. Dies betrifft in der Regel auch *andere* Einrichtungen der Maschinenfabriken entsprechend dem fortgeschrittenen Grad ihrer Spezialisierung und der Zunahme ihrer Produktionskapazität, wie die Anlage von mechanischen Werkstätten oder etwa einer Modelltischlerei, einer Metallgießerei oder Kesselschmiede usw.

Bei der Analyse des Erwerbs oder der Neuanlage derartiger Einrichtungen ist es notwendig, an Hand ausgewählter Beispiele etwas über das zur Verfügung gestellte *Anlagekapital* für diese neuen Anlagen auszusagen.[480] So erwarb die Mühlenbauanstalt u. Maschinenfabrik vorm. Gebr. Seck in Dresden[481] Ende 1889 das Eisenwerk Schmiedeberg im Erzgebirge einschließlich aller Einrichtungen und Vorräte für 203000 Mark, um dort eine Gießerei einzurichten, die u. a. den vom Dresdner Werk benötigten Guß liefern sollte. Die erforderlichen Mittel waren durch die Aufnahme einer Hypothek auf die Dresdner Firma beschafft

476 Ebenda.

477 *Neubaur, Paul,* Heinrich Lanz, a. a. O., S. 142.

478 Handbuch DAG, T. I, S. 1076. Es ist die Tatsache zu verzeichnen, daß trotz der weiteren Entwicklung der spanabhebenden Verformung die Maschinenfabriken nach wie vor Gußstücke benötigen und es für sie vorteilhaft bleibt, sich mit Hilfe von Kupolöfen usw. diese Gußstücke in eigenen Gießereien herzustellen. (Vgl. hierzu die Ausführungen von *Becker, Walter,* a. a. O., S. 190f.)

479 Handbuch DAG, T. I, S. 1136.

480 Es handelt sich hierbei oft um die Erhöhung des Aktienkapitals, um Aufnahme von Anleihen u. ä. Unter Umständen ist eine Erneuerung oder Erweiterung der Produktionsanlagen auch durch eine Umwandlung der Gesellschaftsform des betreffenden Unternehmens unterstützt worden.

481 Die sächsischen Aktien-Gesellschaften, a. a. O., S. 134f.

worden. Ebenfalls um 1890 erfolgte eine „innere Erneuerung" des Gustavsburger Betriebes der Maschinenbau A.G. Nürnberg[482], die eine Verbesserung der maschinellen Einrichtungen brachte. Neugebaut bzw. erneuert wurden in dieser Zeit je eine große Montierhalle, ein Nietschuppen, eine Richtwerkstätte, eine Holzlagerhalle, ein neues Kessel- und Maschinenhaus sowie eine Werkzeugschmiede.

Die besonders Wirkmaschinen produzierende Maschinenfabrik von Schubert & Salzer A.G. in Chemnitz[483] errichtete 1900 einen Fabrikneubau, nachdem sie einige angrenzende Grundstücke erworben hatte, auf denen sich u. a. zwei Eisengießereien befanden. 1907 wurde eine weitere Gießerei erworben.

Bei der Lübecker Maschinenbau-Gesellschaft fanden 1907 und 1908 umfangreiche Neubauten nach Erwerb neuer Grundstücke bei einem Kostenaufwand von über 3,5 Millionen Mark statt. Die Ausdehnung des Betriebes war durch einen Austausch von Grundstücken mit dem Lübecker Staat bei einer Mehrzahlung von 150000 Mark sowie Erwerb von weiterem Terrain für 120000 Mark möglich geworden.[484] Bei der Maschinen- und Armaturenfabrik vorm. H. Breuer & Co. in Höchst a. M., die außer Armaturen und Pumpen seit 1907 auch Automobil- und Bootsmotoren herstellte, erfolgte die Erneuerung und Erweiterung der Produktionsanlagen, wie bei vielen anderen Maschinenfabriken, in verschiedenen Etappen.[485] Zuerst wurden zwischen 1898 und 1908 die Anlagen bedeutend vergrößert, wobei u. a. ein Gießereineubau und eine elektrische Zentrale errichtet wurden. 1913 war dann bereits wieder der Neubau einer Gießerei erforderlich geworden. Die Zugänge auf Anlagekonten betrugen bei dieser Aktiengesellschaft (bei einem Kapital von 2,8 Millionen Mark) in den Jahren von 1907 bis 1914 insgesamt ca. 1,5 Millionen Mark.

Besonders hoch waren die Ausgaben für Neuanlagen in den letzten Jahren vor Ausbruch des ersten Weltkrieges bei größeren Unternehmen der Nähmaschinen- und Fahrzeugindustrie.[486] So betrugen die Zugänge auf Gebäude- und Maschinenkonten bei der A.G. vorm. Seidel & Naumann in Dresden[487] (bei einem Aktienkapital von 3,0 Millionen Mark) für die Jahre von 1907 bis 1914 ca. 3,9 Millionen Mark, wovon u. a. 1911 zwei Grundstücke gekauft und eine Gießerei eingerichtet wurden.

482 *Büchner, Fritz,* Hundert Jahre Geschichte der Maschinenfabrik Augsburg-Nürnberg, a. a. O., S. 111.
483 Das Buch der Stadt Chemnitz, 1926, Dresden 1926, S. 256f.
484 Handbuch DAG, T. I, S. 1152. Schwartzkopff hatte für sein altes Terrain in der Berliner Chausseestraße (von 6800 qm Größe) 2,9 Mill. Mark erhalten und mußte für sein neues Grundstück in Wildau (von 500000 qm Größe!) lediglich 0,413 Mill. Mark bezahlen (*Doogs, Kurt,* a. a. O., S. 39). (Vgl. S. 80, Fußn. 438!)
485 Handbuch DAG, T. I, S. 1136.
486 Vgl. dagegen die relativ „niedrigen" Zugänge auf Anlagekonten für die Jahre 1913 und 1914 mit zus. ca. 1,8 Mill. Mark bei der Deutschen Maschinenfabrik A.G. in Duisburg (bei einem Aktienkapital von 14,0 Mill. Mark) (Handbuch DAG, T. I, S. 1113).
487 Ebenda, T. I, S. 1102.

Bei einer Analyse der Einrichtungen der Betriebe mit Arbeits- und Antriebsmaschinen interessieren in erster Linie Anzahl und Art der aufgestellten *Werkzeugmaschinen.*[488] An Hand einer Aufstellung von detaillierten Angaben über verschiedene Maschinenfabriken im Zeitraum von 1871 bis 1914 wird deutlich, daß bis 1900 die herkömmlichen Arten von Werkzeugmaschinen noch eindeutig dominieren. Nach der Jahrhundertwende ist ein relativer und z. T. auch absoluter Rückgang der Anzahl der aufgestellten Drehbänke, Bohrmaschinen und vor allem der Hobelmaschinen gegenüber anderen Arten von Werkzeugmaschinen zu beobachten, während dagegen eine stark ansteigende Zahl von Fräsmaschinen festzustellen ist.[489] Das so gewonnene Ergebnis stimmt für die Zeit nach 1900 mit der für das Jahr 1912 in bezug auf die Deutsche Maschinenfabrik A.G. Duisburg getroffenen Grobeinschätzung überein.[490] Von insgesamt 2306 Werkzeugmaschinen sind dort hauptsächlich Drehbänke, Bohr- und Fräsmaschinen vorhanden gewesen.

Abgesehen davon, daß in dieser Zeit in allen größeren Maschinenfabriken die dort aufgestellten Werkzeugmaschinen in der Mehrzahl elektrisch betrieben werden, finden wir auch eine zunehmende Spezialisierung *innerhalb* der einzelnen Arten von Werkzeugmaschinen. Denn in dem Maße, wie sich innerhalb der Maschinenbauindustrie die Spezialisierung weiter durchsetzt, muß es auch zu einer wachsenden Spezialisierung bei den aufgestellten Werkzeugmaschinen kommen. Auch Größe und Leistungsfähigkeit der Werkzeugmaschinen nehmen ständig zu. So verfügte die Maschinenfabrik Germania vorm. J. S. Schwalbe & Sohn in Chemnitz[491] um 1910 neben verschiedenen anderen schweren und leichten Werkzeugmaschinen über schwere Zylinder-Horizontalwerke sowie über eine Plandrehbank von 4,5 m Planscheibendurchmesser im Gewicht von 60 t. Die zunehmende Größe und Leistungsfähigkeit von Werkzeugmaschinen war vor allem auch für Betriebe des Schwermaschinenbaus erforderlich. In den damals erst entstehenden neuen Zweigen, wie der Fahrzeugindustrie, ist es dagegen vielfach zu einem Selbstbau und zu einer Selbstentwicklung von spezialisierten Werkzeugmaschinen gekommen; darüber hinaus wurden moderne, z. T. schon automatisch arbeitende Werkzeugmaschinen besonders aus den USA importiert.[492]

Um diese Zeit hat auch die Anwendung der mechanischen Bearbeitung bei der Montierung der einzelnen Teile Fortschritte gemacht.[493] So wurden in zunehmendem Umfang (meist elektrisch betriebene) Kräne verwendet. Zum Beispiel wurde im Montageraum der Brauereiabteilung der Maschinenfabrik Germa-

488 Vgl. dazu *Becker, Walter,* a. a. O., S. 198ff.

489 Vgl. Tab. 7, erarbeitet auf der Grundlage der Angaben des Handbuchs DAG, T. I u. II, sowie verschiedener Fest- und Jubiläumsschriften.

490 *Matschoss, Conrad,* a. a. O., S. 258.

491 Gedenkschrift Germania, S. 37ff.

492 *Neubaur, Paul,* Heinrich Lanz, a. a. O., S. 302ff.

493 *Becker, Walter,* a. a. O., S. 200.

nia in Chemnitz um 1910 ein Laufkran von 4 t Tragkraft eingesetzt[494], und in der großen Montagehalle der Abteilung für Dampf- und Eismaschinenbau desselben Unternehmens findet man einen elektrisch betriebenen Dreimotorenlaufkran von 12,5 t Tragkraft und 18,5 m Spannweite sowie einen weiteren Laufkran von 6 t Tragkraft.[495] In der Zeit des Ausbruchs des ersten Weltkrieges existierten in der Hannoverschen Waggonfabrik A.G. in Linden-Ricklingen[496] sechs Montagehallen (wovon die größte einen Flächeninhalt von 12600 qm einnahm), welche außer mit zwei großen elektrischen Schiebebühnen mit „Bearbeitungsmaschinen" ausgestattet waren. In der Hannoverschen Maschinenbau A.G. befand sich bereits seit 1874 ein großer Montageraum zur gleichzeitigen Montierung von 36 Lokomotiven und 24 Tendern.[497]

Erwähnenswert ist in diesem Zusammenhang noch der 1906 erfolgte Neubau einer Montagehalle bei der Kalker Maschinenfabrik A.G. in Köln-Kalk. Diese Halle war für die Abteilung Werkzeugmaschinen eingerichtet worden und umfaßte einen Flächeninhalt von 19049 qm. Daneben existierte in diesem Unternehmen noch eine weitere Montagehalle von ca. 2200 qm für den Zusammenbau hydraulischer Maschinen, „auf deren Galerie von 1000 qm Flächeninhalt sich ebenfalls noch eine große Anzahl von Bearbeitungsmaschinen" befand.[498]

Im wesentlichen muß das Problem der Mechanisierung der Montageabteilungen von technischen Gesichtspunkten her gelöst werden. Es hängt mit dem Übergang zur Massenfabrikation von austauschbaren Einzelteilen zusammen, was vor allem in der Nähmaschinen- und Fahrzeugindustrie sowie anderen geeigneten Zweigen der Maschinenbauindustrie, wie im Landmaschinenbau und darüber hinaus in der Produktion von Handfeuerwaffen der Fall gewesen ist. Denn je austauschbarer die Einzelteile der zu fertigenden Maschinen geworden sind, um so eher ergeben sich Möglichkeit und Notwendigkeit, innerhalb immer weiterer Bereiche eines Betriebes dieser Zweige zu mechanisieren. Und das ist innerhalb dieser Branchen in gewissem Umfang vielfach noch vor der Jahrhundertwende der Fall gewesen.[499]

Einen großen Aufschwung hat nach 1870 die Entwicklung der in den Maschinenbaubetrieben aufgestellten *Hebe- und Transportzeuge* erfahren. Genügten in der Zeit der Reichsgründung außer den vorhandenen Werkstättengleisen, Aufzügen u. ä. vielfach nur wenige und relativ wenig leistungsfähige Kräne für den Transport innerhalb der Betriebsanlagen für Versandzwecke usw., so findet man vor allem nach der Jahrhundertwende vielgestaltige betriebliche Transport*einrichtungen* von teilweise beträchtlichen Dimensionen. Dabei wur-

494 Gedenkschrift Germania, S. 39.
495 Ebenda, S. 37.
496 Handbuch DAG, T. I, S. 1148.
497 *Däbritz, Walther/Metzelin, Erich,* a. a. O., S. 120.
498 Handbuch, DAG T. II, S. 765f.
499 Vgl. *Castner/Dalchow/Haedicke* usw., Die Verarbeitung der Metalle, Leipzig, o. J. (1900), S. 116. In diesem Zusammenhang verdient auch das Aufkommen des Fließbandes in den USA (seit 1912) Erwähnung.

den die meisten Kräne elektisch oder hydraulisch betrieben. Auch hierfür einige Beispiele: Der Landmaschinenfabrik von Rudolf Sack in Leipzig[500], die 1894 als Antriebsmittel immerhin über 6 Dampfmaschinen mit zusammen 500 PS verfügte, standen für Transportzwecke in dieser Zeit neben 3 Kränen, 4 Aufzügen und Fahrstühlen noch zahlreiche Handwinden zur Verfügung; das heißt, die manuelle Tätigkeit ist auf dem Gebiet innerbetrieblichen Transportwesens zu diesem Zeitpunkt noch nicht völlig verdrängt gewesen. Besonders in den Jahren der Belebung und des Aufschwungs kurz vor und während der Jahrhundertwende wird das innerbetriebliche Transportwesen wesentlich erweitert. So findet man im Jahre 1900 bei der Gasmotorenfabrik Deutz in Köln-Deutz[501], die damals einen Beschäftigtenstand von 1900 Arbeitern und 250 „Beamten" aufweisen konnte, bereits 115 Laufkräne mit zusammen 360,75t Tragkraft im Gebrauch. In der Maschinenbauanstalt Humboldt in Kalk bei Köln[502] (mit einem Aktienkapital von damals 10,5 Millionen Mark) gibt es 1906 schon 34 (meist elektrisch betriebene) Laufkräne bis zu 20 t Nutzlast und etwa 30 verschiedene Drehkräne von durchschnittlich 2 bis 5 t Nutzlast. Zur Zeit des Ausbruchs des ersten Weltkrieges besaß die Deutsche Niles-Werkzeugmaschinenfabrik (mit 4,0 Millionen Mark Aktienkapital) über 40 elektrisch betriebene Lauf- und Drehkräne von zusammen ca. 650 t Tragkraft.[503] Selbst relativ kleine Aktiengesellschaften der Maschinenbaubranche, wie die Maschinenbau-Aktiengesellschaft Balcke in Bochum[504] (mit einem Aktienkapital von 2,5 Millionen Mark) haben einige (hier 11) Lauf- und Drehkräne im Betrieb, die ebenfalls zum größten Teil elektrisch betrieben werden.

Ein kurzer Überblick über den Einsatz einiger der wichtigsten im Maschinenbau tätigen *Antriebsmaschinen* ergibt, daß sich bereits bis zur Jahrhundertwende sowohl die Anzahl als auch die Leistungsfähigkeit der in der deutschen Industrie verwendeten *Dampfmaschinen* wesentlich erhöht bzw. gesteigert haben. Doogs[505] bringt eine Aufstellung der in Deutschland bzw. in Berlin benutzten Dampfmaschinen (und Gasmotoren) aller „Hauptbetriebe" (d. h. Betriebe mit mindestens je einem „Gehilfen") für die Jahre 1882, 1895 und 1907. Danach hat sich die Zahl der benutzten Dampfmaschinen usw. in den genannten Jahren in Deutschland von 7,8 über 49,4 auf 52,5 Prozent und in Berlin (einschließlich Charlottenburg, Rixdorf und Schöneberg) sogar von 15,4 über 58,0 auf 59,5 Prozent dieser Betriebe erhöht. Nach den Feststellungen Bechtels[506] entfielen

500 Die Chronik des Hauses Rud. Sack Leipzig, a. a. O., S. 80.
501 Die sächsischen Aktien-Gesellschaften, a. a. O., S. 145.
502 Denkschrift Humboldt, S. 37ff.
503 Handbuch DAG, T. I, S. 1070.
504 Ebenda, T. I, S. 1078.
505 *Doogs, Kurt,* a. a. O., S. 88. Um die Jahrhundertwende nehmen auch in der Textilindustrie Dampfmaschinen und Dampfkessel in großen Anlagen noch einen beherrschenden Platz ein. (Vgl. Beiträge GTI, 28. Bd., 1939, S. 92.)
506 *Bechtel, Heinrich,* a. a. O., S. 459. Die genaue Zahl für die insges. verwendeten PS wird mit 7969375 angegeben.

u. a. von den 1907 in allen deutschen Motorenbetrieben verwendeten nahezu 8 Millionen PS 16,0 Prozent auf die Industrie der Maschinen, Instrumente und Apparate, 26,5 Prozent auf die Montanindustrie und nur 11,0 bzw. 2,4 Prozent auf die Textil- bzw. chemische Industrie.

Auch die *Größe* dieser Antriebsmaschinen ist fortlaufend gewachsen: Nachdem in den 50er Jahren des vorigen Jahrhunderts eine ortsfeste Dampfmaschine von einigen 100 Ps noch als eine große Maschine galt, waren um die Jahrhundertwende Einheiten von vielen 1000 PS „keine Seltenheit mehr".[507]

Um diese Zeit hatten sich *Dynamomaschine* und *Elektromotor* bereits erfolgreich behauptet, wobei der Elektromotor „zunächst die vielen kleinen, unwirtschaftlich arbeitenden Dampfmaschinen verdrängte".[508] Elektrizität benutzten in den Betrieben der Maschinenbauindustrie in

	Deutschland (Prozent)	Berlin[509] (Prozent)
1895	1,3	1,2
1907	27,4	47,7

Während 1874 die Hannoversche Maschinenbau A.G.[510] mit 16 Dampfmaschinen von zusammen 350 PS (neben 26 Dampfkesseln von zusammen 700 PS) auskam, stand Borsig für sein Tegeler Werk 1898 neben 13 Wasserrohrkesseln von zusammen 2150 qm Heizfläche und 4 stehenden Dampfmaschinensätzen zur Erzeugung von 1430 kW Gleichstrom zum Antrieb der vorhandenen etwa 750 Arbeitsmaschinen bereits „eine für die damaligen Verhältnisse ungewöhnlich große Zahl von Elektromotoren" zur Verfügung.[511]

Von der Jahrhundertwende an sind *Neu*anlagen auch von kleineren Maschinenfabriken ohne Anwendung von Elektrizität kaum noch denkbar. Bei der Deutschen Werkzeugmaschinenfabrik vorm. Sondermann & Stier in Chemnitz[512] (mit einem Aktienkapital von damals 1,7 Millionen Mark) waren zum Beispiel nach Fertigstellung einer neuen Fabrikanlage im November 1899 neben einer Dampfmaschine von 450 PS (mit 12 Atmosphären Überdruck) noch 2 Dynamomaschinen von 100 PS und eine weitere von 85 PS im Gebrauch. In der Vetschau-Weissagker Landwirtschaftlichen Maschinenfabrik und Eisengießerei A. Lehnigk A.G. in Vetschau N.-L. wurden die nach einem Brand im Jahre 1899 mit einem Kostenaufwand von 260000 Mark aufgeführten Neubauten weitgehend modernisiert; nunmehr fand auch „elektrische Kraft . . . in ausgedehntem Maße bei dem Neubetrieb" Verwendung.[513]

507 *Matschoss, Conrad,* Geschichte der Dampfmaschine, Berlin 1901, S. 247f.

508 *Engelberg, Ernst,* Deutschland von 1871 bis 1897 (Lehrbuch der deutschen Geschichte – Beiträge 8), Berlin 1965, S. 41.

509 *Doogs, Kurt,* a. a. O., S. 88.

510 *Däbritz, Walther / Metzelin, Erich,* a. a. O., S. 70.

511 Festschrift Borsig, S. 39.

512 Die sächsischen Aktien-Gesellschaften, a. a. O., S. 119.

513 Ebenda, S. 551.

In dieser Zeit sind auch bereits kleinere Maschinenfabriken mit elektrischem *Licht* versehen. Das Zweigwerk der damaligen Maschinenbau A.G. Nürnberg in Gustavsburg wurde bereits im Geschäftsjahr 1886/1887 mit elektrischer Beleuchtung ausgestattet,[514] Ende 1898 ein Neubau der Fa. Oscar Schimmel & Co. in Chemnitz[515].

Besonders deutlich wird das stärker werdende Übergewicht des elektrischen Antriebs unmittelbar vor Ausbruch des ersten Weltkrieges. In dieser Zeit arbeitete z. B. die Deutsche Niles-Werkzeugmaschinenfabrik in Berlin-Oberschöneweide[516] mit ca. 300 Elektromotoren (mit zusammen über 2500 PS). Bei den Dürkopp-Werken A.G. in Bielefeld waren damals für den Antrieb der Maschinen etwa 3400 PS erforderlich. Davon wurden allein 2400 PS von einem Turbodynamo und die restlichen 1000 PS von einer Heißdampfmaschine erzeugt.[517]

Allerdings erzeugten nicht alle Maschinenfabriken den benötigten Strom selbst. So wurde „die Betriebskraft für die vorhandenen 320 Werkzeugmaschinen" der Maschinenfabrik Bruchsal A.G. vorm. Schnabel & Henning[518] vom Städtischen Elektrizitätswerk in Karlsruhe geliefert; lediglich „als Reserve" dienten zwei Dampfmaschinen mit 250 bzw. 100 PS, eine Dampf-Dynamomaschine mit 150 PS und fünf Dampfkessel mit 520 qm Heizfläche. Dagegen besaß die große Maschinenfabrik für Landmaschinenbau von Heinrich Lanz in Mannheim[519] eine eigene elektrische Kraft- und Lichtzentrale seit 1899/1900. Deren „gesamte Primäranlage" bestand 1909 aus 11 Lokomobilen mit ein bis zwei Dynamos, die zusammen 2485 kW, und einer Akkumulatorenbatterie, die weitere 50 kW Strom erzeugten; die elektrische Kraftübertragung erfolgte in dieser Zeit mit Hilfe von etwa 800 elektrischen Maschinen, darunter 320 Gleich- und 410 Drehstrommotoren, während die Beleuchtungsanlage aus ca. 700 Bogen- und 4000 Glühlampen bestand.

Es kann angenommen werden, daß bei Ausbruch des ersten Weltkrieges die Mehrzahl der *größeren* Maschinenfabriken über eigene Kraftzentralen verfügte, so neben anderen die Lübecker Maschinenbau-Gesellschaft[520], die Nähmaschinen- und Fahrräderfabrik Bernh. Stoewer A.G. in Stettin-Grünhof[520] und die durch den Bau von Zementfabriken und Getreidemühlen hervorgetretene Maschinenfabrik von Amme, Giesecke & Konegen A.G. in Braunschweig.[520] Die Firma L. Loewe & Co. in Berlin besaß bereits 1896 eine eigene Kraftzentrale,

514 Nach Beiträge GTI, 28. Bd., 1939, S. 92, soll Ende der 80er Jahre auch in Großbetrieben der Textilindustrie zur elektrischen Beleuchtung übergegangen worden sein.

515 Die sächsischen Aktien-Gesellschaften, a. a. O., S. 123.

516 Handbuch DAG, T. I, S. 1070.

517 Ebenda, T. I, S. 1076.

518 Ebenda, S. 1091.

519 *Neubaur, Paul,* Heinrich Lanz, a. a. O., S. 306ff.

520 Handbuch DAG, T. I, S. 1142, 1179 u. 1181.

wobei sie mit der Einführung des Elektro-Gruppenantriebes begonnen hatte.[521] Darüber hinaus besaß um 1914 die Maschinenfabrik Buckau A.G. in Magdeburg[522] in ihrem Stammwerk in Buckau sogar zwei getrennt arbeitende elektrische Kraftzentralen von zusammen 1100 PS neben einer weiteren mit einer zusätzlichen Leistung von 200 PS in ihrem Sudenburger Zweigwerk.

Wie vielfältig mitunter die Energiequellen waren, um die erforderliche Kraft und Beleuchtung innerhalb des Betriebes selbst herzustellen, geht aus einem Bericht über den Betrieb der Nähmaschinen- und Fahrräderfabrik Bernh. Stoewer A.G. in Stettin-Grünhof[523] hervor. Für die Herstellung des benötigten Stromes waren „je eine stehende Heißdampfmaschine von 400 PS, Sattdampfmaschine von 200 PS, eine liegende Sattdampfmaschine von 80 PS, ein Dieselmotor von 200 PS, (und) ein Sauggasmotor von 80 PS vorhanden". Diese Motoren trieben „5 Dynamomaschinen an, welche 528 Kilowatt Strom abgeben können".

Auch eigene *Gasanstalten* treten besonders in der Zeit nach der Jahrhundertwende auf. So besaß das Hauptwerk der Daimler-Motoren-Gesellschaft[524] in Untertürkheim eine „Gasanstalt für Betriebszwecke". Vereinzelt sind diese Einrichtungen schon früher vorhanden, so in der Gasmotorenfabrik Deutz.[525]

Was die *Betriebsgrößen* der deutschen Maschinenbauanstalten anlangt, so sei auf eine Tabelle[526] verwiesen, welche die Anzahl der Arbeiter, der Antriebs- und Werkzeugmaschinen einiger ausgewählter Maschinenfabriken mittleren und größeren Umfangs enthält. Dabei wurde der Schwerpunkt auf die Zeit nach der Jahrhundertwende gelegt, um den Unterschied zu dem von Becker[527] untersuchten Zeitraum um so deutlicher werden zu lassen. Für die größten deutschen Maschinenfabriken ist demnach festzustellen, daß sie nach der Jahrhundertwende über mehr als 3000 Arbeiter und – mit Ausnahme von Humboldt – mehr als 1000 Werkzeugmaschinen bei einem Kraftbedarf von etwa 2000 bis 6000 PS verfügten. Dabei hängt die Arbeiterzahl von der Höhe der Arbeitsproduktivität und dem Spezialisierungsgrad der betreffenden Firma ab. Sie bleibt aber in jedem Falle noch weit unter der des führenden Unternehmens der deutschen Rüstungsindustrie, dem Krupp-Konzern, der 1912 nicht weniger als 68300 Arbeiter beschäftigte.[528] Unter diesen größten deutschen Maschinenfabriken nahmen mittelgroße Unternehmen der Maschinenbaubranche seit der Jahrhundertwende mit wenigstens 500 Arbeitern, 500 Werkzeugmaschinen und einem Kraftbedarf von 500 bis 700 PS den zweiten Platz ein.

521 *Wittmann, Karl*, a. a. O., S. 139. Zum Beginn des elektromotorischen Betriebs in der Form des Gruppenantriebs vgl. Beiträge GTI, 28. Bd., 1939, S. 92.
522 Handbuch DAG, T. I, S. 1156f.
523 Ebenda, T. I, S. 1179.
524 Ebenda, S. 1181f.
525 Die sächsischen Aktien-Gesellschaften, a. a. O., S. 145.
526 Vgl. Tab. 8 und *Becker, Walter*, a. a. O., S. 191f.
527 *Becker, Walter*, ebenda.
528 *Sartorius von Waltershausen, August*, a. a. O., S. 514.

In der Anlage bringen wir noch einige *Einzelbeispiele* des betrieblichen Aufbaus und der Ausrüstung von Maschinenfabriken, und zwar aus der Zeit der Krise und Depression unmittelbar nach den Gründerjahren (1874, Hannoversche Maschinenbau – A.G.)[529], der Zeit der Belebung um 1910 (Maschinenfabrik Germania, Chemnitz)[530] und der Zeit kurz vor Ausbruch des ersten Weltkrieges (Seidel & Naumann, Dresden).[531] Hierbei handelt es sich um Betriebe verschiedener Größenordnungen und verschiedener Zweige der Maschinenbauindustrie.

Beim Überblick über die vielgestaltige Entwicklung der Ausrüstung und des betrieblichen Aufbaus innerhalb der deutschen Maschinenbauindustrie konnte festgestellt werden, daß zwischen 1871 und 1914 die Ausrüstung der Betriebe nicht allein mit der Zunahme der Produktion angewachsen ist, sondern daß sie sich auf der Grundlage der zunehmenden Spezialisierung und der Herausbildung neuer Zweige der Maschinenbauindustrie auch qualitativ weiterentwickelt hat. Dasselbe gilt für den betrieblichen Aufbau, der in der Zeit vor Ausbruch des ersten Weltkrieges immer vielseitiger und reichhaltiger geworden ist.

529 *Däbritz, Walther/Metzelin, Erich,* a. a. O., S. 68ff. (s. Tab. 9). Die Ausführungen der beiden Autoren wurden unwesentlich gekürzt.

530 Gedenkschrift Germania, S. 37ff. (s. Tab. 10). Über die Reihenfolge der Bearbeitung der Werkstücke in einer (Chemnitzer) Maschinenfabrik in den 90er Jahren vgl. den Tatsachenbericht in: *Strauß, Rudolph,* Die Lebensverhältnisse der Chemnitzer Arbeiter gegen Ende des 19. Jahrhunderts (Beiträge zur Heimatgeschichte von Karl-Marx-Stadt, H. 15, Karl-Marx-Stadt 1967), S. 29ff.

531 Handbuch DAG, T. I, S. 1102 (s. Tab. 11!).

KAPITEL II

Zur Lage und Entwicklung der im deutschen Maschinenbau tätigen Berufsgruppen

1. Die Herkunft der Unternehmer

Über die Herkunft der Gründer von Maschinenbauunternehmen in der Zeit der industriellen Revolution und den Charakter ihrer Tätigkeit haben Schröter[1] und Wutzmer[2] grundlegende Ausführungen gemacht. Beide Historiker stellen übereinstimmend fest, daß es sich bei diesen frühesten deutschen Maschinenbauunternehmern ihrer Herkunft nach in der Hauptsache um Handwerker handelt. Was den Charakter ihrer Tätigkeit betrifft, so können auch Angehörige anderer Berufe, vor allem die mehr und mehr auftretenden Mechaniker und Maschinenbauer, diesen Handwerkern zugerechnet werden. Wutzmer[3] betont, daß „im Maschinenbau zunächst die technische Funktion des Unternehmers überwog" und dieser in seinem Betrieb „eine ähnliche Stellung wie ein Handwerksmeister" innehatte. Er „war selbst qualifizierteste Arbeitskraft in seiner Anstalt."

Hier soll zunächst der Charakter der Tätigkeit der Unternehmer und ihrer Nachfolger in *den* Betrieben untersucht werden, die während der industriellen Revolution entstanden und nach der Reichsgründung bis in die Zeit vor dem ersten Weltkrieg Einzelbetriebe bzw. Offene Handelsgesellschaften geblieben sind. Die Zeit ist längst vorbei, da ein Richard Hartmann als „Zeugschmiedgeselle mit zwei Talern in der Tasche"[4] in Chemnitz einwanderte und hier mit bescheidenen Mitteln einen Maschinenbaubetrieb gründete; jedoch suchten die Gründer und ihre unmittelbaren Nachkommen in der Regel noch jahrzehntelang

1 *Schröter, Alfred,* Die Entstehung der deutschen Maschinenbauindustrie in der ersten Hälfte des 19. Jahrhunderts, in: Schröter/Becker, Die deutsche Maschinenbauindustrie in der industriellen Revolution (Veröffentlichungen des Instituts für Wirtschaftsgeschichte an der Hochschule für Ökonomie in Berlin-Karlshorst, Bd. 2, Berlin 1962), S. 46ff.

2 *Wutzmer, Heinz,* Die Herkunft der industriellen Bourgeoisie in den vierziger Jahren des 19. Jahrhunderts, in: Studien zur Geschichte der industriellen Revolution in Deutschland (Veröffentlichungen des Instituts für Wirtschaftsgeschichte an der Hochschule für Ökonomie in Berlin-Karlshorst, Bd. 1, Berlin 1960), S. 145ff.

3 *Wutzmer, Heinz,* a. a. O., S. 162.

4 *Sartorius von Waltershausen, August,* Deutsche Wirtschaftsgeschichte 1815–1914, Jena 1923, S. 196.

die Entwicklung des Betriebes nach ihren *eigenen* Vorstellungen zu lenken, die vielfach eben noch der handwerklichen Sphäre entstammten.

Im allgemeinen erst seit den 70er und 80er Jahren tauchen in diesen Betrieben neben den herkömmlichen auch *neue* Namen auf. Es sind die Namen von Fachleuten, die durch Ingenieur- und in zunehmendem Maße auch durch Hochschulen gegangen sind. In der Chemnitzer Firma Haubold z. B. arbeiteten die Söhne und Enkel des Gründers, jeweils im väterlichen Geschäft, praktisch als Maschinenbauer. Als einer der Enkel des Gründers, Carl Hermann Haubold, der 1873 als Teilhaber ins väterliche Geschäft eintrat, eine nach seinen Angaben konstruierte Presse zum Pressen von Kalanderwalzen aufstellen wollte, widersetzte sich der Vater und Leiter dieses Unternehmens seinen „Neuerungen".„ Erst als Friedr. Hermann Haubold (sein Vater – d. Verf.) infolge einer mehrmonatigen Reise zur Weltausstellung in Philadelphia vom Geschäft abwesend war, konnte sich sein Sohn in den Betrieb einarbeiten und seine Ideen zu Verbesserungen verwirklichen, und als er (der Vater – d. Verf.) ausschied, begann der endgültige Umschwung zur Aufwärtsentwicklung."[5] Noch einige Jahrzehnte später, als die Firma Haubold (1905) in eine – im Besitz der Familie des Gründers verbleibende – G.m.b.H. umgewandelt wurde, hatten zuvor deren Leiter, die zugleich Kaufleute und Techniker waren, ihre theoretische und technische Ausbildung in der Chemnitzer Gewerbeakademie, ihre praktische jedoch nach wie vor im „eigenen" Maschinenbauunternehmen erhalten.[6]

Ein erster Überblick zeigt, daß gegen Ende des vergangenen Jahrhunderts, spätestens aber mit dem Eintritt in das neue Jahrhundert, der Maschinenbauunternehmer alten Stils – von bestimmten Ausnahmen abgesehen – durch den in der Regel an einer Ingenieurschule oder einer anderen technischen Bildungsanstalt herangebildeten Fachmann ersetzt worden ist.

Bei dieser Einschätzung bildeten auch die ersten Leiter größerer Unternehmen der Maschinenbaubranche keine Ausnahme. So hatte der 1854 verstorbene August Borsig noch „die Theorie verachtet. . . und die Arbeit im Zeichensaal mehr als ein notwendiges Übel" betrachtet.[7] Sogar noch im Jahre 1913 gab es im Betrieb der Landmaschinenfabrik von Rudolf Sack in Leipzig, einem der bedeutendsten Unternehmen dieser Branche, „keinen einzigen fremden Konstrukteur".[8] Dort leiteten der Gründer und seine Söhne „die gesamte Entwicklungsarbeit, die Betriebseinrichtung und die Betriebsführung" selbst.[9] Vor dem Tod des Gründers (1900) hatten die Söhne zwar auch hier „begonnen, die Fabrikationsver-

5 Zitiert nach: *Haubold, Sybille*, Entwicklung und Organisation einer Chemnitzer Maschinenfabrik, Diss., Dresden 1939, S. 35ff.

6 Vgl. ebenda, S. 116ff.

7 Festschrift – Deutscher Maschinenbau 1837–1937 im Spiegel des Werkes Borsig (im folgenden: Festschrift Borsig), Berlin 1937, S. 66.

8 Die Chronik des Hauses Rud. Sack Leipzig – 1863 bis 1938. Hrsg. zum 75. Jubiläum, 1938, S. 78. Die Firma, 1863 gegründet, war 1891 als Kommanditgesellschaft Familienunternehmen geblieben.

9 Ebenda.

fahren zu modernisieren, ... er hatte sich dagegen gesperrt. Er war manchmal wochenlang nicht in eine solche neue Abteilung gegangen."[10] Einer dieser Söhne und unmittelbarer Nachfolger des Gründers, Paul Sack, der bereits als Ingenieur im väterlichen Betrieb gearbeitet hatte, erhielt 1913 von der TH Dresden „in Anerkennung seiner hervorragenden Verdienste um die vorbildliche Entwicklung vorteilhafter neuer Arbeitsverfahren in Schmiede und Gießerei" den Dr.-Ing. e. h. verliehen.[11]

Vielfach wird im Zusammenhang mit der Tätigkeit der ursprünglichen Gründer in den Fest- und Jubiläumsschriften auch ein angeblich bestehendes „patriarchalisches Verhältnis" dieser Unternehmer zu ihren Arbeitern und Angestellten gerühmt. So heißt es in einer Charakteristik von Heinrich Lanz, dem Gründer und Inhaber der bedeutenden Landmaschinenfabrik in Mannheim[12], daß er „niemals nur die bezahlte Kraft..., sondern immer den Menschen" in seinen Betriebsangehörigen gesehen habe. Schichau, dem Begründer der Schichauwerke in Elbing, wird nachgerühmt, daß er sich eben durch sein „patriarchalisches Verhältnis" eine ganze Anzahl „ehrlicher, befähigter und energischer Mitarbeiter" herangebildet habe, die ihm angeblich auch „jederzeit ohne Rückhalt die Wahrheit sagten... Wer zu allem ja sagte und dienerte, war für ihn ein erledigter Mann."[13] Diese und ähnliche Äußerungen in den Fest- und Jubiläumsschriften bringen so den Klassenstandpunkt der Unternehmer zum Ausdruck.

Eine völlig neue Phase der betrieblichen Entwicklung beginnt mit der *neuen* Generation der Unternehmer und leitenden Angestellten. So setzte der Schwiegersohn und Nachfolger Schichaus, Carl H. Ziese, der als Ingenieur bei seinem Schwiegervater begonnen hatte, das Werk des Gründers in großem Stil fort. Ziese war 1848 in Moskau als Sohn eines deutschen Maschinenfabrikanten geboren worden und hatte zunächst in Kiel in der damaligen Maschinenfabrik von Scheffel & Howaldt gearbeitet. Nach der Erweiterung seiner Erfahrungen in England und Schottland, u. a. auf der Elderschen Werft in Glasgow, studierte er Schiffbau und Ingenieurwesen an der Berliner Gewerbeakademie. 1873 wurde er als Leiter der Maschinenbauabteilung von Schichau nach Elbing gerufen, wo er sich besonders auf dem Gebiet des Schiffsmaschinenbaus mit Hilfe seiner Konstruktionen Verdienste erwerben konnte.[14] Notorisch geworden sind die guten persönlichen und rüstungsindustriellen Beziehungen des späteren Geheimrats Ziese zum Kaiser Wilhelm II. Davon zeugt u. a. der Wortlaut einer kaiserlichen Depesche vom 26. 6. 1906[15] nach der Lieferung eines neuen Linienschiffes

10 Ebenda, S. 106. 11 Ebenda, S. 111f.

12 *Neubaur, Paul,* Heinrich Lanz (Mannheim), 50 Jahre des Wirkens in Landwirtschaft und Industrie 1859–1909, Berlin, o. J. (1910), S. 325ff.

13 Denkschrift – Die Schichauwerke in Elbing, Danzig und Pillau 1837–1912, o. J. (1912), S. 89ff. Dem Gründer soll nach seinem Tode von seinen „Beamten" und Arbeitern ein Denkmal gestiftet worden sein (vgl. ebenda, S. 100).

14 Ebenda, S. 96ff.

15 „Ich habe bei der Besichtigung Meines Linienschiffes Lothringen die besten Eindrücke von der Bauausführung gewonnen und von dem Kommando rück-

durch die Schichauwerke. Dem wachsenden Einfluß Zieses ist es aber auch zu verdanken, daß als leitende Mitarbeiter in die Schichauwerke in zunehmendem Maße Fachleute berufen wurden, die bereits in anderen einschlägigen Werken gearbeitet hatten. So findet man nun hier Ingenieure und andere Maschinenbauspezialisten, die vorher u. a. in der Stettiner Maschinenbaugesellschaft „Vulcan", in der Germania-Werft in Kiel oder in der Reparaturwerkstätte des Norddeutschen Lloyd tätig gewesen waren.[16] Andere Mitarbeiter kamen von amerikanischen und schwedischen Werften, einer aus einem russischen Stahlwerk, wieder ein anderer hatte praktisch als Hüttenarbeiter in einem Steiermärker Stahl- und Eisenwerk gearbeitet. Da auch ein tüchtiger Stamm von Facharbeitern im Werk selbst herangebildet wurde, sind in der Folge die Schichauwerke, wie das Werk von Borsig, „eine der ersten Schulen des praktischen Lebens für den deutschen Arbeiter und den deutschen Ingenieur geworden.[17] Es versteht sich von selbst, daß der Charakter eines solchen Werkes damit längst vom Handwerklichen weit entfernt ist.

Ein Überblick über die *Vermögens-* und *Einkommensverhältnisse* der Unternehmer bzw. von deren Nachkommen in einigen dieser größten vor dem ersten Weltkrieg noch privat gebliebenen deutschen Maschinenfabriken rundet das Bild. Pritzkoleit[18], der diese Unternehmer als „Erben gewaltigen Reichtums" bezeichnet, gibt dazu folgende Angaben:

		Vermögen	*Jahreseinkommen*
		(in Millionen Mark)	
Geh. Komm. Rat Carl Ziese	(1910)	47,0	5,5[19]
Komm. Rat. Ernst v. Borsig	(1910)	22,0–23,0	2,15[20]
Komm. Rat Conrad v. Borsig	(1910)	21,0–22,0	2,05
Geh. Komm. Rat Carl Henschel	(1908)	49,0	3,5
Geh. Komm. Rat Rud. Wolf, Magdeburg	(1910)	18,0–19,0	1,4[21]

haltlos anerkennende Urteile über die Leistungen von Kesseln und Maschinen gehört. Es gereicht Mir zur Freude, den Schichauwerken zu solchen Erfolgen gratulieren zu können. Wilhelm I(mperator) R(ex)" (ebenda, S. 80).

16 Ebenda, S. 117ff.

17 Festschrift Borsig, S. 476.

18 *Pritzkoleit, Kurt,* Wem gehört Deutschland? Wien/München/Basel 1957, S. 45f., 63, 70 und 71f.

19 Vgl. ebenda, S. 63. Ziese sei damit dem Einkommen nach „reicher als der reichste Mann Berlins (Ernst v. Mendelssohn-Bartholdy)" gewesen. Er stand jetzt allein an der Spitze des Unternehmens bei ca. 1000 Arbeitern und Angestellten.

20 Die Enkel des Gründers; der älteste Bruder innerhalb der 3. Generation hatte vor der Jahrhundertwende bei einem Grubenunglück in Oberschlesien den Tod gefunden (Festschrift Borsig, S. 36).

21 Dr.-Ing. Rud. Wolf († 1910) war Begründer der Maschinenfabrik R. Wolf, Magdeburg (*Pritzkoleit, Kurt,* a. a. O., S. 70).

Erheblich größer waren aber noch die Vermögen und Einkommen der Inhaber und Erben eines der Schlüsselbetriebe der deutschen Schwerindustrie, der Fa. Krupp in Essen:

	Vermögen	*Jahreseinkommen*
	(in Millionen Mark)	
1895	119,0	7,1[22]
1899	148,0	13,0[22]
1910	187,0	17,0[23]

Um für weitere Vergleichsmöglichkeiten die hier begonnene Zahlenreihe noch fortzusetzen, verfügte nach derselben Quelle[24] Franz Haniel in Düsseldorf, Mitinhaber und Seniorchef der Maschinenfabrik Haniel & Lueg, im Jahre 1910 über ein Vermögen von „nur" 46 Millionen Mark bei einem Jahreseinkommen von 2–3 Millionen Mark; sein damaliger Teilhaber, Heinrich Lueg, über ein Vermögen von 23–24 Millionen Mark bei einem geschätzten Jahreseinkommen von 2,0 Millionen Mark. Der an zweiter Stelle in der „Rangfolge" von Pritzkoleit genannte Fürst Henckel von Donnersmarck auf Schloß Neudeck (im Regierungsbezirk Oppeln) kommt jedoch nahe an die damaligen Kruppschen Werte heran: Sein Vermögen wird – bei einem Jahreseinkommen von 12,0 Millionen Mark – auf 177,0 Millionen Mark geschätzt.

Bei einer Untersuchung der Unternehmen, die in der Zeit der Reichsgründung oder kurz danach Aktiengesellschaften geworden sind, stößt man vielfach in noch größerer Anzahl und im allgemeinen früher als bei den Privatunternehmen gebliebenen Firmen auf Namen von *technisch* ausgebildeten Fachleuten. Auch in diesen Betrieben haben sicher traditionelle Vorstellungen und Einrichtungen aus der Zeit der ehemaligen Gründer zunächst noch eine Rolle gespielt, was vor allem bei den sogenannten Familiengesellschaften der Fall gewesen ist. Schwartzkopff zum Beispiel, dessen Werk bereits 1870 in die Berliner Maschinenbau-Aktiengesellschaft umgewandelt wurde, ist nach Beendigung des Deutsch-Französischen Krieges im Jahre 1871 noch dem Kaiser Wilhelm I. bei seinem Einzug in Berlin „persönlich vor einem Zug seiner Arbeiter" entgegengegangen.[25] Das läßt auf eine weiterhin bestehende starke Einflußnahme des Gründers schließen. In diesem Werk hat in den folgenden Jahrzehnten der Schwiegersohn Schwartzkopffs, E. Kaselowsky[26], eine entscheidende Rolle gespielt. Kase-

22 *Klein, Fritz,* Deutschland von 1897/98 bis 1917 (Lehrbuch der deutschen Geschichte – Beiträge 9), Berlin 1961, S. 378.

23 Nach *Pritzkoleit, Kurt,* a. a. O., S. 61, „die größten Werte in Preußen" für die Erbin, Frau Bertha Krupp von Bohlen und Hallbach.

24 Ebenda, S. 61 ff.

25 Festschrift – 75 Jahre Schwartzkopff. Hrsg. von der Berliner Maschinenbau A. G. vorm. L. Schwartzkopff, Berlin 1927 (im folgenden: Festschrift Schwartzkopff), S. 41 f.

26 Ebenda, S. 27 ff.

lowsky war als Ingenieur in die Firma eingetreten; er war zunächst als Oberingenieur und Leiter des Konstruktionsbüros tätig und 1888 nach dem Ausscheiden Schwartzkopffs Generaldirektor geworden. Er stellte zunehmend Ingenieure und Diplom-Ingenieure ein, die in der Regel aus anderen Maschinenfabriken des In- und Auslandes kamen, darunter seit 1908 den bei den Škoda-Werken in Pilsen tätig gewesenen Dr.-Ing. Herbert Klemperer, den Sohn Gustavs von Klemperer, Generaldirektor der Dresdner Bank, ein ausgesprochener Vertreter des deutschen Monopolkapitals.

Bei der 1871 in eine Aktiengesellschaft umgewandelten Landmaschinenfabrik von H. F. Eckert[27] in Berlin-Lichtenberg hatte der ehemalige Gründer, H. F. Eckert, „der erste deutsche Pflugkonstrukteur"[28], noch das Schlosserhandwerk erlernt und sich im Selbststudium technisches Wissen angeeignet. Der ab 1873 tätige Leiter des Vorstandes dieser Gesellschaft, L. G. Zeitschel[29], hatte bereits die Polytechnische Schule in Dresden besucht und daneben u. a. in den Eisenwerken Lauchhammer gearbeitet. Seine Nachfolger waren seit 1885 Karl Kohlert, der bereits einige Zeit als Oberingenieur bei Eckert gearbeitet und vorher in verschiedenen Firmen als Konstrukteur und Betriebsleiter tätig gewesen war, sowie seit 1902 Friedr. Steinhardt, der nach dem Besuch der Breslauer Gewerbeschule die Königl. Technische Hochschule in Charlottenburg absolviert und noch vor seinem Eintritt in die Eckertwerke (1896) verschiedene Stellungen als Betriebsassistent und Konstrukteur eingenommen hatte. In den Eckertwerken war er zunächst in der Abteilung für Maschinen- und Fahrzeugbau tätig; er übernahm 1899 als Prokurist und Oberingenieur die technische Leitung des Betriebes. Der vor dem ersten Weltkrieg unter Steinhardt zuletzt ernannte stellv. Technische Direktor, Ernst Walder, hatte das Technikum in Winterthur und die Technische Hochschule in München besucht, war dann kurze Zeit bei Heinrich Lanz, Mannheim, im Mähmaschinengeschäft tätig und seit 1895 bei Eckert Konstrukteur im Technischen Büro, dann Leiter der Abteilung Drillmaschinenbau bis 1907 und schließlich Leiter der Abteilung Mähmaschinenbau. Auch die kaufmännischen Direktoren der Eckertwerke hatten in der Regel eine längere schulische Ausbildung durchlaufen und sich vor dem Eintritt in die Firma in verschiedenen Großbetrieben des In- und Auslandes weitere Kenntnisse und Erfahrungen angeeignet. So hatte der 1877 zum Kaufmännischen Direktor bei Eckert ernannte Alexis Riese nach dem Besuch des Köllnischen Gymnasiums mehrere Jahre in Leeds gearbeitet und war dann Direktor der Berliner Zementbau-A.G. in Rummelsburg. Der ihm 1880 als Kaufmännischer Direktor folgende Adolph Philipsthal war selbst Maschinenfabrikant und Eisengießereibesitzer in Stolp gewesen.

27 Geschichtskalender der Eckertwerke 1846–1921. Hrsg. anläßlich des 75jährigen Bestehens von der Akt. Ges. H. F. Eckert, Berlin-Lichtenberg, o. J. (1921), S. 15ff.

28 *Doogs, Kurt,* Die Berliner Maschinen-Industrie und ihre Produktionsbedingungen seit ihrer Entstehung, Diss., Berlin 1928, S. 77.

29 Geschichtskalender der Eckertwerke, a. a. O., S. 15ff.

Diese Beispiele über den Entwicklungsgang und die Qualifikation der leitenden Mitarbeiter dieser großen Berliner Landmaschinenfabrik lassen sich unschwer auch auf weitere große deutsche Maschinenbauunternehmen übertragen. So findet man in der 1871 gegründeten Hannoverschen Maschinenbau-Akt. Ges. vorm. Georg Egestorff[30] unter den Mitgliedern des Vorstandes bereits im ersten Jahrzehnt ihres Bestehens zwei Ingenieure. Seit 1881 arbeitete dort u. a. Otto Helmholtz, der Bruder des bekannten Physikers, und in den letzten beiden Jahrzehnten vor Ausbruch des ersten Weltkriegs zwei promovierte Ingenieure.

Es gibt auch Zweige der Maschinenbauindustrie (besonders im Gasmotorenbau und in Teilen der Schwermaschinenindustrie), bei denen in den nach 1870 neugegründeten bzw. in Kapitalgesellschaften umgewandelten Maschinenbauunternehmen von vornherein die „Männer der Technik" unter den leitenden Mitarbeitern dominierten. Bekannt geworden ist in diesem Zusammenhang der starke Einfluß des Ingenieurs Rud. Bredt auf die Entwicklung des Hebezeugbaus bei der Fa. Ludwig Stuckenholz in Wetter a. d. Ruhr.[31] An der Entwicklung der Gasmotorenfabrik Deutz A.G. (1872 umgewandelt aus der 1864 gegründeten Kommanditgesellschaft N. A. Otto & Co.) hatte der Erfinder des Otto-Motors, der ehemalige „Reisende für Kolonialwaren" Nicolaus August Otto, entscheidenden Anteil.[32] In der 1872 durch den Ingenieur Emil Blum und den Maschinenfabrikanten Ph. O. Oechelhäuser gegründeten Berlin-Anhaltischen Maschinenbau A.G. waren „von vornherein" Fachleute, nämlich „Gasfachmänner, Ingenieure, Professoren und Chemiker" beschäftigt.[33]

Wie bei der Gasmotorenfabrik Deutz A.G. erfolgte die Errichtung einiger anderer Maschinenfabriken gerade deshalb, weil bestimmte Erfindungen in eigener Regie weiterentwickelt und kommerziell ausgewertet werden sollten[34], so 1894 die Gründung der OHG Balcke & Co. (später Maschinenbau-Akt. Ges. Balcke) in Bochum eigens zu dem Zweck, eine Erfindung des Ingenieurs Hans Balcke „in Wasserkühlanlagen, den Kaminkühler," einzuführen.[35] 1897 wurde diese Firma, die zunächst mit nur je einem Ingenieur (dem Inhaber), einem Techniker, einem Kaufmann und einem Lehrling hatte auskommen müssen, in eine Kommanditgesellschaft „zum Bau von Kondensationsanlagen" umgewandelt. Einer der Spezialisten auf dem Gebiet der Massenförderungsmittel, der Ingenieur Julius Pohlig, hatte zwei Jahrzehnte lang seine Transportmittel

30 *Däbritz, Walther / Metzelin, Erich,* Hundert Jahre Hanomag (Geschichte der Hannoverschen Maschinenbau-Aktien-Gesellschaft vorm. Georg Egestorff in Hannover 1835 bis 1935), Düsseldorf 1935, S. 66 u. 200.

31 *Matschoss, Conrad,* Ein Jahrhundert deutscher Maschinenbau 1819–1919, Berlin 1919, S. 133ff.

32 *Pritzkoleit, Kurt,* a. a. O., S. 509f.

33 Festschrift – Zur Halbjahrhundertfeier der Bamag 1872–1922, Berlin, o. J. (1922), S. 4.

34 Vgl. *Schröter, Alfred,* a. a. O., S. 52!

35 Machinenbau-Aktiengesellschaft Balcke-Bochum (Festschrift zur Feier des 25jährigen Bestehens am 1. Oktober 1919), Bochum, o. J. (1919).

(Elevatoren, Conveyers u. ä.) bei fremden Firmen erbauen lassen. Hier erfolgte erst 1894 die Errichtung einer eigenen Produktionsstätte in Köln-Zollstock.[36] Der zunächst bei der Duisburger Maschinenbau A.G. beschäftigte Werkmeister Jaeger hatte 1879 versucht, die Gesteinsbohrmaschine zu verbessern, wofür er „ein Patent auf eine Vorrichtung zum selbsttätigen Verschieben und zum Feststellen des Bohrers" erhielt.[37] Nachdem ein Teilhaber als Geldgeber gefunden war, entschloß sich Jaeger, „den Bau seiner Maschinen selbst aufzunehmen". So entstand 1888 die Firma Hanner & Jaeger in Duisburg.

Die später auf dem Gebiet des Gasmaschinenbaus bedeutende Fa. Gebr. Körting in Körtingsdorf bei Hannover hatte bei ihrer Gründung 1871 zunächst den Charakter eines Konstruktionsbüros. Sie bestand in der ersten Zeit aus „einem ganz kleinen Büro mit einem Zimmer und einem kleinen Raum im Hinterhause, in dem eine Hobelbank und eine Holzdrehbank stand, um die nötigen Modelle zu machen". Die Apparate selbst wurden – wie bei Pohlig – zunächst noch von verschiedenen anderen Firmen produziert; der eine der beiden Inhaber verfaßte noch selbst die Druckschriften und bereiste die Kundschaft, während dem anderen Buchführung und Korrespondenz zufielen. Bereits 1872 wurde jedoch die Produktion von Luftdruckapparaten, Gebläsen, Kondensatoren u. ä. in einer eigenen kleinen Fabrik selbst aufgenommen.[38]

Verschiedene Unternehmer und leitende Mitarbeiter von Aktiengesellschaften hatten bereits einen langen Entwicklungsweg als Techniker oder Ingenieure durchlaufen, ehe sie eigene Unternehmen gründeten oder in leitende Stellungen aufrücken konnten. So war der Begründer der späteren Benrather Maschinenfabrik A.G., Wilhelm De Fries[39], zunächst Mechanikerlehrling, dann seit 1874 Schlosser bei der Maschinenfabrik Breuer & Schuhmacher in Köln, Waffenmeister in einer Artilleriewerkstatt und Lokomotivheizer, ehe er das Technikum in Mittweida i. Sa. besuchte. Danach arbeitete er als Konstrukteur in den Maschinenfabriken von Schieß in Düsseldorf und von Bechem & Keetman in Duisburg, als Ingenieur-Kaufmann in einer Düsseldorfer Aktiengesellschaft, ehe er 1891 mit zwei Mitarbeitern die Firma De Fries & Co. in Düsseldorf (zunächst als Großhandelsgeschäft mit angeschlossener kleiner Maschinenfabrik zum Bau von Brückenwagen, Flaschenzügen u. ä.) gründete.

Unter den Autodidakten aus der Reihe der bedeutendsten Maschinenbauunternehmer ragt der als Sohn eines oberpfälzischen Hammergutsbesitzers geborene spätere Ingenieur Anton Rieppel[40] hervor, der 1913 als alleiniger Generaldirektor an der Spitze der MAN-Werke stand. Rieppel hatte als junger Mann die Nachfolge in dem in Liquidation geratenen väterlichen Hammerwerk nicht angetre-

36 *Pritzkoleit, Kurt,* Männer, Mächte, Monopole, Düsseldorf 1963, S. 420f.

37 *Matschoss, Conrad,* a. a. O., S. 166f.

38 Beiträge zur Geschichte der Technik und Industrie (im folgenden: Beiträge GTI), Bd. 1, 1909, S. 203f.

39 *Matschoss, Conrad,* a. a. O., S. 185ff.

40 *Büchner, Fritz,* Hundert Jahre Geschichte der Maschinenfabrik Augsburg-Nürnberg (MAN 1840–1940), o. J., S. 107ff.

ten, er hatte vielmehr, „unterstützt durch selbsterarbeitete mathematische Kenntnisse", nacheinander die Gewerbeschule, die Industrieschule und das Polytechnikum in München besucht. In der bayrischen Hauptstadt war er zum Konstruktionsbüro der Süddeutschen Brückenbau A.G. (Gustavsburg) gestosen. Seit 1876 in Gustavsburg, besonders als Leiter des nach dort übergesiedelten Konstruktionsbüros tätig, ging er im Frühjahr 1888 zum damaligen Hauptwerk, der Maschinenbau A.G. Nürnberg, wo er zunächst die technische Leitung des Unternehmens, seit 1894 dessen gesamte Oberleitung übernahm. Nach der Vereinigung des Nürnberger mit dem Augsburger Werk 1898 war Rieppel immer einer der beiden Vorstände bzw. Generaldirektoren, bis er 1913 als nunmehr Geh. Baurat allein an dessen Spitze rückte. Die Durchsetzung der Monopolisierung dieses Werkes war gerade auf die Initiative Rieppels zurückzuführen.

Es sei noch auf eine Gruppe von Gründern von Maschinenfabriken hingewiesen, deren Gründungen erst in den letzten Jahrzehnten vor Ausbruch des ersten Weltkriegs erfolgten, in erster Linie von *spät* entstehenden Werkzeugmaschinenfabriken, die bereits weitgehend auf amerikanischen Erfahrungen aufbauen konnten, und um Unternehmer auf dem Gebiet der *Fahrzeugindustrie*. In diesen Zweigen spielte noch die unmittelbare praktische Erfahrung eine wichtige Rolle. Bei der Entstehung und Entwicklung von Betrieben dieser Zweige wiederholen sich Entwicklungstendenzen aus der Zeit der industriellen Revolution auf dem Gebiet der Maschinenbauindustrie in gewissem Umfang auf einer durch die bisher erfolgte industrielle Entwicklung herausgebildeten höheren Stufe. So waren 1874 die im damaligen Chemnitz eine „kleine Werkstatt zum Bau von Supportdrehbänken" einrichtenden Gebr. Escher[41] erst einige Jahre vorher, der eine als Maschinenbauer, der andere als Schmied, aus ihrer Schwarzenberger Heimat nach Chemnitz eingewandert. 1907 beschäftigte die inzwischen Aktiengesellschaft gewordene Werkzeugmaschinenfabrik Herm. & Alfred Escher 750 Arbeiter bei einem Jahresumsatz von 3000 Werkzeugmaschinen.[42] Noch rascher vollzog sich in Chemnitz die Entwicklung der vor dem ersten Weltkrieg zu noch größerer Bedeutung aufsteigenden Wekrzeugmaschinenfabrik von J. E. Reinecker, die aus der Produktion von Werkzeugen erwachsen war. Reinecker begann 1859 in einer ganz kleinen Werkstatt mit dem Bau von Gewindeschneidewerkzeugen und ging mit dem Beginn der 70er Jahre zu der Herstellung von Fräsmaschinen über. Seine besondere Bedeutung liegt darin, daß er einer der ersten deutschen Werkzeugmaschinenfabrikanten war, welche die Vorzüge des amerikanischen Werkzeugmaschinenbaus erkannten und auf dem Gebiet der Durchsetzung einer verstärkten Spezialisierung und der Großserienfertigung in ihrer Branche bahnbrechend wirkten.[43]

41 *Wulffen, Hasso,* Die Entwicklung des Werkzeugmaschinenbaues in Chemnitz, seine Produktions- und Absatzverhältnisse bis zur Neuzeit, Diss., Dresden, o. J. (1924), S. 11.

42 Ebenda, S. 18.

43 Vgl. Beiträge GTI, Bd. 9, 1919, S. 109f.

Die hier gezeigten Entwicklungslinien werden noch deutlicher im Werdegang des Gründers der Werkzeugmaschinenfabrik Hermann Pfauter und seines Werkes.[44] Pfauter hatte Schlosser und Maschinenbauer gelernt und seine theoretische Ausbildung auf dem Technikum in Hainichen i. Sa. erhalten. In Chemnitz arbeitete er in den Werkstätten und Konstruktionsbüros von Zimmermann, Hartmann und Reinecker, wobei er bei Reinecker die für ihn wichtige Bekanntschaft mit Abwälzfräsmaschinen zur Herstellung von Schnecken- und Stirnrädern machte. 1895 erhielt er die Aufgabe, in der Chemnitzer Strickmaschinenfabrik Biernatzky & Co. als technischer Direktor eine eigene Abteilung zur Produktion von Präzisionswerkzeugen und -werkzeugmaschinen aufzubauen. Einige Jahre später ging er dort weg, um seine inzwischen weiter entwickelte und auch patentierte Erfindung eines „Verfahrens" und einer „Maschine zum Fräsen von Schraubenrädern mittels Schneckenfräsers" allein auszuwerten. Diese Erfindung, die später den Namen „Abwälzräderfräsautomat" erhielt, stand im Mittelpunkt der Entfaltung des nunmehr (seit 1900) Pfauterschen Unternehmens. Der Inhaber, der zunächst sein eigener Konstrukteur war, erledigte anfangs auch alle Büroarbeiten selbst, und noch 1906, als man in der Produktion seit einigen Jahren zur Reihenfertigung übergegangen war[45], wurden weiterhin alle Briefe mit der Hand geschrieben, „weil alle verfügbaren Mittel immer wieder in den Betriebe gesteckt werden mußten",[46] wobei Pfauter die kaufmännischen Angestellten noch als ein „notwendiges Übel" betrachtete. Er vertrat die Ansicht: „Die Büros sind für die Werkstatt da, aber nicht die Werkstatt für die Büros."[47] In den folgenden Jahren entwickelte sich das Unternehmen immer mehr zu einer der führenden deutschen Exportfirmen für Spezialwerkzeugmaschinen[48]; im Frühjahr 1913 konnte bereits der 2000. Räderfräsautomat – und zwar im Exportgeschäft – ausgeliefert werden.[49]

Ebenso ausgeprägt treten ähnliche Entwicklungstendenzen bei Betrieben des *Fahrzeug*baus hervor. Das zeigt sich u. a. bei der Betrachtung der Art der Gründung und Entwicklung eines der in der Folge führenden deutschen Großbetriebe des Fahrzeugbaus, der 1896 in eine Aktiengesellschaft umgewandelten Wanderer-Fahrradwerke vorm. Winklhofer & Jaenicke in Schönau bei Chemnitz.[50] Einer der beiden Gründer, J. B. Winklhofer, war 1859 in München als

44 Werkzeitschrift „Wir Abwälzleute" der Werkzeugmaschinenfabrik Herm. Pfauter Juli/Aug. 1936 zur Feier der 10000sten Maschine am 27. 4. 1936, S. 7ff.

45 Zu den Ereignissen im Jahre 1902 heißt es u. a.: „6 Automaten R 2 auf einmal anpacken bei den kleinen Verhältnissen, das ist bestimmt eine Leistung!" (ebenda, S. 12).

46 Ebenda, S. 25ff.

47 Ebenda.

48 1909 und 1913 hatte Pfauter die einschlägige Branche in den USA studiert (ebenda, S. 15).

49 Ebenda, S. 16.

50 Wir folgen hier weitgehend den Ausführungen von: *Matschoss, Conrad,* Vom Werden der Wanderer-Werke – 50 Jahre Wertarbeit – 1885–1935, Berlin 1935.

Sohn eines Bierbrauers und Maurers geboren worden.[51] Er arbeitete zunächst als Dreher und Mechaniker in verschiedenen Münchner und Ingolstädter Maschinen- und Waffenfabriken; sein späterer Teilhaber R. A. Jaenicke (geboren 1858 in Chemnitz) war gelernter Schlosser und Mechaniker. Jaenicke arbeitete u. a. in der Chemnitzer Werkzeugmaschinenfabrik „Union", in einer Dresdner Nähmaschinenfabrik und drei Jahre lang in verschiedenen Maschinenfabriken der USA; auch war er als Monteur im Werkzeugmaschinenbau der Fa. Otto Froriep in Rheydt im Rheinland tätig. Die beiden Gründer hatten sich beim Radfahren in einer der damals bestehenden „Fahrschulen" in Zwickau kennengelernt und 1885 gemeinsam das „Chemnitzer Velociped-Depôt Winklhofer & Jaenicke" errichtet. Beide waren aus dem praktischen Maschinenbau hervorgegangen. Winklhofer hatte überdies während seiner Lehrzeit in München eine Sonntagsschule besuchen können.[52] „Was er dort im Zeichnen und in der Buchhaltung gelernt hatte, kam ihm jetzt (d. h. nach der Gründung einer eigenen Firma in Chemnitz – d. Verf.) sehr zustatten", wobei er auch jetzt noch am Schraubstock mitarbeitete. Nachdem der Betrieb allmählich in die Breite gewachsen war[53], mußten die beiden Gründer trotz der inzwischen auch erworbenen Auslandserfahrungen[54] endlich jüngeren Kräften, und zwar solchen, die auch theoretisch voll ausgebildet waren, die Leitung des Betriebes überlassen. So rückte um die Jahrhundertwende der Ingenieur R. Stuhlmacher, der die Maschinenbauschule in Chemnitz besucht und in Berliner Maschinenfabriken gearbeitet hatte, in die technische Leitung des Betriebes ein.[55] Ein bezeichnendes Licht auf die Einstellung von Vertretern dieser Gruppe von Gründern zum technischen Fortschritt werfen die „10 Gebote für Vorwärtsstrebende"[56], die der inzwischen längst Pensionär gewordene, aber noch immer mit Interesse die Entwicklung „seiner" alten Firma verfolgende Winklhofer 1925 aus Anlaß des 40jährigen Bestehens der Wanderer-Werke veröffentlichte. Wir geben daraus folgende zwei dieser „Gebote" wieder:

„5. Immer nur nach den neuesten Arbeitsmethoden und mit den allerbesten Einrichtungen im Betriebe arbeiten. Fachschriften lesen und lesen lassen. Alle Ausstellungen besuchen."

9. Man soll sich mit dem Gedanken vertraut machen, „daß man nicht jedes Geschäft machen kann oder muß."

Im Zusammenhang mit der zuletzt genannten Gruppe von Gründern, die eine neue Etappe der deutschen Maschinenbauindustrie einleiteten, stehen auch die

51 Ebenda, S. 5ff. 52 Ebenda, S. 12 bzw. 105.

53 1890 wurde eine Abteilung für Werkzeugmaschinenbau eingerichtet. 1902 wurde die Herstellung von Motorrädern und kleinen „Motorwagen", 1905 die von Schreibmaschinen aufgenommen. (Vgl. Das Buch der Stadt Chemnitz – 1926, Dresden 1926, S. 252f.)

54 Auch Winklhofer hatte mehrfach die USA besucht.

55 Stuhlmacher ist noch 1934 von der TH Dresden der Dr.-Ing. e. h. verliehen worden (Vgl. *Matschoss, Conrad*, a. a. O., S. 101).

56 *Matschoss, Conrad*, a. a. O., S. 115f.

großen Erfinder, Konstrukteure und Unternehmer auf dem Gebiet der um die Jahrhundertwende beginnenden deutschen Automobilindustrie, wie Benz und Opel. Da deren Bedeutung jedoch noch mehr auf technischem als auf ökonomischem Gebiet zu suchen ist, dürfte die Darstellung ihrer Entwicklung außerhalb einer „Geschichte der Technik" weniger von Interesse sein.

Eine große Bedeutung für den soeben geschilderten Personenkreis hatten *Auslandsreisen.* Diese in der Hauptsache der technischen, daneben aber auch der ökonomischen Weiterbildung dienenden Reisen führten in der Zeit nach der Reichsgründung freilich immer weniger nach England oder Frankreich als vielmehr in zunehmendem Maße in die in bestimmten Zweigen des Maschinenbaus die Führung übernehmenden USA. Das gilt u. a. für Unternehmer und leitende Mitarbeiter des Nähmaschinen-, des Landmaschinen-, des Fahrzeug- und des modernen Werkzeugmaschinenbaus, während z. B. Schichau, um den Schiffbau zu studieren, noch England besuchte.[57] Oft wurden diese Reisen mit dem Besuch von Weltausstellungen verbunden. So war Friedr. Herm. Haubold im Zusammenhang mit dem Besuch der Weltausstellung von Philadelphia mehrere Monate lang vom Geschäft abwesend[58], um in den USA die einschlägige Branche zu studieren. Nach der erfolgten „Anerkennung" auf der Weltausstellung in Paris von 1900 unternahm Heinrich Lanz, der in Paris Preisrichter einer „Klasse" gewesen war, eine Reise in die Vereinigten Staaten, wo er u. a. die „äußerste Spezialisierung eines Großbetriebes"[59] kennenlernte. Auch einer der Söhne des Gründers der Leipziger Landmaschinenfabrik von Rudolf Sack, Ing. Paul Sack, studierte 1893 die amerikanische Industrie „an Ort und Stelle".[60]

Neben diesen Auslandsreisen von Unternehmern, die sicher auch unmittelbaren Geschäftsinteressen dienten, nehmen mit zunehmendem Exportgeschäft auch Reisen von *Auslandsmonteuren* eine wichtige Stellung ein. So entsandte die Rixdorfer Maschinenfabrik (Schlickeysen), die hauptsächlich Maschinen zur Ziegelherstellung u. ä. produzierte[61], nachdem sie 1876 auf der Weltausstellung in Philadelphia ausgezeichnet worden war, Monteure nach Havanna, um eine auf der Weltausstellung nach Kuba verkaufte Maschine an Ort und Stelle zu montieren. Monteure dieser Firma sind damals außer nach Kuba auch nach verschiedenen europäischen Ländern sowie nach China gegangen.

Daneben spielten ausgesprochene Geschäftsreisen zum Zwecke des Verkaufs eine Rolle. So besuchte einer der Enkel von Rud. Sack[62] als junger Mann Russisch-Sibirien, China und Indien, nachdem „an die wichtigsten Plätze vom Vater inzwischen einige Exportkonstruktionen gesandt worden waren, die dann mit Hilfe des Vertreters ausprobiert werden mußten".

57 Denkschrift – Die Schichauwerke in Elbing, Danzig und Pillau, a. a. O., S. 15ff.
58 *Haubold, Sybille,* a. a. O., S. 35.
59 *Neubaur, Paul,* a. a. O., S. 151f.
60 Die Chronik des Hauses Rud. Sack, a. a. O., S. 42.
61 Rixdorfer Maschinenfabrik G.m.b.H. vorm. C. Schlickeysen, Rixdorf b. Berlin (Denkschrift aus Anlaß des 60jährigen Bestehens), o. J. (1910).
62 Die Chronik des Hauses Rud. Sack, a. a. O., S. 119f.

Zusammenfassend kann festgestellt werden, daß bei aller Vielgestaltigkeit des in diesem Abschnitt geschilderten Prozesses letzten Endes das handwerkliche Element bei der Entwicklung der Unternehmer immer mehr zugunsten einer wissenschaftlich-technischen Ausbildung zurückgetreten ist.

Eine besondere Beachtung kommt einer Gruppe von Unternehmern der Werkzeugmaschinenbranche und der Fahrzeugindustrie zu, deren Betriebe relativ spät entstanden und infolge der besonderen Qualität ihrer Erzeugnisse oft zur Weltgeltung aufgestiegen sind. Es konnte beobachtet werden, daß hier, zumindest in der Zeit der Gründung, die unmittelbare praktische Tätigkeit des Gründers bzw. Unternehmers noch eine wesentliche Rolle spielte, so daß in dieser Gruppe, wie in der Zeit der industriellen Revolution, der Handwerker – sowohl seiner Tätigkeit als auch seiner Herkunft nach – am Anfang noch dominierte.

2. Die Entwicklung des zahlenmäßigen Verhältnisses zwischen Arbeitern und Angestellten[63]

Ein weiteres wichtiges Problem stellt die Entwicklung des zahlenmäßigen Verhältnisses zwischen Arbeitern und Angestellten dar. Zur Veranschaulichung dieser Entwicklung wurde eine Tabelle[64] entworfen, die im Überblick einen Vergleich zu den von Becker[65] berechneten Werten ermöglicht. Die einzelnen Daten über die ausgewählten Firmen wurden in der Hauptsache den Fest- und Jubiläumsschriften sowie dem Handbuch der Deutschen Aktien-Gesellschaften, Ausg. 1915/1916, entnommen. Zur besseren Orientierung wurde bei den einzelnen Firmen auch die betreffende Jahreszahl vermerkt. Nachteilig wirkt sich aus, daß in der einschlägigen Literatur die Angaben über die Anzahl der kaufmännischen und der technischen Angestellten meist nicht getrennt erfolgen. Der kaufmännische Apparat hat aber vor 1914, trotz allmählich zunehmender Reklametätigkeit, noch keineswegs die überragende Bedeutung wie in späteren Zeitabschnitten, tritt also noch gegenüber der Tätigkeit der Ingenieure, Meister, Werkführer und der übrigen technischen „Beamten" an Bedeutung zurück. Es darf daher angenommen werden, daß unter den angegebenen Angestellten bzw.

63 Eine ausführliche Darstellung dieser auch für den zunehmenden Mechanisierungsgrad innerhalb der deutschen Maschinenbauindustrie wichtigen Seite der Entwicklung erfolgte in: *Barth, Ernst,* Zur technisch-organisatorischen und ökonomischen Entwicklung der deutschen Maschinenbauindustrie in der Zeit des Hinüberwachsens des Kapitalismus der freien Konkurrenz in den Monopolkapitalismus (1870–1914), Diss., Masch. Schrift, Berlin 1968, S. 264ff.

64 Siehe Tab. 12 im Anhang.

65 *Becker, Walter,* Die Entwicklung der deutschen Maschinenbauindustrie von 1850 bis 1870, in: Schröter/Becker, Die deutsche Maschinenbauindustrie in der industriellen Revolution (Veröffentlichungen des Instituts für Wirtschaftsgeschichte an der Hochschule für Ökonomie in Berlin-Karlshorst, Bd. 2, Berlin 1962), S. 275 (Tab. 11).

„Beamten“ Meister, Techniker und ähnlich qualifizierte Arbeitskräfte einen beträchtlichen Anteil haben.[66]

Den anderen in der Tabelle angeführten Firmen vorangestellt wurde ein Überblick über die personelle Entwicklung in der Hannoverschen Maschinenbau-A.G. vorm. G. Egestorff, Linden-Hannover. Dabei wird deutlich, daß es sich in den Jahren vor 1914 im Durchschnitt um ein Verhältnis von etwa 1 : 10 zwischen der Gesamtzahl der Angestellten und der der Arbeiter in Maschinenfabriken mit vorwiegend allgemeinem Maschinenbau handelt.[67]

Dem steht gegenüber, daß der Verein Deutscher Maschinenbauanstalten als der profilierteste Vertreter der deutschen Maschinenfabrikanten 1914 einen Mitgliederbestand von 225 Firmen mit 120000 Arbeitern und 20000 „Beamten“ aufwies.[68] Das sich aus dieser Zusammenstellung ergebende Verhältnis von 1 : 6 für das Jahr 1914 könnte als Beweis dafür gelten, daß zu diesem Zeitpunkt bereits ein relativ hoher Spezialisierunggrad in der deutschen Maschinenbauindustrie erreicht worden ist. Immerhin ist, abgesehen von den für die Maschinenbaubranche typischen Besonderheiten[69], auf alle Fälle die *Tendenz* offenbar, das Verhältnis zwischen der Anzahl der Angestellten und der Arbeiter innerhalb des Maschinenbaus im Laufe der Zeit immer weiter einzuengen. Letzten Endes spielte naturgemäß auch die *Größe* der Maschinenbaubetriebe eine Rolle, denn je größer die Unternehmen, um so niedriger dürfte sich – schon aus Rentabili-

66 Einen genauen Einblick in das zahlenmäßige Verhältnis zwischen kaufmännischen und technischen Angestellten gewähren lediglich die Angaben in Nr. 38 und 14 der Tabelle, wo es 1914 bzw. (Ende) 1913 zu einem Verhältnis von 130 : 85 bzw. 70 : 50 zwischen den beiden Gruppen von Angestellten bzw. „Beamten“ gekommen ist. In beiden Fällen handelt es sich um bereits relativ stark spezialisierte Betriebe; ein solches Verhältnis zugunsten der kaufmännischen Angestellten dürfte also zu diesem Zeitpunkt noch keineswegs die Regel sein.

67 Vgl. *Glaser, Eduard*, Hannoversche Maschinenbau A. G. vorm. Georg Egestorff zu Linden vor Hannover, Diss., Halle 1909. Hier wird auf S. 40 von einem Verhältnis von 1 : 10, „wie meist im Maschinenbau“, gesprochen. Dieses Verhältnis von im Durchschnitt etwa 1 : 10 tritt auf der Tabelle z. B. bei der Sächs. Maschinenfabrik vorm. Rich. Hartmann, Chemnitz, (1912) und anderen Firmen des allgemeinen Maschinenbaus in Erscheinung. Man kommt auf ein ähnliches Verhältnis, wenn man die Proportionen der den verschiedenen Zweigen des Maschinenbaus angehörenden Unternehmen miteinander vergleicht und sie untereinander ins Verhältnis setzt.

68 *Harnisch, Elisabeth*, Die Kartellierungsfähigkeit der Maschinen-Industrie, Diss., Heidelberg 1917, S. 87. Der genannte Verein vertritt zu diesem Zeitpunkt etwa $^1/_4$ der deutschen Maschinenfabrikanten.

69 *Dieselbe*, a. a. O., S. 60, bemerkt hierzu, daß „auch die abnorm hohe Zahl der Angestellten im Verhältnis zu den Arbeitern in den Maschinenfabriken“ als Beweis dafür gelten kann, „daß immer neue Maschinen zu konstruieren sind und der Fabrikant kaum je wagt, einmal einen Auftrag abzuweisen“.

tätsgründen – die Anzahl der Angestellten im Vergleich zu der der Arbeiter gestaltet haben.[70]

Bei einer Analyse des zahlenmäßigen Verhältnisses zwischen Arbeitern und Angestellten innerhalb der Maschinenbauindustrie spielt neben dem Stand der technisch-organisatorischen und ökonomischen Entwicklung auch die Zugehörigkeit zu den einzelnen Maschinenbau*zweigen* eine wesentliche Rolle. Das im Sinne unmittelbarer Einwirkung des Menschen auf die Technik im Durchschnitt relativ „günstigste" Verhältnis zwischen der Anzahl der beschäftigten Angestellten und Arbeiter bestand auf verschiedenen Gebieten des *Schwer*maschinenbaus, denn aus einem Verhältnis von durchschnittlich 1 : 5 kann auf einen relativ hohen Grad der Entwicklung der Technik gegenüber anderen Zweigen des Maschinenbaus geschlossen werden. Auch Matschoss[71] gibt für das führende Maschinenbaumonopol auf dem Gebiet des Schwermaschinenbaus, die Deutsche Maschinenfabrik A.G. (Demag), Duisburg, für das Gründungsjahr (1910) ein Verhältnis der Anzahl der Ingenieure und Beamten zur Anzahl der Arbeiter von 1 : 5 an; noch vor dem ersten Weltkrieg reduzierte es sich auf 1 : 3.[72]

Andererseits gibt das wesentlich anders gestaltete Verhältnis etwa beim *Nähmaschinen-* und *Fahrrad*bau sowie bei einigen Betrieben des modernen *Werkzeugmaschinen*baus[73] auf Grund der in diesen Branchen bereits fortgeschrittenen Serien- bzw. Massenproduktion einen Hinweis dafür, daß wir es hier offenbar mit einer großen Anzahl von an- und ungelernten Arbeitern zu tun haben, denen nur relativ wenige technisch voll ausgebildete Kräfte gegenüberstehen.[74]

Das bei einem Vergleich der Angaben über die *Landmaschinen*fabriken ins Auge springende, von der Regel ganz abweichende Verhältnis bei der bedeutenden Privatfirma von Rudolf Sack, Leipzig-Plagwitz, (vgl. Nr. 9 der Tab.) ist offenbar darauf zurückzuführen, daß hier der private Unternehmerstandpunkt recht eng im Sinne ausschließlicher „Führungstätigkeit" aufgefaßt worden ist, eine Einschätzung, die vor allem für den Gründer dieser Firma

70 Vgl. ebenda, S. 55. Hiernach kamen 1912 in Betrieben der deutschen Fahrradindustrie in der Größenordnung von 11 bis 50 Beschäftigten ein „Beamter" auf drei bis fünf Arbeiter, in Betrieben mit über 200 Beschäftigten dagegen ein „Beamter" auf 11 bis 14 Arbeiter!

71 *Matschoss, Conrad,* Ein Jahrhundert deutscher Maschinenbau 1819–1919, Berlin 1919, S. 254.

72 Vgl. dazu die Angaben über die Maschinenbau-Akt.Ges. Balcke in Bochum (vgl. Nr. 27 dieser Tabelle) und ähnlich gelagerter Werke.

73 Beiträge GTI, 19. Bd., 1919, S. 128. Nach einer Umfrage des Vereins deutscher Werkzeugmaschinen-Fabrikanten vom Jahre 1912 waren zu diesem Zeitpunkt 7000 Angestellte und 80000 Arbeiter in den angeschlossenen Unternehmen innerhalb dieser Branche beschäftigt, so daß es sich hier um ein durchschnittliches Verhältnis von 1 : 11,4 handelt. (vgl. Nr. 19, 20 und 34 der Tabelle).

74 Nach *Matschoss, Conrad,* a. a. O., S. 259, waren von den 7750 Arbeitern der Deutschen Maschinenfabrik A. G., Duisburg, im Jahre 1912 dagegen 7200 gelernte Arbeiter.

zutreffen dürfte.[75] Daß die noch größere, ebenfalls privat gebliebene Landmaschinenfabrik von Heinrich Lanz, Mannheim, (vgl. Nr. 2 der Tab.) ein „günstigeres“ Verhältnis zwischen der Anzahl der bei ihr beschäftigten Angestellten und Arbeiter aufzuweisen hatte als die Leipziger Firma Rudolf Sack, kann als Beweis dafür gelten, daß deren private Inhaber, abgesehen von besseren objektiven Voraussetzungen, einen der damaligen technischen Entwicklung gegenüber aufgeschlosseneren Standpunkt eingenommen und damit auch eine frühzeitiger und schneller erfolgende technische Entwicklung ihrer Firma ermöglicht haben.

Um die Entwicklung über den hier behandelten Zeitraum hinaus anzudeuten, erfolgt auch eine Zahlenangabe für das Jahr 1935 (Wanderer-Werke, vgl. Nr. 38 der Tab.), die darüber hinaus bei einem Vergleich mit ähnlich gelagerten Unternehmen, z. B. der Anker A.G. in Bielefeld (vgl. Nr. 16 der Tab.), darauf hindeutet, wie das untersuchte Verhältnis in nur wenig mehr als zwei Jahrzehnten die Tendenz zeigt, sich weiter zu verengen.

Ganz aus dem Rahmen der Ergebnisse dieser Untersuchung sind lediglich die Angaben über die Gesellschaft für Linde's Eismaschinen A.G., Wiesbaden, (vgl. Nr. 39 der Tab.) gefallen. Hier handelt es sich 1914 nur noch um ein Verhältnis von 1 : 1,2, aber man hat es mit einem Unternehmen zu tun, das in erster Linie nur *projektiert* und nur zu einem geringen Teil (hochwertige Gase) produziert.

3. Zur Qualifizierung der Maschinenbauer

Es konnte den kapitalistischen Unternehmern des Maschinenbaus aus Profitgründen nicht gleichgültig sein, ihre Arbeiter – zumindest auf technischem Gebiet – ohne ein gewisses Maß an Qualifizierung zu lassen. Bei dem herrschenden Konkurrenzkampf auf dem Weltmarkt, der sich vor allem im Wettstreit mit den angelsächsischen Mächten ständig vertiefte, haben die deutschen Maschinenfabrikanten je nach den Erfordernissen Voraussetzungen geschaffen, um einen Teil ihrer Belegschaften zu Facharbeitern zu qualifizieren. In zunehmendem Maße wurden auch angelernte Arbeiter ausgebildet.[76]

Es ging jedoch keineswegs – in Anbetracht des herrschenden Bildungsmonopols der Bourgeoisie auf den Hochschulen[77] – um eine Ausbildung von Teilen

75 Vgl. dazu die Ausführungen in: Die Chronik des Hauses Rud. Sack, a. a. O., S. 151. Unter „Geschichten aus dem Betrieb“ wird folgende Anekdote wiedergegeben: „Einmal hatte (ein) Meister eine alte Bohrmaschine abmontiert, um sie verschrotten zu lassen. Vater Sack (der Gründer der Firma – d. Verf.) sah die Teile liegen und fragte, wer den Auftrag dazu gegeben habe. ‚Bauen Sie die Maschine sofort wieder zusammen, ich will das erst sehen!‘ Nun wurde mühevoll die Maschine wieder zusammengesetzt, und als er sich überzeugt hatte, daß sie ausgeleiert war, sagte er: ‚So, jetzt kann sie fort!‘“

76 Vgl. dazu *Becker, Walter*, a. a. O., S. 229.

77 *Engelberg, Ernst*, Deutschland von 1871 bis 1897 (Lehrbuch der deutschen Geschichte – Beiträge 8), Berlin 1965, S. 46.

des Proletariats zu technischen Kadern, etwa über den Besuch einer Fach- oder gar einer Hochschule. Der sich bereits in der Periode der industriellen Revolution anbahnende Wandel in den kapitalistischen Ausbeutungsmethoden erforderte vielmehr die „notwendig gewordene bessere" schulische und technische Erziehung der Maschinenbauer.[78] Damit im Zusammenhang steht die Entwicklung eines Teils des Maschinenbauproletariats zur *Arbeiteraristokratie*, „die zur ideologischen Unterwanderung der Arbeiterklasse diente".[79]

Eine Verbesserung der technischen Schulbildung wurde in Deutschland bald nach der Reichsgründung insofern erreicht, als anstelle der alten Fabrikschulen auf der Grundlage liberaler Schulgesetze in den einzelnen deutschen Ländern Fortbildungsschulen ins Leben gerufen wurden. Diese Schulen beschränkten sich allerdings zunächst vielfach noch auf die Abendstunden. So existierte in Chemnitz bereits seit 1875 eine derartige Fortbildungsschule, die anfangs der Schule des Handwerkervereins angegliedert war und in der zunächst zweimal wöchentlich, und zwar jeweils von 17 bis 19 Uhr, Unterricht erteilt wurde.[80] Die alten Chemnitzer Fabrikschulen waren dagegen schon 1864 durch den Rat der Stadt formell aufgehoben worden[81], während im Reich eine formaljuristische Aufhebung dieser Anstalten erst durch das Arbeiterschutzgesetz vom 1. 6. 1891 erfolgte. Zu dieser Zeit existierte jedoch bereits eine zweite Fortbildungsschule in Chemnitz. 1909 lernten beinahe 5000 Schüler in 196 Klassen aller Fortbildungsschulen in Chemnitz, wovon 132 Fachklassen – darunter sicher nicht wenige mit jungen Maschinenbauern – Unterricht in Freihand-, Linear- und Musterzeichnen erhielten.[82] Die damalige allgemeine Fortbildungsschule hatte sich also mit der fortschreitenden Entwicklung – wenn auch in bescheidenem Maße – bereits im wissenschaftlich-technischen Sinne entwickelt.

Um das Bild für Chemnitz als eines der damals wichtigsten Zentren des deutschen Maschinenbaus abzurunden, sei noch daran erinnert, daß hier Anfang des 20. Jahrhunderts außer einigen (erweiterten) Oberschulen, einer Handelslehranstalt und einer landwirtschaftlichen Schule noch (seit 1857) eine

78 *Kuczynski, Jürgen*, Die Geschichte der Lage der Arbeiter unter dem Kapitalismus, T. I, Bd. 3 (Die Darstellung der Lage der Arbeiter in Deutschland von 1871 bis 1900), Berlin 1962, S. 416. Vgl. dazu *Becker, Walter*, a. a. .O., S. 228.

79 Vgl. dazu *Becker, Walter*, a. a. O., S. 229.

80 Chemnitz in Wort und Bild. Festschrift zur Einweihung des Neuen Rathauses, Chemnitz, o. J. (1911), S. 130.

81 Laut Mitteilungen des Vereins für Chemnitzer Geschichte, XV. Bd., Jgg. 1908 bis 1911, S. 5, soll trotzdem noch 1877 eine Fabrikschule in Chemnitz bestanden haben.

82 Chemnitz in Wort und Bild, a. a. O., S. 130. Vgl. *Wiedtfeldt, Otto*, Statistische Studien zur Entwicklungsgeschichte der Berliner Industrie von 1720 bis 1890, in: Staats- und socialwissenschaftliche Forschungen, 16. Bd., 2. H., Leipzig 1898, S. 101. Der Berliner „Gewerbesaal für Metallgewerbe" war bereits 1895 von 1471 Fortbildungsschülern aus diesem Sektor besucht worden.

Fachschule für Weberei (mit Zeichensälen und Sammlungsräumen) sowie die 1878 in die damaligen Technischen Staatslehranstalten (jetzt Technische Hochschule) umbenannte Höhere Gewerbeschule bestanden. Letzterer wurde 1892 eine elektrotechnische Abteilung und eine Werkmeisterschule (seit 1900 umbenannt in „Maschinenbauschule") angegliedert.[83] Aber die Vorteile der damaligen Ausbildung, die sich mehr und mehr auch der „wissenschaftlichen Seite" des deutschen Maschinenbaus[84] zuwandten, waren in der Hauptsache nicht Arbeiterkindern, sondern Sprößlingen der Kapitalisten vorbehalten.

Aufschlußreich sind in diesem Zusammenhang die Forderungen, die 1913 ein mit der Förderung des technischen Schulwesens in Deutschland betrauter Ausschuß an die mit der Ausbildung der Ingenieure beauftragten technischen Schulen richtete. Diese Forderungen liefen auf eine Verstärkung der Beherrschung der *Grundlagen* eines technischen Faches hinaus.[85] Eine zu weitgehende Zersplitterung in viele Einzel- und Nebenfachrichtungen sollte vermieden werden, es sei nicht Aufgabe der Hochschule, Spezialisten zu erziehen usw. Doch wird daneben auch die Forderung nach *Weiterbildung* der Ingenieure erhoben.

Überhaupt hatte die höhere technische Ausbildung zu dieser Zeit bereits einen relativ hohen Stand erreicht. Hinzu kam, daß 1905 ein provisorisches technisches Museum in München, der Vorläufer des späteren Deutschen Museums, eröffnet wurde und vor dem ersten Weltkrieg auf dem Gebiet der Technik in Deutschland bereits einige wissenschaftliche Gesellschaften[86] bestanden.

In den größeren Maschinenfabriken angeschlossenen *Lehrlingswerkstätten* erfolgte die Ausbildung des Maschinenbauernachwuchses in zunehmendem Maße vielseitiger und differenzierter.[87] So wurde 1909 im Borsigwerk in Tegel eine Lehrlingswerkstatt eingerichtet, in der etwa drei Jahrzehnte später – 1937 – die Maschinenbauerlehrlinge auf nicht weniger als 11 verschiedene Berufs-

83 Chemnitz in Wort und Bild, a. a. O., S. 118ff. Eine ausführliche Darstellung der Entwicklungsgeschichte der Technischen Hochschule Karl-Marx-Stadt s. Vorgeschichte und Anfänge der Technischen Hochschule Karl-Marx-Stadt. Im Auftrag von Rektor und Senat anläßlich des zehnjährigen Bestehens der Hochschule für Maschinenbau und ihrer Umbenennung in Technische Hochschule 1963 verfaßt von Aribert Kraus, Werner Lohse und Dieter Scheffel. Leitung und Bearbeitung Rudolf Ludloff.

84 *Castner/Dalchow/Haedicke* u. a., Die Verarbeitung der Metalle, Leipzig, o. J. (1900), S. 128f.

85 Beiträge GTI, 20. Bd., 1930, S. 13ff.

86 Nach den Beiträgen GTI, 21. Bd., 1931/1932, S. 148, wurden gegründet:
1901 die Deutsche Gesellschaft für Geschichte der Medizin und Naturwissenschaften,
1906 die Berliner Gesellschaft für Geschichte der Naturwissenschaften, der Medizin und der Technik,
1911 die Gesellschaft für Geschichte der Naturwissenschaften, der Medizin und der Technik am Niederrhein.
Der Verein deutscher Ingenieure war bereits 1856 gegründet worden.

87 *Becker, Walter*, a. a. O., S. 228f.

arten vorbereitet wurden.[88] Bei den Betrieben der MAN-Werke wurden ebenfalls den damaligen Ansprüchen der Unternehmer entsprechende Einrichtungen der Lehrlingsausbildung geschaffen. Das Werk Augsburg hatte bereits 1897 eigene Lehrwerkstätten für Maschinenschlosser- und Dreherlehrlinge eingerichtet, denen einige Jahre später Werkstätten für Modellschreiner-, Former- und Klempnerlehrlinge folgten; dort wurde 1911 auch eine eigene *Lehrlingsfortbildungsschule* gegründet, die staatlicher Aufsicht unterstand, wobei deren Schüler vom Besuch der öffentlichen Fortbildungsschulen befreit waren.[89] Im Nürnberger Betrieb der MAN-Werke bestand eine eigene Werkschule bereits seit der Zeit der Reichsgründung; nach der Jahrhundertwende beschäftigte man sich mit dem weiteren Ausbau dieser Werkschule.[90]

Nach Berthold[91] haben sich in der Zeit vor Ausbruch des ersten Weltkrieges vor allem die „auf dem Lande" gelegenen Maschinenfabriken" „besonders intensiv" mit den Fragen ihres Nachwuchses befaßt und zu diesem Zweck u. a. eigene Lehrwerkstätten und Fortbildungsschulen errichtet.[92] Von der Berliner Maschinenbauindustrie heißt es speziell für die Jahre 1913 und 1914, daß dort die Ausbildung der Lehrlinge „auf hoher Stufe" gestanden hat. Dabei hätten insbesondere Werkschulen für die Ausbildung hochqualifizierter Arbeiter gesorgt, weshalb auch die dortige Maschinenbauindustrie von jeher eine „Elite der Arbeiterschaft" hervorgebracht habe.[93]

Vielfach lassen sich zu diesem Zeitpunkt auch Großbetriebe außerhalb der Hauptstadt bei der Heranbildung des Maschinenbauernachwuchses von den Gedanken leiten, nicht nur dessen fachliche und schulische Ausbildung *innerhalb* ihres eigenen Betriebes abwickeln zu lassen, sondern auch, um diese Ausbildung unter ihrer Kontrolle zu halten. So wird in bezug auf die Ausbildung der Maschinenbauerlehrlinge bei der 1910 gegründeten Demag hervorgehoben, daß die Leitung dieser Firma – bei der Ausbildung des Facharbeiternachwuch-

88 Festschrift Borsig, S. 476.

89 Beiträge GTI, 14. Bd., 1924, S. 182. Matschoss berichtet im 2. Bd. (Jg. 1910) derselben Reihe auf S. 228ff. von der Ausbildung der Lehrlinge in diesen fabrikeigenen Fortbildungsschulen am Beispiel der Maschinenfabrik Gebr. Sulzer in Winterthur; die hier geschilderten Verhältnisse dürften sich nicht wesentlich von denen in ähnlichen Einrichtungen großer deutscher Maschinenfabriken unterschieden haben.

90 Beiträge GTI, 5. Bd., 1913, S. 292. Darüber hinaus wurde in diesem Werk nach der Jahrhundertwende der Ausbildung von Praktikanten und Volontären, d. h. jungen Leuten, die später als Ingenieure tätig sein sollten, großer Wert beigemessen.

91 *Berthold, Karl,* Untersuchungen über den Standort der Maschinen-Industrie in Deutschland, Jena 1915, S. 123.

92 Festschrift Schwartzkopff, S. 115ff. Danach errichtete dieses Unternehmen 1920 in Wildau eine eigene Werkschule mit angeschlossener Lehrlingswerkstatt, nachdem vorher die Lehrlinge zum Besuch einer allgemeinen Fortbildungsschule verpflichtet waren.

93 *Doogs, Kurt,* a. a. O., S. 69.

ses den Traditionen von Harkort und Kamp folgend – im Duisburger Werk selbst „den städtischen Fortbildungsschulen ... Schulzimmer eingerichtet hat, um hier Lehrlinge des Werkes in unmittelbarem Zusammenhang mit den Werkstätten unterrichten zu können".[94] Auch bei der *Weiterbildung* der Maschinenbauer versuchten die Unternehmer, unmittelbaren Einfluß auf die Qualifizierung ihrer Arbeiter zu bekommen. So förderte L. Schwartzkopff[95], der bis 1888 Generaldirektor in der Berliner Maschinenbau-Akt. Ges. und dabei „unbeugsam ... den Lehren der Sozialdemokratie gegenüber (war), das Fortbildungswesen, wo er nur konnte. Zahlreiche seiner Ingenieure waren Leiter an diesen Anstalten."

Besonders in den großen Werken der deutschen Maschinenbauindustrie, so im Nürnberger und Gustavsburger Zweigbetrieb der MAN-Werke, wurde großer Wert auf die Ausbildung von Lehrlingen aus dem *eigenen* Arbeiternachwuchs gelegt, damit ein der betreffenden Fabrik treuergebener neuer Arbeiterstamm erzogen werden konnte.[96] So rekrutierten sich 1912 im Nürnberger Betrieb der MAN-Werke bei einer Gesamtzahl von 5225 Arbeitern, „von denen 60 Prozent als gelernte Facharbeiter zu bezeichnen waren", „in der Hauptsache ... die Lehrlinge aus Söhnen eigener Arbeiter".[97] In bezug auf Gustavsburg, wo der Anteil der Facharbeiter zu diesem Zeitpunkt bei etwa 43 Prozent lag, wird nach derselben Quelle geradezu bedauert, daß man „in den letzten Jahren zwischen 8 und 14 Prozent der Lehrlinge aus fremden Familien entnehmen" mußte.[98] Die Maschinenbauunternehmer legten aus Klasseninteressen erst recht bei der Ausbildung der Werkmeister großen Wert auf die Heranbildung aus dem eigenen Arbeiterstamm.[99]

Im Zusammenhang mit der den Erfordernissen des betreffenden Maschinenbaubetriebes angepaßten Qualifizierung der Maschinenbauer steht die Anlage bestimmter *sozialer* Einrichtungen und Anlagen. Dies gilt vor allem in bezug auf die Errichtung von Neubauten und die Verlagerung von Betrieben in die Vororte und die Umgebung der großen Städte.[100] Es handelt sich dabei u. a. um die Errichtung betriebseigener „Beamten-" und Arbeiterwohnungen, womit ein Teil der Beschäftigten fester an den Betrieb gebunden wurde. Als z. B. die Mühlenbauanstalt und Maschinenfabrik vorm. Gebr. Seck in Dresden im Jahre 1889 in Schmiedeberg im Erzgebirge ein Zweigwerk einrichtete, ließ sie dort für

94 *Matschoss, Conrad,* a. a. O., S. 259. Man kann demnach hier von einer Wiederkehr einer Art „Fabrikschulen" von der Mitte des 19. Jahrhunderts, allerdings auf erhöhter Stufe, sprechen.

95 Festschrift Schwartzkopff, S. 24.

96 *Becker, Walter,* a. a. O., S. 229.

97 Beiträge GTI, 5. Bd., 1913, S. 293f.

98 Ebenda.

99 Vgl. ebenda, 2. Bd., 1910, S. 228ff.

100 Bezeichnenderweise sagen auf diesem Gebiet die Fest- und Jubiläumsschriften sowie ähnliche Quellen mehr aus; diese Schriften enthalten vielfach konkretere Angaben über soziale Einrichtungen u. ä., geht es doch hier wieder einmal um das Prestige der einzelnen Unternehmer und um ihr gemeinsames Bemühen, das Proletariat vom Klassenkampf abzuhalten.

„eine größere Anzahl Leute des Werkes“ 17 Arbeiter- und Beamten-Wohnhäuser erbauen. In Schmiedeberg wurde darüber hinaus 1911 unter „finanzieller Beteiligung“ der Firma Gebr. Seck ein „Bauverein“ gegründet, der 55 weitere Häuser mit je zwei bis vier Wohnungen errichten ließ.[101] Beim Erwerb eines neuen Grundstückes in Reisholz bei Düsseldorf für ihre Betriebsanlagen durch die Fa. Düsseldorfer Eisenbahnbedarf vorm. Carl Weyer & Co. in Düsseldorf-Oberbilk[102] ließ die Düsseldorfer Firma neben drei Wohnhäusern für ihre „Beamten“ auch 46 Arbeiterwohnhäuser errichten; daneben wurde – neben den dazugehörigen Geschäftshäusern – eine betriebseigene Straße von etwa 280 m Länge angelegt.[103]

In diesem Zusammenhang verdienen auch die werkseigenen Unterstützungskassen für Arbeiter, Meister und wiederum „Beamte“ Beachtung, wobei in der Regel bei dieser Art „Unterstützung“ durchaus kein rechtlicher Anspruch auf die Zahlung irgendwelcher Zuwendungen bestand[104], vielmehr von den Betriebsleitungen ganz im Sinne der Bildung eines den Leitungen „treuergebenen“ Stammes von langjährig „dienenden“ Arbeitern betätigt wurde. Demselben Zweck dienten auch vereinzelte, bei besonderen Anlässen den Maschinenbauarbeitern gewährte Zugeständnisse, wie z. B. der seit 1907 – aus Anlaß der Fertigstellung der 5000. Lokomotive – bei der Hannoverschen Maschinenbau A.G. vorm. G. Egestorff an alle Arbeiter, die mindestens fünf Jahre im Werk tätig waren, jährlich gewährte bezahlte einwöchige Erholungsurlaub.[105]

Es gab daneben noch raffiniertere Versuche einzelner Unternehmer der Maschinenbauindustrie, die Arbeiter auf ihre Seite zu ziehen. Ein solcher Versuch bestand z. B. in der Ausgabe von Aktien an bestimmte Betriebsangehörige und in ähnlichen „Vergünstigungen.“ Nach der 1873 erfolgten Gründung der Maschinenbau A.G. Nürnberg[106] war in diesem Unternehmen auch eine allgemeine „Reorganisation im Innern“ des Betriebes, d. h. eine neue, „großzügige und fortschrittliche Fabrik- und Arbeiterordnung“ vorgesehen. Dadurch sollten „alle zu Teilnehmern am Gewinn unseres Geschäftes“ werden. Obwohl der Plan infolge „der Verschlechterung der Geschäftslage“, d. h. speziell des Aufkommens einer zyklischen Krise, bald wieder fallengelassen wurde, waren doch bereits

101 Handbuch der Deutschen Aktien-Gesellschaften, Ausg. 1915/1916, T. II, S. 718.
102 Ebenda, S. 721.
103 Oft wurde die Errichtung der Arbeiterwohnhäuser wie auch die Sorge um andere soziale Einrichtungen sog. Werkvereinen übertragen, die den auf Klassenkampf eingestellten proletarischen Gewerkschaften in den Rücken fielen.
104 Nach *Däbritz, Walther / Metzelin, Erich*, Hundert Jahre Hanomag, Düsseldorf 1935, S. 115f. war dies z. B. der Fall bei der von der Hannoverschen Maschinenbau A.G. im Jahre 1896 gegründeten Witwen- und Waisenkasse für Beamte, Meister und Arbeiter.
105 *Dieselben*, a. a. .O., S. 115f.; *Glaser, Eduard*, Hannoversche Maschinenbau A. G. vorm. Georg Egestorff zu Linden vor Hannover, Diss., Halle 1909, S. 40.
106 *Büchner, Fritz*, Hundert Jahre Geschichte der Maschinenfabrik Augsburg-Nürnberg (MAN 1840–1940), o. J., S. 91ff.

vom Gründungskapital der Aktiengesellschaft von 0,9 Millionen Talern oder 2,7 Millionen Mark (bei insgesamt 4500 Aktien) allein 500 Aktien (von je 600 Mark) „an etwa 80 nahestehende Personen, in der Hauptsache technischen und kaufmännischen Beamten der Fabrik, Werkmeistern, Vorarbeitern und einzelnen älteren Arbeitern geschenkweise unter gewissen Bedingungen überlassen" worden. Dadurch sollen 380 Personen „auch finanziell für die weitere Entwicklung der Firma interessiert worden" sein.[107]

Ein derartiger Vorgang war bereits zum damaligen Zeitpunkt kein Einzelfall mehr. So hatte der Hauptaktionär und frühere Inhaber der Wertheimschen Nähmaschinenfabrik A.G. in Frankfurt am Main in den 80er Jahren des vorigen Jahrhunderts eine „Beteiligung" seiner Arbeiter vorgesehen und diesen auch „Anteile" in Höhe von je 100 Mark an aufwärts zugebilligt. Zu Wertheims Erstaunen aber wurde trotz Verzinsung mit 5 Prozent und Teilnahme am Reingewinn „von dieser gutgemeinten Vergünstigung . . . nur wenig Gebrauch gemacht", denn „die meisten Arbeiter witterten ein verstecktes Mittel zum Niederhalten der Löhne dahinter, und bei Licht betrachtet konnte eine Mehreinnahme (von etwa 15 Mark im Jahr) kein besonderes Lockmittel sein, seine Freizügigkeit . . . eingeschränkt zu wissen". Daher gab es auch Sticheleien und höhnische Bemerkungen denjenigen Arbeitern gegenüber, die sich an Wertheims System beteiligten, denn: „Einen Vorteil muß doch der Alte davon haben, sonst machte er so etwas nicht."[108]

Diese von einigen Großbetrieben der Maschinenbaubranche einer bestimmten Kategorie von Arbeitern ihrer Betriebe gewährten oder auch nur angebotenen geringfügigen sozialen oder auch wirtschaftlichen Zugeständnissen stellten in Wirklichkeit eben nur Scheinlösungen dar, die über das Bestehen und die zunehmende Verschärfung des Grundwiderspruchs des Kapitalismus hinwegtäuschen sollten; deshalb gab es auch deutliche Anzeichen dafür, daß die Arbeiter – auch der Maschinenbauindustrie – in der Mehrzahl der Fälle nicht gewillt waren, auf die Dauer auf derartige „Zugeständnisse" einzugehen.

107 Beiträge GTI, 5. Bd., 1913, S. 279.
108 Zitiert nach: Beiträge GTI, 13. Bd., 1923, S. 37.

Die Rolle von Konstruktionsbüros und technischen Versuchsanstalten in der deutschen Maschinenbauindustrie während der Zeit des Übergangs zum Monopolkapitalismus

Nachdem bereits in den 60er Jahren des 19. Jahrhunderts in größeren deutschen Maschinenfabriken eigene Konstruktionsabteilungen anzutreffen waren [1], statteten sich im Verlauf der zunehmenden wissenschaftlichen Durchdringung des Produktionsprozesses im Maschinenbau bis zur Zeit der Jahrhundertwende alle namhaften Maschinenfabriken mit eigenen Konstruktionsbüros aus.[2] Darüber hinaus besaßen damals einzelne dieser Betriebe auch eigene Versuchsstationen.

Um 1900 hatten jedoch die Aufgaben vieler Konstruktionsabteilungen und -büros gegenüber denen zur Zeit der Reichsgründung eine Erweiterung und Differenzierung ihrer Aufgaben erfahren. Vielfach ging es nun darum, bestimmte *Normalien*, zumindest für die Hauptmaschinenelemente, zu erarbeiten. Das war insbesondere bei Großbetrieben der Fall, die sich im Zentralisationsprozeß bereits andere, schwächere Maschinenfabriken angegliedert hatten.[3]

Durch die Monopolisierung wird „im besonderen ... auch der Prozeß der technischen Erfindungen und Vervollkommnungen vergesellschaftet".[4] Bei der

1 *Becker, Walter*, Die Entwicklung der deutschen Maschinenbauindustrie von 1850 bis 1870, in: *Schröter/Becker*, Die deutsche Maschinenbauindustrie in der industriellen Revolution (Veröffentlichungen des Instituts für Wirtschaftsgeschichte an der Hochschule für Ökonomie Berlin-Karlshorst, Bd. 2, Berlin 1962), S. 200. Auch *Sartorius von Waltershausen, August*, Deutsche Wirtschaftsgeschichte 1815–1914, Jena 1923, S. 169, spricht in bezug auf Anfang der 60er Jahre von eigenen Konstruktionsabteilungen bei Maschinenfabriken.

2 Vgl. dazu *Castner/Dalchow/Haedicke* u. a., Die Verarbeitung der Metalle, Leipzig, o. J. (1900), S. 113.

3 Beeinträchtigt werden die Untersuchungen durch die aus Konkurrenzgründen beobachteten Maßnahmen vieler Maschinenfabriken, die Ergebnisse der Versuche ihrer technischen Einrichtungen geheimzuhalten. Im Zusammenhang mit der Einrichtung einer Versuchsanstalt für die Erprobung von Bergwerksmaschinen bei der Maschinenbau-Anstalt Humboldt in Köln-Kalk heißt es z. B.: „Selbstredend wird über diese Versuche und ihre Ergebnisse stets Geheimhaltung bewahrt." „50 Jahre deutscher Arbeit" / Maschinenbau-Anstalt Humboldt in Kalk b. Köln (Denkschrift zur Erinnerung an das 50jährige Bestehen 1856–1906), Köln, o. J. (1906), S. 47).

4 *Lenin, W. I.*, Der Imperialismus als höchstes Stadium des Kapitalismus, in:

deutschen Maschinenbauindustrie handelt es sich bis zum Ausbruch des ersten Weltkriegs jedoch erst um bescheidene Anfänge der von Mottek[5] in bezug auf den gegenwärtigen Entwicklungsstand der Monopole analysierten Erfindungsindustrie, die ihren Ausdruck findet „in den modernen Konstruktionsbüros, den technischen Unternehmungen, den Laboratorien der Konzerne der Gegenwart, den Fabriken, die man eben als Erfindungsfabriken bezeichenn kann" und die sich gegenwärtig im Kapitalismus im wesentlichen in staatlichen Händen befinden. Nach Untersuchungen über den Anteil des produktionsvorbereitenden Bereichs in Forschung und Entwicklung am *gesamten* Reproduktionsprozeß wurde festgestellt,[6] daß um die Jahrhundertwende in verschiedenen Großbetrieben die Anzahl der Techniker und Ingenieure in der Forschung und im Fertigungsprozeß lediglich 4 Prozent der Gesamtbeschäftigten betrug, zur selben Zeit, als noch etwa 70 Prozent der Belegschaftsmitglieder unmittelbar mit der Fertigung der Erzeugnisse beschäftigt waren. Bis 1930 stieg dann die Anzahl der in der Forschung und im Fertigungsprozeß beschäftigten Techniker und Ingenieure auf 25 Prozent, bis 1960 auf 30 Prozent an; die entsprechenden Werte für die unmittelbar mit der Fertigung der Erzeugnisse beschäftigten Belegschaftsmitglieder sanken in den gleichen Zeiträumen zunächst auf 50 Prozent, zuletzt auf nur noch 15 Prozent.[7]

Der *Stand* der wissenschaftlichen Durchdringung des Produktionsprozesses innerhalb der deutschen Maschinenbauindustrie darf bis zur Zeit um die Jahrhundertwende als nicht zu hoch angesehen werden. Das gilt u. a. auch für die Festlegung der Genauigkeit der Maße u. ä. Wenn schon seit dem Ende des 18. Jahrhunderts im oberschlesischen Bergwerksrevier für den Bau von maschinellen Einrichtungen „richtige Werkstattzeichnungen mit Maßen im Gebrauch" gewesen sind, „während in Privatfabriken noch nach 1840 die ersten Entwürfe mit Kreide auf ein Brett gezeichnet wurden"[8], so wurden im deutschen Maschi-

Werke, Bd. 22, Berlin 1960, S. 209. Vgl. auch S. 208, wo von in Monopolen beschäftigten sog. developing engineers die Rede ist, „welche die Aufgabe haben, neue Herstellungsverfahren zu erdenken und technische Verbesserungen auszuproben". Dabei werden z. B. vom amerikanischen Stahltrust Prämien für Erfindungen gezahlt, „welche geeignet sind, den technischen Gütegrad eines Betriebes zu steigern oder die Gestehungskosten zu erniedrigen".

5 *Mottek, Hans*, Zu einigen Fragen der Entwicklung der Produktivkräfte und ihrer gesellschaftlichen Bedingungen, in: Jb. f. Wirtschaftsgeschichte, Jg. 1964, T. II/III, S. 194. Vgl. dazu auch *Bernal, J. D.*, Die Wissenschaft in der Geschichte, Berlin 1967, S. 366.

6 Vgl. *Kusicka, H.*, Forschen, entwickeln, rationalisieren (Produktion und Wissenschaft), in: Neues Deutschland, Nr. 200 v. 23. 7. 1966.

7 Vgl. auch den Artikel „Forcierte Konzernforschung", in: Neues Deutschland, Nr. 196 v. 19. 7. 1966, wonach nach der „jüngsten Geschäftsübersicht" in den Farbwerken Hoechst 13% der Belegschaft in den Abteilungen Forschung, Entwicklung und Verfahrenstechnik beschäftigt waren.

8 Beiträge zur Geschichte der Technik und Industrie (im folgenden: Beiträge GTI), 9. Bd., 1919, S. 99.

nenbau doch noch lange dem „Gefühl des Konstrukteurs" und „gefälligen" Formen für die Maschinenteile besondere Bedeutung beigemessen.[9]

Carl von Bach, der bekannte Technologe auf dem Gebiet der Maschinenbauindustrie und Professor an der Technischen Hochschule Stuttgart, gibt folgende Einschätzung[10]: „Es gab eine Zeit ..., in welcher die Ansicht – namentlich in Deutschland – ziemlich verbreitet war..., daß man die Technik vorwiegend durch mathematische Entwicklungen, durch Aufstellung neuer Theorien, fördern könne ... In neuerer Zeit (um 1890 – d. Verf.) hat sich eine andere Richtung mehr und mehr Geltung zu verschaffen gewußt, eine Richtung, welche zwar auch die Gesetzmäßigkeiten der Vorgänge zu ergründen und in das Gewand der Mathematik zu kleiden sucht, welche jedoch bestrebt ist, dies erst zu tun, nachdem sie *durch den Versuch* (Hervorhebung von mir – d. Verf.) die Erfahrungsgrundlagen für die Rechnungen nach Möglichkeit sichergestellt hat; welche es ablehnt, die gefundenen Ergebnisse zu verallgemeinern, solange das vorliegende Versuchsmaterial hierzu ungenügend erscheint, und welche einen Hauptwert auf die lebendige Anschauung von den tatsächlichen Vorgängen legt."

Von hier war es naturgemäß noch ein weiter Weg bis zur *Durchsetzung* wissenschaftlicher Methoden im Maschinenbau, sowohl in der Konstruktion als auch in der Produktionstechnologie. Fortschritte erfolgten zweifellos u. a. im Zusammenhang mit der Entwicklung der Chemie und der Physik einschließlich der Mechanik und der Festigungslehre mit der allmählichen Herausbildung der „Materialprüfung aus der handwerksmäßigen empirischen Erprobung ... zur wissenschaftlichen Werkstofforschung".[11] Beachtenswert ist dabei, daß in der Zeit nach der Jahrhundertwende durch die Einführung neuer Werkstoffe, z. B. des fabrikmäßig hergestellten Aluminiums und neuartiger Legierungen neue Aufgaben gestellt wurden.

Buxbaum[12] hebt hervor, daß nach der Jahrhundertwende „die systematische Untersuchung der Maschinen, Werkzeuge und Werkstoffe in Deutschland gründlicher entwickelt" war „als anderswo". Dabei spielte der Umstand eine entscheidende Rolle, daß die Führung im Werkzeugmaschinenbau „... aus den Händen reiner Praktiker in die wissenschaftlich geschulter Fachleute überging". Denn so konnte er „den ihm gebührenden Platz in der technischen Wissenschaft und der Literatur" erhalten „und endlich methodisch durchgearbeitet werden".[13] Diese „methodisch wissenschaftliche und kritische Durchbildung" konnte nicht allein in der Betriebsforschung, sondern „auch in der Werkstattechnik fruchtbringend wirken... Das zeigte sich beispielsweise darin, daß die Grenzlehren ... in Deutschland rascher und weitgehender durchge-

9 Ebenda, 8. Bd., 1918, S. 35ff. Vgl. die Ausführungen von Reuleaux in seinem Lehrbuch „Konstrukteur".

10 Ebenda, 4. Bd., 1912, S. 150, Fußn. 1.

11 Ebenda, 28. Bd., 1939, S. 1ff.

12 *Buxbaum, B.*, Der deutsche Werkzeugmaschinen- und Werkzeugbau im 19. Jahrhundert, in: Beiträge GTI, 9. Bd., 1919, S. 128.

13 Ebenda.

führt" wurden „als in Amerika"[14], waoei noch der Umstand hervorgehoben wird, daß nunmehr „die in Deutschland üblichen Genauigkeitsgrenzen enger seien als die in Amerika und England gebräuchlichen", ja sogar „häufig übertrieben eng" gewesen seien.[15]

Wie sehr noch in der Zeit kurz vor der Jahrhundertwende in der deutschen Maschinenbauindustrie der Praxis der Vorrang vor der Anwendung wissenschaftlicher Methoden gegeben wurde, ist aus folgendem Beispiel ersichtlich[16]: Als 1892 die Braunschweiger Firma Grimme, Natalis & Co., die bis zu diesem Zeitpunkt in der Hauptsache Nähmaschinen und daneben Öfen sowie andere Haushaltgegenstände hergestellt hatte, auch die Produktion von Rechenmaschinen aufnehmen wollte, schätzte die Leitung dieser Firma das Urteil der „Männer der Wissenschaft" noch gering ein. „Prof. Mehenke von der Techn. Hochschule in Stuttgart, ... Autorität auf dem Gebiet des Rechenmaschinenwesens, (sei) kaum über das Erkennen der Mängel der ursprünglichen Odhner-Maschine" hinausgekommen. Die Aufnahme der Rechenmaschinenproduktion in diesem Werk sei dagegen auf die Initiative der „Männer der Praxis" zurückzuführen. Zu einer engen und für beide Teile befriedigenden Verbindung zwischen Wissenschaft und Praxis kann es eben erst kommen, wenn der Stand der Wissenschaft den Erfordernissen der Praxis entspricht.

Die Einrichtung von speziellen *Konstruktionsbüros* und ähnlichen Anlagen hat sich offenbar infolge der Traditionsgebundenheit vieler Maschinenbauunternehmer oder einfach infolge des Fehlens der für solche Anlagen benötigten Kapitalien nicht immer reibungslos durchgesetzt. Dabei hat sicher auch noch die lange praktizierte Kundenproduktion eine Rolle gespielt. Von den Erzeugnissen der Märkischen Maschinenbauanstalt vorm. Kamp & Co. in Wetter an der Ruhr heißt es noch für die 70er und 80er Jahre[17]: „Wieweit das Vertrauen der Hüttenindustrie ... ging, läßt sich aus der Tatsache ermessen, daß ... nicht selten ganze Walzwerksanlagen mit allem Zubehör in Auftrag gegeben wurden, ohne daß man daran dachte, vorher Konstruktion und Preis festzulegen." Dabei ist zu beachten, daß die Konstruktionen in dieser Zeit nicht selten das Werk *einzelner* bedeutender Konstrukteure, wie des Ingenieurs Bredt bei der Fa. Ludwig Stuckenholz, ebenfalls in Wetter an der Ruhr, waren. Sie wurden vielfach rücksichtslos von der Konkurrenz nachgebaut.[18]

14 Erst um 1904 war in Deutschland „ein Grenzlehrensystem für den Maschinenbau herausgebracht" worden (vgl. Beiträge GTI, 29. Bd., 1940, S. 137).

15 Ebenda, 9. Bd., 1919, S. 128.

16 Brunsviga-Maschinenwerke Grimme, Natalis & Co. A.G. Braunschweig (Sonderheft 1936), Braunschweig, o. J. (1936), S. 20f.

17 *Matschoss, Conrad,* Ein Jahrhundert deutscher Maschinenbau 1819–1919, Berlin 1919, S. 123.

18 Vgl. ebenda, S. 133ff. Unter anderem wird in einer um 1895 herausgegebenen Denkschrift Klage darüber geführt, daß auch andere Firmen Bredts Zeichnungen mit den Worten „Laufkrahn in bewährter Konstruktion" herausgebracht hätten.

Eigene Konstruktionsabteilungen entstanden vor allem gegen die Jahrhundertwende im Zuge der zyklischen Entwicklung bei der Errichtung von Neubauten und der Einrichtung neuer Betriebe. So wurde die 1896 gegründete Waggon- und Maschinenfabrik A.G. vorm. Busch in Bautzen von vornherein mit technischen und kaufmännischen Büros ausgestattet.[19] In der Benrather Maschinenfabrik[20] erfolgte 1898 der Bau einer neuen Konstruktionswerkstätte, wo u. a. bestimmte Normalien ausgearbeitet wurden in der Absicht, vor allem „Laufkatzen reihenweise auf Vorrat zu produzieren". Als 1896 mit dem Bau für Borsig in Tegel begonnen wurde[21], erhielt das dort errichtete neue Verwaltungsgebäude auch technische Abteilungen, Zeichnungsarchive und eine Lichtpauserei. Es war „überhaupt ... ein Kennzeichen jener Zeit, daß jeder Auftrag sehr viele neue Konstruktionsarbeit erforderte. Die Verdichter (für Eis- und Kälteanlagen – d. Verf.) mußten ... jeweils eigens entworfen werden; ebenso wurden die Apparate stets den örtlichen Verhältnissen angepaßt. An Lagerhaltung war infolge der hohen Kosten und der individuellen Bauweise nicht zu denken".[22]

Die für den Unterhalt eigener Konstruktionsabteilungen aufgewendeten Summen sind in Zeiten der Krise und der Depression oft als drückend empfunden worden. So waren Anfang der 80er Jahre bei der Süddeutschen Brückenbau A.G. in Gustavsburg, obwohl noch bedeutende Aufträge vorlagen, „in den letzten Jahren ... besonders die Kosten für das Konstruktionsbüro unrentabel geworden".[23] Kurz vor der Jahrhundertwende bei der Fusion des Gesamtwerkes zur Vereinigten Maschinenfabrik Augsburg und Maschinenbaugesellschaft Nürnberg A.G. (1898) war Anton Rieppel u. a. davon ausgegangen, „das teure technische Personal der Konstruktionsbüros" zu veringern.[24] Die hierfür aufgewendeten Kosten sind infolge der zunehmenden wissenschaftlichen Durchdringung des Produktionsprozesses nicht niedriger, sondern ständig höher geworden. So stieg z. B. bei der 1910 in der Deutschen Maschinenfabrik A.G. in Duisburg aufgegangenen Benrather Maschinenfabrik A.G. der Anteil der Unkosten für Auftragswerbung, Konstruktion und Montage von 3,4 Prozent der Auftragssumme im Jahre 1906 auf 7,88 Prozent im Jahre 1908.[25]

19 Handbuch der Deutschen Aktien-Gesellschaften, Ausg. 1915/1916 (im folgenden: Handbuch DAG), T. II, S. 671.

20 *Matschoss, Conrad,* a. a. O., S. 190f. Einzelne Unternehmen, wie die Fa. Gebr. Körting in Körtingsdorf bei Hannover sind überhaupt als Konstruktionswerkstätten gegründet worden und haben im Verlauf ihrer Entwicklung auch technische Büros im Ausland eingerichtet (vgl. Beiträge GTI, 1. Bd., 1909, S. 201ff.).

21 Festschrift – Deutscher Maschinenbau 1837–1937 im Spiegel des Werkes Borsig, Berlin 1937 (im folgenden: Festschrift Borsig), S. 37.

22 Ebenda, S. 312.

23 *Büchner, Fritz,* Hundert Jahre Geschichte der Maschinenfabrik Augsburg-Nürnberg (MAN 1840–1940), o. J., S. 106.

24 Ebenda, S. 128.

25 *Matschoss, Conrad,* a. a. O., S. 213.

Beim Zusammenschluß bedeutender Werke der deutschen Maschinenbauindustrie waren in bezug auf die Einrichtung bzw. Zusammenlegung von Konstruktionsbüros – neben den rein kommerziellen – auch technische Überlegungen maßgebend. Diese Seite des Verschmelzungsprozesses wird z. B. bei der Demag in folgender Weise eingeschätzt[26]: „Sehr viel Überlegung erforderte die Verteilung der Aufträge. Zunächst dachte man daran, die Bauarten auf die einzelnen Firmen in der Weise zu verteilen, daß die eine nur noch Laufkrane und die andere nur Drehkrane usw. bauen sollte ... (Es) zeigte sich, daß diese Form der Verteilung zu ganz ungleichmäßiger Beschäftigung der einzelnen Firmen führen würde... Hinzu kam noch als große Schwierigkeit, daß keine der Firmen – und vor allem keiner der Ingenieure – Konstruktionen abgeben wollte, die man mit vieler Mühe praktisch brauchbar entwickelt hatte. Man glaubte auch, daß bei großen Aufträgen, die sich aus den verschiedensten Kranbauarten zusammensetzen konnten, die Auftraggeber kaum damit einverstanden sein würden, wenn Teile des Auftrages anderen Firmen übertragen würden... Man schlug dagegen vor, jede der beteiligten Firmen solle im wesentlichen nur das anbieten, was sie bereits ausgeführt habe, und möglichst wenig von Normalkonstruktionen abweichen, auch auf den augenblicklichen Stand der Fabrikation sei Rücksicht zu nehmen. Dieser Gedanke mußte den technischen Fortschritt erschweren und konnte kaum eine gerechte Verteilung sichern.

Wesentlicher war der Hinweis auf die großen Vorteile, die zu erreichen sein mußten, wenn man dazu überging, die Hauptmaschinenelemente innerhalb der drei Firmen zu normalisieren. Die Einzelheiten sollten so weitgehend festgelegt werden, daß man die Teile auf Vorrat herstellen konnte. Kurze Lieferfristen und billige Herstellung waren so zu erreichen. Die eine Firma konnte der anderen aushelfen... Erfahrungen der einzelnen Firmen würden hierbei zwanglos ausgetauscht und die technischen Entwicklungsmöglichkeiten nicht allzu stark eingeschränkt werden.“

So wurde auch bei der Verschmelzung verfahren. Dabei war es letzten Endes darum gegangen, durch die Festsetzung einheitlicher Normen, zumindest für die wichtigsten Maschinenelemente, eine Vorratsproduktion auf diesem Sektor durchzusetzen. Daneben konnten natürlich auch andere wichtige Geschäftsbereiche wesentlich vereinfacht und damit auch Kosten gespart werden. Das galt z. B. für die Schaffung eines einheitlichen großen Patentbüros, für die Zusammenfassung der Abteilungen für Verwaltung, Werbetätigkeit usw.

Auf ähnliche Weise wurde auch bei der Verschmelzung anderer großer Werke des Maschinenbaus vorgegangen, was mitunter mit erheblichen Schwierigkeiten verbunden war. So heißt es in bezug auf die 1909 erfolgte Gründung der Fa. Orenstein & Koppel-Arthur Koppel A.G.[27], daß infolge des Zusammenschlusses der beiden Hauptbetriebe und der Angliederung einiger kleiner Maschinenfabriken im Hinblick auf die Verschiedenartigkeit der Konstruktionen „eine

26 Ebenda, S. 213.

27 Orenstein & Koppel – Arthur Koppel A.G. (Denkschrift anläßlich der Fertigstellung der 5000. Lokomotive), Berlin 1913, S. 39ff.

gewisse interne Konkurrenz" entstanden sei. Erst durch die Schaffung eines einheitlichen Normalienbüros, das der Generaldirektion direkt unterstellt wurde, sei es möglich geworden, bestimmte Grundtypen zu schaffen, um auf dieser Grundlage zur Massenfabrikation überzugehen. 1913 verfügte dieser Konzern, der 12 Fabriken umfaßte und etwa 95 in- und ausländischeNiederlassungen unterhielt, über ein einheitliches technisches Büro mit einem Oberingenieur an der Spitze[28], dem „führende Männer der Wissenschaft" beratend zur Seite standen. In diesem Zusammenhang wird auch auf die Bedeutung der Führung einer laufenden Statistik, „um nicht erst nach Abschluß der Jahresbilanz umdisponieren zu müssen", besonders hingewiesen.[29]

In der Zeit nach der Reichsgründung wurden innerhalb der deutschen Maschinenbauindustrie in zunehmendem Maße auch *Versuchsstationen* errichtet. Das war z. B. im Jahre 1893 bei der Maschinenfabrik Augsburg A.G. der Fall, um hier auf gemeinsame Kosten mit dem Erfinder des Dieselmotors, Rudolf Diesel, einen Versuchsmotor zu bauen und zu erproben.[30] Bei den stark für die Rüstungsindustrie arbeitenden Schichauwerken in Elbing wurde in der Zeit nach der Jahrhundertwende ein Prüffeld für Turbinen den bestehenden Produktionswerkstätten angegliedert. Hier wurden „alle Turbinen bis zu 25000 PS Einzelleistung . . . vor dem Einbau in das Schiff auf Vollast geprüft wie auch Manövrierversuchen unterworfen".[31] Innerhalb der Betriebsanlage der Maschinenbauanstalt Humboldt in Köln-Kalk bestand 1906 ein ganzes System von Versuchsanstalten: Eine Versuchsanstalt mit den Abteilungen „Elektromagnetische Versuchsstation" und „Versuchsanstalt für nasse Aufbereitung" war zuerst errichtet worden; in Angriff genommen war darüber hinaus die Errichtung einer Versuchsanstalt für Erzaufbereitung, Kohlenaufbereitung und Zerkleinerung sowie einer metallurgischen Versuchsanstalt für Probeschmelzungen der zu verhüttenden Erze, um „definitive Unterlagen über die beste Art der Verhüttung zu gewinnen".[32]

Die Hannoversche Maschinenbau-Akt. Ges. vorm. G. Egestorff verfügte 1914 über eine „Mechanische Prüfungs- und Chemische Versuchsanstalt für Zerreiß- und ähnliche Proben mit Spezialprüfmaschinen, Analysen von Metallen, Wasser, Öl, Heizwertbestimmungen von Brennstoffen, Mikrophotographie von Metallschliffen, Untersuchung von Abwässern und Abfallstoffen, Schleuderversuche mit schlammigen Materialien u. ä.".[33] Innerhalb der Maschinenfabrik Buckau

28 Ebenda, S. 31 ff.

29 Ebenda.

30 *Büchner, Fritz*, a. a. O., S. 54.

31 Die Schichauwerke in Elbing, Danzig und Pillau 1837–1912, o. J. (1912), S. 116.

32 „50 Jahre deutscher Arbeit" / Maschinenbau-Anstalt Humboldt in Kalk b. Köln (Denkschrift zur Erinnerung an das 50jährige Bestehen 1856–1906), Köln, o. J. (1906), S. 47 bzw. S. 84.

33 *Däbritz, Walther / Metzelin, Erich,* Hundert Jahre Hanomag (Geschichte der Hannoverschen Maschinenbau-Aktien-gesellschaft vorm. Georg Egestorff in Hannover 1835 bis 1935), Düsseldorf 1935, S. 120.

bestand je eine Versuchsstation für Brikettieranlagen und (im Sudenburger Werk) für Ziegelei- und Kalksandsteinfabrikationsanlagen".[34]

Noch vor der Jahrhundertwende existierten eine Anzahl Versuchsstationen für die verschiedenen Abteilungen der Ludwigshafener Filiale der Maschinenfabrik und Eisengießerei von Gebr. Sulzer in Winterthur, in der eigene Abteilungen für den Bau von Heizungsanlagen, Pumpen, Dampf- und Dieselmaschinen sowie Ventilatoren bestanden bzw. noch errichtet wurden.[35] In diese Zeit fällt auch die Errichtung einer Versuchsstation bei der Maschinen- und Bronzewarenfabrik von L. A. Riedinger in Augsburg zu „eingehender Untersuchung über die Kraftverteilung durch Druckluft und Ermittlung genauer Betriebsergebnisse an einer in der Fabrik durchgeführten derartigen Kraftverteilung".[36] Darüber hinaus errichtete die Maschinenfabrik von J. M. Voith in Heidenheim a. d. Brenz[37], die bereits 1874 eine Versuchsschleiferei für den Bau von Holzschleifern eingerichtet hatte, 1900 ihre erste Versuchsanstalt für die Erprobung von Turbinen und Reglern. In den folgenden Jahren, nach der Anlage ihres Zweigwerkes in St. Pölten in Niederösterreich, legte sie eine weitere Versuchsanstalt in Verbindung mit einer Pumpspeicheranlage an. Voith soll auch einer der ersten Unternehmer gewesen sein, der die Zeichenräume mit stehenden Reißbrettern ausstatten ließ.

Auch für die aufstrebende Fahrzeugindustrie wurden entsprechend ausgerüstete Versuchsstationen errichtet. Das war z. B. der Fall bei den Daimler-Werken, die in ihrem Betrieb in Berlin-Marienfelde eine eigene Probierstation einrichteten[38]; die Adler-Werke in Frankfurt am Main besaßen vor 1914 ein eigenes Velodrom, das auch zu Ausstellungszwecken benutzt wurde.[39]

Welche vielfältigen Aufgaben damals die von den Unternehmen errichteten Versuchsstationen erhielten, geht daraus hervor, daß die Holzbearbeitungsmaschinen produzierende Aktiengesellschaft von Kirchner & Co. in Leipzig-Sellerhausen[40] Ende 1908 ein Dampfsägewerk zum Preise von 152000 Mark erwarb, „um es als Probierstation für die von der Gesellschaft angefertigten Sägemaschinen zu benutzen und diese den Interessenten im Betriebe vorzuführen".

In der Zeit zwischen der Reichsgründung und dem Ausbruch des ersten Weltkrieges wurden auch *landwirtschaftliche* Versuchsstationen errichtet. Bei den Landmaschinenfabriken geht es einmal um die Konstruktion und die Produktion von landwirtschaftlichen *Maschinen*, Apparaten und Geräten, zum anderen um deren *Erprobung*. Man trifft daher in den bestausgerüsteten Betrie-

34 Handbuch DAG, T. I, S. 1156f.
35 Beiträge GTI, 2. Bd., 1910, S. 233f.
36 Ebenda, 14. Bd., 1924, S. 183.
37 Ebenda, 19. Bd., 1929, S. 67ff.
38 Handbuch DAG, T. I, S. 1181f.
39 Ebenda, T. I, S. 1120.
40 Ebenda, T. II, S. 774.

ben dieser Branche sowohl maschinell-technische wie auch speziell auf die Landbebauung u. ä. bezogene Versuchseinrichtungen an. Selbstredend stehen diese Einrichtungen untereinander im Zusammenhang. Ein Musterbeispiel dafür bieten die Betriebsanlagen der Mannheimer Firma von Heinrich Lanz.[41] Unter den dort 1903 vorhandenen Anlagen findet man u. a. ein chemisches Laboratorium sowie eine Materialprüfungsanstalt. Im Jahre 1909 wird in den Lokomobilfabriken (im „Südwerk" ein Technisches Büro errichtet. Diesem Technischen Büro sind Konstruktionsbüros angeschlossen mit den dazu gehörigen Zeichensälen, mit je einer Lichtpauserei, einem Photographieraum, mit Archiven und einem Museum. Zu diesem Zeitpunkt verfügen alle größeren Werkstätten der Lokomobilfabrik über Betriebsbüros. In einem anderen Teil des „Südwerks" ist auf einem vorher zur Bebauung mit Feldfrüchten dienenden Gelände seit dem Geschäftsjahr 1902/1903 ein „Ökonomiehof" eingerichtet worden, wo u. a. in der Firma selbst produzierte Dreschmaschinen erprobt werden. *Versuchsfelder* besaßen und benutzten die Landmaschinenfabrik von H. F. Eckert in Berlin-Lichtenberg (vor dem Frankfurter Tor auf dem Eckardtsberg)[42] sowie das Konkurrenzunternehmen von Rudolf Sack in Leipzig-Plagwitz.[43] Die Firma Sack legte 1888 neben dem Fabrikgebäude ein eigenes Versuchsfeld an; allerdings scheiterten damals die Versuche, weil „die technischen Voraussetzungen noch nicht erfüllt waren".[44]

In den größeren Unternehmen der deutschen Maschinenbauindustrie wurden um die Jahrhundertwende verschiedenartige Prüf*methoden* angewendet. Zu diesem Zeitpunkt war schon „eine große Zahl der wichtigsten Prüfmethoden teils durchentwickelt, teils in den Grundlagen vorhanden"...[45] Bei den bereits „durchentwickelten" Prüfmethoden handelte es sich in erster Linie um Zerreißversuche und andere Festigkeitsprüfungen, z. B. um Biege-, Druck- und Verdrehungsversuche sowie um Versuche zur Erprobung der Elastizität der Materialien.[46]

Für die Materialprüfungen kleinerer Betriebe, die keine eigenen Prüfungseinrichtungen besaßen, standen öffentliche Prüfanstalten zur Verfügung. Seit 1898

41 *Neubaur, Paul,* Heinrich Lanz (Mannheim), 50 Jahre des Wirkens in Landwirtschaft und Industrie 1859–1909, Berlin, o. J. (1910), S. 152ff., 297ff. u. 311ff. Auch die große Eisengießerei der Fa. Gebr. Sulzer in Winterthur verfügte bereits 1900 über ein chemisches Laboratorium (vgl. Beiträge GTI, 2. Bd., 1910, S. 224ff.).

42 Geschichtskalender der Eckertwerke 1846–1921. Hrsg. anläßlich des 75jährigen Bestehens von der Akt.-Ges. H. F. Eckert, Berlin-Lichtenberg, o. J. (1921), S. 12f.

43 Die Chronik des Hauses Rud. Sack Leipzig – 1863 bis 1938. Hrsg. zum 75. Jubiläum, 1938, S. 40ff.

44 Ebenda, S. 101. Diese Bemerkung bezieht sich offenbar auf die in dieser Zeit beabsichtigten Reformvorschläge der Fa. Sack.

45 Beiträge GTI, 28. Bd., 1939, S. 2f.

46 Ebenda.

existierte auch eine – aus privaten Mitteln gegründete – Zentralstelle für wissenschaftlich-technische Untersuchungen in Neubabelsberg.[47] Schon vorher waren, u. a. auf das Betreiben Carl von Bachs, seit der Zeit der Reichsgründung Materialprüfungsanstalten an verschiedenen technischen Hochschulen bzw. Schulen gegründet worden: So bereits 1871 an der technischen Hochschule München, 1879 am Polytechnikum Zürich, 1882 in Stuttgart und bis Mitte der 80er Jahre in Berlin und Chemnitz.[48]

Eine besonders gute Möglichkeit der Vornahme von Festigkeitsversuchen sowie verschiedener physikalisch-chemischer Untersuchungen boten damals besonders die Einrichtungen der Versuchsanstalten in großen Betrieben der Schwerindustrie.[49] Aber auch führende Betriebe des Maschinenbaus konnten vor dem ersten Weltkrieg eine ganze Reihe derartiger Möglichkeiten aufweisen. Zum Beispiel waren vor 1914 im Tegeler Werk von Borsig vorhanden[50]:

1 Prüfungsmaschine (für Versuche bis 50 t)
1 Achsenprüfmaschine (für Biegungsversuche bis 40 t)
1 Fallwerk für Schlagversuche,
1 Gußeisenprüfmaschine (für Biegungsversuche)
1 Kugeldruckpresse
1 Maschine für Bohrhärteprüfungen u. ä.

Wichtig waren auch eingehende Materialuntersuchungen in den großen Gießereianlagen. Das wird deutlich, wenn man etwa die in der Gasmotorenfabrik Deutz „an 10 verschiedenen Stellen vorhandenen" Prüfmaschinen auf ihre Eigenschaften hin untersucht. In diesem Werk waren 1908 u. a. vorhanden[51]:

(seit 1901)	1 Zerreißmaschine (für Versuche bis 15 t)
(seit 1902)	1 Fallwerk „eigener Konstruktion"
	1 Pendelhammer
	1 Skleroskop
(seit 1901)	1 Gußeisenbiegemaschine (bis 5 t)
(seit 1905)	1 Zerreißmaschine (bis 25 t)
	1 Pyrometer
(seit 1902)	1 Öl- und Lagermetallprüfungsmaschine

Im Zusammenhang mit der rascheren Entwicklung des Maschinenbaus nach der Jahrhundertwende wurden immer höhere und vielfältigere Ansprüche an

47 Ebenda, 4. Bd., 1912, S. 175f.
48 Ebenda, S. 153. Zur Gründung von technischen Hochschulen vgl. auch *Bernal, J. D.*, Die Wissenschaft in der Geschichte, Berlin 1967, S. 367, sowie *Mottek, Hans*, Wirtschaftsgeschichte Deutschlands, Bd. II, Berlin 1964, S. 69.
49 Unter anderem bei der Gelsenkirchener Bergwerks A.G. und dem oberschlesischen Betrieb von Borsig (s. Beiträge GTI, 4. Bd., 1912, S. 178ff.).
50 Ebenda, S. 180.
51 Ebenda, S. 184.

das zu verarbeitende Material[52] gestellt. Das drückte sich im Maschinenbau sowohl in der Anzahl als auch in der Art der angewendeten Prüfungsmaschinen aus. Der Aufwand der Maschinenfabriken für ihre Versuche schwankte vor 1914 zwischen 3000 Mark und 35000 Mark jährlich (bei 1600 bzw. 2000 Proben). Ein Großbetrieb mit 11000 jährlichen Proben konnte seinen entsprechenden Aufwand (1908) auf rund 6600 Mark beschränken.[53]

Mit der Entwicklung und Herstellung der für den Maschinenbau benötigten *Prüfmaschinen* war schon vor 1870 begonnen worden. 1852 wurde von der Fa. Klett & Co. (ab 1873 Maschinenbau A.G. Nürnberg) auf Bestellung der bayrischen Eisenbahnbaukommission eine Festigungsmaschine zum Prüfen der Sicherheit und des Tragvermögens der beim Brückenbau verwendeten eisernen Zugbolzen entworfen und gebaut.[54] In der Folgezeit ist in diesem Nürnberger Werk eine eigene Abteilung für den Bau von Prüfmaschinen entstanden. Daneben wurden auch Unternehmen ins Leben gerufen, die sich ausschließlich oder in erster Linie der Entwicklung und Produktion von Prüfmaschinen und -apparaten widmeten. Dazu gehörte die 1876 errichtete Chemnitzer Firma Max Kohl A.G., die in der Hauptsache physikalische Apparate herstellte.[55]

Eine Zusammenstellung über die Ausbreitung des Materialprüfungswesens im deutschen Maschinenbau ergibt, daß bis 1910 in der Hauptsache Prüfmaschinen von folgenden Unternehmen an Besteller in Deutschland geliefert worden sind[56]: J. Amsler-Laffon & Sohn in Schaffhausen (Schweiz), Maschinenbaugesellschaft Nürnberg, Mannheimer Maschinenfabrik Mohr & Federhaff sowie Maschinenfabrik Albert von Tarnogricki in Essen. Insgesamt wurden „in jedem der letzten Jahre in der deutschen Industrie ... durchschnittlich mehr als 250 Materialprüfungsmaschinen usf. im Werte von mehr als einer halben Million Mark aufgestellt“.[57]

Technisch verwandt mit den Unternehmen und Abteilungen zum Bau von Prüfmaschinen waren die vor 1914 im Maschinenbau sich erst nach und nach herausbildenden Unternehmen der „Erfindungsindustrie“. Zu diesen „besonderen Gesellschaften für technische Forschungen, deren Ergebnisse natürlich nur (den errichtenden Banken – d. Verf.) ‘befreundeten’ Industrieunternehmungen zu-

52 Das trifft u. a. beim Bau von Dampfturbinen und vor allem auch bei solchen Konstruktionen (wie Kraftfahrzeugen und Flugzeugen) zu, bei denen die Gewichtsfrage von einschneidender Bedeutung ist (ebenda, 28. Bd., 1939, S. 3ff.).

53 Ebenda, 4. Bd., 1912, S. 183.

54 *Büchner, Fritz,* a. a. O., S. 198f.; Beiträge GTI, 4. Bd., 1912, S. 151f. Diese 1852 gebaute Werdersche Materialprüfungsmaschine, die 1854 im Glaspalast in München ausgestellt und mit einer Goldmedaille ausgezeichnet worden war, ist noch „bis heute (1913 – d. Verf.) in ihren wesentlichen Teilen unverändert geblieben“. Sie „wird noch heute (1913 – d. Verf.) in vielen Materialprüfungsanstalten mit Vorliebe benutzt“ (Beiträge GTI, 5. Bd., 1913, S. 268).

55 Bayer & Heinze, Die Aktiengesellschaften von Chemnitz und Umgebung, 1. Aufl., Chemnitz 1909, S. 26.

56 Beiträge GTI, 4. Bd., 1912, S. 177f.

57 Ebenda.

gute kommen"[58], gehörte u. a. die 1879 mit einem Anfangskapital von 0,2 Millionen Mark gegründete Gesellschaft für Linde's Eismaschinen in Wiesbaden, die um 1914 über nicht weniger als 12,0 Millionen Mark Aktienkapital verfügte.[59] Der technische Betrieb dieser Gesellschaft gliederte sich in eine Abteilung (A) für die *Projektion* von Kälteerzeugungsanlagen ohne eigene Maschinenfabrik und in eine Abteilung (B) für die *Produktion* von Anlagen zur Gewinnung von Sauerstoff, Stickstoff und Wasserstoff. Immerhin konnten auf diese Weise in diesem „Doppelbetrieb" – bei einer Beschäftigtenzahl von 280 „Beamten" und 340 Arbeitern – in der Zeit von 1906 bis 1914 Umsätze bis zu jährlich 10,9 Millionen Mark (1913) und Dividenden bis zu 11 Prozent (1907) erzielt werden. Zu den Aufgaben der 1899 mit einem Aktienkapital von 0,15 Millionen Mark gegründeten A.G. für Liniir-Apparate, Patent Große, in Leipzig[60] gehörten sowohl der Erwerb als auch die industrielle Verwertung von Patenten und Erfindungen von Liniirvorrichtungen für Druckschnellpressen u. ä. Ein Ingenieurbüro stellte die 1909 in Duisburg von den Firmen Rudolf Meyer in Mülheim a.d. Ruhr und August Borsig in Berlin-Tegel zu gleichen Teilen mit je 0,3 Millionen Mark Kapital gegründete Hydraulik G.m.b.H. dar, indem das Büro auf dem Gebiet der hydraulischen Pressen „Aufträge einholt, Projekte bearbeitet und alle konstruktive Arbeit leistet".[61] Diese „enge Gemeinschaftsarbeit" umfaßte nicht die Produktion, die von den beiden Gründerfirmen getrennt vorgenommen wurde. Dabei ging die Konkurrenz auf anderen Teilgebieten zwischen den beiden Unternehmen unentwegt weiter.[62]

In der Zeit zwischen 1871 und 1914 ergaben sich bei vielen größeren deutschen Maschinenbauunternehmen auf dem Wege über Konstruktionsbüros, Versuchsanstalten und andere Einrichtungen unmittelbarer experimenteller technischer Erprobung Fortschritte, die sowohl quantitativer als auch qualitativer Natur gewesen sind.[63] Diese z. T. von staatlichen Einrichtungen geförderten technisch-wissenschaftlichen Fortschritte standen, wenn sie teilweise auch noch in den Anfängen steckten, im Zusammenhang mit dem in diesen Jahrzehnten sich vollziehenden Monopolisierungsprozeß; sie enden im gegenwärtigen Stadium des Kapitalismus da, wo der Erfinder nur noch „Angestellter des Kapitals" geworden

58 *Lenin, W. I.*, Werke, Bd. 22, a. a. O., S. 228.

59 Vgl. Handbuch DAG, T. I, S. 1188.

60 Die sächsischen Aktien-Gesellschaften, Ausg. 1900/1901, Leipzig 1901, S. 147f.

61 *Matschoss, Conrad*, a. a. O., S. 221.

62 Eine enge Verbindung zwischen Produktion und Konstruktion von hydraulischen Preßanlagen bestand in der Zeit vor 1914 u. a. noch zwischen der Konstruktionsfirma Ed. Schloemann G. m. b. H. in Düsseldorf und den MAN-Werken (*Büchner, Fritz*, a. a. O., S. 198).

63 Bemerkenswert ist ferner die damit zusammenhängende zunehmende Differenzierung des gesamten Entwicklungsprozesses. So konnten z. B. bei Borsig die für den chemischen Apparatebau, dem 1912 eine eigene Abteilung zugewiesen wurde, erforderlichen Aufgaben nur gemeinsam von Chemikern und Ingenieuren gelöst werden (Festschrift Borsig, S. 371).

ist, in der modernen „Erfindungsindustrie“.[64] Die vor 1914 erzielten Fortschritte in diesem Bereich einer allmählich zunehmenden wissenschaftlichen Durchdringung des Produktionsprozesses bezogen sich in der Regel auf den technisch und ökonomisch fortgeschrittensten Teil der deutschen Maschinenbauindustrie bzw. ihrer einzelnen Zweige, wodurch auch die Uneinheitlichkeit der Struktur und der Entwicklung dieser Branche wiederum besonders deutlich wird.[65]

64 *Mottek, Hans*, Zu einigen Fragen der Entwicklung der Produktivkräfte und ihrer gesellschaftlichen Bedingungen. In: Jb. f. Wirtsch.-Geschichte, Jg. 1964, T. II/III, S. 194.

65 *Reitschuler, Siegfried*, Die Stellung der Maschinenindustrie im Prozeß der Industrialisierung, Köln/Opladen 1963, S. 139. Reitschuler bezeichnet den Maschinenbau als einen „zu heterogenen Wirtschaftsbereich, als daß sich ein Gesamtbild von der Steigerung der Funktionswertigkeit im Industrialisierungsprozeß wiedergeben ließe“.

Einige Bemerkungen zur Frage der Krisen im Zusammenhang mit der Entwicklung der deutschen Maschinenbauindustrie in der Zeit von 1870 bis 1914

Im Zusammenhang mit der Darstellung des Wachstumsprozesses in einzelnen Großbetrieben des allgemeinen Maschinenbaus und anderer Zweige der Maschinenbaubranche wie teilweise auch bei der Darstellung des Maschinenexports sowie in verschiedenen Tabellen ist z. T. recht aussagekräftiges Material über den Verlauf der zyklischen Entwicklung im Maschinenbau verwertet worden. Von einer Analyse und Darstellung des Verlaufs jeder einzelnen Krise zwischen 1873 und 1914, wie dies Mottek[1] in seiner umfangreichen Untersuchung für die „Gründerkrise" erarbeitet hat, mußte hier abgesehen werden, da dies den vorgesehenen Umfang der vorliegenden Publikation erheblich überschritten hätte. Jedoch konnten auf der Grundlage des bearbeiteten Materials aus der Sicht der Entwicklung der Maschinenbauindustrie einige Beobachtungen über den Verlauf der zyklischen Entwicklung in seiner Gesamtheit in der Zeit des Übergangs des Kapitalismus der freien Konkurrenz in den Monopolkapitalismus gemacht werden, die jedoch keinen Anspruch auf Vollständigkeit oder gar Allgemeingültigkeit erheben können. Auf alle Fälle verdient die Frage der zyklischen Entwicklung im Maschinenbau noch die Ausarbeitung einer besonderen Monographie.

Unter Beachtung dieser Gesichtspunkte ergeben sich in groben Zügen in der Hauptsache folgende Schlußfolgerungen über den zyklischen Verlauf im Sektor Maschinenbau:

1. Als *Grundtendenz* kann eine ungewöhnliche *Länge* der Überproduktionskrisen im Maschinenbau beobachtet werden. Nach Haubold[2] setzen bei einem zyklischen „Anstieg" die Aufträge für Produktionsmittel erst später ein als in

1 *Mottek, Hans,* Die Gründerkrise (Produktionsbewegung, Wirkungen, theoretische Problematik), in: Jb. f. Wirtsch.-Geschichte, Jg. 1966, T. I, S. 51ff. Über den Verlauf der zyklischen Entwicklung seit Anfang des 19. Jahrhunderts (mit stark verallgemeinerndem Charakter) unterrichtet *Spiethoff, Arthur,* Die wirtschaftlichen Wechsellagen, 1. Bd., Erklärende Beschreibung; 2. Bd., Lange statistische Reihen. Beide Bde. Tübingen/Zürich 1955. Über den Zeitraum von 1907 bis 1913 vgl. *Feiler, Arthur,* Die Konjunktur-Periode 1907–1913 in Deutschland, Jena 1914.

2 *Haubold, Sybille,* Entwicklung und Organisation einer Chemnitzer Maschinenfabrik, Diss., Dresden 1939, S. 63.

den übrigen Produktionszweigen, „weil zunächst die alten Anlagen wieder voll ausgenutzt werden. Erst wenn die Produktionskapazität überschritten wird, setzt eine gesteigerte Nachfrage nach Maschinen ein."

Die ungewöhnliche Länge der der Phase der Krise nachfolgenden *Depression* im Maschinenbau, wie dies insbesondere in den 70er Jahren der Fall war, findet darüber hinaus ihre Erklärung in der uneinheitlichen Preispolitik der Maschinenbaubetriebe, in der erst spät einsetzenden und dann auch noch vielfach fehlenden Bereitschaft innerhalb dieser Branche, zu gemeinsamen Abmachungen über Preise zu kommen.

2. Bei einer Analyse des *Beginns* der Überproduktionskrisen im Maschinenbau muß unterschieden werden zwischen den *vor* und den *seit* der Jahrhundertwende sich vollziehenden Zyklen. Bei den ersteren findet ein *verspätetes* Eintreten in die Phase der Krise statt; offenbar wirkt hier noch die herkömmliche „Kundenproduktion" hemmend auf den rechtzeitigen Beginn der Krise in diesem Sektor ein. In dieselbe Richtung weist noch Calwer[3], demzufolge nach einer „alten Erfahrung" der Maschinenbau „in der Wellenbewegung des geschäftlichen Lebens sowohl bei der Aufwärtsbewegung wie beim Rückgang den sogenannten schweren Industrien nachfolgt".

Bei den Krisen seit 1900 kann dagegen ein mehr und mehr *rasches* Eintreten in die Phase der Krise beobachtet werden, weil nunmehr das Risiko des Kaufs neuer Maschinen infolge erhöhter Kapitalinvestitionen und der zunehmenden Gefahr technischen Veraltens zu groß geworden ist. In diesem Stadium der Entwicklung hören daher „bei rückläufiger Konjunktur ... zuerst die Aufträge auf neue Maschinen auf, und der Altmaschinenhandel tritt als Konkurrent auf".[4]

3. Beachtenswert ist auch die große *Uneinheitlichkeit* und Vielfalt der Maschinenbauzweige und Maschinenbauerzeugnisse in ihrer Auswirkung auf den zyklischen Verlauf in diesem Sektor. Die Konjunktur im Maschinenbau ist „weder einheitlich noch selbständig"[5], und viele „unberechenbare", d. h. auch *außerhalb* dieses Sektors wirkende Faktoren wirken auf sie ein. So soll auch „dieser leichten Reagibilität der einzelnen Maschinenarten auf Konjunkturschwankungen ... die Ausdehnung des Produktionsprogramms auf Maschinen für verschiedene Abnehmerindustrien entgegenwirken, da Auf- und Abschwünge in den verschiedenen Wirtschaftszweigen zeitlich nicht zusammenfallen brauchen und so ein gewisser Ausgleich geschaffen wird."[6] Das wirkt sich dann unter Umständen so aus, daß z. B. mit Beginn der Krise im Geschäftsjahr 1900/1901 bis Ende 1905 die Hannoversche Maschinenbau A.G. vorm. G. Egestorff über schlechten Geschäftsgang im allgemeinen Maschinenbau zu klagen hat, während gleichzeitig infolge der Erteilung namhafter Aufträge durch die preußische Eisenbahnver-

3 *Calwer, Richard,* Das Wirtschaftsjahr 1907, 1. T., S. 190f.

4 *Haubold, Sybille,* a. a. O.

5 *Harnisch, Elisabeth,* Die Kartellierungsfähigkeit der Maschinen-Industrie, Diss., Heidelberg 1917, S. 13.

6 *Haubold, Sybille,* a. a. O.

waltung an die Abteilung Lokomotivbau derselben Firma in dieser Abteilung keine wesentliche Stockung eingetreten ist.[7]

4. Bei einer Betrachtung der zyklischen Entwicklung des zunehmenden *Spezialmaschinenbaus* mit seiner sich durchsetzenden Produktion für den anonymen Markt kann beobachtet werden, daß dieser in der Regel einem Absinken in die Phase der Krise entgegenwirkt. Mitunter bietet auch der zunehmende Maschinen*export* von bestimmten Spezialartikeln (z. B. Fahrzeugen oder Büromaschinen) einen Ausweg aus der Überproduktionskrise.

Bei einem Vergleich der Entwicklung der Umsätze von Firmen des allgemeinen Maschinenbaus und von solchen Spezialmaschinenbauerzeugnissen, die bereits seit längerer Zeit hergestellt wurden, mit den Umsätzen in solchen Spezialerzeugnissen, die sich vor allem erst *nach* der Jahrhundertwende auf dem Maschinenmarkt durchgesetzt haben – wie z. B. Fahrzeuge, neuartige Buchdruckereimaschinen oder Brauereieinrichtungen u. ä. – in den Jahren 1905 bis 1913, ist bei letzteren Erzeugnissen kaum die Einwirkung einer zyklischen Bewegung festzustellen, während die ersteren starken zyklischen Schwankungen unterliegen.

Eine solche Feststellung gilt auch, wenn man einzelne *Abteilungen* von Maschinenbaugroßbetrieben auf ihre „Krisenfestigkeit" hin untersucht. So zeigt als ein Beispiel von vielen die nachfolgende Darstellung der Entwicklung der „Gesamtleistung und Stückzahl" des MAN-Großgasmaschinenbaus in den Jahren von 1903 bis 1914 eine völlig krisenfreie Entwicklung:[8]

Jahr	Stückzahl	Gesamtleistung in PS	Jahr	Stückzahl	Gesamtleistung in PS
1903	50	100000	1909	310	480000
1904	100	180000	1910	350	530000
1905	150	230000	1911	380	590000
1906	200	300000	1912	400	640000
1907	240	370000	1913	420	680000
1908	280	420 000	1914	440	720 000

Mitunter ist es auch der ständig steigende Wert der Menge aller in einem *Zweigwerk* eines monopolisierten Großbetriebes erzeugten Produkte, die, wie beim Werk Gustavsburg des MAN-Konzerns, über einen größeren Zeitraum hinweg keine wesentliche Einwirkung einer zyklischen Bewegung zeigen. Dabei ist zu beachten, daß Gustavsburg, das um 1890 seine Maschineneinrichtungen modernisiert hatte[9], sich seit Anfang des 20. Jahrhunderts in verstärktem Maße auf den Stahlhochbau, den Brückenbau und den Gasbehälterbau speziali-

7 Vgl. Tab. 4.

8 *Büchner, Fritz,* Hundert Jahre Geschichte der Maschinenfabrik Augsburg-Nürnberg (MAN 1840–1940), o. J., s. Anhang.

9 Ebenda, S. 111.

sierte.[10] Die Entwicklung der „Tonnenleistung“ dieses Zweigwerkes in den Jahren 1901 bis 1914 zeigt folgendes Bild[11]:

Jahr	Leistung in t (ca.)	Jahr	Leistung in t (ca.)
1901	20500	1908	33000
1902	18000	1909	32500
1903	19500	1910	32000
1904	23000	1911	38000
1905	24000	1912	43000
1906	29500	1913	46000
1907	32000	1914	45000

Auch aus der *Umsatz*entwicklung bestimmter, eine Reihe oder einzelner Spezialerzeugnisse herstellender Unternehmen der Maschinenbaubranche kann auf eine derartige, nahezu gleichförmig aufsteigende Entwicklung geschlossen werden. So entwickelten sich die Umsätze folgender Maschinenbauunternehmen in den Jahren zwischen 1903 und 1911[12]:

Name des Unternehmens	Umsätze (in Millionen Mark) 1903	1904	1905	1906	1907	1908	1909	1910	1911
Mühlenbauanstalt Luther, Braunschweig	3,3	4,1	3,6	6,8	7.2	7,8	7,8	8,4	11,2
Dresdner Gasmotorenfabrik vorm. M. Hille	1,7	1,8	3,1	2,9	3,3	3,0	2,9		
Gasmotorenfabrik Deutz, Köln-Deutz			11,6	13,0	14,9	13,8	15,3	17,4	19,6
Masch. Fabrik Rockstroh & Schneider A. G. Heidenau (bes. Buchdruckmasch.)		1,6	1,7	2,0	2,0	2,0	2,6	3,4	4,1
A. Horch & Cie., Zwickau (Motore u. Kraftwagen)				1,0	1,4	1,4	1,9	2,6	3,0

Dagegen sieht der Umsatz bei Firmen der Maschinenbauindustrie, die sich nicht auf ganz bestimmte und vielfach auch exportintensive Maschinenbauerzeugnisse in erster Linie spezialisiert hatten – insbesondere bei Firmen des allgemeinen Maschinenbaus – in der Zeit zwisohen 1900 und 1914 bzw. den Geschäftsjahren 1900/1901 und 1914/1915 so aus:

10 Ebenda, S. 207ff.

11 Ebenda, s. Anhang.

12 Handbuch der Deutschen Aktien-Gesellschaften, Ausg. 1915/1916, Berlin/Leipzig 1916, T. I u. II.

Name des Unternehmens	Umsätze (in Millionen Mark)														
	1900	1901	1902	1903	1904	1905	1906	1907	1908	1909	1910	1911	1912	1913	1914
Masch. Fabrik Germania, Chemnitz[13]	4,1	3,5	2,6	2,3	2,4	2,9	3,8	4,3	3,3	3,0	3,1	3,2	4,1	3,7	2,9
	1900/1901	1901/1902	1902/1903	1903/1904	1904/1905	1905/1906	1906/1907	1907/1908	1908/1909	1909/1910	1910/1911	1911/1912	1912/1913	1913/1914	1914/1915
Sächs. Maschinenfabrik zu Chemnitz[14]	16,8	12,1	9,3	10,5	11,3	12,9	15,4	17,1	18,4	19,0	16,2	19,6	23,3	20,6	15,6
Hannoversche Maschinenbau A. G. vorm. G. Egestorff[15]	11,8	10,1	11,2	11,4	11,3	9,4	17,2	20,8	24,8	19,0	17,7	16,8	26,8	33,4	35,5

13 Betriebsarchiv des VEB Maschinenfabrik „Germania", Karl-Marx-Stadt.
14 Stadtarchiv Karl-Marx-Stadt: G 19.
15 *Däbritz, Walther/Metzelin, Erich,* Hundert Jahre Hanomag, Düsseldorf 1935, S. 112f

Dabei muß einschränkend bemerkt werden, daß es sich bei den Firmen der ersten, und z. T. auch der zweiten Gruppe, um einen nicht vollständigen Zyklus handelt, aber die Entwicklungstendenzen bei *beiden* Gruppen von Maschinenbauunternehmen in bezug auf die Umsatzentwicklung sind offenbar.

5. Wie bei den meisten anderen Industriezweigen geht *innerhalb* einer Überproduktionskrise im Maschinenbau ein z. T. einschneidender *Preis*rückgang einem Rückgang der *Produktion* voraus; dies gilt auch noch für die Zeit nach 1900 für die *nicht*monopolisierten Zweige und Betriebe der deutschen Maschinenbauindustrie, nicht aber mehr in vollem Umfang für die nun häufig kartellierten Zweige der Rohstoffindustrien.

Eine umfassende Analyse und Darstellung der Entwicklung der deutschen Maschinenbauindustrie innerhalb der Bewegung des gesamten Zyklus sollte, um zu *allgemein*gültigen Schlußfolgerungen zu gelangen, insbesondere die Vielfalt und Uneinheitlichkeit der Maschinenbaubranche sowie die Verschiedenheit des Verlaufs jeder einzelnen Krise zwischen 1873 und 1914 genau untersuchen. Ausgehend etwa von den Forschungen von Hans Mottek zur „Gründerkrise“[16], den umfangreichen Untersuchungen von Jürgen Kuczynski[17] und unter Berücksichtigung der Ergebnisse anderer Historiker, die auf dem Gebiet der Überproduktionskrise gearbeitet haben, wie Arthur Spiethoff[18], Arthur Feiler[19] und anderer, sollte in diesem Spezialbereich noch eine derartig umfassende Analyse und Darstellung erarbeitet werden.

16 *Mottek, Hans*, ebenda.

17 Vgl. *Kuczynski, Jürgen*, Die Geschichte der Lage der Arbeiter unter dem Kapitalismus, T. I, Bde. 11, 12 u. 15; *derselbe*, Zur Geschichte der bürgerlichen Krisentheorie, in: Jb. f. Wirtsch.-Geschichte, 1960, T. I, S. 53ff., sowie Besonderheiten der zyklischen Entwicklung in den Vereinigten Staaten von Amerika während der Jahre 1945 bis 1960, in: Jb. f. Wirtsch.-Geschichte, 1961, T. I, S. 29ff.

18 *Spiethoff, Arthur*, ebenda.

19 *Feiler, Arthur*, ebenda.

Der Konzentrations- und Zentralisationsprozeß in der deutschen Maschinenbauindustrie

1. Die Bildung und Entwicklung von Kapitalgesellschaften im Maschinenbau

Bei der Erörterung von strukturellen Veränderungen im Maschinenbau in der Zeit nach der Reichsgründung interessiert die Herausbildung von Aktiengesellschaften und anderen Formen von Kapitalgesellschaften.

Während bis Mitte des 19. Jahrhunderts die Mehrzahl der Unternehmen in der Maschinenbaubranche noch die Form einer Offenen Handelsgesellschaft (OHG) hatte[1], führte der wachsende Kapitalbedarf – besonders im Zusammenhang mit dem zyklischen Aufschwung in den 50er Jahren des 19. Jahrhunderts – dazu, daß nunmehr vereinzelt auch „reine Maschinenfabriken" als Aktiengesellschaften gegründet wurden.[2] Obwohl auch in den 60er Jahren bei der Gründung derartiger Maschinenfabriken, die ja die überwiegende Mehrheit aller Unternehmen der Maschinenbauindustrie ausmachten, immer noch die Form der Personalgesellschaft vorherrschte, erfolgte doch damals der „entscheidende Durchbruch zu neuen Methoden der Finanzierung ... durch die sich anbahnende Erweiterung von Maschinenfabriken in Form der Aktiengesellschaften".[3]

Diese Entwicklung setzte sich nach der Reichsgründung in beschleunigtem Umfang fort, wobei schon die Gründerjahre Umwandlungen bzw. Erweiterungen von Maschinenfabriken in die Form von Kapitalgesellschaften gebracht hatten. 1873 begann ein „qualitativ neues Stadium in der Geschichte des Kapitalismus", indem sich auf der Grundlage des allmählichen Übergangs des Kapitalismus der freien Konkurrenz zum monopolistischen Kapitalismus „ein schneller Konzentrationsprozeß innerhalb der kapitalistischen Industrie" vollzog.[4] Damit ent-

1 *Mottek, Hans,* Wirtschaftsgeschichte Deutschlands, Bd. II, Berlin 1964, S. 127. Vgl. dazu *Becker, Walter,* Die Entwicklung der deutschen Maschinenbauindustrie von 1850 bis 1870, in: *Schröter/Becker,* Die deutsche Maschinenbauindustrie in der industriellen Revolution (Veröffentlichungen des Instituts für Wirtschaftsgeschichte an der Hochschule für Ökonomie Berlin-Karlshorst, Bd. 2, Berlin 1962), S. 192.

2 *Becker, Walter,* a. a. O., S. 194.

3 *Derselbe,* a. a. O., S. 254. Vgl. dazu S. 194.

4 *Mottek, Hans,* Einleitende Bemerkungen – Zum Verlauf und zu einigen Hauptproblemen der industriellen Revolution in Deutschland, in: Mottek/Blumberg/Wutzmer/Becker, Studien zur Geschichte der industriellen Revolution in Deutschland (Veröffentlichungen des Instituts für Wirtschaftsgeschichte an der Hochschule für Ökonomie Berlin-Karlshorst, Bd. 1, Berlin 1960), S. 61f.

standen Aktiengesellschaften seit Beginn der 70er Jahre „auf der Basis der gewachsenen Produktivkräfte und der erweiterten Reproduktion des Kapitals", wobei diese Gesellschaften „zugleich als wirksamste Form der Zentralisation und Konzentration des Kapitals Vorbedingung für die Entstehung des Monopols" waren.[5]

Nach Marx handelt es sich bei der Bildung von Aktiengesellschaften um eine „ungeheure Ausdehnung der Stufenleiter der Produktion und Unternehmungen, die für Einzelkapitale unmöglich waren".[6] Durch diesen Prozeß konnte innerhalb der Maschinenbauindustrie eine erhebliche Kostenminderung erzielt werden, ganz abgesehen von den größeren Rationalisierungsmöglichkeiten.

Aus welchen Formen bereits bestehender Gesellschaften bildeten sich Aktiengesellschaften und andere Kapitalgesellschaften heraus? Unter den im Handbuch der Deutschen Aktien-Gesellschaften, Ausgabe 1915/1916, aufgeführten Aktiengesellschaften waren 52 unschwer als ehemalige Offene Handelsgesellschaften zu erkennen. Es handelt sich dabei vor allem um Firmen des allgemeinen Maschinenbaus. Weitere 18 Unternehmen, in erster Linie Firmen der Transportmaschinenindustrie, waren aus ehemaligen Gesellschaften mit beschränkter Haftung hervorgegangen, ein Beweis dafür, daß in dieser Branche bereits vor der Herausbildung von Aktiengesellschaften eine stärkere Kapitalkonzentration erreicht werden konnte. Sechs Firmen, darunter auch die Lokomotivfabrik Krauß & Comp. in München und Linz[7], waren aus ehemaligen Kommanditgesellschaften und zwei weitere Unternehmen, darunter die Berliner Großfirma Ludwig Loewe & Co., aus ehemaligen Kommanditgesellschaften auf Aktien hervorgegangen. Manche Unternehmen des Maschinenbaus hatten zunächst verschiedene Formen der Kapitalkonzentration durchlaufen, ehe sie zuletzt Aktiengesellschaften wurden.

Eine große Anzahl der bei Kriegsausbruch existierenden Aktiengesellschaften war auch aus einigen oder mehreren Firmen derselben oder ähnlichen Branchen hervorgegangen, deren Rechtsformen mitunter verschieden waren: So ist die 1910 gegründete Baumaschinenfabrik Bünger A.G. in Düsseldorf aus zwei Privatbetrieben derselben Branche entstanden.[8] Auch die Vereinigten Jaeger, Rothe & Siemens-Werke A.G., Leipzig, entstanden 1913 durch Fusion von zwei Gasapparatefabriken, darunter einer G.m.b.H.[9] Die Rex-Werke A.G. vorm. Gabler & Wrede, Glauer & Co. in Magdeburg, die Werkzeuge und Schrauben produzierten, gingen (1911) aus zwei Offenen Handelsgesellschaften hervor.[10]

5 *Engelberg, Ernst*, Deutschland von 1871 bis 1897 (Lehrbuch der deutschen Geschichte – Beiträge 8), Berlin 1965, S. 50.

6 Vgl. *Marx, Karl*, Das Kapital, Dritter Band, in: Marx, Karl/Engels, Friedrich, Werke, Bd. 25, Berlin 1964, S. 452ff.

7 Handbuch der Deutschen Aktien-Gesellschaften (Jahrbuch der deutschen Börsen), Ausg. 1915/1916, Berlin/Leipzig 1916 (im folgenden: Handbuch DAG), T. I, S. 1165.

8 Ebenda, S. 1105.

9 Ebenda, S. 1146.

10 Ebenda, S. 1158.

1905 entstand die als Aktiengesellschaft neugegründete Maschinenbau-Akt. Ges. Balcke in Bochum durch Vereinigung von zwei Firmen verwandter Branchen, darunter einer Kommanditgesellschaft.[11] Unter den in dieser Reihe aufgeführten Maschinenbauunternehmen trifft man auch auf solche, die aus verschiedenen bereits *vorher* bestehenden Aktiengesellschaften entstanden waren. Als Beispiel sei hier lediglich auf die 1899 aus zwei Firmen artverwandter Branchen hervorgegangene Hallesche Firma Wegelin & Hübner, Maschinenfabrik und Eisengießerei, verwiesen, die besonders Einrichtungen für Zuckerfabriken produzierte und mit 3,85 Millionen Mark (1914) über ein nicht unbeträchtliches Aktienkapital verfügte.[12]

Im großen und ganzen handelt es sich bei den auf dem Gebiet der Maschinenbauindustrie nach 1871 existierenden Gesellschaften um Umwandlungen bereits vorher bestehender Firmen in Kapitalgesellschaften sowie um Zusammenlegungen und Verschmelzungen schon bestehender Maschinenbauunternehmen.

Das Beispiel für eine Gründung einer Aktiengesellschaft, die durch Umwandlung aus einer OHG entstanden ist, ist im Anhang unter Tabelle 13 enthalten.

Die *Höhe* des Aktienkapitals der Gesellschaften war, den jeweiligen Voraussetzungen und Erfordernissen entsprechend, ungleich groß und schwankte, da die Kapitalkonzentration in Abhängigkeit vom zyklischen Kreislauf erfolgte. Dabei ist im Laufe der Entwicklung eine steigende Tendenz zu beobachten. Selten ist eine so stetig verlaufende Entwicklung der Kapitalkonzentration wie bei der speziell Wirkmaschinen produzierenden (und exportierenden) Firma von Schubert & Salzer A.G. in Chemnitz anzutreffen. Das Aktienkapital dieser Firma erhöhte sich im Laufe der Jahre wie folgt[13]:

Geschäftsjahr	Aktienkapital Mark	Umsatz Mark
1889/1890	500000	450000
1894/1895	750000	845000
1895/1896	1000000	750000
1899/1900	1300000	2330000
1902/1903	1600000	4410000
1904/1905	2000000	3150000
1905/1906	2300000	5215000
1906/1907	2750000	6980000
1907/1908	3500000	7300000
1914[14]	4500000	

11 Maschinenbau-Aktiengesellschaft Balcke – Bochum (Festschrift zur Feier des 25jährigen Bestehens am 1. Oktober 1919), Bochum, o. J. (1919).

12 Handbuch DAG, T. I, S. 1129.

13 Chemnitz in Wort und Bild. Festschrift zur Einweihung des Neuen Rathauses, Chemnitz, o. J. (1911), S. 245. Bemerkenswert ist hierbei, daß vom Zeitpunkt des Erreichens einer stärkeren Kapitalkonzentration an (hier etwa seit der Jahrhundertwende) der Umsatz wesentlich schneller als das zur Verfügung gestellte Aktienkapital gestiegen ist.

14 Zum Vergleich s. Handbuch DAG, T. I, S. 1094.

Entsprechend stetig gestaltete sich auch die Höhe der von dieser Firma ausgeschütteten Dividenden, die von 1903/1904 bis zum Ausbruch des ersten Weltkrieges nicht unter 20 Prozent absanken, bei einem durchschnittlichen Kursstand von jeweils über 300 Prozent.[15]

Interessant ist auch, daß einige Maschinenbauunternehmen – darunter einige der bedeutendsten – in der Zeit vor Ausbruch des ersten Weltkriegs privat betriebene Unternehmen geblieben sind oder erst verhältnismäßig spät die Form einer Kapitalgesellschaft angenommen haben. In diesem Zusammenhang sei an so bekannte Maschinen- und Lokomotivfabriken wie A. Borsig in Berlin-Tegel und Henschel & Sohn in Kassel erinnert, ferner an die für ihren Schiffbau bekannten Schichauwerke in Elbing, Danzig und Pillau sowie an die großen Landmaschinenfabriken Heinrich Lanz, Mannheim, und Rud. Sack, Leipzig. Auch so bedeutende Unternehmen des allgemeinen Maschinenbaus wie R. Wolf, Magdeburg, und Gebr. Sulzer in Ludwigshafen und Winterthur sind erst 1913 bzw. 1914 Aktiengesellschaften geworden.

Derartige Unternehmen sind, wie 1903 Krupp in Essen, bei ihrer Umwandlung in Kapitalgesellschaften vielfach im Familienbesitz geblieben. So wird die 1899 in eine Aktiengesellschaft umgewandelte Deutsche Nähmaschinenfabrik Jos. Wertheim in Frankfurt am Main ausdrücklich als „Familiengründung" bezeichnet, wobei eine „Einführung der Aktien an der Börse" nicht „beabsichtigt" wurde.[16] Auch bei der laut Gesellschaftsvertrag vom 30. 6. 1905 mit einem Stammkapital von 3,5 Millionen Mark in eine G.m.b.H. umgewandelten Firma C. G. Haubold in Chemnitz sollte der „Charakter eines Familienunternehmens" beibehalten werden.[17] Deshalb wurden die Gesellschafter verpflichtet, eine Veräußerung ihrer Einlagen nicht ohne die Genehmigung aller übrigen Gesellschafter vorzunehmen. Als maßgebend für die Umwandlung dieses Unternehmens in eine G.m.b.H. wird „Sicherung gegen Kapitalentzug bei Erbteilung" angegeben.[18] Die Darstellung der Entwicklung der Fa. Heinrich Lanz, Mannheim, geht sogar von der Vorstellung aus, der private Unternehmer, Heinrich Lanz, habe selbst „unter den günstigsten Konjunkturen nie daran gedacht . . ., sein Lebenswerk zu kapitalisieren und damit sich von der Verantwortung zu entlasten".[19]

Die Gründe für eine lange verzögerte bzw. verspätete Entwicklung vieler Maschinenbauunternehmen zu Kapitalgesellschaften sind jedoch in erster Linie nicht privater, sondern organisatorisch-technischer und damit letzten Endes

15 Ebenda.

16 Ebenda, T. II, S. 733.

17 *Haubold, Sybille,* Entwicklung und Organisation einer Chemnitzer Maschinenfabrik, Diss., Dresden 1939, S. 39. Das Unternehmen wurde erst 1917 in eine Aktiengesellschaft – wiederum in Familienbesitz – umgewandelt.

18 Ebenda.

19 *Neubaur, Paul,* Heinrich Lanz (Mannheim), 50 Jahre des Wirkens in Landwirtschaft und Industrie 1859–1909, Berlin, o. J. (1910), S. 293f. Derartige, den Klasseninhalt des Unternehmerstandpunkts verwischende Äußerungen sind in vielen Fest- und Jubiläumsschriften zu finden.

auch ökonomischer Natur. Schon der bürgerliche Experte der Geschichte der Banken, Jeidels, spricht davon, daß sich die private Unternehmungsform lange halten kann, „wo *langsame* Vergrößerung möglich, wie in gewissen Branchen der Maschinenindustrie" (oder auch in der Textilindustrie, „wo man nach und nach mehr Webstühle aufstellen kann"), im Gegensatz zu Industrien mit „weitverzweigten, interlokalen Unternehmungen" wie im Bergbau, in der Großeisen- oder auch der Elektroindustrie, so daß z. B. die AEG gleich als Aktiengesellschaft gegründet wurde.[20] Varga[21] geht von folgender Erwägung aus: „Die moderne Technik ist eine sehr kostspielige Angelegenheit, denn sie erfordert ausgedehnte Kapitalinvestitionen und eine großindustrielle Fertigung ... Anfang dieses Jahrhunderts, als in den Fabriken Serien von gleichartigen Maschinen (Textilmaschinen, Metall- oder Holzverarbeitungsmaschinen) liefen, lagen die Produktionskosten je Fertigungseinheit in einem kleinen Betrieb mit 50 Maschinen nicht wesentlich höher als in einem gleichgelagerten Großunternehmen mit 1000 Maschinen. Heute (d. h. nach der Mitte des 20. Jahrhunderts – d. Verf.) dagegen hat ein technisch veralteter Kleinbetrieb der gleichen Branche kaum eine größere Chance, sich auf längere Sicht neben den Industriegiganten zu behaupten, die die technischen Errungenschaften der Neuzeit zu ihrem Vorteil ausnutzen." Unter bestimmten Voraussetzungen bestand also von der Betriebsgröße her zu Beginn unseres Jahrhunderts noch keine unbedingte Notwendigkeit, einen Betrieb über ein gewisses Ausmaß hin zu vergrößern und zu diesem Zweck unter Umständen die Form einer Kapitalgesellschaft zu wählen.

Das begünstigte die gerade in der deutschen Maschinenbauindustrie vorhandene stark ausgeprägte Vielfalt und Uneinheitlichkeit des Aufbaus und der Gliederung innerhalb dieser Branche, die sowohl einer Monopolisierung als auch bis zu einem gewissen Grad einer Bildung von Kapitalgesellschaften hindernd im Wege stand, ganz abgesehen davon, daß bei einer derartigen Zersplitterung eben auch ein mehr und mehr historisch überholter Unternehmerstandpunkt sich ungewöhnlich lange behaupten konnte. Ein solcher Standpunkt ist gewissermaßen der äußere Ausdruck für die im technischen und ökonomischen Bereich wirkenden objektiven Faktoren.

So spricht Haubold[22] davon, daß im ersten Drittel des 20. Jahrhunderts nur 3 Prozent der Textilmaschinen produzierenden Betriebe in Aktiengesellschaften – und noch dazu meist in Familienunternehmungen, „die sich der Leitung nach von Einzelunternehmungen und Personalgesellschaften nicht unterscheiden", – umgewandelt wurden, da in diesen Betrieben die „Persönlichkeit des Leiters" (d. h. eines Einzelbetriebes – d. Verf.) noch stark im Vordergrund stand. Aber

20 *Jeidels, Otto,* Das Verhältnis der deutschen Großbanken zur Industrie mit besonderer Berücksichtigung der Eisenindustrie, in: Staats- und sozialwissenschaftliche Forschungen, 24. Bd., 2. H. (112. H.), Leipzig 1905, S. 43 (Unterstreichung vom Verf.).

21 *Varga, E.,* Der Kapitalismus des 20. Jahrhunderts, Berlin 1962, S. 81.

22 *Haubold, Sybille,* a. a. O., S. 117.

nicht nur in diesem speziellen Maschinenbauzweig ist vielfach noch das Bestreben der Maschinenproduzenten zu finden, möglichst jeden Kundenwunsch zu erfüllen. Zum Beispiel heißt es in einer Analyse des „Wirtschaftsjahres 1906“[23]: „Wenn die Maschinenfabriken es dagegen aufgeben, eine jede Maschine, die ihnen in den Weg kommt, bauen zu wollen, und wenn sie statt dessen sich intensiv auf den Bau von Besonderheiten einrichten, so würden sie nicht nur ... billiger arbeiten, sondern auch in die Lage versetzt sein, ihre Besonderheit in konstruktiver Hinsicht zu vertiefen und zur äußeren Vollkommenheit zu bringen“.

Daneben spielte im Maschinenbau auch ein ausgeprägter sog. „guter Ruf“ einzelner Unternehmen bzw. deren privatkapitalistischer Besitzer, vielfach gestützt auf den Erwerb wertvoller Patente, eine viel größere Rolle als etwa bei den Unternehmen der Industrien der Halbfabrikate und Rohstoffe, weshalb diese letzteren Unternehmen im allgemeinen dem „Aufgeben der vollen Selbständigkeit einen geringeren Widerstand“ entgegensetzten.[24] Eine Einschränkung des Produktionssortiments von Maschinenbauanstalten fand daher in der Regel erst nach ihrer Umwandlung in Kapitalgesellschaften oder auch bei Sanierungen derartiger Gesellschaften statt, um die Erzeugnisse dieser Unternehmen marktfähiger zu gestalten. Als z. B. 1903 Peter Klöckner[25] in den Aufsichtsrat der Maschinenbauanstalt Humboldt A.G. in Köln-Kalk eintrat, beschränkte er angesichts einer damals notwendig gewordenen Sanierung dieses Unternehmens dessen „allzu weitläufiges Produktionsprogramm, das sich in einem halben Jahrhundert zusammengefunden hatte, auf die Erzeugung von einigen Bergwerksmaschinen und Stahlkonstruktionen“.

Letzten Endes standen in wiederholten Fällen die Vielfalt und Uneinheitlichkeit der damaligen Maschinenbauerzeugnisse einer schnelleren und stärkeren Konzentration und Zentralisation der Produktion wie auch des Kapitals entgegen, obwohl sich diese Entwicklung im Zusammenhang mit einer sich verstärkenden Spezialisierung und einer immer größeren Hinwendung zur Massen- bzw. Großserienproduktion auf die Dauer schließlich doch durchsetzte.

Als nächster Gesichtspunkt interessiert die Frage, *wieviele* Aktiengesellschaften und andere Arten von Kapitalgesellschaften es in der Zeit zwischen der Reichsgründung und dem Ausbruch des ersten Weltkrieges in Deutschland gegeben hat. Nachdem vor 1870 im Maschinenbau nur „einige Gesellschaften“[26] existierten, werden für die Jahre von 1872 bis 1874 allein 131 neugegründete Aktiengesellschaften auf dem Gebiet der Maschinenbauindustrie mit einem Kapital von

23 *Calwer, Richard,* Das Wirtschaftsjahr 1906, 1. T., Jena 1907, S. 176f.

24 *Sombart, Werner,* Die deutsche Volkswirtschaft im 19. Jahrhundert und im Anfang des 20. Jahrhunderts, Berlin 1919, S. 316ff.

25 *Pritzkoleit, Kurt,* Männer, Mächte, Monopole, Düsseldorf 1963, S. 127f.

26 *Wagon, Eduard,* Die finanzielle Entwicklung deutscher Aktiengesellschaften von 1870–1900 und die Gesellschaften mit beschränkter Haftung im Jahre 1900, Jena 1903, S. 55ff.

insgesamt 369 Millionen Mark angegeben.[27] 1873 bestanden 47 Gesellschaften in diesem Sektor mit einem Gesamtkapital von 127 Millionen Mark, 1900 dagegen bereits 71 Gesellschaften mit einem Gesamtkapital von 213 Millionen Mark.[28] Dabei wird eingeschätzt, daß noch Ende des 19. Jh. in dieser Branche „bei weitem" die Privatindustrie vorgeherrscht hat.[29]

Nach 1900 ist eine exakte Einschätzung der Anzahl der Kapitalgesellschaften auf der Grundlage von tabellarischen Übersichten des Statistischen Jahrbuches für das Deutsche Reich, Jg. 1911, und zwar für den Zeitpunkt vom 30. 9. 1909 möglich.[30] Danach gab es in Deutschland zu diesem Zeitpunkt unter 5222 Aktiengesellschaften und Kommanditgesellschaften auf Aktien (mit einem Gesamtkapital von ca. 14,7 Milliarden Mark) 547 Aktiengesellschaften und Kommanditgesellschaften auf Aktien der Gruppe „Industrie der Maschinen, Instrumente, Apparate" (mit einem Gesamtkapital von ca. 1,7 Milliarden Mark) bzw. 353 Aktiengesellschaften und Kommanditgesellschaften auf Aktien der Untergruppe „Maschinen- und Apparatebau" (also Maschinenfabriken im engeren Sinne) mit einem Gesamtkapital von insgesamt ca. 660 Millionen Mark .Neben den Aktiengesellschaften und Kommanditgesellschaften auf Aktien gab es zu diesem Zeitpunkt noch 16508 Gesellschaften mit beschränkter Haftung (mit einem Gesamtstammkapital von ca. 3,5 Milliarden Mark). Die entsprechenden Werte für die einzelnen Bereiche der Maschinenbauindustrie lauten: 1869 Gesellschaften mit ca. 500 Millionen Mark bzw. 894 Gesellschaften mit ca. 210 Millionen Mark Stammkapital. Auch hier war die Kapitalkonzentration unterschiedlich, insgesamt gesehen jedoch wesentlich niedriger als bei den Aktiengesellschaften und den Kommanditgesellschaften auf Aktien.

Für den Zeitpunkt vom Sommer 1914 wurde auf der Grundlage der im Handbuch der Deutschen Aktien-Gesellschaften, Ausgabe 1915/1916, übermittelten Angaben eine Tabelle „Aktiengesellschaften im Maschinenbau"[31] zusammengestellt, die – geordnet nach verschiedenen Zweigen der Maschinenbauindustrie – den im jeweiligen Sektor erreichten Stand der Kapitalkonzentration zeigt. Von den in dieser Tabelle erfaßten 402 Maschinenbauunternehmen, die ein Gesamtaktienkapital von etwas mehr als einer Milliarde Mark vertraten, ver-

27 *Kuczynski, Jürgen,* Die Geschichte der Lage der Arbeiter unter dem Kapitalismus, T. I, Bd. 14 (Zur Frühgeschichte des deutschen Monopolkapitals und des staatsmonopolistischen Kapitalismus), Berlin 1962, S. 47ff., auf der Grundlage der von Wagon errechneten Werte. Die von *Sartorius von Waltershausen,* Deutsche Wirtschaftsgeschichte 1815–1914, Jena 1923, S. 277, für das erste Halbjahr 1873 angegebenen Werte: „12 Maschinen- und Waggonfabriken mit einem Kapital von 8,1 Millionen Talern" dürften zu niedrig bemessen sein. Vgl. zur Zahl der Gründungen von Aktiengesellschaften auch *Oelßner, Fred,* Die Wirtschaftskrisen, Bd. 1, Berlin 1951, S. 246ff.

28 *Kuczynski, Jürgen,* a. a. O.

29 *Wagon, Eduard,* a. a. O., S. 61.

30 Statistisches Jahrbuch für das Deutsche Reich, Jg. 1911, S. 406f. und S. 418. Vgl. dazu die Tab. 14 und 15 im Anhang.

31 Vgl. Tab. 16 im Anhang.

fügten 21 Maschinenbauaktiengesellschaften (oder 5,2 Prozent aller dieser Betriebe) über ein Kapital von 341,48 Millionen Mark (oder 33,7 Prozent des Gesamtkapitals). Das heißt: Die Aktiengesellschaften der Maschinenbaubranche mit wenigstens 10 Millionen Mark Aktienkapital repräsentierten zu diesem Zeitpunkt etwas mehr als ein Drittel des Gesamtaktienkapitals; daneben spielten die Unternehmen der Größenklasse 2 bis 5 Millionen Mark Aktienkapital im Maschinenbau eine bedeutende Rolle. Sie repräsentierten mit 31,8 Prozent etwas weniger als ein weiteres Drittel des Gesamtkapitals.

Ein allgemeiner Durchschnitt von 2,52 Millionen Mark je Maschinenbauaktiengesellschaft, verglichen mit den einzelnen Werten für die verschiedenen Maschinenbauzweige, ergibt die auf den ersten Blick vielleicht erstaunlich scheinende Tatsache, daß die durchschnittlichen Werte für die Kapitalkonzentration bei so wichtigen Zweigen wie dem Werkzeugmaschinen- oder dem Textilmaschinenbau mit 2,06 bzw. 2,05 Millionen Mark je Gesellschaft noch erheblich darunter lagen. Diese Abweichung kann darauf zurückgeführt werden, daß in den genannten Zweigen auf der Grundlage einer sich durchsetzenden Massen- bzw. Großserienproduktion bereits viele angelernte Arbeitskräfte mit niedrigeren als den durchschnittlichen Löhnen beschäftigt waren, so daß hier infolge eines verminderten Anteils von variablem Kapital am Gesamtkapital eine niedrigere Kapitalsumme je Gesellschaft zustande gekommen war. Erhärtet wird diese Annahme dadurch, daß man es beim Fahrradbau und anderen Zweigen mit einem bereits bestehenden bedeutenden Anteil an Massen- bzw. Großserienproduktion, wie dem Landmaschinenbau, mit noch niedrigeren Kapitalen je Gesellschaft zu tun hat.

Bei den Maschinenbauzweigen mit einer stärkeren als der durchschnittlichen Kapitalkonzentration fällt u. a. neben dem Waggon- und dem Schiffbau die damals noch bedeutende Kapitalkonzentration im *Automobilbau* auf. Die weitere Entwicklung innerhalb der *deutschen* Automobilindustrie nach dem ersten Weltkrieg hatte jedoch infolge der Spezifik auf dem europäischen Markt keinesfalls die Tendenz einer zunehmenden Kapitalkonzentration.[32] Darauf weist die von Becker[33] getroffene Einschätzung einer „unabsehbaren Zersplitterung" der deutschen Kraftfahrzeugindustrie als Folge wirtschaftspolitischer Fehlleistungen in den 20er Jahren hin. Das drückt sich u. a. darin aus, daß in Deutschland 1925 mehr als 200 kleine Betriebe dieser Branche existierten. Es ist darüber hinaus anzunehmen, daß es auch in der Zeit vor Ausbruch des ersten Weltkrieges in Deutschland neben den 18 Aktiengesellschaften noch viele kleine und mittlere Einzel- und Personalgesellschaften im Automobilbau gegeben hat.

32 Die von *Bernal, J. D.*, Die Wissenschaft in der Geschichte, Berlin 1967, S. 517, getroffene Feststellung ist damit in der Hauptsache nur für die amerikanische Automobilindustrie zutreffend.

33 *Becker, Walter*, Habilitationsschrift „Ökonomische Entwicklungstendenzen des deutschen Imperialismus und ihre Widersprüche von der Inflation bis zur Weltwirtschaftskrise" (Ein Beitrag zum Lehrbuch „Deutsche Wirtschaftsgeschichte" Bd. 3, 1871–1945), Berlin 1967, (Masch.-Schrift), S. 257.

Eine Einzeluntersuchung soll schließlich über die Aufeinanderfolge von Gründungen von Aktiengesellschaften in einem lokalen Bereich – hier auf dem Gebiet des ehemaligen Chemnitz – Auskunft geben und damit zur weiteren Veranschaulichung dienen. Danach wurden in Chemnitz (mit Vororten) in der Zeit zwischen 1870 und dem Ausbruch des ersten Weltkriegs folgende Aktiengesellschaften gegründet[34]:

Jahrzehnt bzw. Zeitraum	im Maschinenbau	in der Textilindustrie	im Bankwesen	andere Akt. Ges.	Insgesamt gegr. Akt. Ges.
1870–1879	8[1)]	1	1	1	11
1880–1889	2	1	2	1	6
1890–1899	3[2)]	2	1	2	8
1900–1909	9[3)]	3	–	2	14
1910–1914[5)]	3[4)]	1	1	1	6
Insgesamt	25	8[6)]	5	7	45

1) Sämtliche 1870–1873 gegr.
2) Sämtlich 1896–1897 gegr.
3) Davon 7 = 1906–1908 gegr., insbes. 1906 und 1907.
4) Sämtlich 1912–1914 gegr.
5) Die ursprüngliche Tabelle umfaßt den Zeitraum von 1910 bis 1919.
6) Die Mehrzahl der Gründungen auf dem Gebiet der Textilindustrie erfolgte erst 1920 bis 1929 = 22 gegenüber nunmehr 11 Akt. Ges. im Maschinenbau.

Aus dem hier wiedergegebenen Abschnitt der Tabelle wird auch sichtbar, daß die Mehrzahl der Gründungen von Maschinenbauaktiengesellschaften in der Zeit aufsteigender Konjunktur erfolgte.

2. Zur Rolle der Banken in diesem Prozeß

Bei der Bildung und Entwicklung von Aktien- und anderen Kapitalgesellschaften sind in der Zeit zwischen der Reichsgründung und dem Ausbruch des ersten Weltkrieges auch im Maschinenbau in wachsendem Maße zahlreiche Banken, darunter vor allem auch Großbanken, in Erscheinung getreten. Es soll an Hand einiger typischer Beispiele gezeigt werden, *auf welche Art* Banken bei der Kapitalbildung in diesem industriellen Sektor eine Rolle gespielt haben, wie auch, *in welchem Umfang* von einem Einfluß der Banken gesprochen werden kann.

Über die Aufgaben und die Rolle der Banken im allgemeinen in der Zeit des Übergangs des Kapitalismus der freien Konkurrenz in den Monopolkapitalismus und des Vorkriegsimperialismus liegen umfangreiche und z. T. auch wissen-

34 *Barth, Ernst,* Die Entwicklung von Karl-Marx-Stadt zur Industriemetropole – Aus zwei Jahrhunderten Karl-Marx-Städter Wirtschaftsgeschichte, in: Beiträge zur Heimatgeschichte von Karl-Marx-Stadt, H. 13, Karl-Marx-Stadt 1965, S. 68.

schaftlich exakte monographische Darstellungen vor.[35] Dasselbe gilt für die Herausbildung dieses Prozesses vor der Reichsgründung.[36]

Wie für die Zeit vor 1870 nachgewiesen worden ist, beteiligten sich bereits in den 50er Jahren des vergangenen Jahrhunderts Banken an der Gründung von Maschinenfabriken.[37] In dem der Reichsgründung vorhergehenden Jahrzehnt sind bereits Banken in den industriellen Sektor der Maschinenbaubranche verstärkt eingedrungen, was „deutlich die zunehmende Bedeutung der Banken bei der Umwandlung von Geldfonds in industrielles Kapital" zeigt.[38] In diesem Prozeß waren die Maschinenbauaktiengesellschaften nicht mehr – wie die auf Einzelkapital beruhenden Unternehmen – in der Hauptsache „auf die Akkumulation der Profite angewiesen"[39], da ja durch Ausgabe neuer Aktien eine Erweiterung des Grundkapitals vorgenommen werden konnte. Dabei erleichterten die Banken, die vielfach schon zu den Aktienzeichnern gehörten und sich mitunter auch den Hauptanteil der Aktien sicherten, die Kreditbeschaffung für diese Maschinenbauaktiengesellschaften.

Bei dem Eindringen von Bankkapital in die industrielle Sphäre hat die Aussicht auf Kursspekulationen und Gründergewinne viele Banken angelockt.[40] Kaemmel, der diesen Faktoren, darunter besonders dem Gründergewinn, ganz besondere Bedeutung zuerkennt, macht die Zeit der Gründerjahre zum „Ausgangspunkt der Kontrolle der Industrie durch die Banken".[41] Bei der Heraus-

35 Vgl. dazu *Jeidels, Otto,* Das Verhältnis der deutschen Großbanken zur Industrie mit besonderer Berücksichtigung der Eisenindustrie, in: Staats- und sozialwissenschaftliche Forschungen. 24. Bd., 2. H. (112. H.), Leipzig 1905. *Riesser, Jakob,* Die deutschen Großbanken und ihre Konzentration im Zusammenhange mit der Entwicklung der Gesamtwirtschaft in Deutschland, 3. Aufl., Jena 1910. 4. Aufl., Jena 1912. Siehe bes. *Lenin, W. I.,* Der Imperialismus als höchstes Stadium des Kapitalismus, in: Werke, Bd. 22, Berlin 1960, S. 189ff., und Hefte zum Imperialismus, in: Derselbe, Werke, Bd. 39, Berlin 1965. Lenin zitiert Jeidels und Riesser neben anderen bedeutenden bürgerlichen Bankhistorikern häufig in diesen Werken. Zum gleichen Problem vgl. *Kaemmel, Ernst,* Finanzgeschichte, Berlin 1966 (siehe bes. den Abschnitt über „Kredit und Bankwesen" in T. IV 5, S. 371ff.).
Zur Rolle der Banken im modernen Maschinenbau vgl. noch *Reitschuler, Siegfried,* Die Stellung der Maschinenindustrie im Prozeß der Industrialisierung, Köln/Opladen 1963, S. 163ff.

36 Vgl. dazu *Mottek, Hans,* Wirtschaftsgeschichte Deutschlands, Bd. II, Berlin 1964, bes. S. 126ff. *Becker, Walter,* Die Entwicklung der deutschen Maschinenbauindustrie von 1850 bis 1870, in: Schröter/Becker, Die deutsche Maschinenbauindustrie in der industriellen Revolution, Berlin 1962, bes. S. 193ff.

37 *Becker, Walter,* a. a. O., S. 193ff.

38 Ebenda, S. 194.

39 Ebenda, S. 198.

40 Vgl. dazu *Mottek, Hans,* a. a. O., S. 127.

41 *Kaemmel, Ernst,* a. a. O., S. 377. Auf S. 399 seiner Arbeit gibt Kaemmel ein konstruktives Beispiel für die Entstehung und die Zusammensetzung eines solchen Gründergewinns.

bildung dieser Kontrolltätigkeit in den folgenden Jahrzehnten darf jedoch der Einfluß der Banken auf den Maschinenbau nicht zu hoch eingeschätzt werden[42], obwohl besonders die Großbanken ihren Einfluß mit Hilfe von Kreditgewährung und Finanzierung auch in dieser Branche laufend verstärkten.[43]

Ein wesentlicher Grund hierfür war die besonders vor dem ersten Weltkrieg im Maschinenbau noch allzuhäufig festzustellende übermäßige Zersplitterung auf der Grundlage einer Unzahl von untereinander nur schwer vertretbarer Erzeugnisse im Gegensatz zu anderen Zweigen der Produktionsmittelindustrie, auch der aus der Maschinenbauindustrie hervorgegangenen elektrotechnischen Industrie, Zweige, die sich für eine Monopolisierung als besonders geeignet erwiesen haben. Wenn bei der Herausbildung einer modernen Großindustrie „die wirksamen Anstöße zur Kapitalanlegung von den Kapitalnutzern, den Unternehmern" kommen[44], so liegt eben die geringere Bedeutung des Banken- und Kreditsystems in der Maschinenbauindustrie an „der ihr eigenen Betonung der produktionswirtschaftlichen Sphäre gegenüber der finanz- und absatzwirtschaftlichen".[45] Denn „Banken-Unternehmen konnten eben nur dort größeren Einfluß gewinnen, wo ein Maschinenerzeugnis von vornherein in hoher technischer Reife und geschützt durch Patente auf den Markt kam (wo eine hohe Produktivität von vornherein gesichert war – d. Verf.). Kreditinstitute bestimmten weithin die Entwicklung dort, wo bei großer, verhältnismäßig homogener Nachfrage . . . im Prozeßverlauf sich monopolistische Elemente bildeten. Unter dieser Datenkonstellation tritt die produktionswirtschaftliche Sphäre hinter die finanz- und absatzwirtschaftliche zurück."[46] Je eher es dem technischen und ökonomischen Fortschritt gelang, den althergebrachten Zustand der Vielfalt und Uneinheitlichkeit innerhalb der Maschinenbauindustrie zu überwinden, um so mehr verstärkte sich auch der Einfluß der Banken auf diesen Sektor.

Außerdem wirkte noch – und das gilt in besonderem Maße für die Zeit unmittelbar nach der Reichsgründung – einem schnelleren und stärkeren Ein-

42 Vgl. dazu *Harnisch, Elisabeth,* Die Kartellierungsfähigkeit der Maschinen-Industrie, Diss., Heidelberg 1917, S. 42: „Die Maschinenindustrie ist . . . nur teilweise von den Banken abhängig." Diese Erscheinung stehe im Gegensatz zu den Zweigen, „die starke großbetriebliche Expansionstendenzen haben", wo die Banken „die Kartell- und noch mehr die Fusionsbildung" beeinflussen und fördern.

43 Vgl. dazu *Calwer, Richard,* Das Wirtschaftsjahr 1902, T. I, S. 191. Über den Umfang und die einzelnen Formen der Beziehungen von Kreditbanken zu industriellen Unternehmungen vgl. auch *Sartorius von Waltershausen, August,* a. a. O., S. 563.

44 *Spiethoff, Arthur,* Die wirtschaftlichen Wechsellagen, 1. Bd., Tübingen/Zürich, 1955, S. 175.

45 *Reitschuler, Siegfried,* a. a. O., S. 165f. Der Verf. nennt in diesem Zusammenhang als „Sonderfall eines Maschinenbauzweiges mit technisch reifen Produkten und hoher homogener Nachfrage" die Produktion z. B. von Elektromotoren, Näh- und Schreibmaschinen.

46 Ebenda.

dringen des Einflusses der Banken in die deutsche Maschinenbauindustrie das privategoistische Bestreben vieler älterer Maschinenbauunternehmer entgegen. Diese älteren Unternehmer, die in der Hauptsache noch Gründer ihrer Firmen oder deren Söhne waren, konnten vielfach innerhalb ihrer Familie noch selbst die entsprechenden Mittel aufbringen, wenn bei Erweiterungen von nicht allzu großen Maschinenfabriken durch einen einzelnen nicht unerschwinglich hohe Gelder beigebracht werden mußten. Die z. B. innerhalb der Familie des Unternehmers der Chemnitzer Firma Haubold noch lange zur „Familientradition" gehörende Praxis der Selbstfinanzierung[47] wurde erst 1882 durchbrochen, als infolge des Erwerbs von neuen Grundstücken und der Anlage von Erweiterungsbauten „zum ersten Mal ... in größerem Umfang fremde Mittel in Form von Hypothekar- und ungesicherten Bankkrediten in Anspruch genommen werden" mußten.[48] Aus diesem Grund sind auch die Aktien bzw. Einlagen von Maschinenbaubetrieben bei ihrer Umwandlung aus zunächst privat betriebenen Unternehmen in Aktiengesellschaften oder andere Kapitalgesellschaften vielfach noch lange Zeit in Familienbesitz geblieben, wie dies z. B. bei Wertheim und Haubold,[49] darüber hinaus bei Schönherr in Chemnitz[50] oder auch bei Kamp in Wetter an der Ruhr der Fall gewesen ist.[51] Solche Leiter von Kapitalgesellschaften der Maschinenbauindustrie verstanden sich noch lange Zeit, besonders im vormonopolistischen Stadium des Kapitalismus, einem stärkeren Einfluß der Banken zu entziehen. So hat z. B. noch Ende der 90er Jahre die Duisburger Maschinenbau A.G. eine Erhöhung ihrer Aktien ohne Vermittlung der Börse und der Banken vorgenommen.[52]

Die *Formen* der Bankbeteiligungen in der Maschinenbauindustrie sind sehr unterschiedlich. Vor allem die Großbanken sind an Gründungen und Erweiterungen von Kapitalgesellschaften der Maschinenbauindustrie beteiligt; sie beteiligten sich z. B. an langfristigen Investitionen für diese Gesellschaften und sicherten ihre personelle Vertretung in den Aufsichtsräten von Unternehmen dieser Branche. Die Beteiligung der Banken bei Gründungen und Erweiterungen von Kapitalgesellschaften der Maschinenbauindustrie oder auch bei Sanierungen erfolgte in zunehmendem Maße auf der Grundlage eines von verschiedenen Bankunternehmen gebildeten Konsortiums. Oft erfolgten auch Bankbeteiligungen – u. a. gerade bei Sanierungen – zu dem Zweck, bestimmten, für einzelne Banken interessanten Klienten aus den Reihen der Unternehmer der Maschinenbauindustrie neue Geschäftsbeziehungen zu verschaffen sowie bereits bestehende Geschäftsverbindungen zu erweitern. In zunehmendem Maße wird auch die

47 Vgl. *Haubold, Sybille*, a. a. O., S. 38.
48 Ebenda.
49 Vgl. oben S. 142!
50 Sächsische Lebensbilder, 3. Bd., Lebensbilder sächsischer Wirtschaftsführer, Leipzig 1941, S. 327.
51 *Matschoss, Conrad*, Ein Jahrhundert deutscher Maschinenbau 1819–1919, Berlin 1919, S. 101.
52 Ebenda, S. 182f.

Hilfe der Banken bei der Gründung von Tochtergesellschaften in Anspruch genommen.

Bei der Einwirkung der Banken in die Sphäre der Maschinenbauindustrie haben in der Zeit bis zum Ausbruch des ersten Weltkrieges neben namhaften Aktienbanken auch bedeutende Privatbanken, wie z. B. die Bankhäuser Wiener, Levy & Co., Mendelssohn & Co., J. H. S. Stern, Deichmann & Co. und andere Privatbankhäuser einen nicht zu unterschätzenden Anteil.[53] Daß der Einfluß dieser Privatbanken sogar bis in den Bereich der preußisch-deutschen Politik der 70er und 80er Jahre des 19. Jahrhunderts reichte, ist z. B. aus der engen Verbindung Gerson Bleichröders, des Sohnes des Begründers des Berliner Bankhauses Samuel Bleichröder, mit Bismarck, „dessen Privatvermögen er mit Generalvollmacht verwaltete", ersichtlich.[54]

Bei der Darlegung von Beispielen von Bankbeteiligungen im Bereich der Maschinenbauindustrie in der Zeit von der Reichsgründung bis zum Ausbruch des ersten Weltkrieges kommt den Beteiligungen der Banken bei Gründungen und Erweiterungen von Maschinenbaugesellschaften eine besondere Rolle zu. Diese Beispiele machen es überdies deutlich, daß die Banken längst begonnen haben, über ihre ursprüngliche „Vermittler" rolle in dem hier dargestellten Zeitabschnitt mehr und mehr hinauszuwachsen.[55]

So beteiligten sich neben verschiedenen Gesellschaftern der ehemaligen OHG Waggonfabrik Jos. Rathgeber in München-Moosach im Jahre 1911 bei der Umwandlung dieser Gesellschaft in eine Aktiengesellschaft die Bayerische Handelsbank, München, sowie die Berliner Handelsgesellschaft.[56] Bei der Erhöhung des Aktienkapitals der Maschinenfabrik von Amme, Giesecke & Konegen A.G. in Braunschweig im Jahre 1914 war insbesondere die Deutsche Bank beteiligt[57], desgleichen die Allgemeine Deutsche Credit-Anstalt bei der Erhöhung des Aktienkapitals der Prestowerke in Chemnitz.[58] Den Hauptanteil bei der

53 Nicht unbeträchtlich war z. B. der Einfluß des Berliner Bankhauses von Born & Busse auf den Zentralisationsprozeß innerhalb der Eckertwerke in Berlin-Lichtenberg vor der Übernahme dieser Privatbank in die Nationalbank für Deutschland im Jahre 1907 (Geschichtskalender der Eckertwerke 1846–1921, o. J. (1921), S. 18ff.).

54 Biographisches Lexikon zur Deutschen Geschichte. Von den Anfängen bis 1917, Berlin 1967, S. 53f. Danach gehörte Gerson v. Bleichröder „zu den hinter den Kulissen der offiziellen Innen- und Außenpolitik wirkenden Mitgliedern der sich herausbildenden Finanzoligarchie". Über die Rolle des Bankhauses Bleichröder bei der Herausbildung des staatsmonopolistischen Kapitalismus in Deutschland s. *Schröter, Alfred,* Krieg – Staat – Monopol (1914–1918), Berlin 1965, S. 136 u. S. 142.

55 Vgl. *Lenin, W. I.*, Werke, Bd. 22, S. 214ff.

56 Handbuch DAG, T. II, S. 783.

57 Ebenda, T. I, S. 1081.

58 Ebenda, T. II, S. 700f. Die 1907 gegründeten Prestowerke in Chemnitz produzierten Fahrräder sowie verschiedene Maschinenbauerzeugnisse, zuletzt auch „Motorwagen".

Erhöhung des Aktienkapitals der Fa. Carl Hamel A.G. in Schönau bei Chemnitz im Geschäftsjahr 1908/1909 hatte wiederum die Deutsche Bank[59]; dieselbe Großbank trug bereits 1897 für die Erhöhung des Aktienkapitals der Sangerhäuser Actien-Maschinenfabrik u. Eisengießerei vorm. Hornung & Rabe die Verantwortung.[60] Dort beschloß am 9. 4. 1900 die Generalversammlung darüber hinaus „zwecks Verstärkung der Betriebsmittel und Ankauf der Dampfkesselfabrik von F. Schmidt in Halle a. d. S." eine weitere Erhöhung des Aktienkapitals auf insgesamt 2,1 Millionen Mark, wobei die neuausgegebenen Aktien wiederum von der Deutschen Bank übernommen wurden.[61] Dagegen beteiligte sich an der wiederholten Erhöhung des auf ursprünglich (1897) mit 1,1 Millionen Mark festgesetzten Aktienkapitals der Wanderer-Werke vorm. Winklhofer & Jaenicke A.G. in Schönau b. Chemnitz fortgesetzt die Dresdner Bank; dieselbe Großbank konnte bei der Übernahme neuer Aktien in den Jahren 1904, 1910 und 1912 dafür Kursgewinne von jeweils 5 Prozent einstreichen.[62]

Bei Gründungen sowie Erweiterungen bereits bestehender Maschinenbauaktiengesellschaften beteiligten sich vielfach, und zwar in zunehmendem Maße nach der Jahrhundertwende, nicht lediglich einzelne Banken, sondern jeweils ein aus verschiedenen Banken bestehendes *Konsortium*.[63] Dabei setzten sich innerhalb der beteiligten Banken im Laufe der Zeit die Großbanken, darunter wieder besonders die D-Banken[64], durch. Beispielsweise hatte bei den in den Jahren 1899 und 1903 erfolgenden Kapitalerhöhungen der 1872 (mit zunächst lediglich 1,2 Millionen Mark Aktienkapital) gegründeten Gasmotorenfabrik Deutz in Köln-Deutz, die in der Zeit des Ausbruchs des ersten Weltkrieges über 26 Verkaufsstellen, darunter 9 außerdeutschen europäischen und 5 außereuropäischen, verfügte, die neuen Aktien der A. Schaafhausensche Bankverein zum großen Teil noch allein übernommen. Bei einer weiteren Kapitalerhöhung innerhalb dieser Gesellschaft im Jahre 1911 um 4,530 Millionen Mark (auf insgesamt 22,002 Millionen Mark[65]) war jedoch bereits eine aus drei Großbanken, nämlich dem A. Schaafhausenschen Bankverein, der Deutschen Bank und der Dresdner

59 Ebenda, S. 809.

60 Ebenda, S. 807f.

61 Ebenda.

62 Ebenda, S. 809f.

63 Es wurde errechnet, daß bei Kapitalerhöhungen im Sektor Maschinenbau zwischen 1897 und 1914 bei insges. 36 Maschinenbauaktiengesellschaften unter 52 angegebenen Bankbeteiligungen insges. 25 Konsortialbeteiligungen aufgetreten sind. Ab 1904 verengte sich dieses Verhältnis auf 45 : 25 und zwischen 1911 und 1914 sogar auf 20 : 13! Bei den 52 Bankbeteiligungen handelt es sich 30mal um Beteiligungen von Großbanken, darunter 10mal der Deutschen Bank, achtmal des A. Schaafhausenschen Bankvereins und sechsmal der Dresdner Bank.

64 *Engelberg, Ernst*, a. a. O., S. 296, weist darauf hin, daß die vier D-Banken „am stärksten" mit der Grundstoff- und Maschinenbauindustrie kapitalmäßig und personell verbunden gewesen sind.

65 1897 hatte das Aktienkapital dieser Firma noch 10,080 Mill. Mark, 1899 noch 14,112 Mill. Mark betragen (Handbuch DAG, T. II, S. 762f.).

Bank bestehendes Konsortium beteiligt.[66] Eine Konsortialbeteiligung der Dresdner Bank und der Allgemeinen Deutschen Credit-Anstalt erfolgte z. B. 1912 bei der Erhöhung des Aktienkapitals der Maschinenfabrik Kappel in Chemnitz-Kappel[67]; darüber hinaus erfolgte in demselben Jahr eine Konsortialbeteiligung bei der Erhöhung des Aktienkapitals der Waggonfabrik A.G. vorm. P. Herbrand & Co. in Köln-Ehrenfeld unter Führung des A. Schaafhausenschen Bankvereins[68], um nur einige weitere Beispiele zu nennen.

Bei der Festlegung der von den beteiligten Banken erzielten Kursgewinne sieht ein solcher Vorgang im einzelnen so aus: Als 1908 das Aktienkapital der Hannoverschen Maschinenbau-Aktiengesellschaft vorm. G. Egestorff um ca. 3 Millionen Mark auf nunmehr 8 Millionen Mark erhöht wurde[69], wurden „laut Beschluß der Generalversammlung (vom 2. 6. 1908 – d. Verf.) diese neuen Aktien unter Ausschluß des Bezugsrechtes der Aktionäre an ein Konsortium unter Führung der Hannoverschen Bank in Hannover mit der Verpflichtung gegeben, davon den alten Aktionären einen Nominalbetrag von 2,546 Millionen Mark zum Übernahmekurs von 250% derart zum Bezuge anzubieten, daß auf je 2000 Mark alte Aktien eine neue Aktie à 1000 Mark entfällt“. Die restlichen Aktien im Werte von ca. 361000 Mark übernahm das Konsortium zum Kurs von 300 Prozent!

Groß und vielfach auch erfolgreich war darüber hinaus das Bestreben vieler Banken, auf dem Wege sogenannter *Sanierungen* in Maschinenbauaktiengesellschaften einzudringen bzw. dort ihren bereits bestehenden Einfluß zu vergrößern. Das war z. B. der Fall bei der erst 1901 gegründeten Werkzeugmaschinen-Akt. Ges. in Köln, die bis 1909 ihr Aktienkapital in Form der Übernahme von jeweils neuen Aktien auf 1,2 Millionen Mark erhöht hatte. Die Generalversammlung vom 23. 2. 1912 beschloß „zur Tilgung der Ende Sept. 1911 mit 785387 Mark ausgewiesenen Unterbilanz (die bis Ende Sept. 1912 auf 895017 Mark angewachsen war – d. Verf.) bzw. zur Sanierung der Gesellschaft überhaupt“ je drei Aktien auf eine (durch Vernichtung von zwei und Abstempelung je einer verbliebenen Aktie) zusammenzulegen und darüber hinaus für 0,35 Millionen Mark neue Vorzugsaktien auszugeben, so daß das neue Aktienkapital schließlich 0,75 Millionen Mark betrug.[70] Ähnliche Vorgänge, die besonders in Zeiten der Krise und der Depression aufgetreten sind, können beobachtet werden u. a.

66 Alle mit der Kapitalerhöhung zusammenhängenden Kosten, z. B. auch die Kosten des Aktienstempels, des sog. Preußischen Gesellschaftsstempels usw., gingen zu Lasten des Konsortiums, nur die Druckkosten der Aktien wurden von der Gesellschaft getragen. Das Konsortium stellte auch auf eigene Kosten den Antrag auf Zulassung der neuen Aktien an der Berliner, der Kölner und der Frankfurter Börse (ebenda).

67 Handbuch DAG, T. II, S. 700.

68 Ebenda, S. 769.

69 Deutsches Zentralarchiv Potsdam, Wirtschaftsarchiv der Berliner Handelsgesellschaft, Nr. 7645.

70 Handbuch DAG, T. II, S. 770.

bei der Leipziger Werkzeug-Maschinenfabrik vorm. W. von Pittler A.G. in Wahren bei Leipzig[71], bei der Maschinenbau-A.G. vorm. Ph. Swiderski in Leipzig-Plagwitz[72] und bei vielen anderen Maschinenbauunternehmen. In der Regel sind derartige Kapitalreduktionen jedoch wieder durch später erfolgende Kapitalerhöhungen ausgeglichen oder gar in ihrem Ausmaß weit übertroffen worden.

In vielen Fällen sind Sanierungen auch unternommen worden, um den betreffenden Maschinenbauunternehmern zu neuen Geschäftsverbindungen zu verhelfen oder bereits vorhandene Geschäftsverbindungen noch enger zu gestalten. So heißt es in bezug auf die Sanierung der Werkzeugmaschinenfabrik de Fries in Heerdt bei Düsseldorf im Jahre 1904 durch den A. Schaafhausenschen Bankverein[73], daß dieser Vorgang „im Interesse seiner Klienten, der Kölnischen Maschinenbau-A.G. in Köln-Bayenthal" erfolgte, „um deren Unterbilanz zu beseitigen". Gleichzeitig hat diese Großbank, die übrigens an der Spitze eines Konsortiums stand, eine Annäherung der Kölnischen Maschinenbau-A.G. an die Berlin-Anhaltische Maschinenbau-A.G. zustande gebracht, „durch die ihr manche Aufträge zufallen werden".[74] In bezug auf die Zusammensetzung eines Aufsichtsrates vertritt übrigens Passow[75] die Ansicht, daß es „auf das größere oder geringere Arbeitsquantum ... der Aktiengesellschaft gar nicht ... ankommt", denn „wenn ein im Aufsichtsrat sitzender Großindustrieller oder Finanzmann der Gesellschaft ein- oder zweimal im Jahr einen großen Auftrag verschafft, sich im übrigen aber absolut nicht um sie kümmert, sogar keine einzige Aufsichtsratssitzung besucht, so kann er u. U. für das Unternehmen viel wertvoller sein als ein anderes Mitglied, das regelmäßig und pünktlich zu allen Sitzungen erscheint ..., aber darüber hinaus der Gesellschaft nicht nützt".

Eine derartige Einschätzung gilt zweifellos nur mit Einschränkung für den Fall des Eintritts eines Industriellen in den Aufsichtsrat einer Bank, da die Leiter der Bank naturgemäß nicht an einer Einflußnahme von Industriellen auf die Leitung der Banken interessiert sind. So heißt es bei Jeidels[76]: „Wird ein Industrieller in den Aufsichtsrat der Großbank gewählt, so soll er nicht auf ihre Verwaltung zugunsten der hinter ihm stehenden Unternehmungen, sondern auf die-

71 Ebenda, T. I, S. 1186.

72 Ebenda, S. 1145.

73 *Riesser, Jakob,* Die deutschen Großbanken und ihre Konzentration im Zusammenhange mit der Entwicklung der Gesamtwirtschaft in Deutschland, 3. Aufl., Jena 1910, S. 382f.

74 *Jeidels, Otto,* a. a. O., S. 210. Tatsächlich hatte innerhalb Jahresfrist der Lothringische Hüttenverein durch Vermittlung des Schaafhausenschen Bankvereins eine 600pferdige Gebläsemaschine bestellt (ebenda, S. 219). Das Kölner Unternehmen ist 1909 mit $^{9}/_{10}$ des Aktienkapitals von der „Bamag" übernommen worden. Näheres s. Deutsches Zentralarchiv Potsdam, Wirtschaftsarchiv der Berliner Handelsgesellschaft, Nr. 10770.

75 *Passow, Richard,* Die Aktiengesellschaft, Jena 1922, S. 423.

76 *Jeidels, Otto,* a. a. O., S. 152f.

se zum Vorteil der Bank einwirken, ... der Bankdirektor dagegen, der in einen industriellen Aufsichtsrat eintritt, greift bewußt auf ein anderes Gebiet über, um in dieser Unternehmung seinen Einfluß zugunsten seiner eigenen Bank einzusetzen ..." In bezug auf die Tätigkeit z. B. des Chemnitzer Maschinenbauindustriellen Gustav Hartmann im Aufsichtsrat der Dresdner Bank wird zum Ausdruck gebracht[77]: „Man gewährt ihnen (d. h. den Großindustriellen – d. Verf.) gern eine Stelle im Aufsichtsrat der Großbank..., womit man sie stärker an der Bank interessiert, ohne ihnen dabei einen weitgehenden Einfluß auf die Verwaltung einräumen zu müssen... Die Stelle im Aufsichtsrat ist nur eine Bekräftigung, Vertiefung und Erweiterung bereits bestehender Beziehungen."

Bei der Durchsetzung der neuen Rolle der Banken auch in der deutschen Maschinenbauindustrie der Vorkriegsperiode in Form der „persönlichen Verschmelzung", d. h. einer „*Personalunion* der Banken mit den größten Industrie- und Handelsunternehmungen" u. a. durch den „Eintritt der Bankdirektoren in die Aufsichtsräte (oder die Vorstände) der Handels- und Industrieunternehmungen und umgekehrt"[78], ist der Eintritt von Vertretern der Banken in Maschinenbauunternehmen häufiger als das Eindringen von Unternehmern der Maschinenbauindustrie in die Banken. Jedoch lassen sich auch hierfür – neben Hartmann oder auch Rieppel[79] – namhafte Beispiele anführen: So war Ernst von Borsig Aufsichtsratsmitglied der Deutschen Bank.[80] Bekannt ist die umfangreiche Tätigkeit des Berliner Maschinenbauindustriellen Louis Schwartzkopff, der in den Aufsichtsrat der Berliner Handelsgesellschaft eintrat, nachdem unter der Leitung dieser Großbank 1870 das Schartzkopffsche Unternehmen in die Berliner Maschinenbau-A.G. umgewandelt worden war.[81] Louis Schwartzkopff, einer der führenden Vertreter der sich herausbildenden deutschen Finanzoligarchie, war gleichzeitig Aufsichtsratsmitglied u. a. der Deutschen Continentalen Gas-Gesellschaft, Dessau, sowie der Gruson-Werke in Magdeburg.[82] Er fungierte nach 1882 als Vorstandsmitglied des nationalistischen Deutschen Kolonialvereins[83] und war lange Jahre Vorsitzender des Centralverbandes Deutscher Industrieller.[84] Eine derartig enge Verknüpfung der Tätigkeit eines Maschinen-

77 Ebenda, S. 151.

78 *Lenin, W. I.*, Werke, Bd. 22, S. 224. *Sartorius von Waltershausen, August*, a.a.O., S. 563, spricht in diesem Zusammenhang davon, daß die „Bank zur Beherrscherin ganzer Industrien" geworden ist, „ohne dabei in die Tiefe dieses Prozesses eingedrungen zu sein".

79 Rieppel war im Aufsichtsrat der Bayerischen Diskont- und Wechselbank.

80 *Jeidels, Otto*, a. a. O., S. 153.

81 Festschrift – 75 Jahre Schwartzkopff. Hrsg. von der Berliner Maschinenbau A.G. vorm. L. Schwartzkopff, Berlin 1927 (im folgenden: Festschrift Schwartzkopff), S. 25.

82 Ebenda.

83 *Kuczynski, Jürgen*, Studien zur Geschichte des deutschen Imperialismus, Bd. II (Propagandaorganisationen des Monopolkapitals), Berlin 1950, S. 125.

84 Festschrift Schwartzkopff, S. 25.

bauindustriellen mit der in anderen, auch außerindustriellen Bereichen, wobei ein Teil der Aktivität auf der Seite des *Industriellen* lag, ist jedoch – zumindest zu diesem Zeitpunkt – noch recht selten.

Eine sehr enge Verbindung zwischen Unternehmen des Maschinenbaus und den in diesen Sektor eingedrungenen Banken mußte zweifellos dann vorliegen, wenn es sich etwa auch darum handelte, „eine Bilanz undurchsichtig zu machen".[85] Oft wurden zu diesem Zweck eine oder mehrere Tochtergesellschaften gegründet[86], oder es erfolgte – mitunter gemeinsam mit anderen Unternehmen – eine Beteiligung an dritten Gesellschaften. Diese Mittel sind unter Leitung der entsprechenden Bank oder in späterer Zeit mit Hilfe eines Konsortiums recht oft angewandt worden. Jeidels[87] nennt in diesem Zusammenhang die Beteiligung der Bielefelder Maschinenfabrik vorm. Dürkopp & Co. an der Gummireifenfabrik Dunlop G.m.b.H. in Hanau, und zwar gemeinsam mit den Adler-Fahrradwerken in Frankfurt am Main.

In diesen Zusammenhang gehört z. B. auch der 1911 erfolgte Erwerb von $^3/_4$ der Aktien der Westfälischen Maschinenbau-Industrie Gustav Moll & Co. A.G. in Neubeckum in Westf. durch die Maschinenbau-A.G. Balcke in Bochum[88] sowie die Angliederung der Fa. H. Alban Ludwig in Chemnitz an die Maschinenfabrik von Schubert & Salzer.[89]

Oft sind Tochtergesellschaften auch im Ausland errichtet worden. Die 1912 erfolgte Gründung „einer selbständigen Tochter-G.m.b.H. in Buenos Aires unter der Fa. Körting Hermanos G.m.b.H. mit Hauptsitz in Linden" durch die Fa. Gebr. Körting A.G. in Linden bei Hannover ist nur ein Beispiel unter sehr vielen.[90]

Ein Beispiel für *internationale* Verflechtungen bereits vor Ausbruch des ersten Weltkrieges auf dem Gebiet der deutschen Maschinenbauindustrie sind die Beteiligungen an den Pfaudler-Werken A.G. in Schwetzingen.[91] So wurden von den Stammaktien der Pfaudler-Werke 235 durch die Pfaudler Co. in Rochester/USA sowie 165 durch die International Pfaudler Ltd. London – und zwar nicht durch bare Zahlung, sondern durch Sacheinlage (Aufrechnungen von Forderungen) – gedeckt.[92]

Ein „klassisches" Beispiel für die Herausbildung von Elementen des deutschen und internationalen Finanzkapitals noch vor der Jahrhundertwende innerhalb der Maschinenbauindustrie stellt unstreitig die Zusammensetzung des

85 *Lenin, W. I.*, Werke, Bd. 22, S. 233.
86 Ebenda.
87 *Jeidels, Otto*, a. a. O., S. 199f.
88 Handbuch DAG, T. I, S. 1078. Maschinenbau-Aktiengesellschaft Balcke – Bochum (Festschrift zur Feier des 25jährigen Bestehens am 1. Oktober 1919), Bochum, o. J. (1919). 1918 ist der Neubeckumer Betrieb ganz in den Besitz der Bochumer Firma übergegangen
89 Handbuch DAG, T. I, S. 1095.
90 Ebenda, S. 1150.
91 Ebenda, T. II, S. 811.
92 Ebenda.

Aktienkapitals der Deutschen Niles-Werkzugmaschinenfabrik A.G. in Berlin-Oberschöneweide dar, das sich bei der Gründung dieser Gesellschaft 1898 wie folgt aufgliederte[93]:

Gründer	Aktienkapital Mark
Ludwig Loewe & Co. A. G.	1 650 000
Disconto-Gesellschaft	550 000
Berliner Handelsgesellschaft	1 650 000
Bankhaus Born & Busse	550 000
AEG	550 000
Dresdner Bank	550 000
Niles Tool Works Coy. Hamilton/USA	500 000
Insgesamt	6 000 000

Wir haben damit eine Zusammenfassung von 3,3 Millionen Mark Bankkapital und 2,7 Millionen Mark Industriekapital, darunter 0,5 Millionen Mark eines ausländischen Unternehmens, vor uns, wobei das deutsche Unternehmen von der amerikanischen Firma gleichen Namens Konstruktionen und Patente sowie das Recht der Namensführung erwarb.[94] Zu den Aufsichtsräten dieser Firma, deren Aktienkapital infolge der krisenhaften Entwicklung 1908 auf 4,0 Millionen Mark herabgesetzt wurde, gehörte auch der Leiter der AEG, Dr. Walther Rathenau.[95]

Wenn man die weitere Herausbildung von Elementen des Finanzkapitals verfolgt, wird man deutlich an die Einschätzung von Karl Marx erinnert, die er über das Wesen des Kapitals wiedergibt[96]: „Das Kapital hat einen horror vor

93 Nach Aufzeichnungen des Betriebsarchivs des VEB Großdrehmaschinenbau „8. Mai", Karl-Marx-Stadt. Vgl. dazu u. a. Lenin über die Aufgaben des Finanzkapitals, wobei er (Werke, Bd. 22, S. 236) im wesentlichen die Aufgaben des Bankkapitals hervorhebt. Eine detaillierte Einschätzung des Begriffs „Finanzkapital" ist in der einschlägigen Literatur höchst selten anzutreffen, selbst *Engelberg* (a. a. O., S. 296) spricht ganz allgemein von „Bankkapital, das zum Finanzkapital wurde, indem es das Industriekapital beherrschte", während doch Lenin eine ganz bestimmte konkrete historische Situation im Auge hatte.

94 Nach *Doogs, Kurt,* Die Berliner Maschinen-Industrie und ihre Produktionsbedingungen seit ihrer Entstehung, Diss., Berlin 1928, S. 26, erfolgte die Gründung zwar „in Anlehnung" an eine amerikanische Fabrik, „allmählich ging jedoch eine vollständige Loslösung des Werkes von der amerikanischen Bevormundung vor sich".

95 Handbuch DAG, T. I, S. 1070. Die Firma führte ab Mai 1915 die Bezeichnung Maschinenfabrik Oberschöneweide A. G.

96 *Marx, Karl,* Das Kapital, Erster Band, in: Marx, Karl / Engels, Friedrich, Werke, Bd. 23, Berlin 1962, S. 788, Fußn. 250. Vgl. dagegen etwa *Sartorius von Waltershausen, August,* a. a. O., S. 565: „Die großartige Entwicklung Deutschlands seit 1895 ist ohne die spekulative Tätigkeit der Kreditbanken nicht zu verstehen."

Abwesenheit von Profit oder sehr kleinem Profit, wie die Natur vor der Leere. Mit entsprechendem Profit wird Kapital kühn. Zehn Prozent sicher, und man kann es überall anwenden; 20 Prozent, es wird lebhaft; 50 Prozent, positiv waghalsig; für 100 Prozent stampft es alle menschlichen Gesetze unter seinen Fuß; 300 Prozent, und es gibt kein Verbrechen, das es nicht riskiert, selbst auf die Gefahr des Galgens."

Es folgen hier noch – abgestimmt auf die Jahre 1905, 1910 und 1914/1915 – drei Tabellen[97], die zeigen sollen, *in welchem Umfang* bis etwa zur Zeit des Ausbruchs des ersten Weltkrieges von einem Einfluß der Banken auf den Sektor der Maschinenbaubranche in Deutschland gesprochen werden kann.

In Ergänzung zu *Tabelle 17* (Zeitpunkt = 1905), die auf dem Gebiet der personellen Verschmelzung keine Vergleichsmöglichkeit zu anderen Industriezweigen offenläßt, kann festgestellt werden, daß nach Jeidels auf einem anderen Gebiet der Zusammenarbeit zwischen Banken und Industriebetrieben, dem der „Übernahmegeschäfte der Großbanken für die Industrie 1895 – 1903"[98] in diesem Zeitraum *außerhalb* des Maschinen- und Schiffbaus (mit insgesamt 73 derartiger Geschäfte)[99] bedeutend mehr solcher Geschäfte getätigt wurden:

So bei den Elektro- und Kabelwerken insgesamt 136, darunter etwas weniger als die Hälfte durch die Berliner Handelsgesellschaft und die Deutsche Bank, und bei den Betrieben der Schwerindustrie (Metallindustrie einschließlich Steinkohlenbergbau und Hüttenwesen) insgesamt 799, bei einer etwa gleichmäßigen Verteilung dieser Geschäfte auf alle angegebenen Großbanken, darunter mit einem leichten Übergewicht des A. Schaafhausenschen Bankvereins.

Am ergiebigsten erscheint ein Blick auf die *Tabelle 18* (Zeitpunkt = 1910). Bei den namentlich wiedergegebenen 61 Maschinenfabriken (mit insgesamt 65 Aufsichtsratssitzen, darunter 10 Vorsitzenden und 5 stellvertretenden Vorsitzenden) handelt es sich in Wirklichkeit um 55 verschiedene Unternehmen des Maschinenbaus, während es sich bei einer näheren Untersuchung der anderen (hier nicht namentlich aufgeführten) 50 Betriebe der Elektroindustrie (mit 54 Aufsichtsratssitzen, darunter 7 Vorsitzenden und Direktoren und 10 stellvertretenden Vorsitzenden) lediglich um nur 28 verschiedene Unternehmen dieser Branche handelt. Während in den Aufsichtsräten der Großunternehmen der Elektroindustrie jedoch gleichzeitig bis zu fünf und sechs Großbanken vertreten sind – hier ist auch die Mehrzahl der Vorsitzenden und ihrer Stellvertreter zu finden![100] – können die Maschinenbauaktiengesellschaften im Durchschnitt nicht mit einer so hohen Zahl von Vertretern der Banken aufwarten. In Aktiengesellschaften des Maschinenbaus sind nur je drei Großbanken gleichzeitig

97 Vgl. die Tab. 17–19 im Anhang.

98 *Jeidels, Otto,* a. a. O., S. 172f. Jeidels gibt dabei nicht die Zahl der Emmissionsgeschäfte selbst, sondern „die etwas kleinere der Gesellschaften, für welche sie besorgt wurden", an.

99 Davon mehr als die Hälfte durch den Schaafhausenschen Bankverein und die Dresdner Bank.

100 Vgl. etwa die Gegenüberstellung in der Sparte der Berliner Handelsgesellschaft.

vertreten in den Aufsichtsräten der Deutschen Niles-Werke A.G. sowie den Deutschen Waffen- und Munitionsfabriken, außerdem haben in nur sechs weiteren Werken des Maschinenbaus die aufgeführten Großbanken insgesamt jeweils zwei Aufsichtsratssitze. Alle anderen Maschinenbauunternehmen, darunter auch die fünf genannten Chemnitzer Fabriken, werden personell von nur je einer Großbank kontrolliert. Wir erhalten damit einen Beweis für den niedrigeren Grad der Verschmelzung mit den Banken im Maschinenbau im Vergleich zu einem anderen Industriezweig: Hier der Elektrobranche.

Die letzte der Tabellen aus dieser Reihe (*Tabelle 19*, Zeitpunkt = 1914/1915) wurde auf der Grundlage des Handbuchs der Deutschen Aktien-Gesellschaften, Ausgabe 1915/1916, zusammengestellt. Es konnten insgesamt 13 deutsche Maschinenbauaktiengesellschaften nachgewiesen werden, die etwa bis zum Zeitpunkt des ersten Weltkrieges bereits mindestens von zwei einflußreichen Vertretern der Banken – in Gestalt des Vorsitzenden *und* des stellvertretenden Vorsitzenden – kontrolliert wurden, ein Beweis für den nun doch auch in dieser Branche stärker einsetzenden Verschmelzungsprozeß mit den Banken und der stärkeren Herausbildung von Finanzkapital.

Eine Reihe der im Anhang aufgeführten weiteren Tabellen[101] soll – z. T. differenziert aufgeführt nach Maschinenbauzweigen und einzelnen Betrieben – im Zusammenhang über die *Rentabilität* in der Maschinenbauindustrie gegen Ende des hier bearbeiteten Zeitabschnitts aussagen, wobei z. T. auch Vergleichsmöglichkeiten zu anderen Produktionszweigen gegeben werden konnten.[102]

101 Vgl. Tab. 20–22.
102 Vgl. Tab. 20.

KAPITEL VI

Der deutsche Maschinenbau im Monopolisierungsprozeß

In der Zeit zwischen der Reichsgründung und dem Ausbruch des ersten Weltkrieges erfolgte auch in der deutschen Maschinenbauindustrie im Zuge der allgemeinen ökonomischen und technischen Entwicklung eine, wenn auch oft verzögerte und gehemmte Hinwendung und Entwicklung zum Monopol. Ähnlich, wie auf der Grundlage der Uneinheitlichkeit der Produktion und der Vielfalt der einzelnen Zweige innerhalb dieses Sektors sich – trotz aller Erschwernisse – eine Spezialisierung, Standardisierung und eine sich verstärkende Herausbildung der Großserien- und Massenproduktion allmählich doch durchsetzte, fand auch in diesem Sektor vor 1914 ein Übergang zur Herausbildung von einzelnen (ganz oder teilweise) monopolisierten Betrieben statt. Als beschleunigender Faktor für den Monopolisierungsprozeß innerhalb der deutschen Maschinenbauindustrie hatte sich auch die Gründung und Existenz von Rohstoffkartellen mit ihren in vielen Fällen diskriminierenden Festlegungen der Preise, der Lieferbedingungen u. ä. erwiesen, denn dadurch wurden viele Maschinenbaubetriebe veranlaßt, Kartellbildungen mit ähnlich gelagerten Firmen einzugehen oder zumindest derartige Vereinbarungen anzustreben.

Es nimmt bei alledem zunächst wunder, daß vereinzelt schon sehr frühzeitig monopolistische Vereinbarungen im deutschen Maschinenbau getroffen wurden, doch gehören derartige Abmachungen durchaus zur Vorgeschichte[1] des Monopolkapitalismus. So zeigt ein bereits 1830 zwischen verschiedenen Textilmaschinen produzierenden sächsischen Firmen vollzogenes Kartell[2], das es auf eine Existenz von acht Jahren brachte, immerhin eine starke *Tendenz* innerhalb dieses Sektors der deutschen Produktionsmittelindustrie, bereits zu diesem

1 *Lenin, W. I.*, Werke, Bd. 22, Berlin 1960, S. 205.

2 Eine zwischen einer Dresdner und zwei Chemnitzer Maschinenbaubetrieben getroffene Abmachung schränkte die Konkurrenz auf dem Gebiet der Lieferung von Textilmaschinen „im Inland" (d. h. innerhalb Sachsens – d. Verf.) zwischen diesen drei Firmen ein, indem nur die Herstellung von in einem gemeinsamen Verzeichnis „nicht genannter Maschinen und Apparate" ohne Einschränkung erfolgen durfte. Unbeschränkte Konkurrenz war nur „im Ausland" gestattet. Daneben sollten Erfindungen untereinander ausgetauscht und von den beteiligten Firmen ein Jahr lang geheim gehalten werden (Beiträge zur Geschichte der Technik und Industrie, 4. Bd., 1912, S. 63ff.).

frühen Zeitpunkt zu monopolistischen Abmachungen zu kommen. Eine solche Einschätzung wird auch dadurch erhärtet, daß dieses Kartell noch früher als die von Blumberg[3] erwähnte „erste deutsche Monopolorganisation der deutschen Fabrikindustrie", das in den 30er Jahren des 19. Jahrhunderts entstandene „Vereinigte Kammgarn Comptoir" gegründet wurde.[4]

Aufschlußreich ist ferner, daß schon mit dem Beginn der „ersten großen Entwicklungsperiode (der modernen Monopole)", d. h. bereits im Verlaufe „der internationalen Depression der siebziger Jahre"[5] Betriebe gerade der deutschen Maschinenbauindustrie zu monopolistischen Vereinbarungen kamen.[6] Dies betrifft in erster Linie eine Reihe von Großbetrieben des allgemeinen Maschinenbaus, die sich besonders auf die Produktion von Lokomotiven spezialisiert hatten; in der Zeit von 1877 bis 1880 wurde zwischen ihnen ein „Koalitionsvertrag" deutscher Lokomotivfabriken abgeschlossen.[7] Die Bedeutung des frühzeitigen Abschlusses eines derartigen Vertrags auf Kartellebene wird jedoch wiederum eingeschränkt durch die Abmachung, daß lediglich im Inland die Konkurrenz ausgeschaltet werden sollte. In den Jahren 1885 und 1886 scheiterte eine Erneuerung dieses Kartells „am Widerstand derjenigen Fabriken, die sich in Privatbesitz befinden"[8], darunter mit Henschel und Schichau als zwei der bedeutendsten Lokomotivproduzenten. Ein 1890 schließlich zustande gekommener „Deutscher Lokomotiv Verband" als Rahmenorganisation je eines Norddeutschen und Süddeutschen Verbandsteiles brachte zwar einige entscheidende Vorteile, ihm gehörten aber als „Außenseiter" so bekannte Firmen wie Schichau, Orenstein & Koppel sowie Humboldt in Köln-Kalk nicht an; auch kam wiederum ein Ausfuhrkartell nicht zustande.[9]

3 *Blumberg, Horst,* Die deutsche Textilindustrie in der industriellen Revolution (Veröffentlichungen des Instituts für Wirtschaftsgeschichte an der Hochschule für Ökonomie Berlin-Karlshorst, Bd. 3, Berlin 1965), S. 102 f.

4 Vgl. *Wehner, Heinz,* Deutschlands Weg zum Industriestaat. Einige Bemerkungen zu den Veröffentlichungen des Instituts für Wirtschaftsgeschichte der Hochschule für Ökonomie Berlin zu Fragen der industriellen Revolution in Deutschland, in: Jb. f. Wirtsch.-Geschichte, Jg. 1969, T. 1, S. 394. Wehner stellt hier das Primat dieses Syndikats ebenfalls in Zweifel.

5 *Lenin, W. I.,* a. a. O., S. 205.

6 Nach Becker wurde in den 60er Jahren in der deutschen Maschinenindustrie „ein solcher Grad" in bezug auf die Entwicklung des Konzentrationsprozesses erreicht, „der direkt an das Monopol heranführte". Vgl. *Becker, Walter,* Die Entwicklung der deutschen Maschinenbauindustrie von 1850 bis 1870, in: Schröter/Becker, Die deutsche Maschinenbauindustrie in der industriellen Revolution (Veröffentlichungen des Instituts für Wirtschaftsgeschichte an der Hochschule für Ökonomie Berlin-Karlshorst, Bd. 2, Berlin 1962), S. 215.

7 *Kuczynski, Jürgen,* Studien zur Geschichte des deutschen Imperialismus, Bd. I, Berlin 1952, S. 150f.

8 *Däbritz, Walther/Metzelin, Erich,* Hundert Jahre Hanomag, Düsseldorf 1935, S. 82.

9 Ebenda.

Nach der Jahrhundertwende ist es außerhalb des deutschen Lokomotivbaus und anderen Teilgebieten der Transportmaschinenindustrie, wie dem Waggonbau[10], vor allem in den Zweigen der deutschen Maschinenbauindustrie zu Monopolbildungen gekommen, die sich erst verhältnismäßig spät entwickelt hatten und sich vorrangig auf die Herstellung von Maschinenbauspezialerzeugnissen konzentrierten. Erwähnenswert – in der Reihenfolge ihrer Gründungsjahre – sind in diesem Zusammenhang[11]:

1903 eine Vereinigung deutscher Gasmaschinenfabriken (mit dem Sitz in Nürnberg) sowie
eine Vereinigung westdeutscher und nordwestdeutscher Fahrrad- und Nähmaschinenfabrikanten und Engroshändler,
1906 eine Konvention für Eismaschinen und Kühlanlagen (mit dem Sitz in Berlin),
1907 eine Vereinigung der Kleingasmotorenfabrikanten (mit dem Sitz in Frankfurt am Main) sowie
eine Konvention der Fahrradfabrikanten[12],
1908 ein Syndikat der Fabrikanten aller Zubehörteile (von Fahrrädern – d. Verf.) und
1912 ein Verkaufsverband für deutsche Großgasmaschinen.

Kennzeichnend für viele dieser Verbände war, daß sie oft nur zu unverbindlichen Abmachungen kamen und mit vielen „Außenseitern“ belastet waren. Sie hatten oft nur regionale Bedeutung und lösten sich nach einiger Zeit vielfach von selbst wieder auf. Doch begannen die Versuche, zu neuen, dabei festeren und einen immer größeren Kreis von Betrieben umfassenden Vereinbarungen zu gelangen, meist auch von neuem.

Ein Musterbeispiel für die Herausbildung und den bald danach folgenden Zerfall eines derartigen Verbandes bietet der Zweig der deutschen Fahrradindustrie.[13] Nach der Auflösung einer zunächst zustande gekommenen Vereinigung westdeutscher und nordwestdeutscher Fahrrad- und Nähmaschinenfabrikanten und Engroshändler, die nur regional von Bedeutung war, gelang es einer am 1. 5. 1907 gebildeten Konvention deutscher Fahrradfabrikanten, für ihre Mitglieder u. a. folgende Abmachungen zu treffen: Festsetzen der Preise, Kontingentierung der Produktion, Festlegung der Verkaufsbedingungen u. ä., wobei die Selbständigkeit den Kunden gegenüber gewahrt blieb. Bemerkenswert dabei ist, daß damit immerhin schon 80 bis 85 Prozent der damaligen deutschen Fahrradproduktion erfaßt wurden, jedoch entfielen auf den Rest innerhalb der Produktion dieses Zweiges einige größere Firmen, die zu „abnorm nied-

10 In diesem Zweig war es gelungen, Ende 1913 ein Preiskartell sämtlicher (42) deutscher Waggonfabriken zu gründen (vgl. *Calwer, Richard*, Das Wirtschaftsjahr 1912, 1. T., Jena 1914, S. 38).

11 Nach *Calwer, Richard*, Das Wirtschaftsjahr 1903ff.

12 Festschrift zum vierzigjährigen Bestehen des Vereins deutscher Fahrrad-Industrieller E.V. 1888–1928, Berlin, o. J. (1928), S. 30ff.

13 Ebenda. Vgl. oben S. 63!

rigen Preisen "verkauften, sowie viele kleinere Betriebe. Die Konvention hielt auch der bald einsetzenden heftigen Zwischenkrise nicht stand; sie wurde bereits am 30. 4. 1909 wieder aufgelöst, nachdem seit 1908 die Preise und andere Bestimmungen nicht eingehalten worden und zahlreiche Austritte erfolgt waren. Der eingetretene Preissturz hatte übrigens den Ruin vieler Kleinbetriebe dieser Branche zur Folge, während sich die Produktion einzelner Großbetriebe immer mehr erhöhte.

Bei Betrieben mit ausschließlich oder vorwiegend allgemeinem Maschinenbau sah es zum damaligen Zeitpunkt vielfach so aus, wie es in einem Jahresbericht der Handels- und Gewerbekammer zu Chemnitz geschildert wird[14]: „Der Versuch der Maschinenfabriken, sich für gewisse Spezialitäten ebenfalls (d. h. wie die Rohstoffsyndikate – d. Verf.) zusammenzuschließen, darf wohl als gescheitert betrachtet werden." Denn „die Verhältnisse sind viel zu ungleichartig, und es kommen auch viel zu viel Teilnehmer in Betracht, als daß ein erfolgreicher Zusammenschluß erwartet werden könnte".

Damit sind bereits einige der Gründe genannt, worauf die in vielen Zweigen der deutschen Maschinenbauindustrie vor 1914 so zögernd und verspätet einsetzende oder überhaupt noch nicht erfolgende Monopolisierung zurückzuführen ist. Denn ein Erschwernis dafür war das Bestehen vieler mittlerer und kleinerer Betriebe bei einer überaus großen Vielfalt und Uneinheitlichkeit des gesamten Aufbaus und der Gliederung innerhalb dieser Branche, die eine Uneinheitlichkeit und Mannigfaltigkeit der Maschinenbauerzeugnisse zur Folge hatte. Eine Erfahrenstatsache besagt, daß „die Kartelle ... um so sicherer ... entstehen und gedeihen ..., je geringer die Zahl der Konkurrenten ist"[15]. Außerdem beeinflußt „die Art der Produktion ... die Kraft des Monopols ... Je feiner und vielseitiger die Fabrikation wird, um so schwerer ist die Kontingentierung durchzuführen, um so leichter entsteht eine kartellfreie Konkurrenz."[16] Wenn darüber hinaus die „Kartellbildung um so leichter ... ist ..., je näher sich die Fabrikate dem Ursprung der Produktion befinden, dagegen um so schwerer, je mehr sich das erzeugte Fabrikat dem Produktionsendstadium nähert"[17], so gibt zu bedenken, daß es selbst innerhalb der Schwerindustrie größere Schwierigkeiten bei der Monopolisierung der Stahlindustrie gegeben hat, weil dieser Zweig vielfältiger

14 Jahresbericht der Handels- und Gewerbekammer zu Chemnitz, Jg. 1906, S. 39f. Das Maschinenbauzentrum Chemnitz verfügte über viele Betriebe dieses Charakters. Vgl. dazu die Einschätzung von Haubold: Im Maschinenbau sind Konventionen „über die Vereinbarung von Zahlungs- und Lieferungsbedingungen ... auf die Dauer meist nicht hinausgekommen" (vgl. *Haubold, Sybille*, Entwicklung und Organisation einer Chemnitzer Maschinenfabrik, Diss., Dresden 1939, S. 116).

15 Zitiert nach *Sartorius von Waltershausen, August*, Deutsche Wirtschaftsgeschichte 1815–1914, Jena 1923, S. 519.

16 Ebenda.

17 *Doogs, Kurt*, Die Berliner Maschinen-Industrie und ihre Produktionsbedingungen seit ihrer Entstehung, Diss., Berlin 1928, S. 111f.

in der Produktion und im Aufbau als die Kohlen- oder Eisenindustrie angelegt ist, wobei eben „stärker auseinandergehende Interessen“ zusammengefaßt werden mußten.[18] Dafür wird auch „ein Industriezweig ... durch die ... Geschäftspolitik der Rohstoffkartelle um so intensiver geschädigt, je weiter er vom Beginn des Produktionsprozesses entfernt“ ist.[19]

Eine Rolle bei der Erschwerung bzw. Verzögerung der Monopolisierung im Maschinenbau spielten auch die bestehenden *Patente*, denn sie sollten ja den betreffenden Maschinenbauunternehmern einen zusätzlichen Profit verschaffen. Nach Hilferding[20] ist „die Kartellierung von Spezialartikeln ... überhaupt schwieriger, da die Erzeuger Extraprofit aus der Verwendung ihrer Spezialmarken, Patente u. dergl. erzielen, der Ausschluß der Konkurrenz für sie zunächst weniger wichtig ist. Das ist erst dann der Fall, wenn die Kartellierung in den Industrien, die ihnen Rohmaterial liefern, sie gleichfalls zur Kartellierung oder zur Kombination zwingt ... Das Kartell will Massengut, dessen Qualität, Form, Material usw. keine erheblichen Differenzen mehr aufweist.“ Daher kann auch „der Besitz von Patenten den Zusammenschluß unter bestimmten Umständen erschweren, wenn der dadurch erzielte Extraprofit hoch genug ist, um die Aufrechterhaltung der Konkurrenz vorteilhaft erscheinen zu lassen“.[21] Mit dieser Einschätzung stimmen auch bedeutende Industriehistoriker der Gegenwart überein. So schreibt Reitschuler[22]: „Die Bemühungen um einen Unternehmenszusammenschluß in Form eines Kartells werden stets dann zum Scheitern verurteilt sein, wenn ein einziges bedeutendes Mitglied glaubt, durch die Möglichkeit eines Erwerbs von Patenten, die dem Partner nicht zur Verfügung stehen, auf eine Zusammenarbeit mit den übrigen ... Unternehmen des gleichen Fachbereiches verzichten zu können.“

Neben zahlreichen anderen außerökonomischen spielten vielfach auch subjektive, z. T. rein persönliche Gründe bis hin zur Sorge um den sogenannten guten „Ruf“[23] eine nicht zu unterschätzende Rolle bei der Verzögerung bzw. Hemmung des Monopolisierungsprozesses im deutschen Maschinenbau. Nach Bech-

18 *Kuczynski, Jürgen*, a.a.O., S. 129. Vgl. dazu *Sartorius von Waltershausen*, a. a. O., S. 519:
„Die Verbände werden immer lockerer, je weiter sie an das Fertigfabrikat heranrücken“.

19 *Riesser, Jakob*, Die deutschen Großbanken und ihre Konzentration im Zusammenhange mit der Entwicklung der Gesamtwirtschaft in Deutschland, 3. Aufl., Jena 1910, S. 140f.
Vgl. dazu ebenda, Fußnote 1: „Die sogenannten ‚gemischten‘ Werke haben weniger gelitten als die reinen Werke“.

20 *Hilferding, Rudolf*, Das Finanzkapital, Berlin 1947, S. 271f.

21 Ebenda, S. 268.

22 *Reitschuler, Siegfried*, Die Stellung der Maschinenindustrie im Prozeß der Industrialisierung, Köln/Opladen 1963, S. 178f.

23 Vgl. *Sombart, Werner*, Die deutsche Volkswirtschaft im 19. Jahrhundert und im Anfang des 20. Jahrhunderts, Berlin 1919, S. 316ff.

tel[24] erfordert „der Maschinenbau ... soviel Anpassungsvermögen an die Aufträge“, der Industrielle „hat so vielen Einzelwünschen der Abnehmer gerecht zu werden, daß der Eigenunternehmer nicht zu entbehren ist“. Das heißt, hier wird noch der herkömmlichen Kundenproduktion das Wort geredet. In diesem Sinne hoffte z. B. auch ein als Maschinenfabrikant tätiger Ingenieur „nicht durch Zusammenschluß“ mit anderen Unternehmern, „sondern durch technische Verbesserungen voranzukommen“[25] und damit die Konkurrenz aus dem Felde zu schlagen. Einen Gipfelpunkt starren Verharrens auf einem ausgesprochenen Unternehmerstandpunkt nach dem Motto „Der Starke ist am mächtigsten allein“ hatten wir bereits im Zusammenhang mit dem Auftreten des Leipziger Landmaschinenfabrikanten Sack angesichts einer längst schrottreifen Maschine, die bereits demontiert worden war, kennengelernt.[26]

Bei einer Darstellung der Monopolisierung im Maschinenbau bzw. der diesem Vorgang entgegenwirkenden Faktoren verdient auch die Einbeziehung des *zyklischen* Verlaufs der Entwicklung in diese Problematik eine besondere Bedeutung. Beachtenswert ist dabei folgender Gedanke, der für die aufsteigenden Phasen des Zyklus Geltung erlangt[27]: „Wenn die Aufnahmefähigkeit des Marktes steigt, wenn die volle Produktion der industriellen Betriebe abgesetzt werden kann, dann vermindert sich für die noch kartellierten Betriebe jedes Streben nach Koalierung um so mehr, je differenzierter die wirtschaftlichen Interessen der in Frage kommenden Betriebe sind.“ In diesem Zusammenhang kann, infolge der gerade im Maschinenbau sich nur langsam durchsetzenden Monopolisierung, die keine oder nur schwer eine einheitliche Preispolitik ermöglicht, einer der wichtigsten Gründe für die besonders im allgemeinen Maschinenbau lang anhaltende Phase der Depression gesehen werden.

Von Wichtigkeit sind schließlich die trotz oder gerade wegen der auftretenden Hemmnisse in der deutschen Maschinenbauindustrie vor Ausbruch des ersten Weltkrieges erzielten *Ergebnisse* der Monopolbildung. Neben den mehr oder weniger langfristigen monopolistischen Organisationen im Maschinenbau auf Kartell- oder Syndikatsebene ist es, ähnlich wie in der chemischen oder der elektrotechnischen Industrie, vor 1914 u. a. im Transportmaschinen- und Schwermaschinenbau vereinzelt zur *Konzern*bildung gekommen. Es sei hier an die Herausbildung des für die Produktion und Lieferung von Eisenbahnmaterial für das In- und Ausland so bedeutsamen Unternehmens Orenstein & Koppel-Arthur Koppel A.G. erinnert, an die Gründung und Entwicklung des zuletzt führenden deutschen Unternehmens auf dem Gebiet der Schwermaschinenindustrie, der 1910 entstandenen Deutschen Maschinenfabrik (Demag) in Duisburg, sowie an das vielgliedrige, verschiedene Zweige der Maschinenbauindustrie umfassende MAN-Unternehmen. Im Sektor der deutschen Maschinenbauindu-

24 *Bechtel, Heinrich,* Wirtschaftsgeschichte Deutschlands im 19. und 20. Jahrhundert, München 1956, S. 301.

25 *Doogs, Kurt,* a. a. O., S. 114.

26 Vgl. oben S. 113! Fußnote 75!

27 *Calwer, Richard,* Das Wirtschaftsjahr 1906, 1. T., S. 25ff.

strie treffen wir auch vor 1914 auf Elemente einer *vertikalen* Gliederung im Sinne einer Herausbildung „kombinierter Werke", indem – wie bei Henschel in Kassel und Borsig in Berlin – in Umkehr der sonst zu beobachtenden Einbeziehung von Maschinenbauunternehmen in Großbetriebe der Montanindustrie eine Angliederung von schwerindustriellen Betrieben an große Maschinen- und Lokomotivfabriken erfolgte.

Bei einem Vergleich des Tempos und des Ausmaßes des Monopolisierungsprozesses im Maschinenbau mit Maschinenbauzentren *außerhalb* des Territoriums des damaligen Deutschen Reiches fällt auf, daß z. B. auf dem Gebiet der heutigen ČSSR vor Ausbruch des ersten Weltkrieges eine größere Intensität dieses Prozesses, zumindest bei der Konzernbildung, erreicht worden ist. So sind die vier großen tschechischen Maschinenbauunternehmen bzw. Großbetriebe verwandter Zweige, und zwar die Erste Brünner Maschinenfabrik, die in Prag ansässige Ringhoffer Maschinenfabrik, die Škoda-Werke in Pilsen einschließlich ihrer Abteilung für Fahrzeugbau sowie der den allgemeinen Maschinenbau, den Brückenbau sowie elektrotechnische Artikel umfassende Konzern ČKD aus jeweils mehreren Einzelunternehmen der Maschinenbaubranche entstanden, wobei zahlreiche Querverbindungen, meist auf Kartellebene, zwischen den verschiedenen Konzernen hergestellt wurden.[28] Hervorzuheben ist dabei, wie bei der Ersten BrünnerMaschinenfabrik, die Herstellung einer direkten Verbindung zur Schwerindustrie, indem hier 1872 durch die Verschmelzung mit der Brünner Firma Bracegirdle, die über ein Puddel- und ein Walzwerk verfügte, ein gemischtes, verschiedene Produktionsstufen umfassendes Werk entstand. Offenbar hat auf dem Gebiet der heutigen ČSSR durch die Einführung moderner Produktionsverfahren im Maschinenbau vor 1914 eine schnellere technische und ökonomische Entwicklung hervorragend zur Konzernbildung beigetragen. Namen englischer Gründer und Mitbegründer wie Bracegirdle oder auch Evans sind in der Maschinenbauindustrie auf dem Gebiet der heutigen ČSSR übrigens durchaus nicht selten, nur treten diese englischen Namen noch einige Jahrzehnte später als in der deutschen Maschinenbauindustrie auf, ein Beweis für den noch späteren Beginn der industriellen Revolution auf diesem heute der DDR benachbarten Territorium.

Schließlich ist bei einer Analyse und Darstellung der Monopolisierung im deutschen Maschinenbau vor Ausbruch des ersten Weltkrieges auch auf die Stellung und Rolle der *Unternehmerverbände* „als Organisationsform des Monopols"[29] einzugehen. Zwar ist das Einwirken dieser Verbände vor dem Eintritt in das staatsmonopolistische Stadium des Kapitalismus, zumindest auf den Monopolisierungsprozeß in der deutschen Maschinenbauindustrie, in dieser Etappe der Entwicklung als recht bescheiden zu nennen, doch hat es, hauptsächlich angesichts des frühzeitigen Bestehens von Rohstoffkartellen nicht an Versuchen gefehlt, für die Mitglieder dieser Verbände zu ersten Erfolgen eines

28 Nach Mitteilung von Frau Dr. Pavla Horská, Tschechoslovakische Akademie der Wissenschaften, Praha.

29 Vgl. Wirtschaftswissenschaft, Jg. 1970, H. 4, S. 569ff.

Zusammengehens in bestimmten Fragen eines gemeinsamen Vorgehens zu kommen. Der in der Zeit vor Ausbruch des ersten Weltkrieges unternommene Versuch des Vereins Deutscher Maschinenbauanstalten, dem 1914 225 Firmen dieser Branche mit 120000 Arbeitern und 20000 „Beamten" angeschlossen waren und der damit „ca. 1/4 der Maschinenindustrie"[30] vertrat, eine „gewisse Einheitlichkeit" der Zahlungsbedingungen durchzusetzen, scheiterte, „da es ... außerordentlich schwer ist, eine für alle Untergruppen geeignete Form zu finden und sie für alle Mitglieder zwingend zu machen".[31] Dabei kann die Stärke derartiger Verbände, nach der Zahl der ihnen angeschlossenen Betriebe und dem Einfluß der in ihnen wortführenden Industriellen zu schließen, vielfach durchaus als beachtlich eingeschätzt werden. So umfaßte der Gesamtverband Deutscher Metallindustrieller 1912 nicht weniger als 1488 Mitglieder bei 462560 Arbeitern und fünf angeschlossenen Vereinen. Laut Verzeichnis der Bezirksverbände waren 1912

der Generaldirektor der Maschinenfabrik Augsburg-Nürnberg gleichzeitig Vorsitzender des Verbandes Bayrischer Metallindustrieller,
der Direktor der Sächs. Maschinenfabrik vorm. Rich. Hartmann gleichzeitig Vorsitzender des Chemnitzer Bezirksverbandes Deutscher Metallindustrieller,
der Generaldirektor der Maschinenbauanstalt Humboldt in Köln-Kalk gleichzeitig Vorsitzender für Köln-und Nachbargebiete,
Kommerzienrat v. Borsig gleichzeitig Vorsitzender für Berlin usw.[32]

Wie inkonsequent man jedoch in Kreisen der deutschen Maschinenbaubourgeoisie vielfach verfuhr, wenn es galt, sich z. B. gegenüber den Interessen der Schwerindustrie durchzusetzen, zeigt ein Einblick in die Jahresberichte der Handels- und Gewerbekammer und die Mitteilungen der Handelskammer zu Chemnitz vor Ausbruch des ersten Weltkrieges. In diesen Berichten findet man z. B. bereits im Jahre 1888 Klagen über das Bestehen und die Übergriffe von „Trusts, Corners, Schwänze, Syndicate, Ringe usw., andererseits der Kartelle und wie sie sonst noch alle heißen mögen ..."[33], und im Jahresbericht von 1911[34], der offenbar die Meinung des Chemnitzer Bezirksverbandes Deutscher Metallindustrieller wiedergibt, werden die Rohstoffkartelle und -syndikate der monopolistischen Ausnutzung ihrer Stellung bezichtigt.[35] In der Festrede zum 50jährigen Bestehen der sächsischen Handelskammern „Die wirtschaftliche Entwicklung Sachsens innerhalb der letzten fünf Jahrzehnte"[36] wird nach wie vor der alte Unternehmerstandpunkt vertreten. Hier heißt es, daß trotz des

30 *Harnisch, Elisabeth,* Die Kartellierungsfähigkeit der Maschinen-Industrie, Diss., Heidelberg 1917, S. 87.
31 Ebenda.
32 Ebenda, S. 85.
33 Jahresbericht der Handels- und Gewerbekammer zu Chemnitz, Jg. 1888, S. 127f.
34 Mitteilungen der Handelskammer zu Chemnitz, Jg. 1911, S. 15f.
35 „So hat das Roheisensyndikat seinen Abnehmern Bedingungen auferlegt, die geradezu verkehrserschwerend wirken." (ebenda).
36 Ebenda, Jg. 1913, S. 5ff.

Bestehens von Aktiengesellschaften, Kartellen und Syndikaten, denen die „Unternehmer einen großen Teil ihrer Persönlichkeit haben opfern müssen", der Einzelunternehmer noch typisch für die sächsische Industrie sei, denn: „Was aber die sächsische Industrie groß gemacht hat, das ist der mit seiner ganzen Existenz mit seinem Unternehmen verbundene Einzelunternehmer, der auch in Zukunft die Kerntruppe des sächsischen Unternehmertums bilden wird."[37] Offenbar richtete sich ein Gemeinschaftsgefühl auch der Maschinenbauunternehmer in erster Linie gegen die Arbeiter ihrer Betriebe, zumal in dieser Festrede ausdrücklich hervorgehoben wurde, der Betriebsinhaber sei nicht „Kapitalist", sondern nach wie vor eben nur „Unternehmer".[38]

In diesem Zusammenhang gehört schließlich die Frage, welche Stellung die deutsche *Maschinenbaubourgeoisie* innerhalb der sich um die Jahrhundertwende herausbildenden deutschen Monopolbourgeoisie eingenommen hat. Geht man bei der Beantwortung dieser Frage von den seit etwa 1900 sich herausbildenden zwei Hauptgruppen „Kohle-Eisen-Stahl" und „Chemie-Elektroindustrie" aus[39], so ist die deutsche Maschinenbaubourgeoisie eindeutig keiner dieser beiden Hauptgruppen zuzuordnen. Die in ihren Werken produzierten Erzeugnisse besitzen in ihrer *Gesamtheit* weder die Standardeigenschaften der ersten Gruppe, noch hat sich der von ihr vertretene Sektor in seiner *Gesamtheit* auf der Grundlage moderner technisch-naturwissenschaftlicher Kenntnisse im Verlaufe eines gegen die Jahrhundertwende einsetzenden zweiten Industrialisierungsprozesses erst herausgebildet. Immerhin *tendieren* die Tatsachen der Vielfalt der Maschinenbauerzeugnisse und der starken Exportabhängigkeit vieler Maschinenbauzweige mehr zur zweiten Gruppe. Demgegenüber steht jedoch wiederum die Tatsache, daß z. B. einer der hervorragendsten Vertreter der deutschen Maschinenbauindustrie, der Berliner Unternehmer Louis Schwartzkopff, jahrelang als Vorsitzender des „Centralverbandes Deutscher Industrieller" fungierte. Dieser bereits 1876 gegründete Verband vertrat hauptsächlich die Interessen der deutschen Schwerindustrie, doch darf nicht vergessen werden, daß Schwartzkopff von Haus aus den schwerindustriellen Interessen nahestand. Bezeichnenderweise gehörte auch Schwartzkopff zu den relativ seltenen Repräsentanten seiner Branche, bei denen sich eine Teilnahme eines Maschinenbauindustriellen in Aufsichtsräten der Banken vor 1914 nachweisen läßt[40]: Er war Aufsichtsratsmitglied der Berliner Handelsgesellschaft, derselben Bank, welche bei der Umwandlung des ursprünglich privaten Unternehmens von Schwartzkopff in eine Aktiengesellschaft, die Berliner Maschinenbau A.G., die Führung hatte.[41]

37 Ebenda.

38 Ebenda.

39 *Schröter, Alfred,* Einige methodologische Fragen der Entstehung und Entwicklung monopolistischer Gruppierungen in Deutschland, in: Jb. f. Wirtsch.-Geschichte, Jg. 1966, T. IV, S. 126ff.

40 Festschrift – 75 Jahre Schwartzkopff, Berlin 1927, S. 25.

41 Ebenda, S. 18.

Louis Schwartzkopff war damit auch eindeutig der Gruppe des sich im Verlaufe des Monopolisierungsprozesses herausbildenden Finanzkapitals zugehörig.

Eine Zuordnung in die erste Gruppe der gerade entstehenden deutschen Monopolbourgeoisie kann jedoch nur für eine Minderheit der damaligen Maschinenbauunternehmer mit eindeutiger Tendenz ihrer Unternehmen zu Rüstungs- und damit auch schwerindustriellen Interessen getroffen werden. Die Mehrzahl der damaligen deutschen Maschinenbauindustriellen, die in der Regel an der Spitze mittlerer und kleiner Unternehmen standen, vor allem auch solche, deren Werke noch lange traditionellen Produktionsverfahrens verhaftet blieben und die sich nur schwer monopolisieren ließen, kann zunächst noch keiner der sich herausbildenden beiden Hauptgruppen zugeordnet werden. In dem Maße jedoch, wie sich innerhalb der deutschen Maschinenbauindustrie mehr und mehr neue, in starkem Maße auch exportintensive Zweige herausbildeten, kann von einer Verlagerung der deutschen Maschinenbaubourgeoisie innerhalb der deutschen Monopolbourgeoisie auf die zweite Hauptgruppe, die sich nicht durch Kartellierung, sondern in der Hauptsache durch Konzernbildung auszeichnet, die Rede sein.[42]

42 Es sei hier an die weitere Entwicklung der deutschen Maschinenbauindustrie in den zwanziger und zu Beginn der dreißiger Jahre gedacht.

Anhang

1. Verzeichnis der in Deutschland ansässigen Betriebe, die in unsere Untersuchung einbezogen worden sind

(Es wurde in der Regel die für die letzte Zeit (1914) gültige Bezeichnung dieser Betriebe gewählt, soweit die betreffenden Firmen nicht vorher erloschen sind. Bei einzelnen Fusionierungen werden die Namen der vorher getrennt existierenden bekannteren Firmen aufgeführt.)

Carlshütte, A. G. für Eisengießerei u. Maschinenbau	Altwasser i. Schles.
Rud. Ley Maschinenfabrik A. G.	Arnstadt i. Thür.
Actien-Maschinenfabrik „Kyffhäuserhütte" vorm. Paul Reuß	Artern
Ascherslebener Maschinenbau-A. G. (vorm. W. Schmidt & Co.)	Aschersleben
Ernst Geßner, Masch. Fabrik u. Eisengießerei	Aue i. Sa.
Erdmann Kircheis, Masch. Fabrik u. Eisengießerei	Aue i. Sa.
Maschinenfabrik Augsburg A.G. (ab 1898 MAN)	Augsburg
Maschinenfabrik Augsburg-Nürnberg A.G. (MAN)	Augsburg-Nürnberg
L.A. Riedinger, Maschinen- u. Bronzewarenfabrik A.G.	Augsburg
Vereinigte Fabriken landwirtschaftlicher Maschinen vorm. Epple & Buxbaum A.G.	Augsburg
Waggon- u. Masch. Fabrik A.G. vorm. Busch	Bautzen i. Sa.
Benrather Maschinenfabrik A.G. (zuletzt Demag)	Benrath i. Rheinland
A.G. für Feld- u. Kleinbahnenbedarf vorm. Orenstein & Koppel (zuletzt Orenstein & Koppel-Arthur Koppel A.G.)	Berlin
A.G. vorm. Frister & Roßmann	Berlin
Archimedes, A.G. für Stahl- u. Eisenindustrie	Berlin
Berlin-Anhaltische Maschinenbau A.G.	Berlin (-Dessau)
Berliner Maschinenbau A.G. vorm. Freund	Berlin
Berliner Maschinenbau A.G. vorm. L. Schwartzkopff	Berlin
Deutsche Waffen- u. Munitionsfabriken	Berlin (-Karlsruhe)
Deutsche Waggon-Leihanstalt A.G.	Berlin
H. F. Eckert A.G.	Berlin-Lichtenberg
Internationale Eis- u. Kältemaschinen-Industrie Julius Schlesinger & Co.	Berlin (-London)

Knorr-Bremse A.G.	Berlin
Arthur Koppel A.G. (zuletzt Orenstein & Koppel-Arthur Koppel A.G.)	Berlin
Ludwig Loewe & Co. A.G.	Berlin
Martini & Hüneke, Maschinenbau A.G.	Berlin
Maschinenfabrik A. Borsig	Berlin-Tegel
Maschinenfabrik für Mühlenbau vorm. C.G.W. Kapler A.G.	Berlin
Niles-Werkzeugmaschinenfabrik A.G.	Berlin
Orenstein & Koppel-Arthur Koppel A.G.	Berlin
Julius Pintsch A. G., Masch. Fabrik u. Beleuchtungsgesellschaft	Berlin
Rixdorfer Maschinenfabrik G.m.b.H. vorm. C. Schlickeysen	(Rixdorf-) Berlin
Carl Schoening, Eisengießerei u. Werkzeugmaschinenfabrik A.G.	Berlin-Reinickendorf
Stahlbahnwerke Freudenstein & Co. A.G.	Berlin
R. Stock & Co. A.G.	Berlin
Fritz Werner A.G. Maschinenfabrik	Berlin
J. F. Wöhlert	Berlin
Bernburger Maschinenfabrik A.G.	Bernburg
Anker A.G. (vorm. Hengstenberg & Co.)	Bielefeld
Bielefelder Maschinenfabrik vorm. Dürkopp & Co.	Bielefeld
Werkzeugmaschinenfabrik Gildemeister & Co. A.G.	Bielefeld
Maschinenbau-Akt. Ges. Balcke	Bochum
Zimmermann & Buchloh A.G.	Borsigwalde b. Berlin
Excelsior-Fahrradwerke Gebr. Conrad & Patz A.G.	Brandenburg a. d. Havel
Amme, Giesecke & Konegen A.G.	Braunschweig
Braunschweigische Maschinenbauanstalt (vorm. Seele & Co.)	Braunschweig
Dampfkessel- u. Gasometerfabrik vorm. A. Wilke & Co. A.G.	Braunschweig
Grimme, Natalis & Co., K.G.a.A.	Braunschweig
Maschinenfabrik u. Mühlenbauanstalt G. Luther A.G.	Braunschweig
Hansa-Lloyd-Werke A.G.	Bremen
Linke-Hofmann-Werke, Breslauer A.G. für Eisenbahnwagen-, Lokomotiv- u. Maschinenbau	Breslau
Dresdner Schnellpressenfabrik A.G.	Brockwitz b. Dresden
Hermann Löhnert A.G.	Bromberg
Maschinenfabrik Bruchsal A.G. vorm Schnabel & Henning	Bruchsal i. Baden
Königin-Marienhütte A.G.	Cainsdorf i. Sa.

Chemnitzer Strickmaschinenfabrik Biernatzki & Co.	Chemnitz
Chemnitzer Werkzeugmaschinenfabrik vorm. Joh. Zimmermann A.G.	Chemnitz
Deutsche Werkzeugmaschinenfabrik vorm. Sondermann & Stier	Chemnitz
C. G. Haubold	Chemnitz
Max Kohl A.G.	Chemnitz
Maschinenfabrik Germania vorm. J. S. Schwalbe & Sohn A.G.	Chemnitz
Maschinenfabrik Kappel	Chemnitz-Kappel
Maschinenfabrik u. Werkstätten für Elektrotechnik Herm. Pöge	Chemnitz
Moßdorf & Mehnert	Chemnitz
U. Pornitz (vorm. Florian Liebelt & Co.) Maschinenfabrik u. Kupferwerk	Chemnitz
Prestowerke A.G.	Chemnitz
J. E. Reinecker	Chemnitz
David Richter A.G., Maschinenfabrik & Tüllweberei	Chemnitz
Herm. Riemann	Chemnitz-Gablenz
Sächsische Maschinenfabrik vorm. Rich. Hartmann A.G.	Chemnitz
Sächsische Webstuhlfabrik (vorm. Louis Schönherr)	Chemnitz
Sächsische Werkzeugmaschinenfabrik Bernhard Escher A.G.	Chemnitz
Oscar Schimmel A.G.	Chemnitz
Schmirgelwerk Dr. Rud. Schönherr	Chemnitz-Furth
Schubert & Salzer Maschinenfabrik A.G.	Chemnitz
Seyfert & Donner, Strickmaschinenfabrik	Chemnitz
Rudolph Voigt	Chemnitz
Werkzeugmaschinenfabrik vorm. Petschke & Glöckner	Chemnitz
Werkzeugmaschinenfabrik Hermann Pfauter	Chemnitz
Werkzeugmaschinenfabrik Herm. & Alfred Escher A.G.	Chemnitz
Werkzeugmaschinenfabrik „Union“	Chemnitz
Werkzeugmaschinenfabrik „Vulkan“	Chemnitz
Theodor Wiedes Maschinenfabrik A.G.	Chemnitz
Maschinen- u. Werkzeugfabrik A.G. vorm. Aug. Paschen	Cöthen
C. A. Moritz Schulze	Crimmitschau i. Sa.
Aktien-Maschinenbauanstalt vorm. Venuleth & Ellenberger	Darmstadt
Dessauer Waggonfabrik A.G.	Dessau
Franz Méguin & Co. A.G.	Dillingen a. d. Saar

Dortmunder Werkzeugmaschinenfabrik Wagner & Comp.	Dortmund
Maschinenfabrik Dortmund	Dortmund
A.G. für Cartonnagenindustrie	Dresden-Loschwitz
A.G. vorm. Seidel & Naumann	Dresden
Dresdner Gasmotorenfabrik vorm. Moritz Hille	Dresden
Dresdner Strickmaschinenfabrik Irmscher & Witte A.G.	Dresden
Dresdner Strickmaschinenfabrik vorm. Laue & Timaeus A.G.	Dresden-Löbtau
Fabrik für photographische Apparate	Dresden
Mühlenbauanstalt u. Maschinenfabrik vorm. Gebr. Seck	Dresden
A.G. für Eisen-Industrie u. Brückenbau vorm. Joh. Caspar Harkort	Duisburg
Bechem & Keetman (bis 1872)	Duisburg
Deutsche Maschinenfabrik A.G. (Demag)	Duisburg
Duisburger Maschinenbau-A.G. vorm. Bechem & Keetman (zuletzt Demag)	Duisburg
Hanner & Jaeger	Duisburg
Rheinische Webstuhlfabrik A.G.	Dülken i. Rheinl.
Badische Maschinenfabrik u. Eisengießerei (vorm. G. Sebold & Sebold u. Neff)	Durlach i. Baden
Maschinenfabrik Gritzner A.G.	Durlach i. Baden
Baumaschinenfabrik Bünger & Co. A.G.	Düsseldorf
Düsseldorfer Eisenbahnbedarf vorm. Carl Weyer & Co.	Düsseldorf-Oberbilk
Düsseldorfer Maschinenbau A. G. vorm. J. Lohenhausen	Düsseldorf
Düsseldorf-Ratinger Röhrenkesselfabrik vorm. Dürr & Co.	Düsseldorf
Eisenwerk u. Maschinenbau A.G.	Düsseldorf-Heerdt
„Fenstra“ Fabrik für Eisenkonstruktionen u. Brückenbau	Düsseldorf
Haniel & Lueg, Maschinenfabrik	Düsseldorf
Hartung, Kühn & Co. Maschinenfabrik A.G.	Düsseldorf
„Hohenzollern A.G. für Lokomotivbau“	Düsseldorf
Maschinenfabrik Hasenclever A.G.	Düsseldorf
Gebr. Poensgen A.G.	Düsseldorf-Rath
Ernst Schieß Werkzeugmaschinenfabrik A.G.	Düsseldorf
Ed. Schloemann G.m.b.H.	Düsseldorf
Werkzeugmaschinenfabrik de Fries & Cie. A.G.	Düsseldorf
Schichau-Werke	Elbing, Danzig, Pillau
Eschweiler-Ratinger-Maschinenbau A.G.	Eschweiler
Krupp-Konzern	Essen
Maschinenbau A.G. Union	Essen
Maschinenfabrik Albert von Tarnogricki	Essen

Maschinenfabrik A.G.	Eßlingen i. Württ.
Wilhelmshütte A.G. für Maschinenbau u. Eisengießerei	Eulau-Wilhelmshütte b. Sprottau i. Schles.
A.G. Kühle, Kopp & Kausch	Frankenthal i. d. Pfalz
Bettinger & Balcke, Pumpenfabrik	Frankenthal i. d. Pfalz
Schnellpressenfabrik Frankenthal Albert & Cie.	Frankenthal i. d. Pfalz
Adler-Werke vorm. Heinrich Kleyer A.G.	Frankfurt a. Main
Deutsche Nähmaschinenfabrik Jos. Wertheim A.G.	Frankfurt a. Main
Eisengießerei u. Maschinenfabrik für Lederindustrie vorm. Miller & Andreae	Frankfurt-Bockenheim
Fontaine & Co.	Frankfurt-Bockenheim
Frankfurter Maschinenbau-A.G. vorm. Pokorny & Wittekind	Frankfurt-Bockenheim
Maschinenfabrik Moenus A.G.	Frankfurt-Bockenheim
Naxos-Union	Frankfurt a. Main
Voigt & Haffner A.G.	Frankfurt a. Main
Franz Fröbel, Eisengießerei u. Maschinenfabrik	Freiberg (-Constantinhütte)
E. Leinhaas, Inh. C. Röhrs	Freiberg i. Sa.
Oberschlesische Eisenbahnbedarfs-A.G.	Friedenshütte
Eisenwerke Gaggenau A.G.	Gaggenau b. Rastatt
Maschinenbauanstalt u. Eisengießerei vorm. Th. Flöther	Gassen i. d. Lausitz
Siegener A. G. für Eisenkonstruktionen, Brückenbau u. Verzinkerei	Geisweid Krs. Siegen
Maschinenbau-Akt. Ges. Golzern-Grimma	Golzern i. Sa.
A.G. für Fabrikation von Eisenbahnmaterial	Görlitz
A.G. Görlitzer Maschinenbauanstalt u. Eisengießerei	Görlitz
Gothaer Waggonfabrik A.G.	Gotha
Maschinenfabrik Fahr	Gottmadingen i. Baden
Maschinenfabrik A. Ventzki A.G.	Graudenz
Großenhainer Webstuhl- u. Maschinenfabrik A.G.	Großenhain i. Sa.
Süddeutsche Brückenbau A.G.	Gustavsburg (-München)
Deutsch-Amerikanische Werkzeugmaschinenfabrik vorm. Gustav Krebs A.G.	Halle a. d. Saale
Fabrik landwirtschaftlicher Maschinen F. Zimmermann & Co.	Halle a. d. Saale
Hallesche Maschinenfabrik u. Eisengießerei vorm. R. Riedel & Kemnitz A.G.	Halle a. d. Saale

Wegelin & Hübner Maschinenfabrik u. Eisengießerei A.G.	Halle a. d. Saale
Singer & Co. Nähmaschinen A.G.	Hamburg
Wagenbauanstalt u. Waggonfabrik für elektrische Bahnen (vorm. W. C. F. Busch) A.G.	Hamburg (-Bautzen)
Eisenwerk Wülfel	Hannover-Wülfel
Hannoversche Centralheizungs- u. Apparate-Bau-Anstalt	Hannover-Hainholz (u. Wien)
Hannoversche Maschinenbauanstalt vorm. G. Egerstorff (Hanomag)	Hannover-Linden
Hannoversche Waggonfabrik A.G.	Hannover-Linden-Ricklingen
Gebr. Körting A.G.	Hannover-Linden-Körtingsdorf
Vereinigte Schmirgel- u. Maschinenfabriken A.G. vorm. S. Oppenheim & Co. u. Schlesinger & Co.	Hannover-Hainholz
Fabrik für Eisenbahnbedarf	Haspe i. Westf.
Schnellpressenfabrik A.G.	Heidelberg
Maschinenfabrik Rockstroh & Schneider Nachf. A.G.	Heidenau b. Dresden
J. M. Voith	Heidenheim a. d. Brenz (u. St. Pölten)
Maschinenbaugesellschaft	Heilbronn
Maschinenfabrik Braun A.G.	Herne i. Westf.
R. Bergmann & Thissen, Maschinenfabrik u. Eisengießerei	Hochfeld b. Duisburg
Maschinen- u. Armaturenfabrik vorm. H. Breuer & Co.	Höchst a. Main
Pfälzische Nähmaschinen- u. Fahrräder-Fabrik vorm. Gebr. Kayser	Kaiserslautern
Maschinenbau-Gesellschaft	Karlsruhe
Henschel & Sohn	Kassel
Kaiser & Co. Maschinenfabrik A.G.	Kassel
Maschinenbau-A.G. vorm. Beck & Henkel	Kassel
Howaldtswerke A.G.	Kiel
Schiffsbau A.G. Germania	Kiel
Gasmotorenfabrik Deutz A.G.	Köln-Deutz
Kalker Maschinenfabrik A.G.	Köln-Kalk
Kölnische Maschinenbau A.G.	Köln-Bayenthal
Maschinenbau-Anstalt Humboldt	Köln-Kalk
J. Pohlig A.G.	Köln-Zollstock
Stiller & Dubois	Köln-Kalk
Waggonfabrik A.G. vorm. P. Herbrandt & Co.	Köln-Ehrenfeld
Walther & Cie,. A.G.	Köln-Delbrück
Werkzeugmaschinenfabrik A.G.	Köln
Union-Gießerei	Königsberg i. Pr.
Eisenwerk Marienhütte A.G.	Kotzenau i. Schles.

Maschinenbauanstalt, Eisengießerei u. Dampfkesselfabrik H. Pauksch & Co.	Landsberg a. d. Warthe
A.G. für Liniier-Apparate Patent Große	Leipzig
Ernst Kirchner & Co. A.G.	Leipzig-Sellerhausen
Maschinenbau-A.G. vorm. Ph. Swiderski	Leipzig-Plagwitz
Meier & Weichelt, Eisengießerei	Leipzig
Rud. Sack	Leipzig-Plagwitz
Hugo Schneider A.G.	Leipzig-Reudnitz
Vereinigte Jaeger, Rothe & Siemens – Werke A.G.	Leipzig
Zahnräderfabrik Köllmann A.G.	Leipzig
Ernst Saupe	Limbach i. Sa.
Lübecker Maschinenbau-Gesellschaft	Lübeck
Gebr. Sulzer	Ludwigshafen (-Winterthur)
H. Gruson (später Friedrich Krupp-Grusonwerk A.G.)	Magdeburg
Maschinenfabrik Buckau A.G.	Magdeburg
Maschinenfabrik R. Wolf	Magdeburg-Buckau
Maschinen- u. Armaturenfabrik vorm. C. Louis Strube A.G.	Magdeburg-Buckau
Maschinen- u. Dampfkessel-Armaturenfabrik Schäffer & Budenberg	Magdeburg
Rex-Werke A.G. vorm. Gabler & Wrede, Glauer & Co.	Magdeburg
Hommel-Werke	Mainz
Benz & Cie. Rhein. Automobil- u. Motorenfabrik A.G.	Mannheim
Heinrich Lanz	Mannheim
Mannheimer Maschinenfabrik Mohr & Federhaff	Mannheim
Unionwerke A.G. Maschinenfabriken	Mannheim
Maschinenbau-A.G. Marktredwitz vorm. Herm. Rockstroh	Marktredwitz i. Bayern
Schindler & Grünewald	Meißen i. Sa.
Elsässische Maschinenbau A.G.	Mühlausen i. Elsaß
Becker & Jordan	Mülheim a. d. Ruhr
Hydraulik G.m.b.H.	Mülheim a. d. Ruhr
Maschinenfabrik von Thyssen & Co. A.G.	Mülheim a. d. Ruhr
Rudolf Meyer A.G.	Mülheim a. d. Ruhr
Lokomotivfabrik Kraußß & Comp. A.G.	München (-Linz)
J. A. Maffei	München
Münchner Eggenfabrik A.G. vorm. Fischer & Steffan	München-Pasing
Süddeutsche Brückenbau A.G.	München (-Gustavsburg)
Waggonfabrik Jos. Rathgeber A.G.	München-Moosach
Neckersulmer Fahrzeugwerke A.G. (vorh. Strickmaschinenfabrik)	Neckersulm. i. Württ.

Westfälische Maschinenbau-Industrie Gustav Moll & Co. A.G.	Neubeckum. i. Westf.
Internationale Baumaschinenfabrik A.G.	Neustadt a. H.
Maschinenfabrik Montania A.G.	Nordhausen
Feinwalzwerk J. Tafel & Co.	Nürnberg
Mars-Werke A.G.	Nürnberg-Doos
Maschinenbau A.G. Nürnberg (ab 1898 MAN)	Nürnberg
Triumph-Werke A.G.	Nürnberg-Doos
Victoria-Werke A.G.	Nürnberg
Gutehoffnungshütte	Oberhausen
„Phönix"-A.G. für Stahl-, Herd- u. Ofenindustrie	Oberhausen
Motorenfabrik Oberursel A.G.	Oberursel
Collet & Engelhard Werkzeugmaschinenfabrik A.G.	Offenbach a. Main
Faber & Schleicher A.G.	Offenbach a. Main
Maschinenfabrik A.G. vorm. F. A. Hartmann & Co.	Offenbach a. Main
Mayer & Schmidt	Offenbach a. Main
F. Schmaltz	Offenbach a. Main
J. Frerichs & Co. Maschinenfabrik u. Schiffswerft	Osterholz
Peniger Maschinenfabrik u. Eisengießerei A.G.	Penig i. Sa.
Vogtländische Maschinenfabrik vorm. J.C. & H. Dietrich A.G.	Plauen i. Vogtl.
H. Cegielski A. G.	Posen
König Friedrich-August-Hütte A.G.	Potschappel b. Dresden
Waggonfabrik A.G.	Rastatt i. Baden
J. C. Braun	Reichenbach i. Vogtl.
Diamant-Werke Gebr. Nevoigt A.G.	Reichenbrand b. Chemnitz
Rheiner Maschinenfabrik Windhoff A.G.	Rheine
Otto Froriep	Rheydt i. Rheinl.
Automobilwerk Richard & Hering	Ronneburg i. Thür.
Opel-Werke	Rüsselsheim
Veithwerke A.G., Automobil- u. Fahrradfabrik	Sandbach i. Bay.
Bergedorfer Eisenwerke A.G.	Sande b. Bergedorf
Sangerhäuser Actien-Maschinenfabrik u. Eisengießerei vorm. Hornung & Rabe	Sangerhausen
F. Dippe Maschinenfabrik A.G.	Schladen i. Harz
Eisenwerk	Schmiedeberg i. Erzgeb.
Carl Hamel A.G.	Schönau b. Chemnitz
Wanderer-Werke vorm. Winklhofer & Jaenicke A.G.	Schönau b. Chemnitz

Deutsche Gußstahlkugelfabrik A.G. vorm. Fries & Köpflinger	Schweinfurt
Pfaudler-Werke A.G.	Schwetzingen
Weyersberg, Kirschbaum & Co., A.G. für Waffen- u. Fahrradteile	Solingen
Maschinenfabrik G. Sauerbrey A.G.	Staßfurt
Nähmaschinen u. Fahrräderfabrik Bernh. Stoewer A.G.	Stettin-Grünhof
Stettiner Maschinenbau A.G. Vulcan	Stettin
Pommersche Eisengießerei u. Maschinenfabrik A.G.	Stralsund-Barth
Daimler-Motoren-Gesellschaft (m. Filiale in Berlin-Marienfelde)	Stuttgart (-Untertürkheim)
A. Stotz A.G.	Stuttgart
Schilling & Krämer	Suhl
Waggonfabrik A.G.	Uerdingen
C. D. Magirus	Ulm a. Donau
Eisengießerei u. Schloßfabrik A.G.	Velbert i. Rheinl.
Vetschau-Weissagker Landwirtschaftliche Maschinenfabrik u. Eisengießerei A. Lehmigk A.G.	Vetschau i. d. Niederlausitz
Leipziger Werkzeugmaschinenfabrik vorm. W. von Pittler A.G.	Wahren b. Leipzig
Maschinenfabrik Weingarten vorm. Heinrich Schatz A.G.	Weingarten i. Württ.
Sächsische Waggonfabrik A.G.	Werdau i. Sa.
C. E. Schwalbe	Werdau i. Sa.
Spinnereimaschinenfabrik J. H. Popp A.G.	Werdau i. Sa.
Märkische Maschinenbau-Anstalt vorm. Kamp & Co. (zuletzt Demag)	Wetter a. d. Ruhr
Ludwig Stuckenholz (zuletzt Demag)	Wetter a. d. Ruhr
Gesellschaft für Linde's Eismaschinen A.G.	Wiesbaden
Maffei-Schwarzkopff-Werke G.m.b.H.	Wildau b. Berlin
Wagenbau A.G.	Wismar
Filter- u. brautechnische Maschinenfabrik A.G. vorm. L. A. Enzinger	Worms a. Rhein
Zeitzer Eisengießerei u. Maschinenbau A.G.	Zeitz
Zittauer Maschinenfabrik u. Eisengießerei A.G. (vorm. Albert Kiesler & Co.)	Zittau i. Sa.
Maschinenfabrik Wery A.G.	Zweibrücken i. Pfalz
Audiwerke A.G.	Zwickau i. Sa.
A. Horch & Cie., Motorwagen-Werke A.G.	Zwickau i. Sa.
Zwickauer Maschinenfabrik A.G.	Zwickau i. Sa.

2. Tabellen

Tabelle 1 (Vgl. S. 12 f.)

Eingang von Roheisen und Versand von Maschinen und Maschinenteilen (in Wagenladungen) in Chemnitz
(lt. Jahresberichten der Handels- und Gewerbekammer zu Chemnitz von 1869/1870 bis 1915)

Jahr	Eingang von Roheisen (in t)	Versand von Maschinen und Maschinenteilen (in t)
1868	8703,7	11459,2
1869	11890,0	14239,7
1870	9897,2	15787,0
1871	15734,8*	15953,8*
1872	27694,7	22466,8
1873	24972,9	21327,5
1874	11401,3	22816,2
1875	14133,3	20819,2
1876	13119,3	10651,0
1877	9257,5	10056,3
1878	7516,6	13178,2
1879	11294,5	14136,7
1880	15530,8	20283,9
1881	16151,8	18852,1
1882	17668,8	25144,0
1883	19581,7	25418,4
1884	19272,5	26599,6
1885	18500,0	24863,6
1886	18047,9	24690,7
1887	19076,9	26781,4
1888	24395,0	28748,0
1889	28807,0	33042,0
1890	25966,0	32726,0
1891	15127,2	26446,0
1892	15886,3	21968,9
1893	23075,7	26682,4
1894	23000,2	26393,9
1895	23911,6	33209,0
1896	32279,1	40570,9
1897	31892,9	39097,1
1898	31472,5	36419,3
1899	37790,6	36798,3

*) ergänzt nach Wulffen a. a. O.

Jahr	Eingang von Roheisen (in t)	Versand von Maschinen und Maschinenteilen (in t)
1900	35453,0	35915,5
1901	16811,7	30703,1
1902	17852,8	24751,3
1903	16213,4	27573,3
1904	29175,9	45719,2
1905	42999,6	48124,0
1906	54557,9	63308,1
1907	62532,7	76220,1
1908	33520,6	61806,2
1909	40559,2	59545,6
1910	46292,7	78399,9
1911	41596,3	75550,5
1912	50129,4	87938,3
1913	43032,5	77085,1

Tabelle 2 (Vgl. S.13)

Eisenverbrauch und Roheisenerzeugung in Deutschland von 1871 bis 1913 (Vgl. Spiethoff, Arthur, Die wirtschaftlichen Wechsellagen, Bd. 2, Tfl. 1 u. 20)

Jahr	Eisenverbrauch (kg pro Kopf)	Roheisenerzeugung (in Mill. t)
1871	46,3	1,564
1872	59,0	1,988
1873	71,5	2,241
1874	50,7	1,906
1875	48,8	2,029
1876	41,2	1,846
1877	38,8	1,918
1878	36,9	2,137
1879	34,5	2,216
1880	39,3	2,713
1881	39,0	2,897
1882	51,5	3,364
1883	50,9	3,454
1884	55,8	3,585
1885	56,3	3,673
1886	47,2	3,515
1887	57,7	4,009
1888	67,7	4,321
1889	72,4	4,511
1890	79,3	4,651
1891	69,0	4,631
1892	73,6	4,928

Jahr	Eisenverbrauch (kg pro Kopf)	Roheisenerzeugung (in Mill. t)
1893	71,8	4,976
1894	72,7	5,370
1895	71,7	5,455
1896	80,8	6,363
1897	103,0	6,870
1898	103,8	7,301
1899	125,3	8,130
1900	134,5	8,521
1901	92,3	7,880
1902	78,9	8,530
1903	99,7	10,020
1904	112,8	10,060
1905	112,4	10,880
1906	133,5	12,290
1907	145,5	12,880
1908	98,8	11,810
1909	101,8	12,640
1910	113,7	14,790
1911	110,5	15,570
1912	119,8	17,620
1913	129,2	19,310

Tabelle 3 (Vgl. S. 37)

Verhältnis des Maschinenexports zum Gesamtexport in den Jahren von 1880 bis 1913 (Vgl. Statistisches Jahrbuch für das Deutsche Reich, Jgg. 1–36, 1880–1915)

Jahr	Gesamtexport (in Mill. Mark)	Maschinenexport (in Mill. Mark)	Verhältnis Maschinenexport zum Gesamtexport (in %)
1880	3099,5	38,3*	1,3
1881	3040,2	41,3*	1,4
1882	3244,1	50,7*	1,6
1883	3335,0	61,1*	1,8
1884	3269,4	56,6	1,7
1885	2915,3	50,0	1,7
1886	3051,4	48,0	1,6
1887	3190,1	53,0	1,7
1888	3352,6	57,0	1,7
1889	3256,4	62,0	1,9

* geschätzte Werte

Jahr	Gesamtexport (in Mill. Mark)	Maschinenexport (in Mill. Mark)	Verhältnis Maschinenexport zum Gesamt-export (in %)
1890	3409,6	66,0	1,9
1891	3389,8	67,5	2,0
1892	3150,1	62,7	2,0
1893	3244,6	64,3	2,0
1894	3051,5	79,4	2,6
1895	3424,1	90,9	2,7
1896	3753,8	115,0	3,1
1897	3786,2	129,9	3,4
1898	4010,6	147,6	3,7
1899	4368,4	189,4	4,3
1900	4752,6	228,8	4,8
1901	4512,6	200,7	4,4
1902	4812,8	197,4	4,1
1903	5130,3	232,6	4,5
1904	5315,6	250,6	4,7
1905	5841,8	290,5	5,0
1906	6359,0	343,9	5,4
1907	6845,2	412,1	6,0
1908	6398,6	437,8	6,8
1909	6594,2	410,8	6,2
1910	7474,7	500,4	6,7
1911	8106,1	544,4	6,7
1912	8956,8	630,3	7,0
1913	10097,2	680,3	6,8

Tabelle 4 (Vgl. S. 44 u. S. 134 f.)

Lokomotiv-Lieferungen der Hannoverschen Maschinenbau A. G.
(Vgl. Däbritz, Walther/Metzelin, Erich, a. a. O., S. 80, 96 u. 99)

Geschäftsjahr	insgesamt	davon	ins Inland	ins Ausland
1871/1872	201			
1872/1873	210			
1873/1874	202			
1874/1875	156			
1875/1876	55			
1876/1877	28			
1877/1878	42			
1878/1879	40			
1879/1880	12			
1880/1881	9			

Geschäftsjahr	insgesamt davon	ins Inland	ins Ausland
1881/1882	64		
1882/1883	99	55	44
1883/1884	103	89	14
1884/1885	95	84	11
1885/1886	81	50	31
1886/1887	51	35	16
1887/1888	30	26	4
1888/1889	78	77	1
1889/1890	105	83	22
1890/1891	136	126	10
1891/1892	120	118	2
1892/1893	100	83	17
1893/1894	68	66	2
1894/1895	86	81	5
1895/1896	120	73	47
1896/1897	131	86	45
1897/1898	167	137	30
1898/1899	193	174	19
1899/1900	192	168	24
1900/1901	195	160	35
1901/1902	141	104	37
1902/1903	191	113	78
1903/1904	192	156	36
1904/1905	182	118	64
1905/1906	337	177	160
1906/1907	306	268	38
1907/1908	279	215	64
1908/1909	318	226	92
1909/1910	281	219	62
1910/1911	337	173	164
1911/1912	321	197	124
1912/1913	375	226	149
1913/1914	404	264	140

Demnach betrugen in den Jahren 1896 bis 1900 die Exportleistungen dieses Unternehmens im Durchschnitt 19 %, 1901 bis 1905 28 %, 1906 bis 1910 45 % und 1911 bis 1914 48 % der Gesamtlokomotivproduktion.

Tabelle 5 (Vgl. S. 45)

Überblick über die Leistungen einiger führender deutscher Lokomotivfabriken, die bereits in der Frühzeit der Entwicklung der Lokomotivindustrie gegründet wurden (Vgl. Beiträge zur Geschichte der Technik und Industrie, 24. Bd., 1935, S. 28)

Firma	Jahreszahlen der Produktion der jeweils 1.	100.	500.	1000.	4000.	10000.	20000.
	Lokomotive						
Borsig	1841	1846	1854	1858	1883	1918	—
Maffei	1841	1852	1864	1874	1915	—	—
Keßler (Karlsruhe/Eßlingen)	1842	1847	1860	1870	1921	—	—
Egestorff	1846	1856	1870	1873	1903	1922	—
Hartmann	1848	1858	1871	1878	1918	—	—
Wöhlert (bis 1882)	1848	1863	1874	—	—	—	—
Henschel	1848	1865	1873	1879	1894	1910	1923

Tabelle 6 (Vgl. S. 46)

Die Arbeitsteilung innerhalb des Konzerns Orenstein & Koppel – Arthur Koppel A. G zur Lieferung von Eisenbahnmaterial im Jahre 1912 (Vgl. Orenstein & Koppel – Arthur Koppel A. G. Denkschrift anläßlich der Fertigstellung der 5000. Lokomotive, Berlin 1913, S. 25.)

Einzelne Fabriken des Konzerns	Zahl der Beschäftigten (etwa)	Kraftbedarf in PS (etwa)	Schwerpunkte der Produktion
Drewitz	1800	?	Große Lokomotiven
Spandau	1500	1500	Eisenbahnwagen, Weichen, Signale, elektr. Loks, Bagger
Bochum	800	800	Feldbahnmaterial, Selbstentlader, Kippwagen
Dorstfeld b. Dortmund	1000	1200	Feldbahnmaterial, Güter- u. Spezialwagen f. Schmal- u. Normalspur, Drehscheiben, Schiebebühnen. (Die Produktion erfolgte hier mit Hilfe von hydraulischen Pressen bei einem Druck bis zu 800 t.)
Wysočan b. Prag	350	200	Feldbahnmaterial, Kleinbahnwagen
Szt. Lörincz b. Budapest	400	200	Feldbahnmaterial, Güterwagen (auch f. Normalspur), Weichen, Drehscheiben, Aufzüge u. ä.

Einzelne Fabriken des Konzerns	Zahl der Beschäftigten (etwa)	Kraftbedarf in PS (etwa)	Schwerpunkte der Produktion
Kols b. Warschau	350	200	Feldbahnmaterial, Personen- u. Güterwagen, Eisenkonstruktionen
St. Petersburg	1000	1000	wie bei Kols
Koppel b. Pittsburg (USA)	500	1000	Feldbahnmaterial, Weichen, Drehscheiben, Schiebebühnen, Güter- u. Spezialwagen (auch f. Normalspur)
Val St. Lambert	450	200	Feldbahnmaterial, Weichen, Güter- u. Spezialwagen
Fabrik Nordhausen der Masch. Fabrik Montania A. G.	300	200	Rohölmotore, Explosionsmotorlokomotiven, Gesteinsbohrmaschinen u. ä.
Fabrik Lübeck der Lübecker Maschinenbau A. G.	1000	1200	Bagger, Elevatoren u. ä. Eisengießerei für den gesamten Konzern

Tabelle 7 (Vgl. S. 91)

Beispiele für Zahl und Art der aufgestellten Werkzeugmaschinen in deutschen Maschinenfabriken

Firma	Jahr	Zahl d. Werkz.-Masch. insges.	darunter Drehbänke	Bohr-masch.	Hobel-masch.	Fräs-masch.	Sha-pings	Schleif-masch.	and. spez. Werkzeug-masch.
„Hanomag“	1874	800	230	150	100		130		
Sack/Leipzig (Schlosserei)	1894	119	25	60	5	12		1	16
Zimmermann, Chemnitz	1898	500	300		180				
Humboldt, Köln-Kalk (1 Abt.)	1906	340	157	51	33	20*	19		
Lanz, Mannheim („Südwerk“)	1909	117		41**					
Wolf, Magdeburg-Buckau	1912	1400	228	153	40	65		116	
„Hanomag“ (1 mechan. Werkstatt)	1914	381				42			
Balcke, Bochum	1914	129	79	13	4	9			24
Insgesamt		3786	1019	468	362	148	149	117	40
davon bis 1900		1419	555	210	285	12	130	1	16
davon nach 1900		2367	464	258	77	136	19	116	24

* einschl. Horizontalbohrmaschinen
** teilweise „stark automatisiert“

Tabelle 8 (Vgl. S. 96)

Beispiele für Betriebsgrößen von Maschinenfabriken

Firma	Jahr	Zahl der Arbeiter (u. Angest.)	Zahl der Antriebs-masch. (PS)	Zahl der Werkzeug-maschinen
„Hanomag“	1874	3200 (+250)	16 Dampfmasch. (350 PS)	800
Gasmotorenfabrik Köln-Deutz	1900	1900 (+250)	35 „Betriebs-motoren“ (725 PS)	550
O. Schimmel & Co., Chemnitz	1900	zus. 526	4 Dampfmasch.	ca. 400
H. Schneider, Leipzig	1900	ca. 1100	5 Motore (550 PS)	527
Humboldt, Köln-Kalk	1906	3200 (+450 Beamte u. Meister)	60 „Betriebs-motoren“ (2000 PS)	über 800
Lanz, Mannheim	1909	3650 (+680)		1300
Sächs. Werkzeug-maschinenfabrik Bernh. Escher, Chemnitz	1911	700	(450 PS)	550
Hartmann, Chemnitz	1911	5000 (+500)	(6000 PS im Hauptwerk)	
Wolf, Magdeburg-Buckau	1912	zus. 3400		1400
„Demag“	1912	7750 (darunter 2560 in Benrath, 2670 in Duisburg, 1845 in Wetter)		2306
Orenstein & Koppel	1912	11570 (+3300)	(für die Werke in Spandau, Bochum, Dorstfeld u. Lübeck durchschn. je 1175 PS)	

Tabelle 9 (Vgl. S. 97)

Beispiel für den Aufbau und die Ausstattung einer führenden deutschen Lokomotivfabrik des Jahres 1874 (Aktienkapital = 10,5 Mill. Mark)
(Vgl. Däbritz, Walther/Metzelin, Erich, a. a. O., S. 68ff.)

Das Werk besteht aus folgenden Einzelbetrieben:
1. der Eisengießerei (mit einer Jahresproduktion bis zu 4000 t),
2. der Dreherei,
3. den „Montierungsräumen“ zur gleichzeitigen „Montierung“ von 36 Lokomotiven und 24 Tendern,

4. der Kesselschmiede mit einer monatlichen Leistungsfähigkeit bis zu 22 Lok. Kesseln und 22 Tendern,
5. der Räderfabrik (zur Produktion für 200 Lokomotiven und Tender pro Jahr),
6. der Schmiede und der Hammerschmiede,
7. je einer Messinggießerei, Kupferschmiede, Schleiferei und anderen Werkstätten.

Der Grundbesitz ist 19,7 ha groß; die Fabrikanlagen (6,6 ha) sind mit Dampfbeheizung und Gasbeleuchtung ausgestattet.

Gleisanschluß besteht seit 1872.

Der Maschinenpark umfaßt:

16 Dampfmaschinen von zus. 350 PS,
26 Dampfkessel von zus. 700 PS,
16 Dampfhämmer, u. a. von 3 t Gewicht,
800 Werkzeugmaschinen, darunter 230 Drehbänke,
150 Bohrmaschinen,
130 Shapingmaschinen,
100 Hobelmaschinen.

Ferner sind vorhanden: 190 Schmiedefeuer, 34 Schmelz-, Schweiß-, Glüh- und Härteöfen.

Beschäftigtenzahl: 3200 Arbeiter sowie 250 „Beamte" und Angestellte.

Leistungsfähigkeit: 200–250 Lokomotiven pro Jahr;
darüber hinaus besteht die Möglichkeit der Produktion anderer Maschinen für 0,6 bis 0,9 Millionen Mark.

Tabelle 10 (Vgl. S. 97)

Beispiel für den Aufbau und die Ausstattung einer Firma des allgemeinen Maschinenbaus des Jahres 1910 (Aktienkapital = 3,6 Mill. Mark)
(Vgl. Geschichte der Maschinenfabrik Germania, a. a. O., S. 37ff.)
Zu diesem Zeitpunkt vorhandene Betriebsanlagen (neben der seit 1820 bestehenden Abteilung Baumwollspinnerei):

1 Eisengießerei mit 2 Kupolöfen und 2 elektrisch betriebenen Dreimotorenlaufkränen sowie 1 Metallgießerei,

1 Tischlerei. Maschinelle Einrichtung: Verschiedene Band- und Kreissägen, Hobelmaschinen, Drehbänke, Bohr- und Fräsmaschinen usw.,

1 Schmiede mit 2 Dampfhämmern (von 850 und 150 kg Bärgewicht) und verschiedenen Arbeitsmaschinen,

1 Abteilung für Dampf- und Eismaschinenbau in einer großen Montagehalle, u. a. mit einem elektrisch betriebenen Dreimotorenlaufkran,

(daneben) 1 Raum für die mechanische Bearbeitung, u. a. mit 1 elektrisch betriebenen Laufkran und mit über 80 schweren und leichten Werkzeugmaschinen (Hobel-, Shapingmaschinen, schwere Zylinder- und Horizontalbohrwerke usw.),

1 Abteilung für allgemeinen Maschinenbau (u. a. für den Bau von Turbinen, Maschinen für Holzschleifereien, Pappen- und Papierfabriken); unter den Arbeitsmaschinen 1 Plandrehbank von 4,5 m Planscheibendurchmesser, mit 3 Supporten arbeitend, im Gewicht von 60 t, zum Bohren und Drehen von Schwungrädern und Seilscheiben bis zu 8 m Durchmesser usw., dazu 2 große Universal-

bohrwerke mit Stufenräderantrieb, schwere Flügelbohr- und Shapingmaschinen und andere schwere und leichte Werkzeugmaschinen sowie Laufkräne,

1 Dreherei mit Messingdreherei und Schlosserei, dazu (in demselben Gebäude) 1 Bauwerkstätte für Pumpen, Transmissionslager, Schrotmühlen, Aufzüge, Armaturen, Apparate usw.,

1 Montageraum für die Brauereiabteilung (sogenannter „Sudhausbau") zum Bau kompletter Sudwerke, mit 1 Laufkran,

1 Kupferschmiede für Rohrarbeiten,

1 Apparatebau für Kältemaschinen mit 1 elektrischen Laufkran und 1 Probierstation,

1 Klempnerei für Blecharbeiten, z. B. Geräte für Schrotereien und Mälzereien,

(in einem besonderen Bau) 1 Azetylenerzeugungsanlage für autogene Schweißung.

Die für die Stammfabrik erforderliche Kraft für Beleuchtung und Antrieb wird erzeugt durch 1 Dampfmaschinenanlage von zus. 730 PS und Dynamos von 130 kW Leistung.

Außer der Stammfabrik gehört zum Betrieb eine (im Herbst 1897 in Betrieb genommene) neue Dampfkesselfabrik (im Vorort Altchemnitz), „eine der größten in Sachsen" mit „modernsten, allen heutigen Anforderungen entsprechenden" Hilfsmaschinen, darunter vielen schweren und leichten Werkzeugmaschinen, 1 Dampfhammer von 750 kg Bärgewicht, elektrisch und hydraulisch betriebenen Laufkränen bis zu 30 t Tragfähigkeit, eine Reihe von Drehkränen, eine autogene Schweißanlage usw.

Im Hauptgebäude der neuen Dampfkesselfabrik befindet sich ein Nietturm von 22 m Höhe (bei 208 m Länge und 45,5 m Breite des ganzen Gebäudes) sowie die Kesselfabrik (von ca. 6000 qm Grundfläche) mit Anschlußgleis an die Station Oberaltchemnitz.

Bis Ende 1910 wurden hier über 2100 Dampfkessel gebaut (mit rund 135000 qm Heizfläche) und (seit Einführung des Heißdampfes) über 200 Überhitzer (mit über 8000 qm Gesamtheizfläche) sowie viele verschiedene Apparate.

Die für die Kesselschmiede erforderliche Kraft für Beleuchtung und Antrieb wird erzeugt durch 1 Dampfmaschine von 100 PS und Dynamos von zus. 60 kW Leistung.

Tabelle 11 (Vgl. S. 97)

Beispiel für den Aufbau und die Ausstattung einer Firma der Nähmaschinen- und Fahrradbranche. Zeitpunkt: etwa 1914
(Aktienkapital = 3,0 Mill. Mark)
(lt. Handbuch der Deutschen Aktien – Gesellschaften, a. a. O., T. I, S. 1102)

Die A. G. vorm. Seidel & Naumann in Dresden produziert Nähmaschinen, Fahrräder und Automobile, deren Bestandteile „und andere durch Massenfabrikation herzustellende verwandte Artikel", Geschwindigkeitsmesser für Lokomotiven, Schreibmaschinen („Ideal") und (seit 1909) Rechenmaschinen.

Das „Etablissement" liegt in Dresden-Friedrichstadt, unmittelbar am Bahnhof Friedrichstadt, hat jetzt insges. 250 m Straßenfront und bedeckt eine Grundfläche von 20000 bebauten qm.

Zu dem Werk gehören folgende massiv gebaute Gebäude:

1 sechsstöckiges Hauptfabrikgebäude für Nähmaschinenfabrikation,

1 fünfstöckiges Gebäude für die Fabrikation von Schreibmaschinen,
1 fünfstöckiges Gebäude für die Fabrikation von Fahrrädern,
1 Kesselhaus mit Turbinenhalle,
1 Eisengießereigebäude mit anstoßendem Schleifereigebäude,
2 große Tischlereigebäude,
1 vierstöckiges Geschäftsgebäude,
1 Löthalle,
1 autogene Schweißanlage,
verschiedene Lagerräume und Schuppen.

Im Betrieb sind eine 750-PS-Dampfturbine und eine 1200-PS-Dampfturbine System Zelli in Verbindung mit einem Siemens-Schuckert-Generator.

Tabelle 12 (Vgl. S. 110 ff.)

Zahlenmäßiges Verhältnis zwischen Arbeitern und Angestellten in Maschinenfabriken (zusammengestellt vom Verf.)

Lfd. Nr.	Firma	(Jahr)	Arbeiter	Angestellte kfm.	Angestellte techn.	Auf 1 Angest. kommen Arbeiter	Vorrangige Produktion
1.	Hannoversche Masch. Bau A.G. vorm. G. Egestorff	(1874)	3200	zus.	250	12,8	Allg. Maschinenbau, Lokomotivbau
		(1880/1881)	554	zus.	60	9,2	
		(1890/1891)	1683	zus.	150	11,2	
		(1900/1901)	2160	zus.	200	10,8	
		(1904/1905)	1992	zus.	270	7,4	
		(1908/1909)	4100	zus.	415	9,9	
2.	Heinrich Lanz, Mannheim	(1872)	290	zus.	23 [1]	12,6	Landmaschinen, Lokomobilen
		(1909)	3650	zus.	680	5,4	
3.	Märk. Masch. Bauanstalt vorm. Kamp & Co. Wetter a. d. Ruhr	(Anf. d. 70er J.)	350	zus.	25 [2]	14,0	Bergwerksmaschinen
4.	Masch. Fabrik R. Wolf, Magdeburg-Buckau	(1887)	420	zus.	20	21,0	Allg. Maschinenbau, Elektr. Anl., Werkzeugmaschinen, Lokomobilen
		(1892)	820	zus.	50	16,4	
		(1902)	980	zus.	120	8,2	
		(1907)	2180	zus.	220	9,9	
		(1911)	2837	zus.	537	5,3	
5.	Ernst Geßner, Aue i. Sa., Masch. Fabrik u. Eisengießerei	(1892)	300	zus.	26 [3]	11,6	Textilmaschinen
6.	Erdmann Kircheis, Aue i. Sa., Masch. Fabr. u. Eisengießerei.	(1892)	500	zus.	50	10,0	Blechbearbeitungsmaschinen

[1] „Direktions-, Aufsichts- und Rechnungspersonal“
[2] „Beamte und Meister“
[3] „20 Beamte und 6 Monteure“

Lfd. Nr.	Firma	(Jahr)	Arbeiter	Angestellte kfm.	Angestellte techn.	Auf 1 Angest. kommen Arbeiter	Vorrangige Produktion
7.	Dresdner Gasmotorenfabrik vorm. Moritz Hille, Dresden	(1892)	250	zus.	30	8,3	Motore, Transmissionen
8.	Masch. Fabrik Germania vorm. J. S. Schwalbe & Sohn, Chemnitz	(1893)	1100	zus.	80	13,7	Allgem. Maschinenbau
		(1899)	1500[4]	zus.	115	13,0	
9.	Rud. Sack, Leipzig-Plagwitz	(1893)	775	zus.	35	22,1	Landw. Maschinen
		(1911)	1760	zus.	78[5]	22,6	
10.	A.G. für Feld- u. Kleinbahnenbedarf vorm. Orenstein & Koppel, Berlin	(1899)	1150	zus.	354	3,2	Eisenbahnbedarf inkl. Lokomotivbau
		(1912)	11570	zus.	3300	3,5	
11.	Gasmotorenfabrik Deutz, Köln-Deutz	(1900)	1900	zus.	250	7,6	Gasmotoren, Lokomobilen
12.	Maschinenbauanstalt Humboldt, Köln-Kalk	(1906)	3200	zus.	450	7,1	Bergwerksmasch., Kältemasch.
13.	Sächs. Maschinenfabr. vorm. Rich. Hartmann A.G., Chemnitz	(1912)	5000	zus.	500	10,0	Allg. Masch.-Bau, Lokomotivbau
14.	Masch.-u. Armaturenfabrik vorm. H. Breuer & Co., Höchst a. Main	(1913)	1000	70	50[6]	8,3	Armaturen, Pumpen, Wasserturbinen, Motore (u. a. f. Automobile)
15.	Carlshütte, A.G. für Eisengießerei u. Maschinenbau, Altwasser i. Schles.	(1914)	556	zus.	73	7,6	Bergwerksmaschinen

[4] „außer Monteuren u. Hilfsarbeitern, die immer auswärts tätig sind"
[5] „49 Werkführer, 29 Angestellte"
[6] „Ingenieure und techn. Betriebsbeamte"

Lfd. Nr.	Firma	(Jahr)	Arbeiter	Angestellte kfm.	techn.	Auf 1 Angest. kommen Arbeiter	Vorrangige Produktion von
16.	Anker A.G. (vorm. Hengstenberg & Co.) Bielefeld	(1914)	1100	zus.	70	15,7	Nähmasch., Fahrräder Kontrollkassen
17.	Franz Méguin & Co., A.G., Dillingen/Saar	(1914)	750	zus.	180	4,2	Bergwerksanlagen, Eisenkonstr.
18.	Badische Masch. Fabrik u. Eisengießerei, Durlach/Baden	(1914)	800	zus.	150	5,3	Schwermaschinenbau
19.	Sächs. Werkzeugmasch. Fabr. Bernh. Escher A.G., Chemnitz	(1914)	600	zus.	33	18,2	Werkzeugmaschinenbau
20.	Werkzeugmasch. Fabrik „Union“ (vorm. Diehl) A.G., Chemnitz	(1914)	320	zus.	30	10,7	Werkzeugmaschinenbau
21.	Masch. Fabrik Braun A.G., Herne i. Westf.	(1914)	1200	zus.	130	9,3	Bergwerksmaschinen Allg. Masch.Bau
22.	Sächs. Waggonfabrik A.G., Werdau	(1914)	900	zus.	70	12,9	Waggonbau
23.	Masch. Bau-A.G. Marktredwitz vorm. H. Rockstroh, Marktredwitz i. Bayern	(1914)	550	zus.	55	10,0	Allgem. Maschinenbau
24.	Waggonfabrik A.G. vorm. P. Herbrand & Co., Köln-Ehrenfeld	(1914)	1300	zus.	80	16,2	Waggonbau
25.	A. Horch & Cie., Motorwagenwerke A.G., Zwickau i. Sa.	(1914)	697	zus.	97	7,2	Automobilbau
26.	Actien-Masch. Fabrik „Kyffhäuserhütte“ vorm. Paul Reuß, Artern	(1914)	500	zus.	130	3,8	Landw. Maschinen
27.	Masch. Bau A.G. Balcke, Bochum	(1914)	500	zus.	180	2,8	Schwermaschinenbau

Lfd. Nr.	Firma	(Jahr)	Arbeiter	Angestellte kfm.	techn.	Auf 1 Angest. kommen Arbeiter	Vorrangige Produktion von
28.	Excelcior-Fahrradwerke Gebr. Conrad & Patz A.G., Brandenburg/Havel	(1914)	650	zus.	42	15,5	Fahrradbau
29.	Dampfkessel- u. Gasometerfabrik vorm. A. Wilke & Co. A.G., Braunschweig	(1914)	550	zus.	75	7,2	Eisenwaren, Eisenkonstruktionen
30.	Masch. Bauanstalt u. Eisengießerei vorm. Th. Flöther A.G., Gassen i. L.	(1914)	960	zus.	90	10,7	Landw. Maschinen
31.	Siegener A.G. f. Eisenkonstr., Brückenbau u. Verzinkerei, Geisweid b. Siegen	(1914)	315	zus.	45	7,0	Eisenkonstruktionen
32.	Hallesche Masch. Fabr. u. Eisengießerei vorm. R. Riedel & Kemnitz A.G., Halle/S.	(1914)	600	zus.	100	6,0	Allgem. Masch. Bau (bes. Masch. f. Zuckerfabriken)
33.	Gebr. Körting A.G., Linden-Hannover	(1914)	2100	zus.	„über" 700	ca. 3,0	Gasmasch., Zentralheizungsanl., Motore, Schwermasch.
34.	Leipziger Werkzeugmasch.Fabrik vorm. W. v. Pittler A.G., Wahren b. Leipzig	(1914)	870	zus.	130	6,7	Werkzeug-Masch. Bau
35.	Unionwerke A.G., Masch. Fabriken, Mannheim	(1914)	460	zus.	126	3,7	Allgem. Masch. Bau (bes. Brauereimasch.)

Lfd. Nr.	Firma	(Jahr)	Arbeiter	Angestellte kfm.	Angestellte techn.	Auf 1 Angest. kommen Arbeiter	Vorrangige Produktion von
36.	Daimler-Motoren-Ges.						
a)	Stuttgart-Untertürkheim	(1914)	4700	zus.	300	15,7	Personenwagen u. ä.
b)	Zweigniedrle. Berlin-Marienfelde	(1914)	1300	zus.	150	8,7	Lastwagen, Lokomobilen, Dieselmotore
37.	Filter- u. brautechn. Masch. Fabr. A.G. vorm. L. A. Enzinger, Worms	(1914)	750	zus.	140	5,4	Brauereieinrichtungen
38.	Wanderer-Werke vorm. Winklhofer & Jaenicke A.G., Schönau b. Chemnitz	(1914) (1935)	2700 (4600)	130 (zus.	85 700)	12,6 (6,6)	Fahrzeugbau, Werkzeugmasch., Schreibmaschinen
39.	Gesellschaft für Linde's Eismaschinen A.G., Wiesbaden	(1914)	340	zus.	280	1,2	im wesentlichen Projektion v. Kälteerzeugungsanlagen
40.	Dessauer Waggonfabrik G.m.b.H., Dessau	(1913)	305	zus.	24[7])	12,7	Waggonbau
41.	Eisenwerk Marienhütte b. Kotzenau A.G.	(1914)	1800	zus.	60	30,0	als Nebenzweig landw. Maschinen

7) darunter 8 Ingenieure

Tabelle 13 (Vgl. S. 141)

Beispiel für die Gründung einer Aktiengesellschaft: A. Stotz, A.G. in Stuttgart, Eisengießerei u. Maschinenfabrik, Werk Kornwestheim (lt. Handbuch der Deutschen Aktien-Gesellschaften, a. a. O., T. II, S. 815), gegründet mit Wirkung vom 1. 7. 1913, eingetragen am 12. 1. 1914.

Gründer:

Marie Stotz geb. Wiedemann, Witwe des Rob. Stotz
Emma Kees geb. Föhr, Witwe des Paul Kees
Rentner Paul Dinkelacker
Rentner Dr. phil. Alfred Kees
Rechtsanwalt Dr. jur. Alex Wiedemann
Rentner Heinrich Henes
Dir. Albert Dillenius, Stuttgart
Dr. Ing. Albert Rud. Stotz, Mülheim a. d. Ruhr

Diese Gründer legten das Handelsgeschäft der OHG A. Stotz mit Aktiven und Passiven auf Grund der Bilanz per 30. 6. 1913 in die Aktiengesellschaft ein, und zwar:

a) Grundstücke Markung Kornwestheim	Mark	956 229,55
b) die vorhandenen Fabrik- und Büroeinrichtungen mit sämtlichen an diesem Tag vorhandenen Werkzeugen, Maschinen und Geräten, der Gleisanlage, der Heizungs-, Beleuchtungs- und Kraftanlage, den Modellen und Zeichnungen	Mark	449 320,77
c) die sämtlichen Waren und sonstigen Vorräte	Mark	448 163,11
d) den Kassen- und Wechselbestand, Postscheck- und Darlehensguthaben sowie Debitoren	Mark	464 381,48
e) Patente, Gebrauchsmuster und Warenzeichen	Mark	2,00
Zusammen	= Mark	2 318 096,91

Dagegen übernahm die Aktiengesellschaft die Verbindlichkeiten der OHG A. Stotz zur Zahlung im Betrage von Mark 818 096,91; für den verbleibenden Überschuß von 1,5 Mill. Mark gewährte die A.G. den persönlich haftenden und stillen Gesellschaftern der OHG A. Stotz 1,5 Mill. Mark in Aktien zu 1000 Mark (= Akt. Kap. v. 1,5 Mill. Mark).

Tabelle 14 (Vgl. S. 145)

Bestand an Aktiengesellschaften und Kommanditgesellschaften auf Aktien am 30. 9. 1909 (lt. Statist. Jahrbuch für das Deutsche Reich, Jg. 1911, S. 408–410). (Ausgewählt u. teilweise neu zusammengestellt vom Verf.)

Gewerbegruppen	Zahl der Gesellschaften	Nom. Aktienkapital in Mill. Mark	auf 1 Gesellschaft in 1000 Mark	Gesellschaften über 5 Millionen Mark	Gründung der Gesellschaften bis 1870	1871–1880	1881–1890	1891–1900	1901–1905	1906–1909
Bergbau-, Hütten- u. Salinenwesen	243	1 275,0	4 835	61	35	46	39	62	27	34
Bergbau-Hüttenbetrieb, Metall- u. Maschinenindustrie miteinander verbunden	40	995,5	24 886 *	27	8	12	8	5	5	2
Metallverarbeitung	160	266,1	1 663	7	5	14	23	75	11	32
Industrie der Maschinen, Instrumente, Apparate (überhaupt)	547	1 656,4	3 028	53	17	49	77	245	63	96
darunter Maschinen- u. Apparatebau	353	659,8	1 869	17	15	43	57	152	33	53
darunter Elektrotechn. Industrie	39	197,8	5 071	9	—	1	3	22	6	7
dar. Elektriz.-Erzeugung	90	629,4	6 994	18	—	1	5	49	14	21
Chem. Industrie	150	449,5	2 997	20	10	25	26	39	22	28
Banken	461	384 8,0	8 374	122	71	90	122	96	41	41
dar. Hypothekenbanken	38	789,0	20 763	33	16	11	1	9	1	—
Insgesamt (alle Gewerbegruppen)	5 222	14 737,3	2 822	497	433	690	1 120	1 681	600	698

* Bei diesen kombinierten Werken der höchste Durchschnitt überhaupt, der zu diesem Zeitpunkt erzielt wurde. Es folgen – unter den in dieser Tabelle aufgeführten Gewerbegruppen – die Hypothekenbanken vor den Aktienbanken überhaupt, gefolgt von den Elektrizitätsgesellschaften und den Großbetrieben der Elektrotechn. Industrie sowie den Unternehmen auf dem Gebiet des Bergbau-, Hütten- und Salinenwesens. Die Aktiengesellschaften der Gruppe Maschinen, Instrumente und Apparate überhaupt liegen noch etwas über dem allgemeinen Durchschnitt, die gesondert aufgeführten Betriebe des Maschinen- und Apparatebaus jedoch wesentlich unter diesem Durchschnitt aller Aktiengesellschaften.

Tabelle 15 (Vgl. S. 145)

***Bestand an Gesellschaften mit beschränkter Haftung am 30. 9. 1909** (lt. Statist. Jahrbuch für das Deutsche Reich, Jg. 1911, S. 420–422). (Ausgewählt und teilweise neu zusammengestellt vom Verf.)*

Gewerbegruppen	Zahl der Gesell-schaften	Stammkapital in Mill. Mark	auf 1 Gesellschaft in 1000 Mark	Gesellschaften über 5 Mill. Mark	Gründung der Gesellschaften 1892–1900	1901–1905	1906–1909
Bergbau-, Hütten- u. Salinenwesen	323	217,7	674	6	44	124	155
Metallverarbeitung	708	158,6	224	1	102	195	411
Industrie der Maschinen, Instrumente, Apparate (insgesamt)	1869	499,3	267	3	252	529	1088
dar. Maschinen- u. Apparatebau	894	208,4	233	1	100	256	538
dar. Elektrotechn. Industrie	263	141,8	539	1	37	74	152
dar. Elektrizit.-Erzeugung	193	42,5	220	—	40	70	83
Chem. Industrie	581	161,7	278	3	89	174	318
Banken	167	39,1	234	2	96	20	51
Alle Gewerbegruppen	16508	3538,5	214	35	2331	4569	9608

Bei diesen Gesellschaften ist naturgemäß die Kapitalkonzentration bedeutend niedriger als bei den A.G. und den K.G.a.A. Sie ist aber immer noch beträchtlich bei den Unternehmen des Bergbau-, Hütten und Salinenwesens sowie der Elektrotechn. Industrie und hält sich beim Maschinenbau noch über dem allgemeinen Durchschnitt der Betriebe aller in dieser Tabelle aufgeführten Gewerbegruppen.

Tabelle 16: Siehe Falttabelle zwischen Seite 204/205

Tabelle 17 (Vgl. S. 158)

Vertretung von Großbanken im Maschinen- und Schiffsbau

(lt. Jeidels, Otto, Das Verhältnis der deutschen Großbanken zur Industrie . . ., Leipzig 1905, S. 107f.; Harnisch, Elisabeth, Die Kartellierungsfähigkeit der Maschinenindustrie (Diss.) Heidelberg 1917, S. 40).

Bank	1. durch Direktoren vertreten	2. durch ihre eigenen Aufsichtsräte	3. durch Vorsitz oder mehr als 2 Personen
Deutsche Bank	8	8	3
Disconto-Ges.	4	8	5
Darmstädt. Bank	5	1	2
Dresdner Bank	2	9	7
Schaafh. Bankver.	10	1	7
Berliner Handels-Ges.	3	1	4

Tabelle 18 (Vgl. S. 158 f.)

Die Vertretung von Großbanken im Aufsichtsrat von Aktiengesellschaften der „Industrie der Maschinen und Instrumente“ (einschl. Elektro-Industrie)

(lt. Riesser, Jakob, Die deutschen Großbanken und ihre Konzentration . . ., Jena 1910, Beilage IV, S. 603–624).

Bank	Zahl der Aufsichtsrats-sitze	Firmen der Maschinenbauindustrie
Bank f. Handel u. Industrie	1 (Vors.)	Adlerwerke vorm. Hch. Kleyer A.G., Frankfurt/Main
	1	Aktien-Maschinenbauanstalt vorm. Venuleth & Ellenberger, Darmstadt
	1	Deutsche Niles-Werkzeugmaschinenfabrik A.G., Berlin-Oberschöneweide
	1	„Fenstra“ Fabrik f. Eisenkonstruktionen u. Brückenbau, Düsseldorf
	1	Maschinenbaugesellschaft Heilbronn
	1 (Vors.)	„Phönix“ A.G. für Stahl-, Herd- u. Ofenindustrie, Oberhausen
	1	Veithwerke A.G., Sandbach, Automobil- u. Fahrradfabrik
		(dazu 8 Werke der elektrotechn. Industrie mit insges. 9 Aufsichtsratssitzen)
Berliner Handels-gesellsch.	1	Benrather Maschinenfabrik A.G.
	1	Berlin-Anhaltische Maschinenbau A.G.
	1	Deutsche Niles-Werke, Berlin-Oberschönew.
	1	Stettiner Maschinenbau „Vulcan“ A.G.
		(dazu 6 Werke der elektrotechn. Industrie mit insges. 6 Aufsichtsratssitzen, darunter 3 Vorsitzenden und 3 stellv. Vorsitzenden)

Bank	Zahl der Aufsichtsrats-sitze	Firmen der Maschinenbauindustrie
Commerz- & Discontobank	1	A.G. Görlitzer Masch. Bauanstalt u. Eisengießerei
	1	Düsseldorfer Masch. Bau-A.G. vorm J. Lohenhausen
	1 (stv. Vors.)	Leipziger Werkzeugmaschinenfabrik vorm. W. v. Pittler
	2 (dar. Vors.)	Masch. Bauanstalt u. Eisengießerei vorm. Th. Flöther, Gassen
	1	Masch. Fabrik f. Mühlenbau vorm. C. G. W. Kapler, Berlin
		(dazu 2 Werke der elektrotechn. Industrie mit insges. 2 Aufsichtsratssitzen)
Deutsche Bank	1	Benrather Maschinenfabrik A.G.
	1	Berlin – Anhaltische Maschinenbau A.G.
	1	Chemnitzer Werkzeugmaschinenfabrik (Zimmermann)
	1	Fabrik f. photographische Apparate, Dresden
	1	J. Frerichs & Co., Osterholz, Masch. Fabrik u. Schiffswerft
	1	Carl Hamel, Masch.-Fabrik, Schönau b. Chemnitz
	1 (Vors.)	Mannesmannröhren-Werke
	1	Märkische Maschinenbau-Anstalt, Wetter/Ruhr
	1	Masch. Fabrik Augsburg – Nürnberg
	1	Oberschles. Eisenbahnbedarfs-A.G., Friedenshütte
	1 (stv. Vors.)	Orenstein & Koppel, A. G. Berlin
	1	Julius Pintsch A.G., Berlin, Masch.-Fabrik u. Beleuchtungsgesellschaft
	1	Ernst Schieß, Werkzeugmasch.Fabrik, Düsseldorf
	1 (Vors.)	Voigt & Haffner A.G., Frankfurt a. Main
		(dazu 10 Werke der elektrotechn. Industrie mit insges. 13 Aufsichtsratssitzen, darunter 3 Vorsitzenden u. 2 stellv. Vorsitzenden)
Disconto-Gesellschaft	1 (stv. Vors.)	Berliner Masch. Bau-A.G. (Schwartzkopff)
	3	Masch. Fabrik u. Mühlenbauanstalt G. Luther, Braunschweig
	1	Sächs. Masch. Fabrik Chemnitz (Hartmann)
		(dazu 5 Werke der elektrotechn. Industrie m. insges. 5 Aufsichtsratssitzen)

Bank	Zahl der Aufsichtsrats-sitze	Firmen der Maschinenbauindustrie
Dresdner	1	Ascherslebener Masch. Bau A.G.
Bank	1	Balcke, Tellering & Co. A.G., Benrath
	1	Deutsche Waffen- u. Munitionsfabriken, Berlin
	1	Max Kohl A.G., Chemnitz
	1 (Vors.)	Masch. Bau-A.G. Marktredwitz vorm. H. Rockstroh
	1 (Vors.)	Orenstein & Koppel A.G., Berlin
	1 (stv. Vors.)	Wanderer-Werke vorm. Winklhofer & Jaenicke, Schönau b. Chemnitz
		(dazu 7 Werke der elektrotechn. Industrie m. insges. 7 Aufsichtsratssitzen)
Nationalbank	1	A.G. H. F. Eckert, Berlin
für	1	Breslauer A.G. für Eisenbahnwagenbau
Deutschland	1	Deutsche Niles-Werkzeugmasch. Fabrik, Berlin
	1	Deutsche Waffen- u. Munitionsfabriken, Berlin
	1	F. Dippe, Masch. Fabrik A.G., Schladen/Harz
	1	J. Frerichs & Co., Osterholz
	1	Oberschles. Eisenbahnbedarfs-A.G., Friedenshütte
	1	G. Sauerbrey, Masch. Fabrik A. G., Staßfurt
	1	Waggonfabrik A.G., Rastatt i. Baden
		(dazu 9 Werke der elektrotechn. Industrie m. insges. 9 Aufsichtstratssitzen)
A. Schaaf-	1	Anker-Werke A.G., Bielefeld
hausenscher	1	Deutsche Waffen- u. Munitionsfabriken, Berlin
Bankverein	2 (dar. Vors.)	de Fries & Co. A.G., Düsseldorf
	1 (Vors.)	Gasmotorenfabrik „Deutz“
	1	Kottbuser Masch. Bauanstalt u. Eisengießerei A.G.
	1 (stv. Vors.)	Masch. Bauanstalt Humboldt in Kalk b. Köln
	1 (Vors.)	A.G. Masch. Fabrik „Deutschland“ in Dortmund
	1	Waggonfabrik A.G. vorm. P. Herbrandt & Co., Köln-Ehrenfeld
	1	Waggonfabrik A.G., Uerdingen
	1	Walther & Co. K. G. a. A., Delbrück b. Köln
	1	Werkzeugmasch. Fabrik Gildemeister & Co. A.G., Bielefeld
	1	Weyersberg, Kirschbaum & Co., A.G. für Waffen- u. Fahrradteile, Solingen
		(dazu 3 Werke der elektrotechn. Industrie m. insges. 3 Aufsichtsratssitzen)

Tabelle 19 (Vgl. S. 159)

Verzeichnis der Aktiengesellschaften (mit durchschnittlich mehr als 1 Mill. Mark Akt. Kap.), bei denen die Vorsitzenden und die stellv. Vorsitzenden der Aufsichtsräte Vertreter von Banken sind (lt. Handbuch der Dt. Akt. Ges., Ausg. 1915–1916; zusammengestellt vom Verf.).

Firma	Maschinenbauzweig	Beteiligte Großbanken	Insges. Aufsichts-Rats-mitglieder	Davon Vertreter der Banken
L. A. Riedinger, Augsburg	Allgem. Masch. Bau	Dresdner Bank	8	5
Masch. Bau-A.G. vorm. Beck & Henkel, Kassel	Schwermasch.-Bau	Dresdner Bank	3	2
Eisenwerke Gaggenau A.G., Gaggenau b. Rastatt i. Baden	Massenartikel d. Masch.- u. Eisenbranche, allgem. Masch. Bau	(keine Großbanken nachweisbar)	4	2
Gothaer Waggonfabrik	Waggons	Bank f. Handel u. Industrie, Nat. Bank f. Deutschland, Disconto-Ges., Allg. Dt. Credit-Anstalt	8	4
J. Pohlig A.G., Köln-Zollstock	Transportanlagen	Schaafhausensch. Bankverein	7	2
Vogtl. Masch. Fabrik, Plauen i. V.	Stick- u. Druckmasch.	Disconto-Ges., Allg. Dt. Credit-Anstalt	6	2
Masch. Fabrik G. Sauerbrey A.G., Staßfurt	bes. Masch. f. chem. Großindustrie	Nat. Bank f. Deutschland, Disconto-Ges., A. Schaafhausensch. Bankverein, Commerz- & Discontobank	7	4
Martini & Hüneke Maschinenbau A.G., Berlin	Techn. Einrichtungen zur Verhütung v. Explosionen	Bank f. Handel u. Industrie	3	2
Masch. Fabrik f. Mühlenbau vorm. C. G. W. Kapler A.G., Berlin	Einrichtungen f. Mühlenbau	Commerz- u. Discontobank	4	2

Firma	Maschinenbau-zweig	Beteiligte Großbanken	Insges. Aufsichts-Rats-mitglieder	Davon Vertreter der Banken
Leipziger Werkzeug-maschinenfabrik vorm. W. v. Pittler A.G., Wahren b. Leipzig	Werkzeug-maschinen	Commerz- u. Discontobank	7	2
A.G. vorm. Frister & Roßmann, Berlin	Näh-, Fahrrad- u. Schreibmasch.	Deutsche Bank	6	3
Zittauer Masch. Fabrik A.G., Zittau	bes. Textil-maschinen	Allg. Dt. Credit-Anstalt	4	2
Werkzeug-maschinen A.G., Köln	Werkzeug-maschinen	Deutsche Bank	4	2
		Insgesamt	71	34 = 2,61 Vertreter der Banken pro Unternehmen

Tabelle 20 (Vgl. S. 159)

Durchschnittliche Dividendensätze verschied. Industriezweige (in %) (lt. Calwer, Richard, Das Wirtschaftsjahr, Jg. 1912., T. I., S. 23ff.) (Auswahl).

Industriezweige usw.	1907	1908	1909	1910	1911	1912	1913	Jan. – Aug. 1914
Bergbau u. Hüttenind.	11,5	9,7	7,7	8,5	9,1	9,9	11,1	10,9
Eisen- u. Metallindustrie	11,8	11,0	8,3	8,2	8,9	9,5	9,2	10,2
Maschinenfabriken	9,1	8,6	7,6	7,8	8,3	8,9	9,3	8,4
dar. Elektrotechn. Ind.	8,0	8,3	8,5	9,5	10,0	10,2	10,7	9,6
Chemische Industrie	16,3	16,9	12,9	14,4	14,7	14,9	16,1	16,5
Textilindustrie	8,7	9,5	7,3	8,7	7,4	6,5	7,8	8,6
Banken	8,3	7,9	7,9	8,3	8,4	8,3	8,4	8,3
Alle „gewerbl. Betriebe“	8,7	8,1	7,2	7,7	8,0	8,2	8,6	8,5

Tabelle 21 (Vgl. S. 159)

Durchschnittliche Dividendensätze im Maschinenbau (in %) (lt. Harnisch, Elisabeth, Die Kartellierungsfähigkeit der Maschinen-Industrie (Diss.), Heidelberg 1917. S. 18).

Produktionszweige	1906	1907	1908	1909	1910	1911	1912	1913	1914
Allg. Maschinenbau	6,5	7,3	6,1	5,9	5,9	6,9	7,5	7,3	4,3
Allg. Maschinenbau in Verb. m. Lok. Bau	9,8	11,9	12,7	13,6	12,2	11,0	10,0	11,7	8,0
Allg. Maschinenbau in Verb. m. Schiffsbau	5,6	6,0	4,2	4,5	4,7	4,7	6,1	4,6	6,1
Werkzeug-maschinen	7,8	8,4	8,2	7,2	8,0	8,7	10,1	10,4	10,0
Textilmaschinen	13,3	18,2	12,6	12,8	15,5	16,0	17,1	16,4	7,1
Landwirtsch. Masch.	9,3	10,8	10,7	10,5	10,7	9,6	10,1	10,0	6,2
Massenmäßige Herstellung v. Masch. u. Sondermaschinen	9,1	9,6	8,5	7,8	9,3	9,4	10,5	10,1	6,6
Insgesamt	7,9	8,7	7,8	7,5	8,1	8,2	9,3	9,0	6,2

Tabelle 22: siehe Rückseite der Falttabelle

Tabelle 22 (Vgl. S. 159)

Beispiele für Profite von deutschen Maschinenbauunternehmen (nach Akten des Wirtscha

Firma	Geschäftsjahr 1910/1911				1911/1912				1912/1913	
	Ak	R	A	D	Ak	R	A	D	Ak	R
MAN (Masch. Fabrik Augsburg-Nürnberg) (654)	12,3	3372	1427	20,4	18	3741	1544	20	18	345[illegible]
Masch. Fabrik Eßlingen (3301)	4,1	682	560	6	6	643	500	6	6	685
Masch. Baugesellschaft Karlsruhe (4818)	3,0	46	30	6	3	342	211	8	3	592
Waggonfabrik Werdau (11213)	1,5	376	130	15	1,5	559	153	18	2	783
Sächs. Werkzeugmasch. Fabrik Bernhard Escher, Chemnitz (3296)	1,5	132	96	6	1,5	249	191	10	1,5	305
	1910				1911				1912	
Demag (Deutsche Masch. Fabrik A.G., Duisburg) (2743)	10,5	523	810	4	10,5	901	1122	6	10,5	1285
Masch. Fabrik Buckau A.G., Magdeburg (2318)	3,0	639	369	8,5	3	736	298	6	3	807
Masch. Bau-A.G. Balcke, Bochum (2767)	2,0	618	118	16	2,5	612	171	16	2,5	596

Die in Klammern angegebenen Nummern entsprechen den Nummern der ausgewertet
Erklärung der Abkürzungen:
Ak = Aktienkapital in Mill. Mark R = Reingewinn in 1000 Mark
A = Abschreibungen in 1000 Mark D = Dividendensätze in %
(Vgl. dazu auch Schröter, Alfred, Krieg–Staat–Monopol 1914–1918, Berlin 1965, S. 93

der Berliner Handelsgesellschaft im DZA Potsdam).

D	1913/1914 Ak	R	A	D	1914/1915 Ak	R	A	D	Bemerkungen
16	27	1984	4343 [1]	16	27	2803	2214	16	[1])einschl. 2 Mill. Mark Sonder-abschreibungen
5	6	615	550	5	6	568	500	3	
10	3	711	237	12	3	708	143	12	
20	2	814	116	20	2	910	109	20	
10	1,5	177	125	4	1,5	479	112	15	

	1913				1914				Bemerkungen
[2]) 8	10,5	1617	2004 [2])	8	14	1889	1326	8	[2])einschl. außer-ordentliche Ab-schreibungen
6	3	814	433	8	3	776	446	8	
16	2,5	690	175	16	2,5	592	149	10	

n.

Tabelle 16 (Vgl. S. 145 ff., s. a. S. 57, 60, 64, 66, 70)

Aktiengesellschaften im Maschinenbau (lt. Handbuch der Deutschen Aktiengesellschaften, Ausgabe 1915–1916, T. I u. II) ohne Konkurse u. Liquidationen, aber einschl. Geschäftsaufsichten. Zeitpunkt: Sommer 1914 (Aktienkapital in Mill. Mark).

Kapital	vorwiegend Allgem. Masch. Bau Gesell-schaften	%	Kapital Mill. Mark	%	vorwiegend Schwermaschinenbau Gesell-schaften	%	Kapital Mill. Mark	%
unter 1 Mill. Mark	52	51,0	28,43	11,8	16	22,2	10,29	6,4
1 – 2 Mill. Mark	18	17,6	22,28	9,3	31	43,0	42,17	26,4
2 – 5 Mill. Mark	21	20,6	73,41	30,6	20	27,8	56,55	35,3
5 – 10 Mill. Mark	5	4,9	30,00	12,5	3	4,2	17,00	10,6
von 10 Mill. Mark an	6	5,9	85,80	35,8	2	2,8	34,10	21,3
Insges.	102	100,0	239,92	100,0	72	100,0	160,11	100,0
Im Durchschn.			2,35				2,22	

Kapital	vorwiegend Waggonbau Gesell-schaften	%	Kapital Mill. Mark	%	vorwiegend Schiffsbau Gesell-schaften	%	Kapital Mill. Mark	%
unter 1 Mill. Mark	4	14,3	1,85	1,5	3	15,8	1,50	1,9
1 – 2 Mill. Mark	6	21,5	8,15	6,5	3	15,8	4,49	5,5
2 – 5 Mill. Mark	14	50,0	39,60	31,9	7	36,8	20,60	25,5
5 – 10 Mill. Mark	2	7,1	13,00	10,5	3	15,8	17,34	21,4
von 10 Mill. Mark an	2	7,1	61,58	49,6	3	15,8	37,00	45,7
Insges.	28	100,0	124,18	100,0	19	100,0	80,93	100,0
Im Durchschn.			4,43				4,26	

Kapital	vorwiegend Werkzeugmaschinenbau Gesell-schaften	%	Kapital Mill. Mark	%	vorwiegend Textilmaschinenbau Gesell-schaften	%	Kapital Mill. Mark	%
unter 1 Mill. Mark	9	25,6	4,06	5,6	3	27,3	1,95	8,7
1 – 2 Mill. Mark	12	34,3	16,52	22,9	4	36,3	5,06	22,5
2 – 5 Mill. Mark	12	34,3	36,20	50,1	3	27,3	10,25	45,5
5 – 10 Mill. Mark	1	2,9	5,40	7,5	1	9,1	5,25	23,3
von 10 Mill. Mark an	1	2,9	10,00	13,9	—	—	—	—
Insges.	35	100,0	72,18	100,0	11	100,0	2,51	100,0
Im Durchschn.			2,06				2,05	

…inenbau %	Kapital Mill. Mark	%	vorwiegend Buchdruckmaschinenbau Gesellschaften	%	Kapital Mill. Mark	%	vorwiegend Mühlenbau Gesellschaften	%	Kapital Mill. Mark	%
46,6	5,54	12,2	3	37,5	1,90	17,5	—	—	—	—
30,0	12,40	27,2	3	37,5	3,88	35,6	2	50,0	2,80	22,8
16,7	16,50	36,4	2	25,0	5,10	46,9	1	25,0	4,00	32,5
6,7	11,00	24,2	—	—	—	—	1	25,0	5,50	44,7
—	—	—	—	—	—	—	—	—	—	—
00,0	45,44	100,0	8	100,0	10,88	100,0	4	100,0	12,30	100,0
	1,51				1,34				3,08	

…inenbau %	Kapital Mill. Mark	%	vorwiegend Fahrradbau Gesellschaften	%	Kapital Mill. Mark	%	vorwiegend Automobilbau Gesellschaften	%	Kapital Mill. Mark	%
15,4	1,37	3,2	10	50,0	5,02	13,9	5	27,8	1,82	2,8
23,1	5,18	12,1	6	30,0	7,95	22,0	5	27,8	5,40	8,4
53,8	21,25	49,7	3	15,0	10,10	28,0	4	22,2	9,50	14,9
—	—	—	—	—	—	—	2	11,1	15,00	23,6
7,7	15,00	35,0	1	5,0	13,00	36,1	2	11,1	32,00	50,3
100,0	42,80	100,0	20	100,0	36,07	100,0	18	100,0	63,72	100,0
	3,29				1,80				3,54	

…pezialisierte Maschinenfabriken %	Kapital Mill. Mark	%	Insgesamt Betriebe Gesellschaften	%	Kapital in Mill. Mark	%
31,0	7,56	7,3	134	33,3	71,29	7,0
45,2	23,03	22,2	121	30,1	159,31	15,7
16,7	19,99	19,3	106	26,4	323,05	31,8
—	—	—	20	5,0	119,49	11,8
7,1	53,00	51,2	21	5,2	341,48	33,7
100,0	103,58	100,0	402	100,0	1014,62	100,0
	2,47				2,52	

3. Literatur- und Quellenverzeichnis

Literatur

Lenin, W. I., Werke, Bde. 1–40, Berlin 1961ff.
Marx, Karl/Engels, Friedrich, Werke, Bd. 1–39, Berlin 1961ff.
Dieselben, Ausgewählte Schriften in zwei Bänden, Bd. I, Berlin 1966, Bd. II, Berlin 1964.
Dieselben, Kleinere ökonomische Schriften, Berlin 1955.
Baar, Lothar, Die Berliner Industrie in der industriellen Revolution. (Veröffentlichungen des Instituts für Wirtschaftsgeschichte an der Hochschule für Ökonomie Berlin-Karlshorst, Bd. 4, Berlin 1966.)
Ballod, Carl, Grundriß der Statistik, Berlin 1913.
Barth, Ernst, Die Entwicklung von Karl-Marx-Stadt zur Industriemetropole – Aus zwei Jahrhunderten Karl-Marx-Städter Wirtschaftsgeschichte, in: Beiträge zur Heimatgeschichte von Karl-Marx-Stadt, H. 13, Karl-Marx-Stadt 1965.
Barth, Hans, Die sozialen Zustände der unteren Bevölkerungsschichten in Chemnitz während der Umgestaltung unseres Wirtschaftslebens im vorigen Jahrhundert, Diss., Masch.-Schrift o. J., (1921).
Bechtel, Heinrich, Wirtschaftsgeschichte Deutschlands im 19. und 20. Jahrhundert, 3. Bd., München 1956.
Becker, Walter, Die Entwicklung der deutschen Maschinenbauindustrie von 1850 bis 1870, in: Schröter/Becker, Die deutsche Maschinenbauindustrie in der industriellen Revolution. (Veröffentlichungen des Instituts für Wirtschaftsgeschichte an der Hochschule für Ökonomie Berlin-Karlshorst, Bd. 2, Berlin 1962.)
Derselbe, Ökonomische Entwicklungstendenzen des deutschen Imperialismus und ihre Widersprüche von der Inflation bis zur Weltwirtschaftskrise. – Ein Beitrag zum Lehrbuch „Wirtschaftsgeschichte Deutschlands", Bd. 3, 1871–1945 (Habilitationsschrift, Masch.-Schrift, 20. 12. 1967, Berlin 1967.)
Bentzien, Ulrich, Landmaschinentechnik in Mecklenburg (1800 bis 1959), in: Jb. f. Wirtsch.-Gesch., Jg. 1965, T. III, S. 54ff.
Bernal, J. D., Die Wissenschaft in der Geschichte, Berlin 1967.
Berthold, Karl, Untersuchungen über den Standort der Maschinen-Industrie in Deutschland, Jena 1915.
Biographisches Lexikon zur Deutschen Geschichte. Von den Anfängen bis 1917, Berlin 1967.
Blumberg, Horst, Die deutsche Textilindustrie in der industriellen Revolution. (Veröffentlichungen des Instituts für Wirtschaftsgeschichte an der Hochschule für Ökonomie Berlin-Karlshorst, Bd. 3, Berlin 1965.)
Derselbe, Die Herausbildung des deutschen Imperialismus und seine Besonderheiten (1871–1914). (Wirtschaftsgeschichte Deutschlands, Lehrbrief 1, Berlin 1965.)
Born, Karl Erich, Der soziale und wirtschaftliche Strukturwandel Deutschlands am Ende des 19. Jahrhunderts, in: Vierteljahrsschrift für Sozial- und Wirtschaftsgeschichte, 50. Bd., H. 3, Wiesbaden 1963.
Brückner, Franz, Die Vorgeschichte des VEB Waggonbau Dessau von 1895–1945, in: Jb. f. Wirtsch.-Gesch., Jg. 1962, T. I, S. 149ff.

Burck, Gilbert, Der Singer-Konzern, in: Jb. f. Wirtsch.-Gesch., Jg. 1960, T. I, S. 343ff.
Calwer, Richard, Das Wirtschaftsjahr. 1900–1913, alle Bände, 1. T.: Handel und Wandel. 2. T.: Jahrbuch der Weltwirtschaft, Berlin/Bern 1901 u. 1902, Jena 1903–1916.
Castner/Dalchow/Haedicke u. a., Die Verarbeitung der Metalle, Leipzig ,o. J. (1900).
Das Buch der Stadt Chemnitz – 1926, Dresden 1926.
Das deutsche Wirtschaftsjahr 1880 (Nach den Berichten der Handelskammern dargestellt von dem General-Secretariat des Deutschen Handelstages), Berlin 1881.
Der Außenhandel der kapitalistischen Länder, Berlin 1953.
Die Groß-Industrie des Königreichs Sachsen in Wort und Bild. 1. Bd. Leipzig 1892; 2. Bd. Leipzig 1893.
Doogs, Kurt, Die Berliner Maschinen-Industrie und ihre Produktionsbedingungen seit ihrer Entstehung, Diss., Berlin 1928.
Engelberg, Ernst, Deutschland von 1849 bis 1871. (Lehrbuch der deutschen Geschichte – Beiträge 7) Berlin 1959.
Derselbe, Deutschland von 1871 bis 1897. (Lehrbuch der deutschen Geschichte – Beiträge 8) Berlin 1965.
Feiler, Arthur, Die Konjunktur-Periode 1907–1913 in Deutschland, Jena 1914.
Glaser, Eduard, Hannoversche Maschinenbau A. G. vorm. Georg Egestorff zu Linden vor Hannover, Diss., Halle 1909.
Harnisch, Elisabeth, Die Kartellierungsfähigkeit der Maschinen-Industrie, Diss., Heidelberg 1917.
Haubold, Sybille, Entwicklung und Organisation einer Chemnitzer Maschinenfabrik, Diss., Dresden 1939.
Haussherr, Hans, Wirtschaftsgeschichte der Neuzeit. Weimar 1954.
Hilferding, Rudolf, Das Finanzkapital, Berlin 1947.
Horská, Pavla, Contribution au problème de la deuxième révolution industrielle, in: Historica VII. Nakladatelství Československé akademie věd, Praha 1963, S. 57ff.
Huberman, Leo, Des Menschen irdische Güter, Berlin 1958.
Jeidels, Otto, Das Verhältnis der deutschen Großbanken zur Industrie mit besonderer Berücksichtigung der Eisenindustrie, in: Staats- und sozialwissenschaftliche Forschungen, 24. Bd., 2. H. (112. H.), Leipzig 1905.
Jerussalimski, A. S., Die Außenpolitik und die Diplomatie des deutschen Imperialismus Ende des 19. Jahrhunderts, Berlin 1954.
Derselbe, George W. F. Hallgarten und seine Darstellung der Außenpolitik des deutschen Imperialismus, in: Zeitschr. f. Gesch.-Wiss., X. Jg., 1962, H. 4, S. 844ff.
Imperialismus heute (Der staatsmonopolistische Kapitalismus in Westdeutschland), Berlin 1966.
Kaemmel, Ernst, Finanzgeschichte, Berlin 1966.
Klein, Fritz, Deutschland von 1897/98 bis 1917 (Lehrbuch der deutschen Geschichte – Beiträge 9) Berlin 1961.
Kuczynski, Jürgen, Die Bewegung der deutschen Wirtschaft von 1800 bis 1946, Berlin/Leipzig, o. J. (1946).
Derselbe, Die Geschichte der Lage der Arbeiter unter dem Kapitalismus, T. I, Bd. 3, (Die Darstellung der Lage der Arbeiter in Deutschland von 1871 bis 1900), Berlin 1962.

Derselbe, Die Geschichte der Lage der Arbeiter unter dem Kapitalismus, T. I, Bd. 4, (Die Darstellung der Lage der Arbeiter in Deutschland von 1900 bis 1917/18), Berlin 1967.

Derselbe, Die Geschichte der Lage der Arbeiter unter dem Kapitalismus, T. I, Bd. 12, (Studien zur Geschichte der zyklischen Überproduktionskrisen in Deutschland 1873 bis 1914), Berlin 1961.

Derselbe, Die Geschichte der Lage der Arbeiter unter dem Kapitalismus, T.I, Bd.14, (Zur Frühgeschichte des deutschen Monopolkapitals und des staatsmonopolistischen Kapitalismus), Berlin 1962.

Derselbe, Die Geschichte der Lage der Arbeiter unter dem Kapitalismus, T.I, Bd.15, (Studien zur Geschichte der zyklischen Überproduktionskrisen in Deutschland 1918 bis 1945), Berlin 1963.

Derselbe, Ökonomische Basis und Zusammensetzung der Arbeiteraristokratie im Wandel eines Jahrhunderts, in: Zeitschr. f. Gesch.-Wiss., II. Jg., 1954, H. 5, S. 666ff.

Derselbe, Studien zur Geschichte des deutschen Imperialismus, Bd. I (Monopole und Unternehmerverbände), Berlin 1952. Bd. II (Propagandaorganisationen des Monopolkapitals), Berlin 1950.

Kulischer, Josef, Allgemeine Wirtschaftsgeschichte des Mittelalters und der Neuzeit, 2. Bd., Berlin 1954.

Levy, Hermann, Die Grundlagen der Weltwirtschaft, Berlin 1924.

Derselbe, Der Weltmarkt 1913 und heute, Leipzig/Berlin 1926.

Lütge, Friedrich, Deutsche Sozial- und Wirtschaftsgeschichte, Berlin/Göttingen/Heidelberg 1952.

Matschoss, Conrad, Ein Jahrhundert deutscher Maschinenbau 1819–1919, Berlin 1919.

Derselbe, Geschichte der Dampfmaschine, Berlin 1901.

Meusel, Alfred, Beiträge zur Geschichte des deutschen Imperialismus von 1890 bis 1914 (1. Teil), Berlin 1951.

Morton, A. L., Volksgeschichte Englands, Berlin 1956.

Mottek, Hans, Die Gründerkrise (Produktionsbewegung, Wirkung, theoretische Problematik), in: Jb. f. Wirtsch.-Gesch., Jg. 1966, T. I, S. 51ff.

Derselbe, Einleitende Bemerkungen – Zum Verlauf und zu einigen Hauptproblemen der industriellen Revolution in Deutschland, in: Studien zur Geschichte der industriellen Revolution in Deutschland (Veröffentlichungen des Instituts für Wirtschaftsgeschichte an der Hochschule für Ökonomie Berlin-Karlshorst, Bd.1, Berlin 1960).

Derselbe, Wirtschaftsgeschichte Deutschlands, Bd. I, Berlin 1964, Bd. II, Berlin 1964.

Derselbe, Zu einigen Fragen der Entwicklung der Produktivkräfte und ihrer gesellschaftlichen Bedingungen, in: Jb.f. Wirtsch.-Gesch., Jg. 1964, T. II/III, S. 182ff.

Neuhäuser, Adolf, Eisen und Stahl (Lehrbogen für die Qualifizierung der Werktätigen). Lehrgang Chemie, Lehrbogen 9/10, Berlin 1964.

Oelßner, Fred, Die Wirtschaftskrisen, Bd. 1 (Die Krisen im vormonopolistischen Kapitalismus), Berlin 1951.

Passow, Richard, Die Aktiengesellschaft, Jena 1922.

Pritzkoleit, Kurt, Männer, Mächte, Monopole (Hinter den Türen der westdeutschen Wirtschaft), Düsseldorf 1963.

Derselbe, Wem gehört Deutschland? (Eine Chronik von Besitz und Macht), Wien/ München/Basel 1957.

Reitschuler, Siegfried, Die Stellung der Maschinenindustrie im Prozeß der Industrialisierung (Eine Untersuchung der langfristig bedeutsamen Wechselwirkungen zwischen der Maschinenindustrie und dem industriellen Wachstum), Köln/Opladen 1963.

Riesser, Jakob, Die deutschen Großbanken und ihre Konzentration im Zusammenhange mit der Entwicklung der Gesamtwirtschaft in Deutschland, 3. Aufl., Jena 1910; 4. Aufl., Jena 1912.

Derselbe, Von 1848 bis heute (Bank- und finanzwissenschaftliche Studien), Jena 1912.

Sächsische Lebensbilder. 3. Bd., Lebensbilder sächsischer Wirtschaftsführer, Leipzig 1941.

Sartorius von Waltershausen, August, Deutsche Wirtschaftsgeschichte 1815–1914, Jena 1923.

Schröter, Alfred, Die Entstehung der deutschen Maschinenbauindustrie in der ersten Hälfte des 19. Jahrhunderts, in: Schröter/Becker, Die deutsche Maschinenbauindustrie in der industriellen Revolution. (Veröffentlichungen des Instituts für Wirtschaftsgeschichte an der Hochschule für Ökonomie Berlin-Karlshorst, Bd. 2, Berlin 1962.)

Derselbe, Einige methodologische Fragen der Entstehung und Entwicklung monopolistischer Gruppierungen in Deutschland, in: Jb. f. Wirtsch.-Gesch., J. 1966, T. IV, S. 126ff.

Derselbe, Krieg – Staat – Monopol (1914–1918), Berlin 1965.

Schwarz, Otto, Das Finanzsystem der Großmächte, Bd. 2, Leipzig 1909.

Sieveking, Heinrich, Grundzüge der neueren Wirtschaftsgeschichte vom 17. Jahrhundert bis zur Gegenwart, in: Grundriß der Geschichtswissenschaft II, 2, o. J. (1910).

Sombart, Werner, Die deutsche Volkswirtschaft im 19. Jahrhundert und im Anfang des 20. Jahrhunderts, Berlin 1919.

Spiethoff, Arthur, Die wirtschaftlichen Wechsellagen, 1. Bd., Erklärende Beschreibung, Tübingen/Zürich 1955. 2. Bd., Lange statistische Reihen, Tübingen/ Zürich 1955.

Spindler, Heinrich, Zwickau i. Sa. nebst Industrie in Wort und Bild, Chemnitz, o. J. (1903).

Strauß, Rudolph, Die Lebensverhältnisse der Chemnitzer Arbeiter gegen Ende des 19. Jahrhunderts, in: Beiträge zur Heimatgeschichte von Karl-Marx-Stadt, H. 15, Karl-Marx-Stadt 1967.

Varga, E., Der Kapitalismus des 20. Jahrhunderts, Berlin 1962.

Vrbová, Pavla, Contribution au problème de l'origine de l'industrie des constructions mécaniques dans les pays tschèques, in: Československý časopis Historický 1954, S. 689ff.

Wagon, Eduard, Die finanzielle Entwicklung deutscher Aktiengesellschaften von 1870–1900 und die Gesellschaften mit beschränkter Haftung im Jahre 1900, Jena 1903.

Wehner, Heinz, Deutschlands Weg zum Industriestaat. Einige Bemerkungen zu den Veröffentlichungen der Hochschule für Ökonomie Berlin zu Fragen der industriellen Revolution in Deutschland, in: Jb. f. Wirtsch.-Gesch., Jg. 1969, T. I, S. 394.

Wiedtfeldt, Otto, Statistische Studien zur Entwicklungsgeschichte der Berliner Industrie von 1720 bis 1890, in: Staats- und socialwissenschaftliche Forschungen, 16. Bd., 2. H., Leipzig 1898.
Wittmann, Karl, Die Entwicklung der Drehbank bis zum Jahre 1939, Düsseldorf 1960.
Woytinsky, Wladimir, Die Welt in Zahlen, 4. Buch: Das Gewerbe, Berlin 1926. 5. Buch: Handel und Verkehr, Berlin 1927.
Wulffen, Hasso, Die Entwicklung des Werkzeugmaschinenbaues in Chemnitz, seine Produktions- und Absatzverhältnisse bis zur Neuzeit, Diss., Dresden, o. J. (1924).
Wutzmer, Heinz, Die Herkunft der industriellen Bourgeoisie Preußens in den vierziger Jahren des 19. Jahrhunderts, in: Studien zur Geschichte der industriellen Revolution in Deutschland (Veröffentlichungen des Instituts für Wirtschaftsgeschichte an der Hochschule für Ökonomie Berlin-Karlshorst, Bd. 1, Berlin 1960.)
Derselbe, Zeittafel zur Wirtschaftsgeschichte Deutschlands, Berlin 1960.
Zöllner, Wilhelm, Geschichte der Fabrik- und Handelsstadt Chemnitz von den ältesten Zeiten bis zur Gegenwart, Chemnitz 1888.

Fest- und Jubiläumsschriften

Allgemein

Chemnitz in Wort und Bild. Festschrift zur Einweihung des Neuen Rathauses, Chemnitz, o. J. (1911).
Die deutsche Industrie 1888–1913, (Festschrift), Berlin 1913.
Festschrift zum vierzigjährigen Bestehen des Vereins deutscher Fahrrad-Industrieller E. V. 1888–1928, Berlin, o. J. (1928).
Zöllner, Wilhelm, Chemnitz am Ende des XIX. Jahrhunderts, Chemnitz, o. J. (1900).

Einzelne Unternehmen

Büchner, Fritz, Hundert Jahre Geschichte der Maschinenfabrik Augsburg-Nürnberg, (MAN 1840–1940), o. J.
Festschrift – Deutscher Maschinenbau 1837–1937 im Spiegel des Werkes Borsig, Berlin 1937.
Festschrift – 75 Jahre Schwartzkopff, Hrsg. von der Berliner Maschinenbau A.G. vorm. L. Schwartzkopff, Berlin 1927.
Geschichtskalender der Eckertwerke 1846–1921, Hrsg. anläßlich des 75jährigen Bestehens von der Akt.-Ges. H. F. Eckert, Berlin-Lichtenberg, o. J. (1921).
Festschrift – Zur Halbjahrhundertfeier der Bamag 1872–1922, Berlin, o. J. (1922).
Orenstein & Koppel – Arthur Koppel A.G. (Denkschrift anläßlich der Fertigstellung der 5000. Lokomotive), Berlin 1913.
Rixdorfer Maschinenfabrik G.m.b.H. vorm. C. Schlickeysen, Rixdorf b. Berlin (Denkschrift aus Anlaß ihres 60jährigen Bestehens), o. J. (1910).
Maschinenbau-Aktiengesellschaft Balcke-Bochum (Festschrift zur Feier des 25jährigen Bestehens am 1. Oktober 1919), Bochum, o. J. (1919).
Brunsviga-Maschinenwerke Grimme, Natalis & Co. A.G. Braunschweig (Sonderheft 1936), Braunschweig, o. J. (1936).

Sächsische Maschinenfabrik vorm. Rich. Hartmann A.G. Chemnitz (Jubiläumsschrift 1837–1912), Chemnitz 1912.
100 Jahre Hartmann Textilmaschinenbau (Denkschrift), Berlin 1937.
100 Jahre Haubold (Festschrift), Chemnitz, o. J. (1937).
Sächsische Webstuhlfabrik (Louis Schönherr) Chemnitz (Denkschrift 1852–1927), Chemnitz 1927.
J. E. Reinecker, Chemnitz-Gablenz (Denkschrift anläßlich des 50jährigen Bestehens), Chemnitz 1909.
Geschichte der Maschinenfabrik Germania vorm. J. S. Schwalbe & Sohn in Chemnitz 1811–1911 (Gedenkschrift), Chemnitz, o. J. (1912).
Werkzeitschrift „Wir Abwälzleute" der Werkzeugmaschinenfabrik Herm. Pfauter Juli/Aug. 1936 zur Feier der 10000sten Maschine am 27. 4. 1936.
40 Jahre Pfauter – Sonderausgabe der Werkzeitschrift Nov./Dez. 1940 der Werkzeugmaschinenfabrik Herm. Pfauter, Chemnitz, Chemnitz 1940.
Festschrift – 1885–1910 / Wanderer-Werke vorm. Winklhofer & Jaenicke A.G. Schönau b. Chemnitz, Leipzig, o. J. (1910).
Matschoss, Conrad, Vom Werden der Wanderer-Werke – 50 Jahre Wertarbeit – 1885–1935, Berlin 1935.
Die Schichauwerke in Elbing, Danzig und Pillau 1837–1912, o. J. (1912).
Däbritz, Walther/Metzelin, Erich, Hundert Jahre Hanomag (Geschichte der Hannoverschen Maschinenbau-Aktien-Gesellschaft vorm. Georg Egestorff in Hannover 1835–1935), Düsseldorf 1935.
„50 Jahre deutscher Arbeit"/Maschinenbau-Anstalt Humboldt in Kalk b. Köln (Denkschrift zur Erinnerung an das 50jährige Bestehen 1836–1906), Köln, o. J. (1906).
Die Chronik des Hauses Rud. Sack Leipzig – 1863 bis 1938. Hrsg. zum 75. Jubiläum, 1938.
Matschoss, Conrad, Die Maschinenfabrik R. Wolf, Magdeburg-Buckau 1862–1912 (Aus Anlaß des 50jährigen Bestehens), Magdeburg, o. J. (1912).
Neubaur, Paul, Heinrich Lanz (Mannheim), 50 Jahre des Wirkens in Landwirtschaft und Industrie 1859–1909, Berlin, o. J. (1910).

Periodica, Berichte und Lexika

Adreßbuch der Fabrik- und Handelsstadt Chemnitz, Jgg. 1871–1914 u. Jg. 1931.
Bayer & Heinze, Die Aktiengesellschaften von Chemnitz und Umgebung, 1. Aufl., Chemnitz 1909, 5. Aufl., Chemnitz 1922, 7. Aufl., Chemnitz 1929.
Beiträge zur Geschichte der Technik und Industrie, Jahrbuch des Vereins der Deutschen Ingenieure (Hrsg. v. C. Matschoss), Berlin 1909ff., alle Bände.
Bericht über die Verwaltung und den Stand der Gemeindeangelegenheiten der Kreisstadt Plauen i. V. für 1899/1900–1911/1913.
Die sächsischen Aktien-Gesellschaften (Jahrbuch der Dresdner, Leipziger und Zwickauer Börse), Ausg. 1900/1901, Leipzig 1901.
Die Wirtschaft, Jg. 1966, Nr. 48.
Frankfurter Zeitung, Ausg. v. 25. u. 29. 12. 1907, 1. u. 16. 1. 1908.
Handbuch der Deutschen Aktien-Gesellschaften (Jahrbuch der deutschen Börsen), Ausg. 1915/16, 20. Aufl., 1. u. 2. Bd., Berlin/Leipzig 1916.

Jahrbuch für Wirtschaftsgeschichte, 1960/Iff.
Jahresbericht der Handels- und Gewerbekammer zu Chemnitz, Jgg. 1869/1870 bis 1915.
Kleine Enzyklopädie – Technik, Leipzig 1963.
Miedner, Rudolf, Die Aktiengesellschaften der Mitteldeutschen Börse zu Leipzig, Leipzig 1935.
Mitteilungen des Vereins für Chemnitzer Geschichte, Bd. XV. Jgg. 1908–1911, Hrsg. 1912.
Neues Deutschland, Ausg. v. 10. 6., 19. u. 23. 7. 1966.
Sächsischer Dampfkessel-Revisions-Verein in Chemnitz. (Ingenieur-Berichte für 1879, 1884, 1888, 1896, 1900, 1905, 1910 u. 1914).
Statistisches Jahrbuch für das Deutsche Reich, 1. Jg. 1880 – 36. Jg. 1915.
Statistisches Jahrbuch für das Königreich Sachsen auf das Jahr 1888ff. bis 1916/1917, (Dresden 1889–1917).
Unsere Zeitgenossen – Wer ist's? – V. Ausgabe, Leipzig 1911.
Verhandlungen, Mitteilungen und Berichte des Centralverbandes Deutscher Industrieller, Nr. 17, Berlin 1882; Nr. 22, Berlin 1883.

Archivalien

Deutsches Zentralarchiv Potsdam:
(Wirtschaftsarchiv der Berliner Handelsgesellschaft)
Nr. 245 Maschinen- u. Werkzeugfabrik Aug. Paschen, Cöthen.
„ 654 MAN (Masch. Fabrik Augsburg-Nürnberg).
„ 2318 Masch. Fabrik Buckau A.G., Magdeburg.
„ 2369 Masch. Bau-A.G. Golzern-Grimma.
„ 2743 Demag (Deutsche Masch.-Fabrik A.G. Duisburg).
„ 2767 Masch. Bau-A.G. Balcke, Bochum.
„ 3296 Sächs. Werkzeugmaschinenfabrik Bernh. Escher, Chemnitz.
„ 3301 Masch. Fabrik Eßlingen.
„ 3381 Masch. Baugesellschaft Heilbronn.
„ 4818 Masch. Baugesellschaft Karlsruhe.
„ 6128 Hallesche Masch.-Fabrik u. Eißengießerei.
„ 7645 Hannoversche Masch.-Bau-A.G. vorm. G. Egestorff (Hanomag).
„ 10037 Masch. Fabrik u. Mühlenbauanstalt G. Luther A.G. Braunschweig.
„ 10770 Berlin-Anhaltische Maschinenbau-A.G.
„ 11213 Waggonfabrik Werdau.
„ 11586 Eisengießerei u. Masch. Fabrik für Schuh- u. Lederindustrie vorm. Miller & Andreae, Bockenheim Frankfurt am Main.
„ 11953 Hannoversche Masch. Bau-A.G. vorm. G. Egestorff.

Stadtarchiv Karl-Marx-Stadt:
Cap. V Sect. II Nr. 197: Acten des Raths der Stadt Chemnitz die Anlegung einer von Herrn Geh. Komerzienrath Richard Hartmann und Gen. projectirten Zweigeisenbahn betr. Erg. 1869.
Cap. V Sect. II Nr. 301: Gesuch der Chemnitzer Werkzeugmaschinenfabrik vorm. Johann Zimmermann um Genehmigung zur Benutzung von Straßenbahngeleisen betr. Erg. 1899.

Geschäftsberichte

G 16 Sächs. Webstuhlfabrik zu Chemnitz 1877/1878–1914/1915.

G 18 Chemnitzer Werkzeugmaschinenfabrik vorm. Joh. Zimmermann 1877/1878 bis 1914/1915.

G 19 Sächs. Maschinenfabrik zu Chemnitz 1872/1873–1914/1915.

Betriebsarchiv des VEB Großdrehmaschinenbau „8. Mai“, Karl-Marx-Stadt: Verschiedene Unterlagen.

Betriebsarchiv des VEB Maschinenfabrik „Germania“, Karl-Marx-Stadt: Geschäftsberichte der Masch. Fabrik Germania A.G. 1873–1914.

Stadtarchiv Zwickau: Gesch.-B., K 2, 18. I/II: Geschäftsberichte der Zwickauer Maschinenfabrik A.G. 1907/1908 u. 1911/1912.

Kolibri 360 GmbH
Ferdinand-Jühlke-Straße 7
99095 Erfurt, Deutschland
produktsicherheit@kolibri360.de